相关性范式下的风险管理理论与方法丛书

海外电力工程投资中的国家风险管理

李建平　马旭平　孙晓蕾　郝　俊　著

科学出版社
北　京

内 容 简 介

世界经济格局动荡，全球价值链演变日益深刻，国际贸易、地缘政治等博弈越发激烈，海外电力工程投资环境不容乐观，企业"走出去"面临严峻的挑战。作为宏观风险管理的重要范畴之一，国家风险呈现出典型的复杂系统特征，影响因素众多且内部演化机理复杂。与现有书籍比较，本书以"海外电力投资"为背景，以"国家风险"为对象，提出海外电力工程投资中国家风险分析、预测与缓释的系统框架，从更加系统全面的视角将国家风险作为一个内在互相关联、动态发展的有机整体进行分析，并在海外电力投资实践中对该理论进行扩展。

本书主要面向风险管理从业者、海外投资参与者及宏观风险管理领域的学者和研究生，供其参考交流。

图书在版编目（CIP）数据

海外电力工程投资中的国家风险管理 / 李建平等著. —北京：科学出版社，2023.1

（相关性范式下的风险管理理论与方法丛书）

ISBN 978-7-03-070963-9

Ⅰ. ①海… Ⅱ. ①李… Ⅲ. ①电力工程-海外投资-风险管理-研究-中国 Ⅳ. ①F426.61

中国版本图书馆 CIP 数据核字（2021）第 258145 号

责任编辑：王丹妮 / 责任校对：贾娜娜
责任印制：张 伟 / 封面设计：无极书装

科 学 出 版 社 出版
北京东黄城根北街 16 号
邮政编码：100717
http://www.sciencep.com
北京中科印刷有限公司 印刷
科学出版社发行 各地新华书店经销

*

2023 年 1 月第 一 版 开本：720×1000 B5
2023 年 1 月第一次印刷 印张：18 1/2
字数：370 000

定价：198.00 元

（如有印装质量问题，我社负责调换）

前　言

以"一带一路"倡议为统领，构建全方位开放新格局，成为我国"十三五"期间重点发展内容之一。"一带一路"倡议的提出与执行为中国企业国际化发展提供了重大政策红利。"一带一路"沿线国家多为发展中国家，正处于或即将进入工业化发展阶段，普遍将电力作为各国优先发展的重点行业，但是电力基建设施投资支出力度不足，引入外资需求日益强烈。中国输配电制造企业通过近十年的电源、电网大规模投资建设，在生产成本和市场份额等方面已经形成了较强的国际竞争力。"一带一路"建设的稳步推进，为电力工程企业"走出去"提供了新机遇。

然而，由于新型冠状病毒肺炎（简称新冠肺炎）大流行的影响，全球经济活动面临前所未有的挑战，如新冠肺炎疫情传播严重时期建设项目不得不停摆；全球供应链断裂，关键设备、物资等无法及时送达，部分建设项目被迫放缓；东道国的经济严重衰退，无法继续提供必要的配套资金与物质保障等。在新冠肺炎疫情、中美贸易摩擦、民粹主义和贸易保护主义抬头综合影响下，世界经济格局动荡，全球价值链演变日益深刻，"低增长、低通缩、再平衡"的态势仍在延续，国际金融、贸易、地缘政治等领域的博弈和保护更加复杂、激烈。海外电力工程投资环境不容乐观，企业"走出去"面临市场竞争激烈、海外融资困难、风险防范不易等严峻挑战。除传统的市场经营风险之外，非传统安全涉及的范围越来越广，海外投资风险因素增多，导致管理体系复杂。特别地，"一带一路"沿线国家覆盖中亚、东盟、欧洲，以及中东、南亚和非洲等区域，且多为新兴经济体和发展中国家，地缘政治关系紧张，国内政治经济的成熟度和稳定性较差，政治、经济、金融环境等方面的风险迥异，东道国国家层面风险已成为中国企业开展海外电力工程投资运营的首要制约因素。因此，为中国企业"走出去"提供全方位的重点领域、区域和国别的风险预警已是当务之急。

作为宏观风险管理的重要范畴之一，国家风险呈现出典型的复杂系统特征，影响因素众多且内部演化机理复杂。政治、经济、金融领域间的风险交互作用加剧了风险连锁反应。对国家风险的相关性进行科学准确建模，是科学认识国家风险内在机理及演化规律、有效进行国家风险管理的关键环节。国家风险的复杂性、易变性、多样性，以及风险演化的多尺度性、不确定性对海外电力工程投资的全面风险管理提出了更高的要求。

与国内已出版的和国家风险主题相关的书籍比较，本书的主要特色是以"海外电力投资"为背景，以"国家风险"为对象，提出海外电力工程投资中国家风险分析与缓释的系统框架，从更加系统全面的视角将国家风险作为一个内在互相关联、动态发展的有机整体进行分析，并在海外电力投资实践中对理论进行扩展。

首先，本书遵循"发现问题—提出问题—分析问题—解决问题"的基本范式，提出海外电力工程投资中国家风险分析与缓释的系统框架。以国家风险管理理论为指导，基于企业海外投资实践，系统地总结梳理我国企业海外电力工程投资发展状况及其面临的风险特征。依据全寿命周期理论，构建工作分解结构-风险分解结构耦合矩阵以实现对海外电力工程投资风险的全面识别，并基于权威国际评级机构视角，选取典型的国家风险指数，勾勒出 2013～2018 年"一带一路"倡议提出后"一带一路"沿线国家风险演化的概况，为中国企业"走出去"提供国别风险信息。

其次，本书考虑投资者不同的风险认知及偏好水平，构建了模糊测度识别模型。利用 2-可加模糊测度方法，分析不同偏好水平下决策者对风险要素的相对重要程度及其交互影响机制，进而实现海外电力投资东道国的国家风险测度。鉴于决策需要更加及时、更加高频的国家风险信息作为参考，本书利用主权信用违约互换利差，基于方差分解的溢出指数方法，结合复杂网络技术构造溢出网络，探究"一带一路"沿线国家主权风险的溢出特征和动态演化特征，以期更好地为国际资本运作过程中国家风险管理提供支撑。

再次，本书选择装机容量作为海外电力工程投资市场需求分析的核心指标，构建了多因素驱动的装机容量预测框架。在关键影响因素与作用机理分析的基础上，开展基于时间序列的影响因素预测和基于多元回归的装机容量预测。针对海外电力工程投资中面临的国家风险具有明显的复杂性特征，本书引入分解集成的思想，开展多模态的国家风险预测。通过组合主流的分解算法与单体预测方法，形成多种混合预测方法。对电力工程海外投资中面临的综合国家风险，以及政治、经济、金融风险进行预测，为风险防范提供依据。

最后，依据"预防为先、适度控制、集中管理及长期监控"原则，本书提出面向关键国家风险要素的海外电力工程投资风险缓释的框架体系，包括风险规避、风险转移、风险减轻及风险自留等。鉴于汇率风险的特殊性，提出汇率风险预防和应对策略。选择 T 企业海外电力工程投资实践，总结海外投资的经验启示，提出相应的风险举措，以期更好地实现对投资东道国国家风险的防范与应对。

作者于 2005 年开始着手研究海外投资国家风险问题，先后得到徐伟宣研究员、魏一鸣教授、蔡晨研究员、汪寿阳研究员、范英教授、杨晓光研究员等多位前辈和专家的鼓励、指导、支持和无私的帮助。在此，向他们表示衷心的感激和崇高的敬意！相关研究成果已经发表在 *European Journal of Operational Research*、*Computers & Operations Research*、*International Review of Financial Analysis*、《中国管理科学》、《系统工程理论与实践》和《中国科学院院刊》等国内外学术期刊上。限于本书篇幅，未能将所有的研究成果都纳入本书。在研究过程中，除本书作者外，冯倩倩为本书的统稿与校对做了大量的工作，姚晓阳副教授、王军博士、刘畅同学参与了本书部分章节的研究、讨论和校对工作。本书是课题组集体智慧的结晶，在此向他们一并表示感谢！

本书研究受国家自然科学基金面上项目"不确定性冲击下主权债务风险测度与传染网络研究"（72071197）、"国家风险相关性机理与测度研究"（71771206）和国家杰出青年科学基金项目"风险管理理论与方法"（71425002）的资助，部分成果也受到中国科学院青年创新促进会的资助。在此，作者表示最衷心的感谢！

本书由李建平总体设计、策划、组织和统稿。其中，第一章主要由李建平、马旭平完成，第二章主要由马旭平、李建平完成，第三章主要由马旭平、孙晓蕾、郝俊完成，第四章主要由李建平、孙晓蕾、郝俊、冯倩倩完成，第五章主要由李建平、马旭平完成，第六章主要由马旭平、孙晓蕾完成，第七章主要由李建平、郝俊、冯倩倩完成，第八章主要由郝俊、李建平、孙晓蕾完成，第九章主要由马旭平、李建平完成，第十章主要由马旭平、李建平完成，第十一章主要由李建平完成。需要说明的是，本书主体研究工作于 2016～2019 年完成，这也是部分章节仍采用 2016 年或 2017 年数据的原因所在。特别感谢本书所引用文献的所有作者，并向国内外学术同行及业内人士致以深深的敬意。没有他们展现出来的智慧，本书的写作将无法完成。另外，尽管我们始终注意参考文献的列举和标注，但难免有所遗漏，在此向那些可能被遗漏的文献作者表示歉意。

感谢科学出版社的马跃先生、李莉女士，正是由于他们的帮助和鼓励，本书才得以出版。限于我们的知识修养和学术水平，本书肯定存在不足之处，恳请读者批评指正！

我们期望通过本书涉及的相关研究工作，能够进一步在国家风险视角下重新审视当前我国企业海外电力工程投资的风险敞口，识别并评估投资东道国的风险状况，形成针对我国企业海外电力工程投资策略的指导性的政策建议，以帮助我国企业规避风险，为提升我国企业海外投资安全态势略尽绵薄之力。

李建平

2022 年 1 月于中关村

目　　录

第一章 绪 论

第一节 研 究 背 景

由于新冠肺炎疫情、中美贸易摩擦、"逆全球化"等因素的影响,全球经济活动面临前所未有的挑战。为了更好地应对"百年未有之大变局",加快构建以国内大循环为主体、国内国际双循环相互促进的新发展格局,全面提高对外开放水平,推动共建"一带一路"高质量发展,已成为我国"十四五"期间发展战略重点之一。在新冠肺炎疫情的冲击下,我国海外投资活动也遭受了巨大的冲击,如东道国新冠肺炎疫情防控隔离措施,导致项目管理人或劳务人员延迟或无法抵达东道国从事劳务或者经营管理活动。针对项目设备或原材料进口的货物贸易控制措施,包括港口清关管控、检验检疫要求和强制物品征收或除害等,导致项目设备和原材料延迟入关,给建设期项目的顺利开展或生产经营带来风险。

自新冠肺炎疫情全球大流行以来,"一带一路"建设面临诸多不利的影响,如新冠肺炎疫情传播严重时期建设项目不得不停摆;新冠肺炎疫情导致全球供应链遭受严重冲击,关键设备、物资、原材料等无法及时运输而导致建设项目被迫放缓;东道国经济发展严重衰退导致无法继续提供配套资金与物质保障等。此外,以美国为首的少部分西方国家对于中国提出的"一带一路"倡议一直秉持反对态度,通过多种手段阻挠中国与其他国家签订相关协议。新冠肺炎疫情、中美贸易摩擦、民粹主义和贸易保护主义抬头对世界各国尤其是发展中国家的经济发展造成了严重不利影响,"一带一路"沿线国家也不例外。因此中国与相关伙伴国家通过共建"一带一路",刺激全球贸易,加速全球化建设,促进经济共同发展显得尤为重要。

随着中国成为全球电力领域的积极参与者,世界越来越关注中国的海外项目。尤其是对中低收入国家的投资对于满足这些国家快速增长的能源需求至关重要。

尽管新冠肺炎疫情尚未结束，国际投资贸易活动充满不确定，但是 2020 年中国电力对外直接投资及对外承包工程新签合同额保持平稳。2020 年我国在"一带一路"沿线国家新签对外承包工程项目合同 5611 份，新签合同额 1414.6 亿美元，占同期中国对外承包工程新签合同总额的 55.4%。在投资合作方面，2020 年中国境内投资者在"一带一路"沿线国家实现直接投资 225.4 亿美元，同比增长 20.6%，如图 1-1 所示。

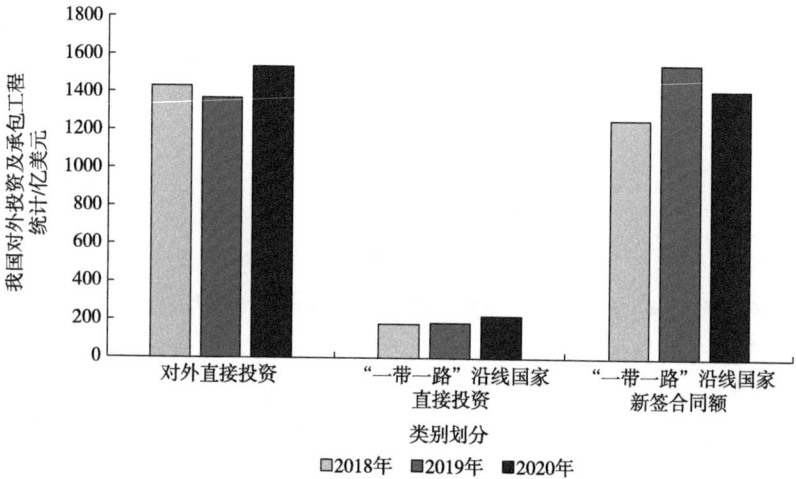

图 1-1　我国企业投资"一带一路"沿线国家对外承包工程状况
资料来源：中华人民共和国商务部对外投资和经济合作司

　　"一带一路"倡议的提出与执行为中国企业国际化发展提供了重大政策红利，且该红利在未来 5~10 年对相关的行业持续释放。"一带一路"沿线国家多为发展中国家，正处于或即将进入工业化发展阶段，普遍将电力作为各国优先发展的重点行业，但是其电力基建设施投资支出不足，引入外资需求日益强烈。中国输配电制造企业通过 2010~2020 年的电源、电网大规模投资建设，在生产成本和市场份额等方面已经形成较强的国际竞争力。"一带一路"建设的稳步推进，为电力工程企业"走出去"提供了新机遇。

　　然而，在目前世界经济格局之下，海外电力工程投资面临各种各样的竞争与挑战，如市场竞争形势严峻、海外市场融资困难、海外投资风险因素激增等关键问题（张一力等，2018；郭莉等，2018）。全球价值链演变日益深刻，"低增长、低通缩、再平衡"的态势仍在延续，国际金融、贸易、地缘政治等领域的博弈和保护更加复杂激烈。除了传统的市场经营风险以外，非传统安全涉及的范围越来越广，海外投资风险因素增多，导致管理体系复杂。特别地，"一带一路"沿线国家覆盖中亚、东盟、欧洲，以及中东、南亚和非洲等区域，且多为新兴经济体和发展中国家，地缘政治关系紧张，国内政治经济的成熟度和稳定性较差，政治、经济、金融环境等方面的风险差异较大，国家风险较高。因此，为中国企业"走出去"提供全方位的重点领域、区域和国别的风险预警已是当务之急。

当今世界依然处在不同社会制度和不同意识形态的各民族国家共存的现实条件下，大国博弈与市场竞争是普遍存在的客观事实。作为全球经济发展不平衡的正常表现，国家风险多由经济制度、政治立场、社会文化和市场差异等风险因素导致，集中体现在国家主权行为上，并给从事跨国商业活动的外国企业带来未来收益损失的可能性。相对于外来投资者，东道国处于绝对的垄断优势地位，当跨国公司与东道国的利益诉求出现偏差时，东道国政府往往会动用财政、汇率等政策，甚至更改法律法规以限制跨国公司的经营运作。而跨国企业则面临着东道国相关法律法规的变动，不得不承担可能出现的国际工程合同违约后果。从全球来看，国际金融危机冲击和深层次影响在相当长时期依然存在，全球治理体系深刻变革，传统安全威胁和非传统安全威胁交织，国际关系复杂程度前所未有。外部环境的不确定因素明显增多，来自东道国的国家层面风险已成为中国企业"走出去"开展海外电力工程投资运营的首要制约因素。

鉴于此，本书研究考虑到不同国家经济发展路径与国家社会结构各具特色，以及新的国家风险诱发因素在不断出现，国家风险在呈现出复杂性、客观性以及风险收益二重性等共性特征的基础上，也日益呈现出新的动态演化规律。相关国家间的政治经济联系日益密切，使得跨国企业在进行海外工程投资决策时无法回避来自其他国家的国家风险对东道国的溢出效应，即国家风险相关性。考虑到我国企业的风险管理方法与管理机制建设尚处于起步阶段，深入开展东道国国家风险的分析与缓释方法研究，不仅有助于我国企业在"走出去"过程中全面认识并应对投资决策环境的不确定性，还有助于投资决策者更合理地规避源于国家层面的不确定性损失，进而提升我国企业的跨国经营能力与全面风险管控能力。

第二节　概 念 界 定

一、海外电力工程

在对海外电力工程概念进行界定时，首先需要了解电力工程概念的内涵与意义。本书通过对相关文献和资料的整理发现，关于电力工程的定义各不相同，其中，《辞海》中对电力工程的定义为：一切与电能的生产、输送、分配有关的工程。包括规划、设计、施工、安装、运行、检修等[①]。《工程新闻记录》（*Engineering News-Record，ENR*[②]）则定义电力工程为包括热力和水力发电站、废物能源回收厂、电力输送、变电站、废热发电厂等项目建设工程[③]。通过对电力工程的深入分析，本书将选择以下内容，对其进行界定：电力工程（electric power engineering）是指与电能的生产、输送及分配有关的工程，具体包括火力发电、水力发电、核能发电、风电、太阳能及其他能源发电、输配电等工程及其配套工程。

电力工程作为一个复杂而庞大的系统性工程，其包含众多复杂的种类。根据电力生产、输送和分配等过程可以将其划分为电力生产工程、输变电工程等。鉴于此，海外电力工程则是指我国的个人、企业或组织，以个人或联合方式，在不包括本国在内的其他国家开展与电力工程相关的活动或行为，或者是在东道国以固定资产投资、股权投资等方式拓展电力企业规模或收购东道国电力企业。

海外投资，也称为对外投资或跨国投资、国际投资等。国际货币基金组织（International Monetary Fund，IMF）将海外投资定义为投资者在所属国以外的国家（经济区域）所经营的企业拥有持续利益的一种投资行为，其目的在于使其对该企业的经营管理拥有有效的发言权。总体来说，海外投资或对外投资具有双重含义：一是本国资本的国外投资行为；二是外国资本对本国的投资活动。本书研究所涉及的海外投资，主要指我国资本的海外投资行为和投资活动，可以将其定义为：我国的个人、企业或组织，以个人或联合方式，在不包括本国在内的其他国家开展的投资活动或投资行为，或者是在东道国拓展企业规模，收购东道国企业的投资活动和投资行为。

由于风险的客观存在，在开展海外投资时，跨国企业的投资行为或投资活动均会遇到各种各样的风险。同时，海外投资东道国与企业母国属于不同的国度，东道国的风俗文化、生活习惯、宗教信仰、自然环境、法律法规等与母国相比具有很大的差异，投资管理者无法完全掌握其信息。相比于国内投资而言，跨国企业进行海外投资面临的投资环境将会更加复杂多变，相应的投资风险将会更加突出。一些学者认为，海外投资风险是指企业在国外直接投资时利润偏离预期的可能性，以及导致企业海外投资运营变动并降低企业盈利率的可能性。因此，他们

---

① https://www.cihai.com.cn/baike/detail/72/5343192?q=%E7%94%B5%E5%8A%9B%E5%B7%A5%E7%A8%8B [2021-08-12]。

② *ENR* 是全球工程建设领域最权威的学术杂志，隶属于美国麦格劳-希尔公司。*ENR* 提供工程建设业界的新闻、分析、评论及数据，帮助工程建设专业人士更加有效地工作。

③ https://www.enr.com/toplists/2018-Top-250-International-Contractors-1[2022-04-21]。

将海外投资风险定义为：能够导致企业在进行海外投资行为时，其利润与达成目标发生偏离的可能性，这种偏离的大小将直接影响企业利润。本书研究对海外投资风险的界定如下：跨国企业在除了本国以外的其他任何国家开展投资活动所获得的实际收益偏离预期收益的可能性，以及导致跨国企业海外投资运作变动或者降低跨国企业收益率的可能性。

二、国家风险

到目前为止，尚无统一的国家风险概念，其主要原因在于国家风险的复杂性和易变性。其一，国家风险涉及政治、经济、社会、文化、国际关系及突发事件等十分复杂的范畴，不同国际政治经济活动的国家，其风险水平存在差异；其二，影响国家风险的因素多且易变，新的影响国家风险的不安定因素也在不断出现。

Nagy（1978）认为企业进行跨国贷款所面临的潜在损失的风险即国家风险，并指出该风险主要由国家因素造成。Bouchet 等（2003）认为当企业开展国际化商业活动时，公司会面临不同程度的风险，而国家风险则涵盖了这些潜在的风险因素，包括政治、经济、社会等风险类型。李福胜（2006）对国家风险进行解释，认为国家风险是相对于国内交易而言，在国际商业活动中所面临的各种风险。李建平等（2010，2011）认为国家风险是不同国家之间在经济结构、政策、社会制度、地理和通货等多方面的差异造成的风险。汤铃等（2012）认为国家风险主要指以上各种国家层面的影响因素给当事人的期望收益带来损失的可能性。孙晓蕾等（2014）认为国家风险通常是指因为国家的某种特定政治、社会、经济、金融、自然环境和突发事件等因素引致的经济利益损失的可能性。此外，一些国际组织和机构均对国家风险做出相应的定义，如巴塞尔银行监管委员会定义国家风险为资本在国际流动面临的因国家事件的影响而导致东道国违约，并对跨国投资企业造成损失的可能性；瑞士银行家协会则认为国家风险产生的根本因素在于经济形势和国别政治的变动；经济合作与发展组织（Organisation for Economic Co-operation and Development，OECD）在 *Arrangement on Guidelines for Officially Supported Export Credits*（《关于官方支持的出口信贷准则的约定》）中提出国家风险包括五个基本要素，具体包含政治或经济事件导致贷款被迫延迟或禁止转移、东道国政府停止付款、东道国政府的阻碍、法律规定所导致的无法自由兑换及其他不可抗力等。

为规范研究，本书采用孙晓蕾等（2015）对国家风险的界定，具体如下：国家风险为国际资本流动中当事人面临的、因受特定国家层面的事件引发的目标国"不能"或"不愿"履行国际契约，从而造成当事人利益损失的可能性。其中，国际资本流动形式既包括短期流动形式——贸易资本流动、银行资本流动、保值性资本流动和投机性资本流动，也包括长期流动形式——直接投资、证券投资、国际信贷和国际经济援助。当事人是指国际贸易、信贷、投资、援助等业务活动中涉及的企业、政府和国际机构。国家层面的事件是指不受当事人控制的政治、社会、经济、金融、自然环境和突发事件等因素。

第三节　研　究　综　述

一、海外电力工程风险

经济全球化发展进程推动区域电网互联互通，清洁能源发展带动电网转型，新兴经济体快速发展带来电力绿地投资和电力工程业务新机遇。而且，随着电力工程体制改革的深入和我国企业"走出去"步伐的加快，电力工程相关企业、产品的商业价值和市场特性得到了充分释放。

针对国际工程项目风险管理，国内外的学者主要从项目自身风险、外部宏观环境风险等方面开展了相关研究，并取得了卓有成效的理论与实证研究成果。目前，对海外电力工程风险管理的研究主要聚焦于风险识别、评估与风险管控体系等领域。关于海外电力工程风险管理的研究，对风险因素的研究主要侧重于以下几个方面。

相关学者从投资项目的自身风险因素出发，如组织风险、管理风险、进度风险、成本风险、质量风险及物资供应风险，忽视了海外电力工程投资过程的宏观环境不确定性可能对项目产生的消极影响。如 Warszawski 和 Sacks（2004）采用了问卷调研的形式，对电力工程项目的风险识别、认知、费用、控制的原始数据进行了细致的研究。Mok 等（1997）在分析和总结电力工程项目风险管理特点的基础上，提出了应该在项目筹备阶段就启动风险管理，进行风险识别。Berny 和 Townsend（1993）对风险评价的重要性进行了评价，认为管理者的电力工程项目风险评估水平对于项目初期风险管理有至关重要的影响。Ouellet 等（2010）在介绍了电力工程项目招标的过程及其特点的基础上，分析了在工程项目招标中存在的主要风险，即非法招标程序的风险、承揽工程项目投资风险、超出概算的风险，并针对这些风险提出了具体的风险管理策略。

与此同时，部分学者针对项目所处的宏观环境开展海外投资外部环境风险因素的研究，从宏观环境出发防止海外电力工程项目投资失败。例如，Ozdoganm 和 Talat Birgonul（2000）对风险识别的重要性进行了严肃的声明，他们认为经济结构不断变化和日益剧烈的市场竞争导致电力工程项目面临着众多的不确定性因素，而且风险因素纷繁交错相互影响，如果不能正确地识别这些因素，可能会面临项目失败的巨大风险。

除此之外，部分学者考虑到项目自身风险因素和外部宏观风险因素，但是在对于风险因素的梳理识别上并不系统、全面。针对风险因素的分析和测度，受限于数据来源，研究人员往往倾向于定性分析或者是半定性分析，如蒙特卡洛模拟法、德尔菲法、概率树分析法、层次分析法（analytic hierarchy process，AHP）等，受限于专家的经验和知识体系，评价结果的客观性在一定程度上难以保证。Xu 和 Tiong（2001）探讨了国际电力工程项目面临的各种风险，最后概括为三个方面：外部风险、内部风险及工程特有风险。Kull 和 Closs（2008）采用定量分析的方法，提出了一个电力工程项目风险多因素分析模型，大大提高了电力工程项目风险管理准确性。Kucukali（2011）探讨国际工程项目承包风险的评价问题，构建评价指标体系，提出基于证据理论与模糊综合评价集成的评价方法。

二、海外电力投资风险

海外投资风险研究立足于整个投资环境，然而，由于电力工程具有的独特性，在进行海外电力工程投资时，不能一概而论，需要考虑行业的特性，有针对性地开展相关分析。

海外投资风险的研究多立足于某个具体的领域。例如，王楠（2020）针对我国油气行业海外投资活动的风险因素进行梳理和分析，指出政治、经济、市场、地缘冲突等宏观因素成为石油行业海外投资成败的关键影响因素。韩叶（2019）以湄公河下游水电项目开发为例探究非政府组织、地方治理与海外投资风险。何金花和田志龙（2019）对海外投资的政治风险进行系统化梳理，指出海外投资政治风险有征收险、转移险、战争和内乱风险，以及违约险等。郭莉等（2018）通过案例分析，梳理海外电力工程投资中的风险因素，包括政治、经济、文化、法律、安全、市场和保障等外部风险，以及技术、管理、财务和环保等内部风险。马旭平等（2019）利用风险分解结构进行投资风险的全面系统梳理，对海外电力工程投资风险进行系统化识别，并从项目、市场及国家三个层级进行风险因素的分类。

通过文献调研发现，目前对于海外投资风险的识别主要是基于整体的分析，缺乏对基于全寿命周期不同阶段风险因素的识别研究。全寿命周期不同阶段内，其风险影响作用存在差异，作用效果可能不同，如果单一地考虑整体风险状况，则容易忽视各个阶段的差异，因此，考虑全寿命周期的各个阶段风险识别与分析将是本书研究的重要内容之一。此外传统的风险识别研究，主要是基于对风险因素的文献研读，本书将进一步从理论研究和工程实践两个维度展开对风险因素的识别与分析，从而使得风险因素识别更加全面和系统。

为有效拓展海外市场，越来越多的行业加入到全球化网络系统之中，众多企业制定并实施国际化战略，积极开展海外投资活动，这种投资经营活动的广泛开展，引起业界和学界的密切关注，众多学术研究紧紧围绕海外投资风险展开。目前，国内外关于海外投资风险方面的研究已经比较深入，研究方向主要集中在海外投资风险因素的识别、评估等方面。

（一）风险因素识别

海外投资风险因素主要涉及政治、经济、法律、社会和自然环境等类型。不同学者在进行分析时，往往侧重的风险类型不同。一般来说，传统研究将政治风险分为征收或国有化风险、转移风险、战争及内乱风险、违约风险四类。此外，部分学者从风险的影响范围、风险来源等角度进行分类，如 Robock（1971）将其划分为宏观政治风险和微观政治风险，Root（1968）将政治风险细分为转移、经营和资本控制等风险类型；Simon（1982）按照来源和作用方式，将其划分为内部和外部风险、直接和间接风险。唐礼智和刘玉（2017）通过引入"邻国"因素，选取政府稳定性、腐败水平、法治化水平和与中国建交时间等指标，构建海外投资与政治风险内在联系的理论模型，揭示邻国政治风险对东道国吸引海外投资的影响。

在海外投资中，由于政治、经济、文化、宗教之间的差异，投资东道国国家在法律制度上存在巨大的差异。这对我国境外投资企业在应对法律风险、协调相关利益主体、整合价值冲突方面的能力提出了巨大挑战（何金花和田志龙，2019）。此外，除了政治风险和法律风险外，海外投资风险还会涉及经济风险、腐败风险、环境风险、经营风险、税收风险、地缘风险、社会风险等。

（二）风险评估

风险评估最早起源于美国，20世纪50年代风险管理发展成为一门学科，随后被德、法等国家广泛接受和应用，20世纪70年代以前，风险管理的研究集中在制造业、矿山开采等高风险行业，20世纪80年代其在核能、化工、通信等高技术领域广泛应用。目前，随着经济全球化和企业国际化战略的广泛开展，风险评估应用范围也越来越广泛，如 Robock（1971）首次采用计量经济学模型评估一个国家的政治风险；Haendel 等（1975）选取 15 个风险指标，并提出政治制度稳定指数的概念。随后在经典模型的基础之上，Baek 等（2005）、Desbordes（2010）和 Asgharian 等（2013）等通过选取不同风险指标对东道国的投资风险展开量化评估研究，其中最常采用的方法是主成分分析（principal component analysis，PCA）、因子分析、判别分析等。此外，国外有专门的风险评级机构，如标准普尔信用评级集团（Standard and Poor's Rating Group，以下简称标准普尔）、惠誉国际评级（Fitch Ratings，以下简称惠誉）、国际国家风险指南（The International Country Risk Guide，ICRG）、世界银行及经济学人智库（The Economist Intelligence Unit，EIU）定期发布相关的风险报告。

在国内，随着"走出去"战略和"一带一路"倡议的发起，中国企业积极响应国家号召，开展海外投资活动，这也促使国内学者纷纷开展"一带一路"沿线国家海外投资风险管理研究，目前对风险评估的研究主要集中在定性分析和定量测度两个方面。潘彬等（2021）采用了将三角模糊数与贝叶斯网络法相结合的风险评估方法对"一带一路"沿线国家铁路工程项目建设中的风险进行检测。张劲和索玮岚（2020）提出了一种考虑风险关联性和随机性的交通基础设施建设风险评估方法。

三、东道国国家风险

国家风险研究是典型的需求驱动型，影响国家风险的因素多且易变，新的影响国家风险的不安定因素也在不断出现。当前对国家风险的研究主要集中在采用诸多数理化模型、方法等对多变量因素进行处理，立足不同维度（政治、经济及金融等）并选取大量的指标以寻找国家风险内在的机理，最终试图给出国家风险测度水平（Beirne and Fratzscher，2013）。评级机构提供的国家风险评级均是基于这种思路给出的。与此同时，诸多学者越过指标选取，直接采用国家风险评级机构的数据量化国家风险与某些经济现象之间的关联关系，但是针对国家风险传染特征的系统性深入研究尚不多见。

为了破解评级机构"黑箱化"国家风险评级体系，学者更多地将注意力集中到国家风险评价模型的开发与预测方面（Kaphahn and Brennan，2017；Suh，2015）。多属性决策模型已是国家风险评价问题的研究范式（Duyvesteyn et al.，2016），现有研究通常利用主成分分析或因子分析方法等对风险要素之间相关性进行简单处理，以消除指标之间的冗余性。但是，这难以有效捕捉不同风险要素之间复杂的交互作用。主权风险是国家风险的核心构成，政治风险、经济风险与金融风险则是国家风险的基本要素（Eichler and Plaga，2017），考虑到国家风险要素内部，如政治要素与经济、金融要素相互影响，形成连锁风险反应，扩展成为综合的国家风险，因此有必要将国家风险作为一个内在相互关联、动态变化的复杂系统开展研究。因此，考虑到不同风险要素之间独立或是简单线性相关的假设太过理想化，有必要在国家风险多属性评价模型中充分刻画风险要素间的交互作用（Angilella et al.，2015），更准确地对国家风险问题进行抽象与科学建模，获得更为精准的国家风险值。

政治、经济、金融领域间的风险交互作用加剧了风险的连锁反应，而国家之间的政治与经济等诸多领域的合作与联系使得国家之间存在潜在的强风险关联性，目前国家间风险传染已成为全球投资战略和国际资本流动决策的重要影响因素，Aboura 和 Chevallier（2015）构建跨国国家风险波动指数以帮助投资者进行风险对冲，规避国家风险传染的多米诺骨牌效应。目前，大多研究主要聚焦于经济和金融等领域的风险传染问题，大多数研究往往侧重于特定现象或具体指标的风险相关性研究，如国家间股市波动、汇率联动、主权债等（Favero，2013）。但政治、经济、金融间潜在的错综复杂的相关关系，如不同主权国家之间在"政策走向"上是否有一定的关联，金融风险是否存在联动/传染，甚至一国的政策不确定性是否直接影响到他国的经济稳定等，是进行国际投资贸易时决策者需要面对的国家间风险感染问题（Huang et al.，2015）。单纯对某一风险指标的关注，难以获得对国家间整体性、系统性的风险传染认识，因此有必要从更加宏观的角度对国家层面的风险相关性开展系统性研究。同时关注国家间政治、经济与金融风险的交叉感染，这有助于从国家组合管理视角，为决策者提供更为全面系统的目标国及相关国家的国家层面的风险关联信息。这直接影响着决策者的国家风险缓释方法与防范策略的针对性与有效性。

考虑到时间序列数据特征，现有研究也逐渐意识到国家风险要素波动的时间尺度复杂性，具体而言，国家风险要素的影响会反映在不同的时间维度上，如国家经济周期等因素潜移默化地影响着国家风险变化，会体现在年度或月度等相对比较低频的尺度上；而一些偶然、突发事件的影响则比较频繁，会体现在日或周等相对高频的尺度上（Sun et al.，2017）。这也使得国家风险动态性在长期基本面走势、中长期的脉冲影响及短期的随机干扰等不同时间尺度特征差异显著，直接对国家风险整体进行分析可以获得的信息量是十分有限的，对现实投资贸易实践指导性不强。因此，很有必要对国家风险的时间尺度复杂性"分而治之"，把握各风险要素在不同时间维度上的波动规律与本质特征，这有助于深入理解国家风险形成的系统机制与发展动态。分解相比于整体，能更全面清晰地把握决策问题所涉及的各种内在属性、特征或影响要素，其运用可以有效提高复杂信息处理的有效性，以及分析与决策的效率与准确性。

四、研究评述

通过上文对海外电力工程风险管理、海外投资风险管理及国家风险研究等内容的文献梳理，读者可以很好地把握海外电力工程投资风险研究的相关内容。诸多学者取得了非常卓越的研究成果，在一定程度上对海外投资理论、风险管理理论及国家风险管理等具有非常重要的支撑作用。然而，上述相关研究仍然存在一些缺陷和不足。从现有研究重心来看，对海外电力工程的风险管理研究主要集中在对海外电力工程风险的识别、评估与风险管控体系等领域。东道国的政局更替、法律法规的稳定性、社会文化的接纳性、汇率波动等国家层面风险，得到了越来越多的关注，但是尚缺少针对性的、系统性的国家风险分析框架与研究体系。中国企业在"走出去"的过程中，除了关注投资机会和收益外，需要更加注重国家风险的评估和防范。民族宗教因素、地缘政治格局的变化、全球经济增长乏力与失衡三大深层次问题相互交织，主导了全球国家风险的变化趋势与分布格局，并对中国企业"走出去"，开展相关领域的对外直接投资形成较大挑战。随着开放型经济的发展和"一带一路"倡议的实施，我国企业海外资本运作面临的国家风险敞口越来越大，这也引起了越来越多的国内学界与业界的重视。国内学者从不同的研究视角，开展了"一带一路"沿线国家的国家风险对中国企业"走出去"影响的实证研究（周伟等，2017；刘畅等，2016），但是国家风险管理理论尚待完善。目前，国家风险尚未有统一的概念定义，影响国家风险的因素多且易变，给国家风险理论研究与管理实践带来了巨大的挑战，但同时迫切的现实需求，如"一带一路"建设中的海外电力工程投资市场，为国家风险理论的发展与完善提供了契机。

（1）国家风险的复杂易变性对海外电力工程投资的全面风险管理提出更高的要求。不同阶段国家风险的影响因素存在显著差异，在进行海外电力工程投资活动时，要有的放矢，对风险因素不能一概而论。笼统、单一阶段的风险管理活动难以有效保障海外电力工程投资活动的顺利开展。然而，现有的诸多研究缺乏对风险因素的系统性和阶段性考虑，造成风险因素梳理识别结果不全面、作用效果缺乏针对性等后果。全寿命周期的风险管理模式主要是以投资项目全寿命周期为基础，将风险管理系统集成的思想应用于海外电力工程投资活动之中。考虑海外电力工程投资活动的全寿命周期，能够将相对独立的项目投资活动前期决策、设计、建设以及运营等各个阶段的风险管理活动进行集成，从系统、整体的角度进行分析、优化与统筹，根据不同阶段的海外电力工程投资活动，有针对性地进行国家风险的识别与梳理，能够有效管控海外电力工程投资活动中的国家风险问题，以确保项目投资目标的实现。因此有必要考虑全寿命周期内各个阶段国家风险影响因素的作用程度，并结合工作分解结构（work breakdown structure，WBS）和资源分解结构（resource breakdown structure，RBS）进行国家风险因素与工作任务之间的耦合。

（2）国家风险集成度量时考虑风险要素间的交互作用，是保证国家风险评级结果的有效性与真实性的前提。目前，由于数据的可获得性较弱，现有的国家风险测度研究大多基于案例研究、定性方法或定性与定量相结合的方法，缺乏科学有效的风险量化方法。部分学者采用量化方法研究时，缺乏对风险要素间的交互作用的考虑，在一定程度上难以保证测度结果的有效性与真实性。此外，在实际投资决策过程中，由于投资者所处环境不同、企业自身风险应对能力的差异，不同风险偏好的投资者对风险的承受能力可能存在较大的差异。因此，国家风险评估实质上是考虑决策者风险偏好的主观评价过程，要尽可能体现决策者需求，但是又要能够对决策者态度进行客观、定量的反映，使评价过程更加透明，避免"操控"性。然而，现实中决策者复杂的偏好通常难以进行有效刻画，这是完善国家风险分析体系需要重点解决的技术问题。

（3）国家风险的相关性，主要是体现在其对特定经济行为及相关国家的风险溢出效应上。国家风险的风险收益二重性，是吸引逐利投资者的原动力，但是国家风险的外部溢出特征，即国家风险相关性，所带来的连锁风险效应，使得投资者面临着放大的风险敞口。此外，考虑多因素的国家风险集成度量往往受限于数据频率，且依赖于专家经验和知识体系，在一定程度上缺乏客观性和及时性。对于海外投资企业而言，决策者需要更加及时、更加高频、更易获取的国家风险数据作为决策参考。然而，目前的研究中多是单纯考察某一特定国家风险要素对投资决策的影响，有必要从更为宏观的国家组合视角，兼顾其他国家的风险传染，考察东道国国家风险对海外电力工程投资的风险作用机理。

（4）国家风险的异质性，给海外电力工程投资的风险缓释带来全新的挑战。不同国家经济发展路径与国家社会结构各具特色，各国国家风险的关键诱发因素日趋多元化，在进行国家风险缓释策略的选择和制定时，需要充分考虑风险的特性。然而，现有的研究大多是从政治、经济、社会、法律等方面泛泛而谈，所制定的国家风险缓释策略缺乏科学有效依据。因此，跨国企业开展海外电力工程投资时，急需一套系统化的国家风险分析框架与风险缓释方法体系，这一体系需具备面向不同类型东道国的稳定普适性，同时兼具适应特定国家的调整弹性。

综上，本书将重点面向海外电力工程投资，以国家风险相关性研究为重心，重点研究国家风险要素的交互作用和国家风险跨国传染，并基于关键要素识别和分析，面向"一带一路"沿线重点国家开展国家风险缓释方法与实证研究。本书研究成果不仅在理论上丰富了国家风险研究前沿，而且在技术和方法上为中国企业"走出去"开展海外电力工程投资决策提供了重要风险决策支撑。

第四节 本书的研究内容与结构安排

本书以海外电力工程投资为背景，基于对海外电力工程投资中国家风险特征与影响机理的理论分析，以国家风险相关性研究为重心，开展考虑国家风险要素交互作用的投资国家风险度量和国家风险跨国传染网络研究，并重点面向"一带一路"沿线国家选取典型案例开展实证研究。本书遵循"发现问题—提出问题—分析问题—解决问题"的基本范式，对海外电力工程投资中国家风险分析与风险缓释方法展开研究，本书的具体框架如图 1-2 所示。

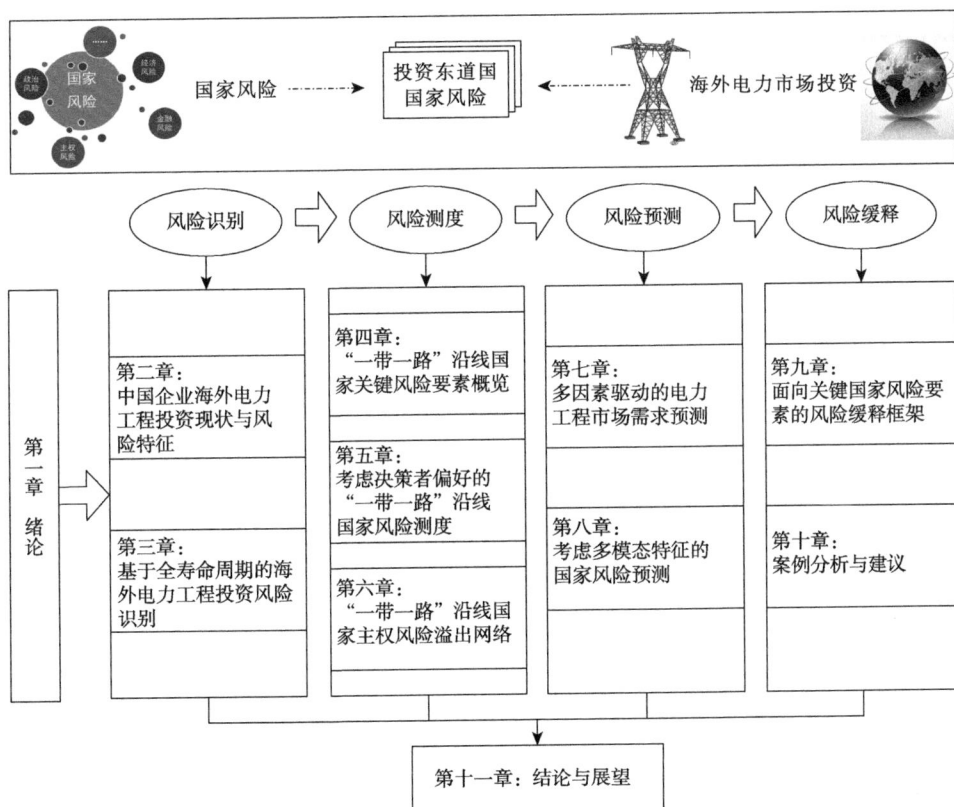

图 1-2　本书框架

第一章，绪论。重点介绍我国海外投资风险管理的紧迫性，提出本书的研究问题——海外电力投资东道国国家风险，并界定相关概念和评述相关研究，进而设计本书研究框架、细化研究内容。

第二章是中国企业海外电力工程投资现状与风险特征。为了深入把握该问题，第二章对我国电力企业海外投资现状进行了总体概述。首先，对国际电力市场发展前景和需求状况进行分析；其次，从投资主体、规模、领域及区域等对中国电力企业海外投资状况进行分析；最后，对中国企业海外电力工程投资的风险特征进行总结。

第三章是基于全寿命周期的海外电力工程投资风险识别。基于全寿命周期理论，基于分解思想将海外电力工程投资活动进行阶段划分，梳理每一阶段可能潜在的风险因素，重点识别涉及国家风险的要素。基于风险识别流程，制定WBS-RBS耦合矩阵，从理论研究和投资实践两个维度展开风险因素的梳理与识别，为国家风险监测与评估提供指标体系。

第四章是"一带一路"沿线国家关键风险要素概览。该章从国际权威评级机构的视角对"一带一路"沿线国家的政治风险、经济风险和市场风险进行评估，分别选择了经济学人智库的政府治理指数、自由之家发布的经济自由指数及世界银行的营商便利指数，为中国企业"走出去"提供国别风险信息。

第五章是考虑决策者偏好的"一带一路"沿线国家风险测度。由于投资者所处环境和企业自身风险应对能力的差异，不同风险偏好的投资者对风险的承受能力可能存在较大的差异。本书基于投资者偏好水平对国家风险进行模糊测度，系统全面地刻画和分析不同风险要素之间的相互作用，并进行国家风险多属性的评价与测度分析。

第六章是"一带一路"沿线国家主权风险溢出网络。基于向量自回归（vector autoregression，VAR）模型构造溢出指数，以"一带一路"沿线国家为例，考察了"一带一路"沿线国家两两之间的主权风险溢出效应和"一带一路"沿线国家主权风险溢出网络的节点特征和结构特征，探究"一带一路"沿线国家整体及不同区域国家集团主权风险溢出效应的动态性特征。进而，结合结构变点识别方法，探究"一带一路"沿线区域国家集团间的溢出效应并对其进行阶段对比分析。

第七章是多因素驱动的电力工程市场需求预测。以装机容量作为市场需求分析的核心指标，该章首先开展对装机容量影响因素的梳理分析，并充分考虑影响因素数据可获取性与相关指标代表性，总结市场需求指标体系，其次构建基于多因素驱动的装机容量预测框架，以中亚五国为例开展实证分析，为电力工程海外投资的市场前景预判提供数据支撑。

第八章是考虑多模态特征的国家风险预测。该章将分解集成思想引入国家风险的预测，通过组合主流的分解算法与单体预测方法，形成多种混合预测方法，并分析其在国家风险预测中的性能，实现对电力工程海外投资中东道国的综合国家风险，以及政治、经济、金融风险的有效预测。

第九章是面向关键国家风险要素的风险缓释框架。海外投资环境的复杂性与国际经济形势的不稳定性给中国企业海外投资带来了巨大的挑战。该章对关键国家风险要素进行了识别与评估，并制定了相应的风险缓释策略。由于汇率风险的特殊性，该章研究选取汇率风险作为分析对象，展开风险缓释研究工作。首先，借助 VAR 模型分析汇率风险的波动溢出网络特征，其次，基于风险缓释原则、流程和策略，提出汇率风险的预防系统和应对系统，以期更好地对"一带一路"沿线国家汇率风险进行有效缓释。

第十章是案例分析与建议。对 T 企业海外电力工程投资现状展开详细的介绍与分析，并梳理其海外投资面临的关键风险因素，主要包括政治风险、经济风险、法律风险、社会风险、技术风险等。研究选取 AM 水电站建设项目，对投资东道国的整体概况、电力市场、项目概况及投资风险等展开深入的分析，梳理投资风险的缓释与应对策略，进而结合 T 企业在海外进行电力工程投资的风险问题和缓释策略，提出几点相应的建议措施，包括构建三级风险管理组织架构和优化完善风险管理方法程序。

第十一章是结论与展望。对本书的主要研究工作及成果进行总结，并给出未来的研究方向。

第二章 中国企业海外电力工程投资现状与风险特征

电力行业作为国民经济发展中的能源产业,是关系国计民生发展的重要保障,也是世界经济发展战略的重要环节,电力行业对促进经济发展与社会进步起到了重要作用。随着全球能源消耗不断增长,电力能源已经占据了无可替代的位置。随之而来的是国际电力市场的蓬勃发展。本章首先对国际电力市场发展前景和需求状况进行分析,其次从投资主体、规模、领域及区域等对中国电力企业海外投资状况进行分析,最后对中国企业海外电力工程投资的风险特征进行总结。

第一节 国际电力市场发展状况分析

一、国际电力市场发展前景

根据 *ENR* 中的分区,本节将主要对亚洲及大洋洲、中东地区、加拿大、美国、拉美地区、欧洲,以及非洲等区域进行国际电力市场发展前景分析。总体而言,国际电力市场发展前景良好。

1. 亚洲及大洋洲

亚洲及大洋洲的大部分发展中国家经济发展加速,需要电力等能源供给的支持,电力消费将在一段时间内持续增长,如图 2-1 所示。亚太地区的电力消费仍以传统能源(煤、石油、天然气)为主,占比超过 70%。在清洁能源发展方面,亚洲部分国家的水资源较为丰富,水力发电将成为亚洲电力市场新的增长点,预计到 2050 年全球水电新增装机容量的一半将来自亚洲市场。

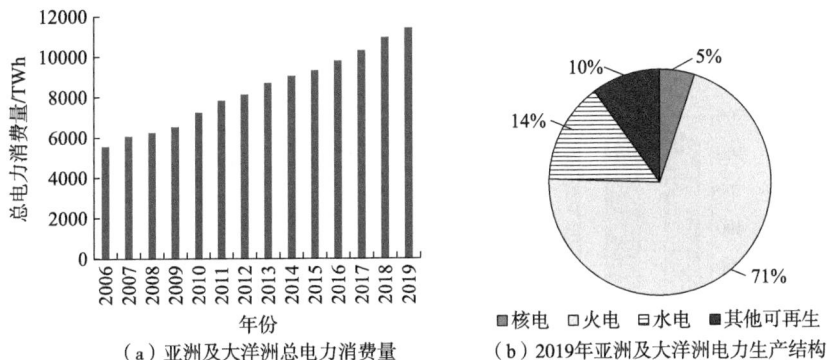

（a）亚洲及大洋洲总电力消费量　　（b）2019年亚洲及大洋洲电力生产结构

图 2-1　亚洲及大洋洲地区电力消费情况

资料来源：美国能源信息署（Energy Information Administration，EIA）官方网站

2. 中东地区

中东地区经济的快速发展、人口的迅速增长，尤其是各国在基础设施方面投入的不断增加，带动着其电力市场的蓬勃发展（图 2-2）。其中，阿富汗、伊拉克、黎巴嫩、土耳其和也门等国家电力供应紧张，电网存在不同程度的损坏，电力缺口大；其他国家虽然发电能力可基本满足国内工业和居民用电需求，但能源结构单一化问题严重，各国未来对可再生能源发电项目的投入将大幅度增加。

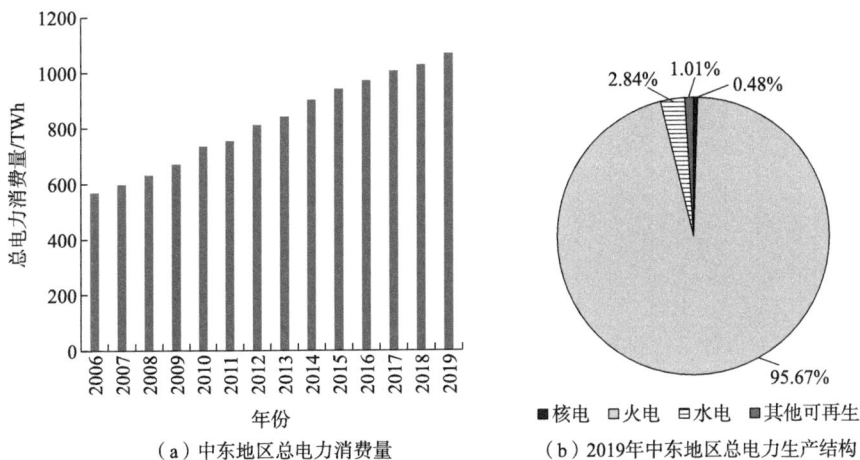

（a）中东地区总电力消费量　　（b）2019年中东地区总电力生产结构

图 2-2　中东地区电力消费情况

资料来源：EIA 官方网站

3. 加拿大

加拿大是全球电力产业较为发达的国家之一，2016 年可再生能源供电量就达到了总供电量的 60% 以上，水电占绝对比例，2016~2020 年占比均在 50% 以上且

仍保持稳定上升趋势（图 2-3）。2019 年加拿大电力需求总量为 2 596 153 TJ，97%由住宅、工业、商业和公共服务消耗。从 2016～2020 年加拿大发电量与需求量变化趋势来看，需求量基本维持稳定。

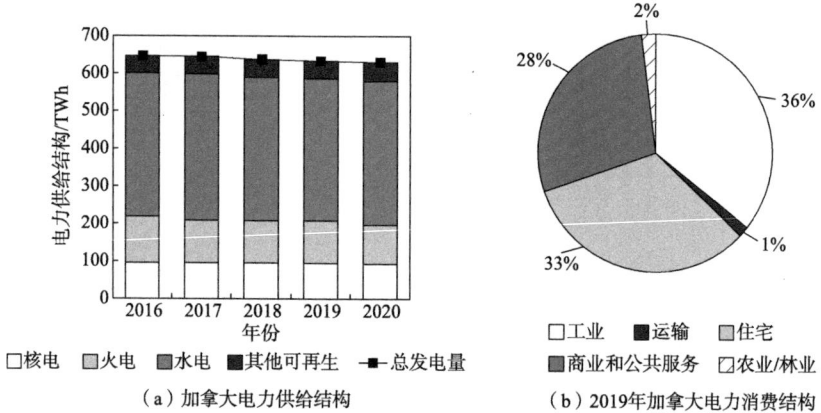

（a）加拿大电力供给结构　　　　　（b）2019年加拿大电力消费结构

图 2-3　加拿大电力供给结构与电力消费结构

资料来源：EIA 官方网站

4. 美国

美国电力供给结构中火电占比最大（图 2-4）。2020 年，美国电力消耗总量达到 13 098 469TJ。可以看出，美国电力市场有良好的发展机遇和需求前景，这必将给电力工程建设市场带来新的机遇和发展。

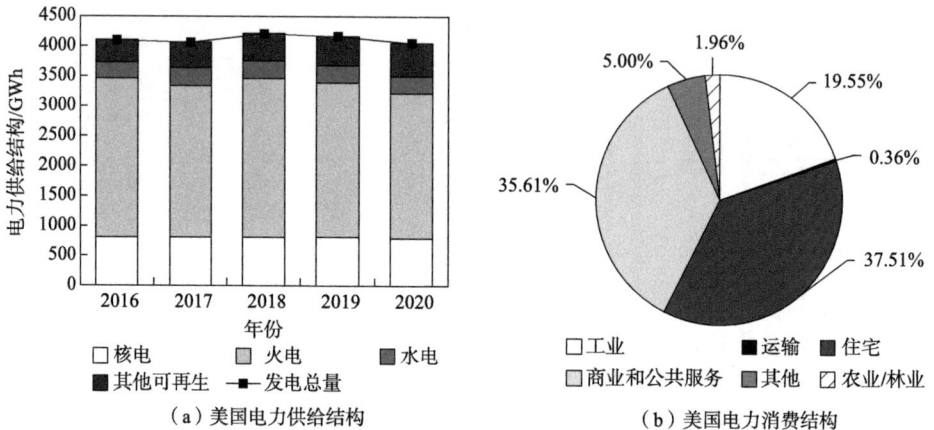

（a）美国电力供给结构　　　　　（b）美国电力消费结构

图 2-4　美国电力供给结构及电力消费结构

资料来源：EIA 官方网站

5. 拉美地区

由于大宗商品热潮渐退及经济增长减速，近年来拉丁美洲多数地区的电力消费能力降低，发电总量及电力占比如图 2-5 所示。IEA 统计数据显示：拉美地区已经成为可再生能源增长速度最快的市场之一。为打破过度依赖水电的电力格局，2015 年拉美地区在可再生能源发电和燃料上共投资了 168 亿美元，较 2014 年增长了 26%，2015～2019 年拉美地区水力发电量不断上升。可以看出，拉美地区电力市场有良好的发展机遇，这必将给电力投资带来新的发展机遇。

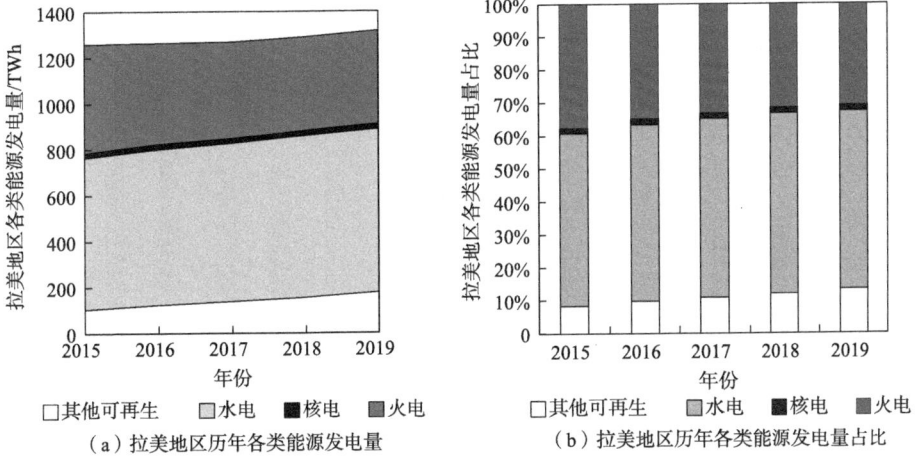

（a）拉美地区历年各类能源发电量　　　　（b）拉美地区历年各类能源发电量占比

图 2-5　拉美地区历年发电总量及各类发电量占比

资料来源：EIA 官方网站

6. 欧洲

欧洲互联电网包括欧洲大陆、北欧、波罗的海、英国、爱尔兰五个同步电网区域，由欧洲输电商联盟负责协调管理，是世界上规模最大的互联电网之一。2020 年，欧洲电网总装机容量达 1215GW，发电量达到 3657 TWh（图 2-6）。

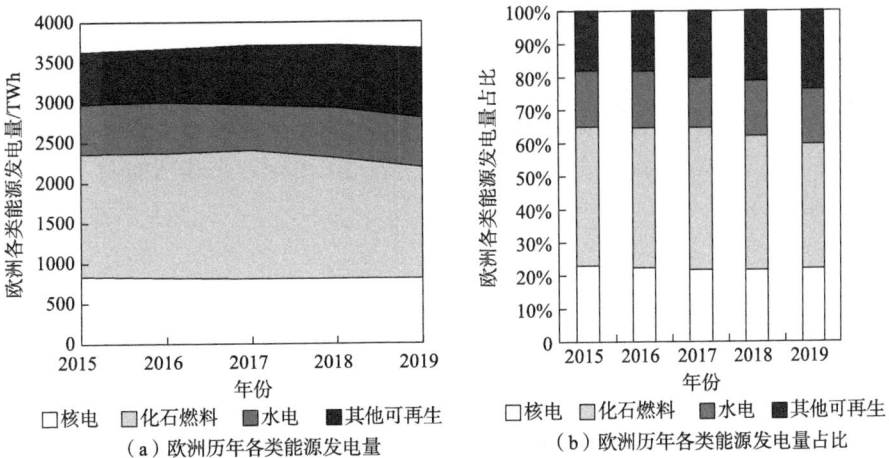

（a）欧洲历年各类能源发电量　　　　（b）欧洲历年各类能源发电量占比

图 2-6　欧洲历年发电总量及各类发电量占比

资料来源：EIA 官方网站

7. 非洲

近年来，非洲经济一直保持高速发展，为了跟上经济发展的步伐，对发电的投入也在不断增加，总发电量逐年增加（图 2-7）。非洲大部分国家发电量存在较大的缺口，难以满足国内需求，但是阿尔及利亚、埃及、埃塞俄比亚、突尼斯等国家，电力供大于求。南非是非洲电力大国，供应非洲电力的 40%。未来，非洲多数国家对风力、水力、太阳能等可再生能源发电项目的投入将大幅增加。

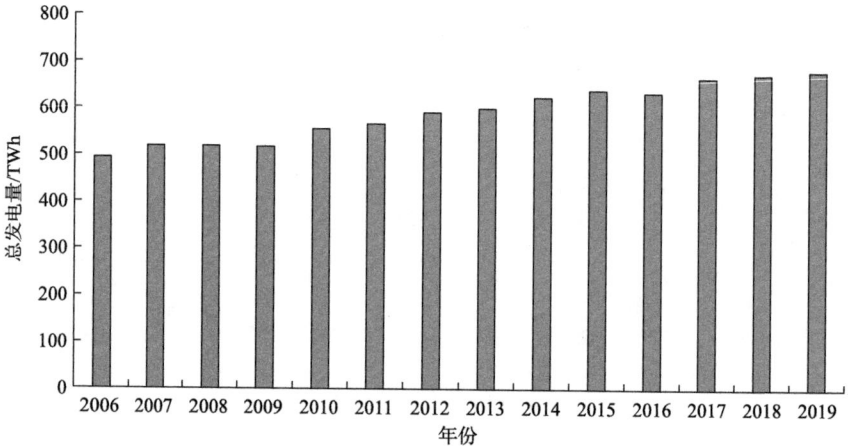

图 2-7　非洲总发电量变化趋势

资料来源：EIA 官方网站

二、国际电力市场需求状况

1. 亚洲及大洋洲

亚洲及大洋洲的大部分发展中国家经济发展加速，需要电力等能源供给的支持，电力需求旺盛，电力总需求量在 2020～2025 年将持续上涨。从电力能源结构构成来看，亚洲及大洋洲电力市场仍以火力发电为主。亚洲及大洋洲区域的清洁能源发展仍处于初始阶段，占比不到 30%，但 2010 年以来清洁能源发电占比不断增加（图 2-8）。

2. 中东地区

受战争等因素影响，中东地区部分国家电力系统摧毁严重，随着中东地区局势趋于稳定，中东各国电力基础设施建设工作迅速推进，2010～2019 年中东地区发电总额不断上涨。中东电力产业对传统能源依赖程度较高，传统能源发电量占比超过九成。随着全球清洁能源发电成本的降低，加之其丰富的太阳能、风能等的发展潜力，未来中东地区国家在清洁能源发展上将有所突破（图 2-9）。

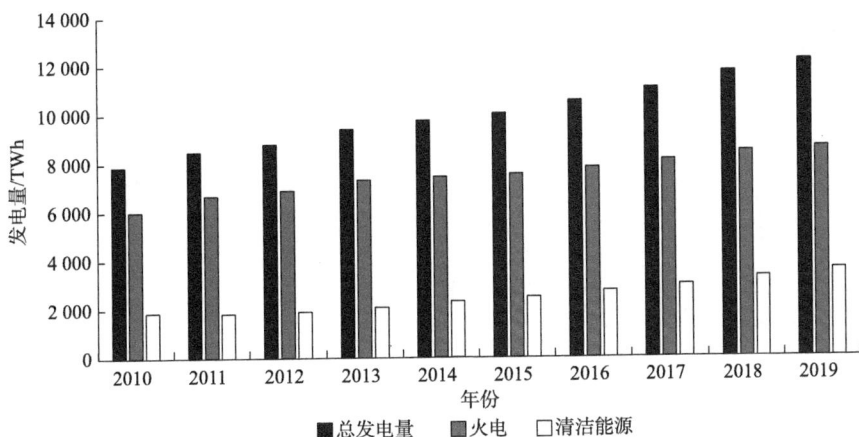

图 2-8　亚洲及大洋洲电力市场需求

资料来源：国际能源机构（International Energy Agency，IEA）

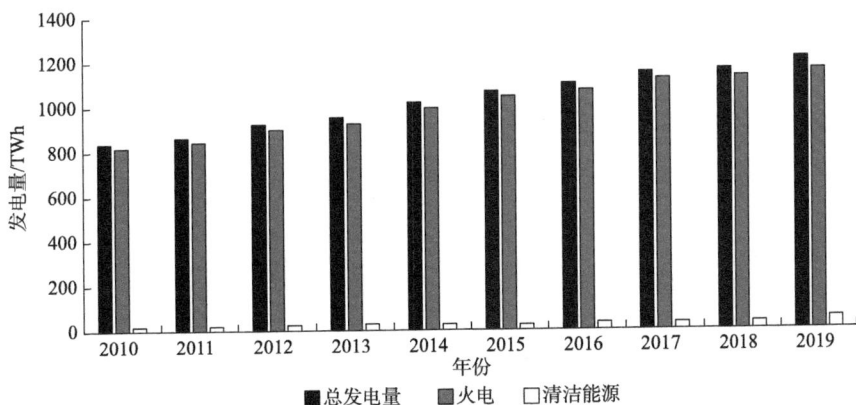

图 2-9　中东地区电力市场需求

资料来源：IEA

3. 加拿大

加拿大国内电力供应市场趋于饱和，但为满足电力出口需求，未来总发电量仍呈上涨趋势。从电力供给结构来看，目前加拿大接近 80% 的电力供应来自清洁能源，政府计划到 2030 年将这一比例提高到 90%，为此，传统能源发电将进一步下降，燃煤发电将被淘汰。清洁能源方面，水电占总发电量比例一半以上，风电发展势头强劲（图 2-10）。

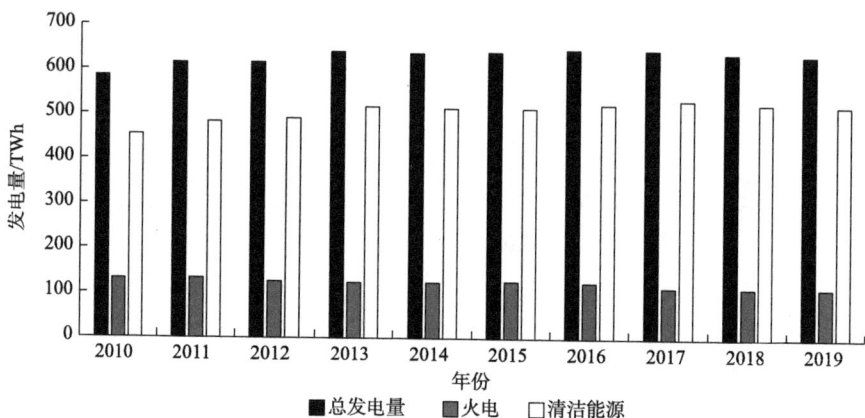

图 2-10　加拿大电力市场需求

资料来源：IEA

4. 美国

美国电力供应基本满足本国工农业生产需要，未来几年发电量总额不会有太大波动。然而，伴随新能源法案的实施，美国发电能源结构出现一定程度的变化。传统能源方面，2010～2019 年总体占比降低约 7 个百分点，其中，燃气发电异军突起，上涨超过 60%，但燃煤发电量大幅下降（图 2-11）。

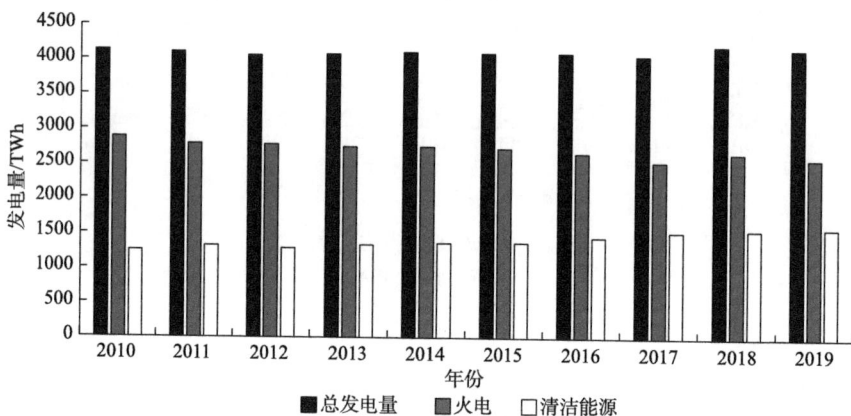

图 2-11　美国电力市场需求

资料来源：IEA

5. 拉美地区

未来拉美地区，国际工程承包市场将主要存在于发展中国家对电力基建设施的持续投入。拉美地区基建市场均将实现稳步增长，电力需求增长迅速，拉美地区将成为全球电力建设热点（图 2-12）。

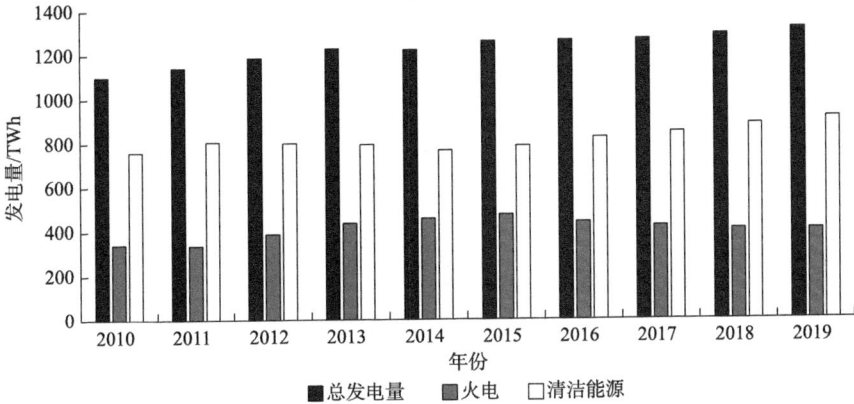

图 2-12 拉美地区电力市场需求

资料来源：IEA

6. 欧洲

欧洲电力市场是高度发展的成熟市场，未来几年发电量总额不会有太大波动。欧洲电力市场的清洁能源发展在全球处于领先水平，大部分国家出台的政策都是积极支持可再生能源发电发展的。预计到 2030 年，欧洲电力的 50%将由可再生能源提供。在清洁能源中，核电占比超过 50%，水电占比占 20%左右，风电发展也大有潜力（图 2-13）。

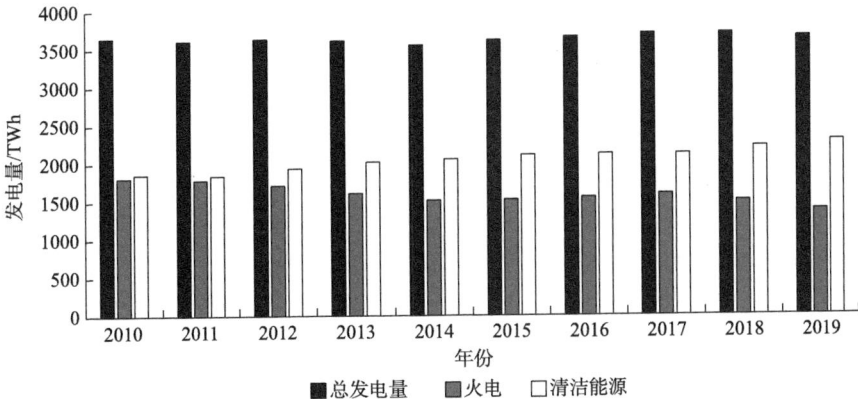

图 2-13 欧洲电力市场需求

资料来源：IEA

7. 非洲

非洲电力供应整体比较紧张，其中 40%来自南非，无电人口超过 6 亿，仍为全球较低水平。由于各国对电力基础设施的大力投入，未来 5 年发电量将持续增加，预计 2020～2040 年发电量将增长至目前的 4 倍，其中以传统火力发电为主。在清洁能源发电方面，非洲起步较晚，仍处于初步阶段，其中核电模式只在有限几个国家存在，而水电作为非洲清洁能源发电的主力，占比超过 80%（图 2-14）。

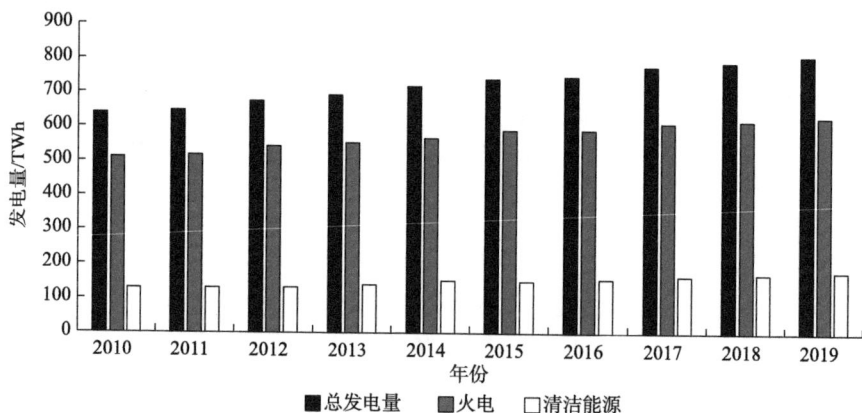

图 2-14 非洲电力市场需求

资料来源：IEA

第二节　中国企业海外电力工程投资总体概况

一、海外电力工程投资主体

投资主体，一般是指具有一定的资金实力，并且将其用于相关的投资活动之中，享有投资收益的权利，履行相应的责任和义务的法人或自然人。海外电力工程投资活动中，电力行业具有高端技术密集、高资本壁垒和较高市场垄断程度的特性，且被各国政府高度重视，受到各个国家和政府的管制，致使开展海外电力投资的企业以各国主要财团或国有企业为主，部分小型企业难以拥有雄厚的资金实力，无法承担巨大的投资风险。电力行业虽然对技术、资金等要求较高，但是营业收入和利润较为可观，易实现较大规模的经济效益，从而促进国家或地区经济的快速发展。

根据 ENR，在进行海外电力工程投资的中国企业中，国有企业占据主导地位，如中国电力建设集团有限公司（以下简称中国电建）、中国葛洲坝集团有限公司（以下简称葛洲坝集团）、中国机械工业集团有限公司等，具体如表 2-1 所示。2016

年 *ENR* 统计数据表明，我国国有企业参与海外投资活动的数额高达 170.83 亿美元，占中国同类型投资比重的 95.58%，显然，国有企业在海外电力工程投资活动中占据主导地位。由于电力行业具有较高的市场风险，一般来说，较小企业难以承担如此高的风险水平，同时，电力投资活动对技术水平和资金实力要求较高。中国国有企业（电力）在海外开展投资的实践过程中，逐渐形成了企业可持续发展的能力和国际化发展的实力，进一步巩固了国家电力安全和经济社会发展的良好基础。

表 2-1 中国企业海外电力工程投资活动数据统计

序号	公司名单	国际电力/亿美元	占比	企业属性	*ENR*（2016 年）	*ENR*（2015 年）
1	中国电建	66.99	37.48%	国有企业	11	11
2	葛洲坝集团	24.89	13.93%	国有企业	45	44
3	中国机械工业集团有限公司	22.27	12.46%	国有企业	23	27
4	哈尔滨电气国际工程有限责任公司	10.17	5.69%	国有企业	88	—
5	中国电建集团国际工程有限公司	6.93	3.88%	国有企业	74	74
6	中国中原对外工程有限公司	6.65	3.72%	国有企业	109	110
7	中国化工集团有限公司	6.12	3.42%	国有企业	67	76
8	中国东方电气集团有限公司	6.08	3.40%	国有企业	107	72
9	中国电力技术装备有限公司	5.58	3.12%	国有企业	128	—
10	中国通用技术（集团）控股有限责任公司	5.16	2.89%	国有企业	92	93
11	中国冶金科工集团有限公司	4.55	2.55%	国有企业	49	49
12	中国能源建设集团天津电力建设有限公司	3.52	1.97%	国有企业	166	138
13	中国通信建设集团有限公司	1.92	1.07%	国有企业	3	5
14	其他企业	7.90	4.42%	其他类型	—	—
	合计	178.73	100%	—	—	—

资料来源：根据 2016 年 *ENR* 整理

二、海外电力工程投资规模

根据上文内容可知，目前参与海外电力工程投资的中国企业主要包括中国电建、葛洲坝集团等在内的 13 家企业。为此，本节通过梳理中国主要企业海外业务新签合同、营业收入、利润等主要经营指标，进行投资状态的分析。

2011～2015 年中国企业累计完成国际电力业务新签合同额约 5920 亿元、营业额约 3016 亿元，如图 2-15 所示。2011～2015 年中国电力企业在境外投资总体呈稳步上升趋势。2012～2015 年境外新增投资额分别为 25 243.56 万美元、23 453.43 万美元、52 749.20 万美元、64 580.97 万美元，如表 2-2 所示。2012～2015 年境外投资总额占境内外投资总额的比例分别为：5.75%、2.90%、4.72%、5.16%。集团境外投资总额在集团总体投资总额中的比重保持了相对较低且平稳的态势。

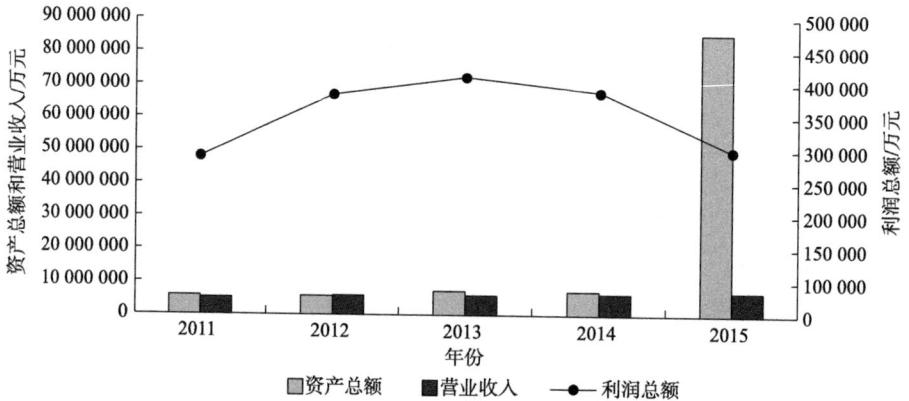

图 2-15　2011～2015 年境外投资指标

资料来源：根据电力企业年报整理获得

表 2-2　2011～2015 年企业境外投资情况统计

项目	2011 年	2012 年	2013 年	2014 年	2015 年
境外新增投资额/万美元	20 883.00	25 243.56	23 453.43	52 749.20	64 580.97
固定资产投资/万美元	20 883.00	13 533.13	23 383.43	39 569.60	64 580.97
股权投资/万美元	—	11 710.43	70.00	13 179.60	—
境外新增投资项目数/个	11	6	1	2	3
境内外新增投资总额/万美元	—	439 140.81	808 727.03	1 117 829.71	1 251 348.43

资料来源：中国电建等企业统计数据

三、海外电力工程投资领域

中国电力企业在业务领域主要为水电、火电、新能源等领域。中国电力企业境外承包工程业务无论是营业额还是新签合同额，其行业分布主要集中在火电、水电、交通和房建类项目，另外在 2011～2015 年中后期新能源行业有较好的发展。2011～2015 年火电、水电、交通和房建类项目营业额合计年平均占比为 83.47%、新签合同额合计年平均占比为 73.92%，营业额与新签合同额历年行业分布变化情况，具体如图 2-16 和图 2-17 所示。

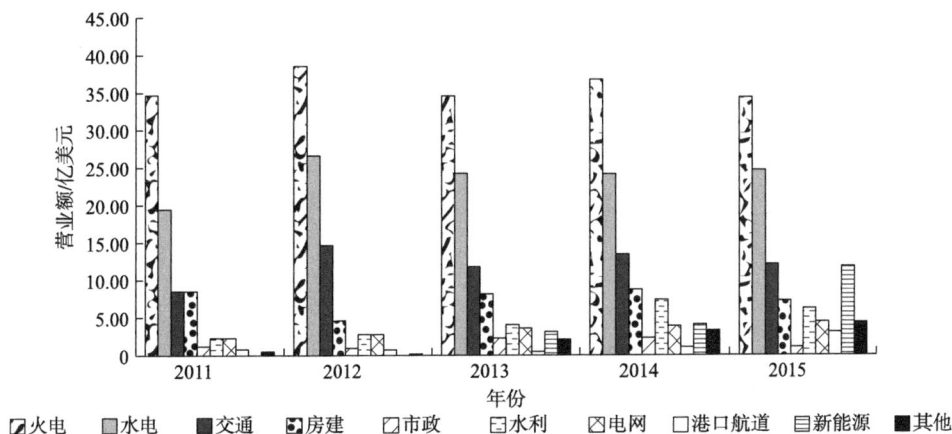

图 2-16　2011～2015 年营业额行业分布变化情况

资料来源：根据企业报告数据整理得到

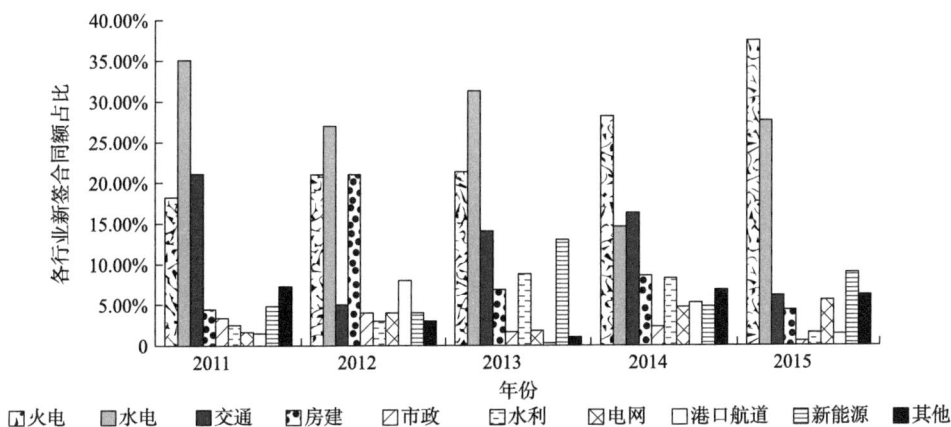

图 2-17　2011～2015 年新签合同额行业分布变化

资料来源：根据企业报告数据整理得到

四、海外电力工程投资区域

目前，中国电力企业在全球 100 多个国家设立有 200 多个驻外机构，形成以亚非国家为主，辐射美欧等高端市场的多元格局。海外新增投资项目国别主要集中在亚洲的老挝、尼泊尔、柬埔寨、哈萨克斯坦、巴基斯坦、印度尼西亚等地，并向欧洲发达国家——德国扩展。在 2011～2015 年海外投资营业额地区分布变化情况，如图 2-18 所示。

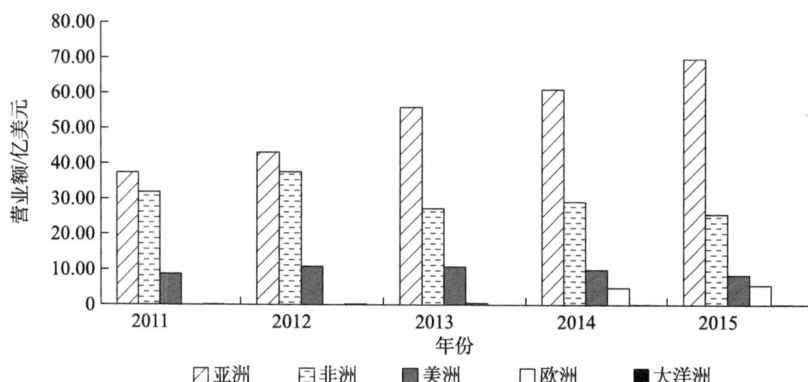

图 2-18　2011～2015 年营业额地区分布变化情况

资料来源：根据企业报告数据整理得到

中国企业在亚洲各国的承包市场参与度较高，通过对 2015 年中国企业在亚洲及大洋洲开展的 443 个电力工程项目信息的梳理，印度尼西亚、蒙古国、塔吉克斯坦等国家的中国企业数量较多。在北美市场主要有中国电建和中国能源建设集团有限公司（以下简称中国能建）等企业参与电力工程投资活动。在拉美地区，主要有中国能建、中国电建、国家电网有限公司等公司，巴西和阿根廷是中国承包商在拉美地区较大的投资市场。在欧洲，中国电力企业进行的投资活动主要集中在俄罗斯、白俄罗斯、波兰、西班牙、法国、德国等国家。以中国电建和中国能建为主的中国电力企业，在非洲投资了一批电力工程。其中，安哥拉是中国企业投资的主要市场，中国电力企业在赞比亚、喀麦隆的承包市场投资份额也比较高。

2011～2015 年中国电力企业境外新增投资重大项目共计 14 个，截至 2015 年底，在建境外投资项目共计 8 个，分别为巴基斯坦大沃风电项目、尼泊尔上马相迪水电站项目、老挝南欧江流域梯级水电站第一期（2、5、6 级电站）项目、老挝南欧江流域梯级水电站第二期（1、3、4、7 级电站）项目、巴基斯坦卡西姆港燃煤应急电站项目、印度尼西亚棉兰工业园 2×150MW（净容量）燃煤发电工程项目、越南海阳燃煤电厂建设-经营-转让（build-operate-transfer，BOT）项目、巴基斯坦苏吉吉纳里（Suki Kinari，SK）水电站投资项目。境外运营投资项目共计 4 个，分别是老挝甘蒙塔克水泥厂项目、柬埔寨甘再水电站 BOT 项目、老挝南俄 5 水电站项目、老挝钾盐矿项目。股权收购项目共 2 个，分别是德国 TLT 涡轮增压股份有限公司、哈萨克斯坦水利设计院有限公司等，具体项目投资信息，如表 2-3 所示。

表2-3　2011～2015年中国企业海外电力投资重大项目信息统计

序号	项目名称	洲别	国别	行业	投资类别	总投资/万元	本企业投资/万元
1	巴基斯坦大沃风电项目	亚洲	巴基斯坦	新能源	固定资产投资	11 500.00	11 441.19
2	尼泊尔上马相迪水电站项目	亚洲	尼泊尔	水电	固定资产投资	16 858.67	—
3	老挝南欧江流域梯级水电站第一期(2、5、6级电站)项目	亚洲	老挝	水电	固定资产投资	105 176.14	—
4	老挝南欧江流域梯级水电站第二期(1、3、4、7级电站)项目	亚洲	老挝	水电	固定资产投资	107 411.77	—
5	巴基斯坦卡西姆港燃煤应急电站项目	亚洲	巴基斯坦	火电	固定资产投资	208 500.00	—
6	印度尼西亚棉兰工业园2×150MW(净容量)燃煤发电项目	亚洲	印度尼西亚	火电	固定资产投资	56 106.00	2 805.30
7	越南海阳燃煤电厂BOT项目	亚洲	越南	火电	固定资产投资	186 850.00	130 795.00
8	巴基斯坦SK水电站投资项目	亚洲	巴基斯坦	水电	固定资产投资	196 200.00	39 240.00
9	老挝甘蒙塔克水泥厂项目	亚洲	老挝	建材	固定资产投资	6 910.12	6 910.12
10	柬埔寨甘再水电站BOT项目	亚洲	柬埔寨	水电	固定资产投资	33 575.07	—
11	老挝南俄5水电站项目	亚洲	老挝	水电	固定资产投资	20 298.49	—
12	老挝钾盐矿项目	亚洲	老挝	建材	固定资产投资	10 431.80	—
13	德国TLT涡轮增压股份有限公司	欧洲	德国	其他	股权投资	13 180.50	—
14	哈萨克斯坦水利设计院有限公司	亚洲	哈萨克斯坦	其他	股权投资		—

资料来源：中国电建等企业官方公布信息

第三节　中国企业海外电力工程投资风险特征

一、国际市场竞争形势严峻，投资难度加大

国际工程承包行业竞争激烈，部分如欧美日韩等发达国家和地区承包企业对海外基础设施市场日益重视。项目所在国政府也在不断地加大对本国企业的扶持，给予贷款利息补贴。中国企业国际业务整体发展水平不均衡，部分企业的国际项

目管理基础还比较薄弱，体制还不完善，不能满足和适应当前国际业务整体快速、跨越发展的要求。企业国际项目管理水平参差不齐，计划、商务、安质环、劳务等方面的整体管理水平要进一步提高；财税管理、设计采购施工（engineering procurement construction，EPC）项目管理、资源整合等方面的整体能力有待加强。发达经济体的"再工业化"、"工业4.0"和"智能机器"计划对我国发展高端产业形成战略威胁，部分国家政府更迭给项目承揽和安全带来不稳定因素，国际工程承包市场竞争格局出现新变化。此外，国内省、市一级的公司也加入到"走出去"的企业中，其水平和能力良莠不齐，为承揽项目时常出现低价竞标、相互诋毁等恶性竞争的现象，导致国际投资无序、恶性竞争，严重扰乱海外电力工程市场秩序。

二、企业海外市场融资困难，资金成本高企

由于基础设施建设领域业务及相关项目的特点是前期投资和各项投入巨大、运营周期和回收周期长，投资回报率不高甚至不确定以及落地较难，各个企业普遍面临融资困难、融资不足的问题。在亚洲区域，包括缅甸、孟加拉国、吉尔吉斯斯坦、土库曼斯坦、乌兹别克斯坦、巴布亚新几内亚等国家在内，由于融资条件有限、贷款审查严格等，融资较为困难。而拉美金融市场管理规范程度相对较低，金融服务成本较低，融资障碍也相对较少，发展稳健的银行业能很好地满足商业融资需求。在拉美地区开展电力工程投资，中国企业可以获得相对便利的金融服务，但融资费用相对较高，外国企业在拉美地区享受国民待遇，但贷款利率非常高，年基准利率为10%左右。

三、海外投资风险因素增多，管理体系复杂

当前和今后一个时期，经济全球化和区域经济一体化深入发展，国际金融危机的后续影响仍未完全消除，全球价值链演变日益深刻，"低增长、低通缩、再平衡"的态势还在延续，国际金融、贸易、地缘政治等领域的博弈和保护更加复杂激烈。除了传统市场风险外，非传统安全涉及的范围越来越广、因素越来越多，这对电力企业开拓国际业务造成了很大的影响，如叙利亚危机、巴以冲突、沙特与也门交恶等问题依然给地缘关系的稳定带来巨大困扰。俄罗斯受制裁、中东变局、IS恐怖活动、缅北局势、恐怖主义袭击等非传统安全问题和政治社会安全、自然灾害和卫生安全等问题，依然形成严峻威胁，对中国企业海外资产管理、市场营销和项目管理都造成了很大的挑战。中国企业在海外电力工程投资过程中，需要凭借丰富的经验和管理能力，妥善解决问题，时刻关注国际市场的风险所在。

四、全球新冠肺炎疫情形势严峻，民粹主义抬头

新冠肺炎疫情不仅令全球公共卫生体系面临严峻考验，也给各国的政治、经济和社会等方面带来深远影响。虽然电力国际化发展仍处于重要战略机遇期，但是中国企业海外电力工程投资将面临更多的挑战，境外合同履行也遭遇超出常规的障碍。新冠肺炎疫情时期国际贸易保护主义、民粹主义有重新抬头的倾向，这些全球性危机必将会对中国电力企业的未来发展造成不同程度的影响。而中美贸易摩擦给中国企业的海外投资项目带来了一定程度的损失，此类贸易保护主义不但会加剧国与国之间的矛盾，也会造成国内的经济竞争力下降。对于"逆全球化"，虽然最好的解决手段是加大自由贸易和对外开放水平，但是在目前全球政治、经济大变动的环境下，海外投资风险将进一步加剧。

第四节 本 章 小 结

本章通过对国际电力市场发展前景和市场需求状况进行初步分析，掌握国际电力工程市场状况，进一步梳理我国企业海外电力工程投资状况，进而梳理海外电力工程投资的主要特征。首先，本章从亚洲及大洋洲、中东地区、加拿大、美国、拉美地区、欧洲及非洲等区域进行国际电力市场发展前景分析，通过电力供给结构与电力消费需求数据进行分析，结果表明国际电力市场发展前景良好，电力投资活动将会持续稳中有进，尤其是拉美地区、非洲等区域。亚洲及大洋洲的电力消费仍以传统能源（煤、石油、天然气）为主，占比超过70%。在清洁能源发展方面，水力发电将成为亚洲电力市场新的增长点，预计到2050年全球水电新增装机容量的一半将来自亚洲市场。

其次，对中国企业海外电力工程投资总体概况进行系统分析，主要从海外电力工程投资主体、投资规模、投资领域、投资区域等方面展开。海外电力投资的企业大多数是国有企业，主要有中国电建、葛洲坝集团、中国机械工业集团有限公司等。在业务领域，以水利电力建设等基础设施为核心，涉及火电、输变电、新能源等多个领域，形成以亚非国家为主，辐射欧美高端市场的多元格局。

最后，对中国企业海外电力工程投资风险特征进行总结，发现：国际工程承包行业竞争激烈，部分如欧美日韩等发达国家承包企业对海外基础设施市场日益重视。项目所在国政府也在不断地加大对本国企业的扶持，给予贷款利息补贴，

导致我国企业海外投资难度加大；电力工程建设领域业务及相关项目的特点是前期投资和各项投入巨大、运营周期和回收周期长，且项目融资条件有限、贷款审查严格等导致融资困难，资金成本高企；全球价值链演变日益深刻，"低增长、低通缩、再平衡"的态势还在延续，国际金融、贸易、地缘政治等领域的博弈和保护更加复杂激烈，海外投资风险因素增多，导致管理体系复杂。

第三章　基于全寿命周期的海外电力工程投资风险识别

海外电力市场需求不断增长、发展前景良好，激发中国企业海外投资迅猛增长。然而，由于经济全球化和区域经济一体化深入发展，全球价值链的演变日益深刻，"低增长、低通缩、再平衡"的态势仍在延续，国际金融、贸易、地缘政治等领域的博弈和保护更加复杂激烈。本章基于全寿命周期理论将投资活动进行阶段划分，梳理潜在的风险因素，重点识别涉及国家风险的要素，为国家风险监测与评估提供指标体系。

第一节　研究问题的提出

随着经济全球化发展的持续深入，诸多企业通过跨国投资活动，不断深化国际化发展战略。自 2000 年以来，我国企业海外直接投资呈现出迅猛增长的态势。据中华人民共和国商务部统计，截至 2020 年底，我国对外投资存量高达 25 806 亿美元，涉及全球近 190 个国家和地区，其中海外并购是中国企业对外直接投资的主要方式[①]。其中，海外电力工程投资领域，中国企业 2020 年在 143 个国家（地区）新签电力工程类项目合同 1504 份，新签合同额 507.3 亿美元。海外电力工程投资的快速、持续增长，原因在于以下几点：其一，国际电力工程具有良好的发展前景；其二，国内市场、资源等无法满足和承载企业持续发展的需求；其三，

---

① 《2020 年度中国对外直接投资统计公报》，http://www.gov.cn/xinwen/2021-09/29/5639984/files/a3015be4dc 1f45458513ab39691d37dd.pdf [2022-03-14]。

国内"走出去"战略和"一带一路"倡议等政策因素的驱动，促进了我国企业对外投资的新高潮。现阶段中国企业海外电力工程投资活动发展快速，且投资意愿强烈，一方面是我国经济发展与企业实力增强的外在表现，另一方面也是我国经济转型和产业优化升级的内在需求。

然而，由于经济全球化和区域经济一体化深入发展，全球价值链的演变日益深刻，"低增长、低通缩、再平衡"的态势还在延续，国际金融、贸易、地缘政治等领域的博弈和保护更加复杂激烈。除传统市场风险外，非传统安全涉及的范围越来越广、因素越来越多，如地缘政治与武装冲突明显增多，恐怖组织频繁制造绑架、暴力事件等，这对中国电力企业开展国际业务带来巨大的影响。

海外电力工程项目投资活动作为一项极其复杂的系统工程，具有投资数额巨大、投资回收期长、影响因素众多等典型特征。在进行海外电力工程投资活动时，笼统、单一阶段的风险管理活动难以有效保障海外电力工程投资活动的顺利开展。全寿命周期的风险管理（life-cycle risk management，LRM）模式主要是以投资项目全寿命周期为基础，将风险管理系统集成的思想应用于海外电力工程投资活动之中。考虑海外电力工程投资活动的全寿命周期，能够将相对独立的项目投资活动前期决策、设计、建设及运营等各个阶段的风险管理活动进行集成，从系统、整体的角度进行分析、优化与统筹，根据不同阶段的海外电力工程投资活动，有针对性地进行国家风险的识别与梳理，能够有效管控海外电力工程投资活动中的国家风险问题，以确保项目投资目标的实现。因此，基于全寿命周期的海外电力工程投资中国家风险识别与分析研究极其必要和至关重要。

鉴于此，本章将构建海外电力工程投资中国家风险识别与分析框架，并基于全寿命周期理论，利用分解思想将海外电力工程投资全寿命周期进行阶段划分，构建出海外电力工程投资关键事件链，分析每一环节上可能的风险影响因素，重点识别其中涉及的国家风险要素，分析国家风险影响的表现形式与作用途径，为国家风险监测与评估提供基础的理论框架和指标体系。

第二节　风险识别框架设计

本章主要从项目全寿命周期阶段划分、风险识别流程及风险识别体系等三个方面，系统地构建全寿命周期的海外电力工程投资中国家风险识别框架，如图 3-1 所示。由于投资活动在不同阶段所需要考虑的风险因素存在差异，在实际开展海外投资决策时，不能笼统地将各阶段的风险因素混为一谈，因此研究有必要对投资活动全寿命周期进行阶段划分，使得风险识别和分析更具有针对性与系统性。本章研究在划分阶段时，主要从理论研究与投资实践两个方面梳理相关的海外电力工程投资活动的阶段划分方式。投资阶段划分后，通过利用风险-任务分解耦合矩阵对各阶段风险展开识别与分析，最后通过风险过滤和筛选，获得风险指标体系。

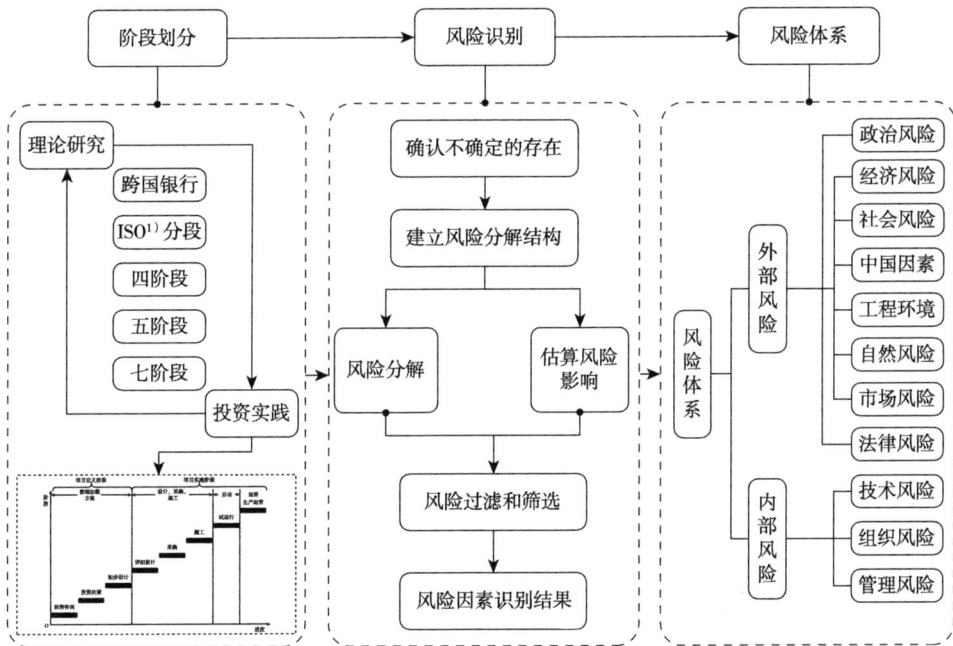

图 3-1　风险识别框架

1）国际标准化组织（International Organization for Standardization，ISO）

一、项目生命周期阶段划分

《项目管理知识体系指南（PMBOK 指南）》（第 6 版）提出，"项目生命周期是通常按顺序排列的若干项目阶段构成的全体，其名称与个数取决于参与该项目的一个或多个组织的控制需要"。目前，项目的生命周期被划分为三种类型：第一种类型是狭义的项目生命周期，指从项目谋划立项开始，到项目竣工验收合格为止；第二种类型是广义的项目生命周期，指从项目谋划立项开始，到建成投产、运营结束、厂房设备被拆除，直至人员安置等法律手续结束为止，即项目从生到灭的完整过程；第三种类型是介于狭义和广义之间的项目生命周期，指从项目谋划立项开始，到项目的验收合格、投产试运成功，直至交付投资者进行生产运行的过程。

　　根据不同机构和学者的划分方法，项目阶段数目划分存在差异，通过文献梳理可知，现行项目阶段划分主要涉及以下五种方式：跨国银行、ISO 划分法、四阶段划分法、五阶段划分法、七阶段划分法等（格雷和拉森，2003）。不管项目阶段的内容和划分如何不同，大多数项目生命周期都可以归纳为启动、设计、规划、执行与控制实施和结束等几个阶段。项目生命周期各阶段的内容根据项目需求而定，对于国际电力工程项目投资而言，其可划分为项目定义阶段和项目实施阶段，具体包括投资咨询、投资决策、初步设计、详细设计、采购、施工、试运行及生产运营等，具体如图 3-2 所示。

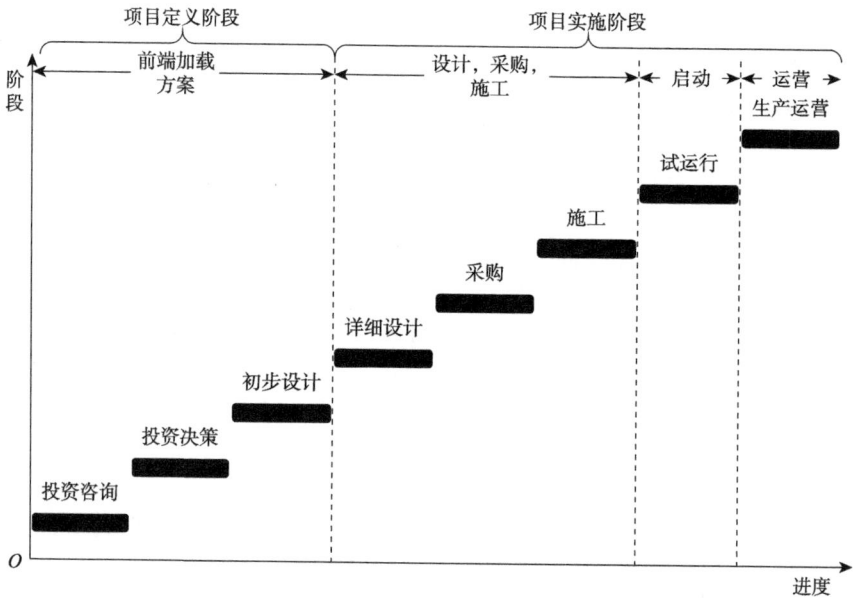

图 3-2　国际电力工程项目投资建设阶段划分示意图

二、风险识别流程

　　本章采用风险分解结构进行风险的识别、梳理工作，首先根据研究主体"海外电力工程投资"将风险分为国家风险、市场风险及项目风险等，通过采用文献计量和专家访谈等多种形式，对风险类型进行统计和识别。通过构造 WBS-RBS 耦合矩阵，不仅能够从全局出发梳理海外投资，还能够深入到投资活动的具体细节（任南等，2014）。一般来说，风险识别过程主要包含以下四个环节，具体如图 3-3 所示。

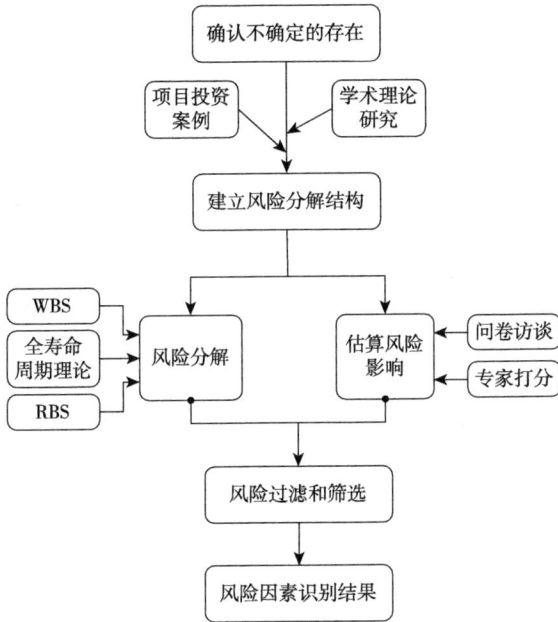

图 3-3　风险识别流程图

第一步，本书研究对风险因素的识别主要源于以下两个方面：其一，选取海外工程投资项目的管理文件和资料进行评审分析；其二，梳理该领域内相关学者研究中风险类别，从两个维度拓展风险分类。

第二步，构建风险分解结构，将可能存在的风险类型逐一分解，直至寻找到风险因素及其相应的风险事件。并通过问卷访谈和专家打分进行风险估计。

第三步，基于风险分解和风险影响的估计，进行风险过滤与筛选。

第四步，以 RBS 和 WBS 为坐标，构建风险-任务分解体系的耦合矩阵，如图 3-4 所示，形成风险与阶段之间的映射关系。

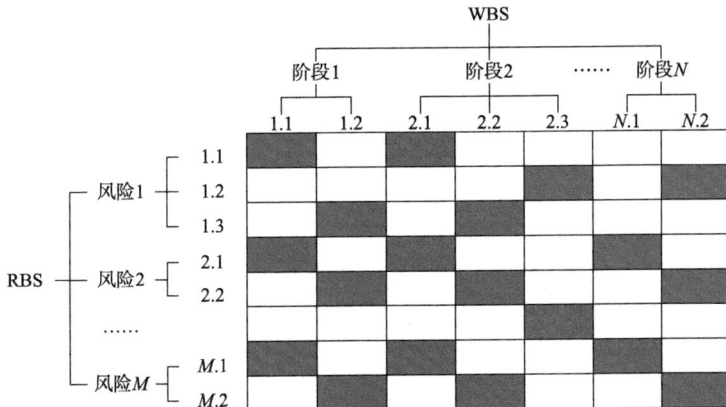

图 3-4　风险-任务分解耦合矩阵

三、风险识别体系

结合风险识别流程，本节对项目风险从企业投资案例和学术理论研究两个维度逐一展开梳理，具体如下。

1. 企业投资案例

本章通过查找近年来海外投资及海外电力工程投资相关的案例，进行了风险因素的整理和分析识别，可以发现在实际投资过程中，企业会将风险划分为系统性风险和非系统风险两大类，也有案例将其划分为宏观环境风险、行业风险以及企业内部风险。虽然划分类别上存在差异，但是从具体的风险因素上来看相差甚微，绝大多数的投资项目均会考虑政治风险、经济风险、社会风险等风险因素。本章研究整理 20 余企业实际投资案例，识别相关的风险因素，如表 3-1 所示。

表 3-1　项目案例风险因素统计

文献	项目主体	风险因素		
		国家层级	市场层级	项目层级
肖欣等（2020）	"中巴经济走廊"电力项目	政策变动、电费回收、货币贬值、非传统安全	电力消纳、送出受限	
牛田青（2015）	巴西 C-电力工程	政治风险、经济风险、社会风险、法律风险、自然风险	市场风险	组织风险、管理风险、技术风险
李弢（2016）	硅酸钙板厂投资项目	政治风险、法律风险、社会风险、不可抗力风险	市场经济风险	合同风险、技术风险、管理风险、劳资风险等
徐威（2015）	天然气管道压气站项目	系统风险：自然环境、政治环境、经济环境、政策法律、社会人文		非系统风险：技术风险、质量风险、管理风险、财务风险、HSE[①]风险

2. 学术理论研究

为了进一步对风险因素进行识别，本章从学术理论研究梳理相关的风险因素，具体如表 3-2 所示。通过分析可以发现，政治风险、经济风险、社会风险、法律风险及自然风险等因素被众多学者所考虑；部分学者会将管理风险、技术风险、组织风险、人力资源风险等纳入项目内部风险因素。此外，产品价格、成本、同业竞争、市场基础、市场容量等因素被列为市场风险（也称为行业风险）。

表 3-2　学术研究风险类别统计

文献	风险类型		
	国家层级	市场层级	项目层级
梅震宇和金峰（2020）	汇率风险、财税风险、突发事件风险		

---

① HSE 即健康（health）、安全（safety）、环境（environment）。

续表

文献	风险类型		
	国家层级	市场层级	项目层级
Suleman 等（2017）	政治风险、经济风险、金融风险		
Liu 等（2016）	政治风险、经济风险、金融风险		
Iloie（2015）	政治因素、经济因素、社会因素、国家宏观环境、世界政治和经济环境		
Brown 等（2015）	政府风险、经济风险、社会风险		运作风险
Glova（2014）	政治事件、经济因素、社会因素		
陶京兰等（2013）	自然风险、政治风险、法律法规风险、政府违约风险、外汇风险、环境风险		完工风险、运营风险
Li 等（2012）	经济因素、金融因素、社会因素、文化因素、地理因素和政治因素		

基于上述统计信息，通过归纳、总结、打分和筛选，本书充分考虑项目投资实际和理论研究，对海外电力工程投资风险进行梳理和汇总，建立项目投资风险分解体系，具体包括政治风险、经济风险、社会风险、法律风险、自然风险、市场前景、市场容量、市场基础、技术风险、组织风险和管理风险。

第三节　海外电力工程风险层级划分

基于上文对风险因素识别结果的统计分析，本节内容将主要对风险因素进行层级划分，以进行有效的风险管理。为此，本节基于风险影响范围、作用方式及产生原因等角度，将其划分为项目层级、市场层级和国家层级等，其中，项目层包括技术风险、组织风险和管理风险等三类；市场层级风险则主要涵盖市场前景、市场容量、市场基础等三类；而国家层级风险细分为政治风险、经济风险、社会风险、自然环境风险等四个主要风险类型。

一、基于项目层面风险梳理

基于项目层面进行风险梳理，主要指电力工程项目在具体开展实施过程中所涉及的风险，如技术风险、组织风险和管理风险等。

技术风险，主要包括设计风险和质量风险，其中设计风险多发生在合同授予后的设计阶段，设计虽然在整个项目中所占工作量不多，却是交付项目成果的基础。诱发该风险的风险因素有：设计不精确、设计接口风险、设计变更、技术标准/规范风险等。

组织风险，主要涵盖利益相关方风险和组织架构风险，其中引发利益相关方风险的主要因素是利益相关方缺少履行合同的能力，项目实施的主要人员更迭，利益相关方重组、破产等，这些原因导致履约主体变更。

管理风险，是指企业在投资的各个阶段由于自身管理能力、管理水平或者是组织架构等问题，管理效率低下甚至是失败，具体包括规划风险、合同风险、索赔风险、资金风险、收尾风险等，其中由对项目的调研深度不足引发的设计、施工组织、履约模式选择、投资及成本估算等方面出现偏差也属于管理风险。

二、基于市场层面风险梳理

市场层级风险是指投资东道国国内的经济市场、建筑市场和建材市场的潜在风险，主要包括市场前景、市场容量、市场基础（客观条件）等影响因素。

在20世纪90年代初，中国企业在海外承揽项目或在海外投资项目时，往往盲目地追随着业主的要求，并未真正分析过业主的真实需求。短期来讲，损害的是中资企业的经济利益；长远来看，损失的是中资企业的信誉。中方投资企业需要对市场需求展开深入的调研，即在投资东道国展开电力需求分析和预测，判断其是否真实存在大规模需求。首先，中方需要论证电力需求；其次，分析市场容量；最后，分析竞争力及市场前景。

市场前景，主要是指投资项目所在的区域市场未来一段时间内，所投资行业的整体发展趋势。由于市场发展前景受到来自各方影响因素的作用，往往难以准确地给出未来该行业的发展态势，在进行投资决策时可能会存在一定的风险。针对电力行业而言，市场经济压力、行业产能、市场主体、市场壁垒等均会对市场前景产生作用。如果一个市场内主体较多，往往会导致产能过剩，在一定程度上会造成产品价格优势丧失，投资利润降低。电力企业进入一个市场之前，可以根据该区域内部的电力需求状况、电力建设、电价变动等诸多方面，对电力市场发展前景展开分析。

市场容量，主要是指在不考虑电力价格和市场供给的情况下，某一区域在一定时间内能够容纳电力的最大数目。一般而言，市场容量主要是电力的最大需求量和可供应量构成的，如果某一区域市场容量较大，而现有的供应系统无法满足，则在一定时间段内，该电力市场具有良好的发展前景；如果市场容量较低，而供应系统较大，则进入该市场具有较大的潜在风险和较高的市场壁垒，市场容量可以反映电力工程市场的发展规模与发展前景。

市场基础，主要是指电力市场的设施现状，包括电力开发、电网系统、主要开发商等。其中电力开发主要涉及该国电力能源结构类型，如火电、水电、风电、生物质、光伏发电等所占比重；电网系统则包括该区域内电网系统的主要构成、各成分的占比、所服务的用户类型以及服务区域等；而主要开发商包括两部分，一是发电商，二是电力工程的承包商等，重点分析其在该市场的占比及所获优势等，从而深入分析该市场的现有基础环境，也就是市场目前的客观条件等。

三、基于国家层面风险梳理

国家层级风险是指在该项目的开发、建设、运营过程中，受到东道国政体、社会、法律、不可抗力等方面影响的潜在风险，如政体及社会的稳定性、法律体系的变更或监管力度、自然气候及环境评价等对投资项目造成的收益损失。

（一）政治风险

政治风险是指企业投资者无法掌控的不确定性因素，从海外投资的角度上看，通常将政治风险定义为：在国际投资中，东道国政局变动、政策不连续及稳定性、政府的廉洁程度、跨国公司在当地资产的国有化、政府的信用问题、东道国的国际关系等因素，致使跨国企业的驻外分支机构的经营环境发生重大变化，进而导致其项目收益远小于预期收益，甚至造成巨大的经济损失。政治风险是跨国企业在海外投资中最无法预见的潜在风险，一旦发生，跨国企业遭受的经济损失将无法预估。目前针对本项目的政治风险主要表现在以下几个方面。

1. 政体变更

中国企业海外投资东道国的政体变更会严重影响项目进展，甚至会由于新一届政府的政策，投资活动中断，给中方企业造成经济利益的巨大损失。

2. 政府官员腐败

有些东道国政府官僚主义成风，政府当权者将大量社会资源归为己有，导致社会资源分布不均。跨国企业要想在当地取得产品的市场销售权，首先需要缴纳昂贵的市场赞助费，且审批销售资格的每一环节都需要给当地政府官员很高的服务费，这无疑增大了项目的投入成本，增加了项目的投资风险。官僚主义蔓延及腐败现象泛滥是政治风险的重要表现形式。

3. 国有化风险

国有化风险是指由于政府更替或者法律变更，执政政府可根据现行法律将原属于其他国家直接投资者的全部资产或部分资产以征收的方式，强制转移到本国政府手中。

4. 法律风险

法律风险是指涉外企业在投资活动中，法律法规等对投资活动产生的不确定性的影响，具体包括法律体系复杂且法律规范繁多，行业缺少法律规范、劳工准入法规体系，健康/安全/环境保护制度严格，法律变更。

（二）经济风险

经济风险是指经济环境的波动对外国企业造成的负面影响，如价格、利率、汇率的波动等。具体包括：国内发展不均衡，贫富差距较大；国家内外债负担严重；利率及汇率波动较大，对于工期较长的建设项目或长期投资的经营项目的成本影响会较大；税法体系复杂，税种较复杂且繁多，税赋略重，办理税收手续耗时。

（三）社会风险

社会风险是指来自东道国非政府因素对外国投资企业造成的顺势可能性，如文化习俗、语言障碍、社会治安、工会影响等。跨国企业经常受到非政府组织（如工会、商会等）的排挤和抵制，表现方式有游行、骚扰甚至暴力等。不同国家、不同地区的文化习俗可能存在较大的差异，中国企业在进行海外电力工程投资活动时，需要考虑文化习俗的影响。语言沟通是进行投资项目时必须使用的沟通途径，若存在语言障碍，则往往难以进行有效的沟通，造成误解和麻烦。社会治安管理水平是进行海外投资不可忽视的重要因素，其关乎投资者生命和财产安全的保障。

（四）自然环境风险

自然环境风险是指由自然灾害和突发事件引起的风险事件，导致投资主体遭受损失，如地震、海啸、泥石流、瘟疫等。

第四节　海外电力工程投资关键风险分析

为进一步对海外电力工程投资风险进行合理、有效控制，本节需要对投资过程中的关键风险要素进行提取。为此，本节结合企业投资实践和理论研究报告，对不同层级类型的风险因素进行词频统计分析，从而获得海外电力工程投资关键风险因素。其中，国家层级提取政治、经济、社会、法律等风险因素；市场层级主要包括技术、行业和市场等风险因素；而项目层级风险主要包括管理、技术及合同等风险因素；而综合层级可以提取政治、经济、社会、技术及法律等风险因素，如图 3-5 所示。

图 3-5　风险因素词频统计

本图为软件直接生成，部分词语显示不全

通过对海外电力工程投资项目风险关键因素的识别与分析，结合词频统计结果，鉴于我国企业海外投资活动，本节遴选出国家风险、市场风险、项目风险等三类关键风险因素，建立关键风险体系如图 3-6 所示，并结合全寿命周期阶段划分进行风险耦合，如表 3-3 所示。

投资风险
- 国家风险
  - 投资环境风险
    - 社会风险
    - 中国因素
  - 政治风险
    - 政局风险
    - 政府风险
    - 政治关系
    - 经贸关系
  - 经济风险
    - 宏观经济风险
    - 信用风险
- 市场风险
  - 市场前景
    - 市场容量
    - 市场基础
- 项目风险
  - 技术风险
    - 客户需求风险
    - 设计风险
    - 质量风险
  - 组织风险
    - 利益相关方风险
    - 组织架构风险
  - 管理风险
    - 规划风险
    - 合同风险
    - 合同生效风险
    - 索赔风险
    - 控制风险
    - 资金风险
    - 其他管理风险
    - 项目收尾风险

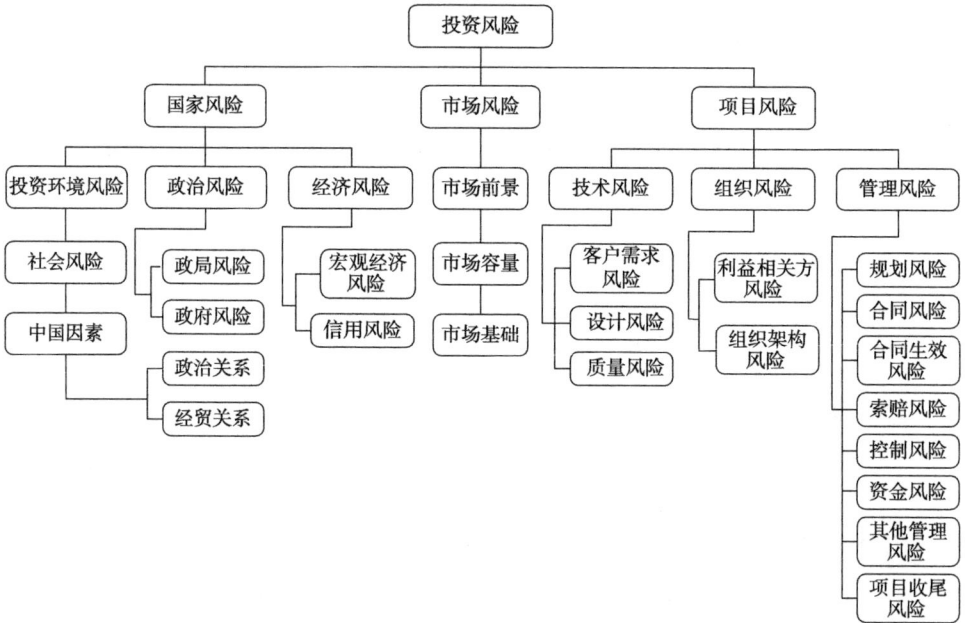

图 3-6　海外电力工程投资风险体系

表 3-3　海外电力工程项目投资风险-阶段耦合矩阵

类型	维度	因素	测度指标	阶段 1		阶段 2			阶段 3			阶段 4	
				投资咨询	投资决策	投标	签约谈判	合同生效	设计	采购	施工	试运行	生产运营
国家风险	政治风险	政局风险	政治稳定程度	✓	✓	✓	✓	✓	✓	✓	✓	✓	✓
			内部冲突										
			外部冲突										
			民主责任										
		政府风险	法治与秩序										
			政府治理						✓	✓	✓	✓	✓
			政府信用	✓	✓	✓	✓	✓	✓	✓	✓	✓	✓
			腐败控制						✓	✓	✓	✓	✓
	经济风险	宏观经济风险	人均 GDP	✓	✓				✓	✓	✓	✓	✓
			GDP 增长率						✓	✓	✓	✓	✓
			通货膨胀率						✓	✓	✓	✓	✓
			汇率稳定性						✓	✓	✓	✓	✓
			FDI[①]						✓	✓	✓	✓	✓
		信用风险	预算余额/GDP			✓	✓	✓	✓	✓	✓	✓	✓
			债务/GDP						✓	✓	✓	✓	✓
			外汇储备/月进口付汇			✓							
			外债规模						✓	✓	✓	✓	✓
			债务偿付率						✓	✓	✓	✓	✓

---

① FDI，foreign direct investment，外国直接投资。

续表

类型	维度	因素	测度指标	阶段1		阶段2			阶段3			阶段4	
				投资咨询	投资决策	投标	签约谈判	合同生效	设计	采购	施工	试运行	生产运营
国家风险	投资环境风险		投资者保护	✓	✓	✓	✓	✓	✓	✓	✓	✓	✓
			商务启动			✓	✓	✓					
			施工许可						✓	✓	✓	✓	
			获得电力						✓	✓	✓	✓	✓
			纳税便利度										✓
			合同执行					✓					
			解决破产										✓
			企业进入所需成本						✓	✓	✓	✓	✓
			最高边际税率						✓	✓	✓	✓	✓
	社会风险		犯罪率	✓	✓	✓			✓	✓	✓	✓	✓
			工会势力						✓	✓	✓	✓	✓
			法律权利					✓	✓	✓	✓	✓	✓
			人口结构						✓	✓	✓	✓	✓
			就业状况						✓	✓	✓	✓	✓
			文化水平						✓	✓	✓	✓	✓
	中国因素	政治关系	政治交往频繁程度	✓	✓	✓	✓	✓	✓	✓	✓	✓	✓
			中国影响力	✓	✓	✓	✓	✓	✓	✓	✓	✓	✓
		经贸关系	双边贸易强度			✓	✓	✓	✓	✓	✓	✓	✓
			贸易互补性			✓	✓	✓	✓	✓	✓	✓	✓
			合作方式与深度	✓	✓	✓	✓	✓	✓	✓	✓	✓	✓
市场风险	市场基础		平均电价									✓	✓
	市场前景		电力需求/总产量	✓	✓							✓	✓
	市场容量		清洁电力/总发电量									✓	✓
			净发电量									✓	✓
			装机容量									✓	✓
			工业用电/总消费量									✓	✓
项目风险	技术风险	客户需求风险	定位偏差	✓	✓	✓	✓	✓	✓	✓	✓	✓	✓
			诉求变更						✓	✓	✓	✓	✓
			运行变更			✓	✓	✓	✓	✓	✓	✓	✓
			更高标准			✓	✓	✓	✓	✓	✓	✓	✓
			范围变更	✓	✓	✓	✓	✓	✓	✓	✓	✓	✓
		设计风险	设计不精确						✓	✓	✓	✓	✓
			设计接口风险						✓	✓	✓	✓	✓
			设计改变						✓	✓	✓	✓	✓
			规范问题						✓	✓	✓	✓	✓
		质量风险	控制缺失			✓	✓	✓	✓	✓	✓	✓	✓
			环境恶劣						✓	✓	✓	✓	✓
			能力不足						✓	✓	✓	✓	✓
			资源不足						✓	✓	✓	✓	✓
			设备/原材料质量问题	✓	✓				✓	✓	✓	✓	✓

续表

类型	维度	因素	测度指标	阶段1		阶段2			阶段3			阶段4	
				投资咨询	投资决策	投标	签约谈判	合同生效	设计	采购	施工	试运行	生产运营
技术风险	质量风险		复杂的施工工艺及技术						✓	✓	✓	✓	✓
			新技术/新工艺						✓	✓	✓	✓	✓
组织风险	利益相关方风险		缺少履行合同的实际能力						✓	✓	✓	✓	✓
			主管更迭									✓	✓
			破产重组									✓	✓
	组织架构风险		流程缺失									✓	✓
			职责不清晰									✓	✓
			缺少合作	✓	✓	✓			✓	✓	✓	✓	✓
项目风险	管理风险	规划风险	调研不足									✓	✓
			费用超支	✓	✓	✓	✓	✓	✓	✓	✓	✓	✓
			报价过高	✓	✓	✓	✓	✓	✓	✓	✓	✓	✓
			报价失误			✓	✓	✓	✓	✓	✓	✓	✓
			未响应文件要求			✓	✓	✓	✓	✓	✓	✓	✓
			取消招标	✓	✓	✓	✓	✓	✓	✓	✓	✓	✓
			履约风险	✓	✓	✓	✓	✓	✓	✓	✓	✓	✓
			税务风险	✓	✓	✓	✓	✓	✓	✓	✓	✓	✓
			分包失败	✓	✓	✓	✓	✓	✓	✓	✓	✓	✓
		合同风险	类型选择不当	✓	✓	✓	✓	✓	✓	✓	✓	✓	✓
			文件缺失	✓	✓	✓	✓	✓	✓	✓	✓	✓	✓
			条款歧义	✓	✓	✓	✓	✓	✓	✓	✓	✓	✓
			架构风险	✓	✓	✓	✓	✓	✓	✓	✓	✓	✓
		合同生效风险	资金不足									✓	✓
			开工许可			✓	✓	✓	✓	✓	✓	✓	✓
			关联协议未生效	✓	✓	✓	✓		✓	✓	✓	✓	✓
			未能完成合同公示						✓	✓	✓	✓	✓
		索赔风险	缺乏支持性材料						✓	✓	✓	✓	✓
			流程违规						✓	✓	✓	✓	✓
			谈判能力较低						✓	✓	✓	✓	✓
		控制风险	进度风险			✓			✓	✓	✓	✓	✓
			成本风险						✓	✓	✓	✓	✓
			合同风险						✓	✓	✓	✓	✓
			物资风险						✓	✓	✓	✓	✓
		资金风险	未能按时收取工程款	✓	✓	✓	✓	✓	✓	✓	✓	✓	✓
			资金计划及执行问题						✓	✓	✓	✓	✓
			实质性的合同违约						✓	✓	✓	✓	✓
		其他管理风险	道德风险									✓	✓
			协调风险										✓
			沟通障碍	✓	✓	✓			✓	✓	✓	✓	✓
		项目收尾风险	竣工资料								✓	✓	✓
			性能不合格	✓	✓	✓	✓	✓	✓	✓	✓	✓	✓
			组织不力			✓	✓	✓	✓	✓	✓	✓	✓

第五节　本 章 小 结

　　本章通过对全寿命周期的海外电力工程投资中的国家风险进行识别和分析，基于全寿命周期视角，利用分解思想将海外电力工程投资全过程进行阶段划分，构建出海外电力工程投资关键事件链，分析每一环节上可能的风险影响因素，重点识别其中涉及的国家风险要素。针对不同风险类别的东道国，分析国家风险影响的表现形式与作用途径，进而构建出海外电力工程投资的国家风险链，为国家风险监测与评估提供基础的理论框架。

　　对于国际电力工程项目投资而言，从项目生命周期角度来看，其一般可划分为项目定义阶段和项目实施阶段，其中，项目定义阶段包括项目建设过程的投资咨询、项目决策、基础工程设计（初步设计）等阶段；项目实施阶段包括详细工程设计、采购、施工、试运行和生产运营等阶段。

　　本章采用风险分解结构进行风险的识别、梳理工作，首先，根据研究主体"海外电力工程投资"通过采用文献计量和专家访谈等多种形式，对风险类型进行统计和识别。其次，通过构造 WBS-RBS 耦合矩阵，不仅能够从全局出发梳理海外投资，还能够深入到投资活动的具体细节。最后，研究从国家、市场及项目等层面梳理企业海外电力工程投资存在的风险类型，其中，国家层级风险是指在该项目的开发、建设、运营过程中，受到东道国政体、社会、法律、不可抗力等方面影响的潜在风险，如政体及社会的稳定性、法律体系的变更或监管力度、自然气候及环境评价等对投资项目造成的收益损失。市场层级风险是指投资东道国国内的电力市场、建筑市场和建材市场的潜在风险，主要包括东道国市场前景、市场容量、市场基础等影响因素。基于项目层面进行风险梳理，则主要指电力工程项目在具体开展实施过程中所涉及的风险，如技术风险、组织风险和管理风险等。

第四章 "一带一路"沿线国家关键风险要素概览

随着"一带一路"建设的稳步推进,"一带一路"沿线国家在我国整体对外经济往来中的地位逐渐凸显。然而,"一带一路"沿线国家覆盖了中亚、东盟、欧洲及中东、南亚和非洲等区域,多为新兴经济体和发展中国家,国内政治经济的成熟度和稳定性较差,政治、经济、市场环境等方面的风险差异较大,这给越来越多的中国企业"走出去"、深度参与"一带一路"建设带来了新的风险挑战。

在第三章风险识别的基础上,本章对"一带一路"国家的政治风险、经济风险和市场风险维度进行综合评估。其中,政治风险选择经济学人智库的政府治理指数,经济风险维度选择经济自由指数,市场风险选择营商便利指数。勾勒出"一带一路"倡议提出后"一带一路"沿线国家风险演化的概况,为中国企业"走出去"提供国别风险信息。

第一节 政府治理指数

经济学人智库的政府治理指数可以用来评估政府治理能力和社会稳定性,共有 0 至 4 五个等级,0 代表风险极低,4 代表风险极高。总体而言,如表 4-1 所示,2013 年 1 月至 2018 年 1 月,大部分"一带一路"沿线国家的经济学人智库政府治理指数未发生改变,64.7%(33/51)的国家的政府治理指数未发生变化;约 17.6%(9/51)的"一带一路"沿线国家的政府治理指数下降,政府治理风险降低;约 17.6%(9/51)的"一带一路"沿线国家的政府治理指数上升,政府治理风险升高。

表 4-1 2013～2018 年"一带一路"沿线国家经济学人智库政府治理指数评价变化

指数变化	风险变化	国家数量/个
—	未发生改变	33
↓	减缓	9
↑	加剧	9
合计		51

东北亚地区中，2013 年以来俄罗斯的政府治理情况未发生变化，指数一直是2，而蒙古国从 2 降到了 1，表明蒙古国的政府治理情况有所改善。如表 4-2 所示，东南亚地区的政府治理指数相差较大，其中缅甸的政府治理指数为 4，政府治理情况较差，新加坡从 0 变动到 1，政府治理情况仍居首位。其余各国大部分处于中游，部分有小幅度变动，整体比较稳定。

表 4-2 2013～2018 年东南亚"一带一路"沿线国家经济学人智库政府治理指数变化

指数变化	风险变化	国家数量/个	评分	国家
—	未发生改变	3	4	缅甸
			3	柬埔寨
			2	印度尼西亚
↓	减缓	3	2→1	越南
			3→2	菲律宾、泰国
↑	加剧	2	0→1	新加坡
			1→2	马来西亚
合计		8		

2013～2018 年南亚"一带一路"沿线国家经济学人智库政府治理指数变化如表 4-3 所示。南亚地区中，巴基斯坦的政府治理指数最高，为 4，表明该国的政府治理存在较大问题。斯里兰卡的政府治理指数不断降低，表明该国近年来政府治理情况在不断改善。其余国家表现平庸，后续还需观察。

表 4-3 2013～2018 年南亚"一带一路"沿线国家经济学人智库政府治理指数变化

指数变化	风险变化	国家数量/个	评分	国家
—	未发生改变	2	2	印度
			4	巴基斯坦
↓	减缓	1	3→2→1	斯里兰卡
↑	加剧	1	2→3	孟加拉国
合计		4		

2013～2018 年西亚北非"一带一路"沿线国家经济学人智库政府治理指数变化如表 4-4 所示。西亚北非"一带一路"沿线国家中，政府治理指数没有发生变化的国家居多，占比 3/4，表示该地区"一带一路"沿线国家政府治理情况较为稳定，其中，叙利亚、黎巴嫩、伊拉克、也门四国评分为 4，表明其政府治理情况较差。其余国家政府治理指数表现平庸，需要进一步观察。

表 4-4　2013～2018 年西亚北非"一带一路"沿线国家经济学人智库政府治理指数变化

指数变化	风险变化	国家数量/个	评分	国家
—	未发生改变	4	2	阿塞拜疆、阿曼、阿拉伯联合酋长国（以下简称阿联酋）、以色列
		4	3	约旦、巴林、埃及、伊朗
		4	4	叙利亚、黎巴嫩、伊拉克、也门
↓	减缓	1	3→2	沙特阿拉伯
↑	加剧	1	1→2	卡塔尔
		2	2→3	科威特、土耳其
合计		16		

2013～2018 年中东欧"一带一路"沿线国家经济学人智库政府治理指数变化如表 4-5 所示。72.2% 的中东欧"一带一路"沿线国家政府治理指数在 2013～2018 年没有发生改变，其中，捷克、匈牙利表现最好，评分为 1，波黑政府治理情况不容乐观，指数为 4。其余国家中，波兰不断变动，从 1 升为 2 再到 3，表明该国的政府治理情况不断恶化。此外，中亚"一带一路"沿线国家的政府治理指数都处于中等程度，其中，乌兹别克斯坦从 4 降为 3，表明其政府治理的混乱情况有所缓解；哈萨克斯坦和土库曼斯坦政府治理能力相对稳定，分别保持在 2 和 3。

表 4-5　2013～2018 年中东欧"一带一路"沿线国家经济学人智库政府治理指数变化

指数变化	风险变化	国家数量/个	评分	国家
—	未发生改变	2	1	捷克、匈牙利
		7	2	爱沙尼亚、斯洛文尼亚、保加利亚、斯洛伐克、克罗地亚、拉脱维亚、白俄罗斯
		3	3	罗马尼亚、摩尔多瓦、马其顿
		1	4	波黑
↓	减缓	2	3→2	塞尔维亚、阿尔巴尼亚
↑	加剧	1	1→2→3	波兰
		1	2→3	立陶宛
		1	3→4	乌克兰
合计		18		

第二节 经济自由指数

经济自由指数是由风险分析机构自由之家发布的。自由之家是历史最悠久的风险分析机构,成立于1941年,一直关注有可能威胁到民主与和平的问题。自由之家于1955年开始发布世界自由指数,这些评级结果被政策制定者、新闻记者和学者广泛采用。

经济自由是每个人控制自己的劳动和财产的基本权利。在经济自由的社会中,个人可以自由地以任何方式工作、生产、消费和投资。在经济自由的社会中,政府允许劳动力、资本和货物自由移动,避免强制或限制自由超出保护和维护自身的必要程度。经济自由会带来更大的繁荣。经济自由指数记录了经济自由与各种积极的社会经济目标之间的积极关系。经济自由的理想与更健康的社会、更清洁的环境、更大的人均财富、人类发展、民主和消除贫困密切相关。

经济自由指数根据12个定量和定性因素衡量经济自由,分为经济自由的四大类或支柱:法治(产权、政府廉洁、司法有效),政府规模(政府支出、税收负担、财政健康),监管效率(商业自由、劳动自由、货币自由),开放市场(贸易自由、投资自由、财务自由)。这些类别中的12个经济自由因素每一个都以0到100的等级分级,一个国家的总体得分是通过对这12个经济自由因素进行平均得出的。总体而言,如表4-6所示,2013~2018年约有17.2%(10/58)的"一带一路"沿线国家经济自由指数上升,6.9%(4/58)的"一带一路"沿线国家的经济自由指数下降,75.9%(44/58)的"一带一路"沿线国家经济自由指数出现上下波动。

表4-6 2013~2018年"一带一路"沿线国家经济自由指数

指数变化	经济自由程度	国家数量/个
↑	更自由	10
↓	更不自由	4
↑↓	波动	44
合计		58

具体分析"一带一路"沿线国家的经济自由指数的变动情况，本章有以下几点发现。

1. 排名最高10位入围国家相对稳定，区域分布也相对稳定

根据表4-7可以看出2013～2018年始终入围经济自由指数得分排名最高10位的"一带一路"沿线国家有阿联酋、爱沙尼亚、格鲁吉亚、捷克、卡塔尔、立陶宛和新加坡七个国家。其中，新加坡连续六年保持经济自由指数排名第一位；爱沙尼亚和阿联酋的排名呈现上升趋势；卡塔尔的排名呈现下降趋势；其他国家则呈现波动发展的趋势。

表4-7 2013～2018年经济自由指数得分排名最高的10位的"一带一路"沿线国家

排序	2013年		2014年		2015年		2016年		2017年		2018年	
	国家	得分	国家	得分	国家	得分	国家	得分	国家	得分	国家	得分
1	新加坡	88.0	新加坡	89.4	新加坡	89.4	新加坡	87.8	新加坡	88.6	新加坡	88.8
2	巴林	75.5	爱沙尼亚	75.9	爱沙尼亚	76.8	爱沙尼亚	77.2	爱沙尼亚	79.1	爱沙尼亚	78.8
3	爱沙尼亚	75.3	巴林	75.1	立陶宛	74.7	立陶宛	75.2	阿联酋	76.9	阿联酋	77.6
4	格鲁吉亚	72.2	立陶宛	73.0	巴林	73.4	巴林	74.3	格鲁吉亚	76.0	格鲁吉亚	76.2
5	立陶宛	72.1	格鲁吉亚	72.6	格鲁吉亚	73.0	捷克	73.2	立陶宛	75.8	立陶宛	75.3
6	卡塔尔	71.3	捷克	72.2	捷克	72.5	格鲁吉亚	72.6	拉脱维亚	74.8	马来西亚	74.5
7	阿联酋	71.1	阿联酋	71.4	阿联酋	72.4	阿联酋	72.6	马来西亚	73.8	捷克	74.2
8	捷克	70.9	卡塔尔	71.2	马来西亚	70.8	马来西亚	71.5	捷克	73.3	拉脱维亚	73.6
9	约旦	70.4	马来西亚	69.6	卡塔尔	70.8	卡塔尔	70.7	卡塔尔	73.1	卡塔尔	72.6
10	亚美尼亚	69.4	约旦	69.2	以色列	70.5	以色列	70.7	马其顿	70.7	以色列	72.2

入围国家的国别变化主要体现为：马来西亚在2014～2018年入围；巴林在2013～2016年入围；拉脱维亚在2017～2018年入围；以色列在2015～2016年和2018年入围；约旦在2013年和2014年入围；马其顿在2017年入围；亚美尼亚在2013年入围。

根据图4-1可以看出，入围经济自由指数得分排名最高10位的国家均分布在中东欧、西亚北非和东南亚三个地区，其中，西亚北非地区起初占有较高的比例，但其波动较大；中东欧地区占比也较大，且呈现一定幅度的波动；东南亚地区占比在2014年有小幅提升后保持稳定；东北亚、中亚和南亚地区均未有国家入围。

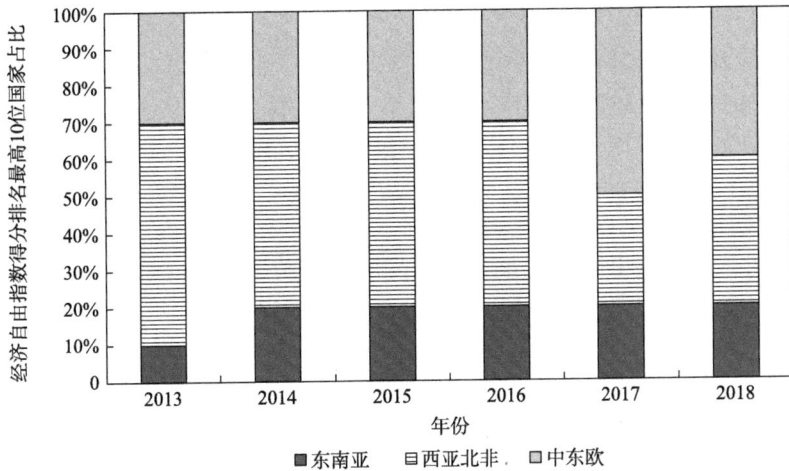

图 4-1 2013～2018 年经济自由指数得分排名最高 10 位的"一带一路"沿线国家区域分布

2. 排名最末 10 位入围国家相对稳定, 区域分布广泛

根据表 4-8 可以看出, 2013～2018 年始终入围经济自由指数得分排名最末 10 位的国家有东帝汶、土库曼斯坦、乌克兰、乌兹别克斯坦和伊朗五个国家。五个国家的经济自由指数均呈现出不同幅度的波动发展态势。

表 4-8 2013～2018 年经济自由指数得分排名最末 10 位的"一带一路"沿线国家

排序	2013 年		2014 年		2015 年		2016 年		2017 年		2018 年	
	国家	得分	国家	得分	国家	得分	国家	得分	国家	得分	国家	得分
1	缅甸	39.2	伊朗	40.3	土库曼斯坦	41.4	土库曼斯坦	41.9	东帝汶	46.3	土库曼斯坦	47.1
2	土库曼斯坦	42.6	土库曼斯坦	42.2	伊朗	41.8	伊朗	43.5	土库曼斯坦	47.4	东帝汶	48.1
3	伊朗	43.2	东帝汶	43.2	东帝汶	45.5	东帝汶	45.8	乌克兰	48.1	伊朗	50.9
4	东帝汶	43.7	乌兹别克斯坦	46.5	乌克兰	46.9	乌兹别克斯坦	46.0	马尔代夫	50.3	马尔代夫	51.1
5	乌兹别克斯坦	46.0	缅甸	46.5	缅甸	46.9	乌克兰	46.8	伊朗	50.5	乌兹别克斯坦	51.5
6	乌克兰	46.3	乌克兰	49.3	乌兹别克斯坦	47.0	缅甸	48.7	乌兹别克斯坦	52.3	乌克兰	51.9
7	白俄罗斯	48.0	白俄罗斯	50.1	白俄罗斯	49.8	白俄罗斯	48.8	越南	52.4	越南	53.1
8	马尔代夫	49.0	尼泊尔	50.1	尼泊尔	51.3	老挝	49.8	缅甸	52.5	黎巴嫩	53.2
9	老挝	50.1	越南	50.8	老挝	51.4	俄罗斯	50.6	埃及	52.6	埃及	53.4
10	尼泊尔	50.4	马尔代夫	51.0	越南	51.7	尼泊尔	50.9	印度	52.6	老挝	53.6

入围国家的国别变化主要体现为: 埃及在 2017～2018 年入围; 白俄罗斯和尼

泊尔在 2013～2016 年入围；老挝在 2013 年、2015 年、2016 年以及 2018 年入围；马尔代夫在 2013～2014 年及 2017～2018 年入围；缅甸在 2013～2017 年入围；而越南则在 2014～2015 年和 2017～2018 年入围；俄罗斯、黎巴嫩和印度仅在一个年份入围。据图 4-2 可以看出，入围经济自由指数得分排名最末 10 位的国家中，东南亚地区占相当大的比重，且比重有小幅波动；中亚地区一直保持 20%的比重；东北亚地区仅在 2016 年有一个国家入围；南亚地区占比有一定的波动，但始终保持有国家入围；西亚北非地区的占比不断升高；中东欧地区的占比有所减少。

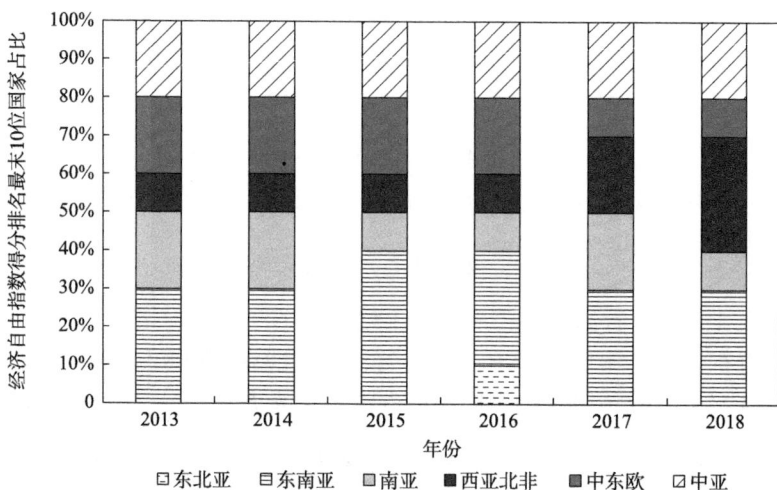

图 4-2 2013～2018 年经济自由指数得分排名最末 10 位的"一带一路"沿线国家区域分布

3. 不同区域内部各国经济自由指数态势特色鲜明

2013～2018 年东北亚"一带一路"沿线国家经济自由指数变化情况如图 4-3 所示。东北亚的两个国家在 2013～2016 年经济自由指数变化一直比较平缓，而在 2017 年同时产生波动，蒙古国突然下降，俄罗斯陡然上升，在 2017 年、2018 年俄罗斯超过了蒙古国。

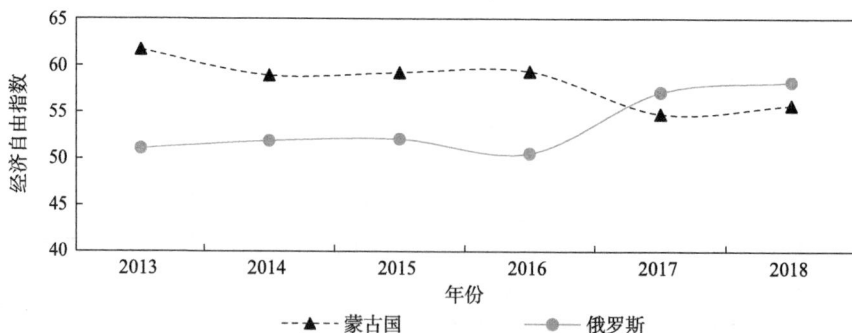

图 4-3 2013～2018 年东北亚"一带一路"沿线国家经济自由指数变化情况

2013～2018 年东南亚"一带一路"沿线国家经济自由指数变化情况如图 4-4、图 4-5 所示。在东南亚的 11 个国家中，文莱没有数据，剩下的 10 个国家经济自由指数相差较大，其中新加坡经济最为自由，在 2013～2018 年一直位居第一，马来西亚位居第二，且不断提升。

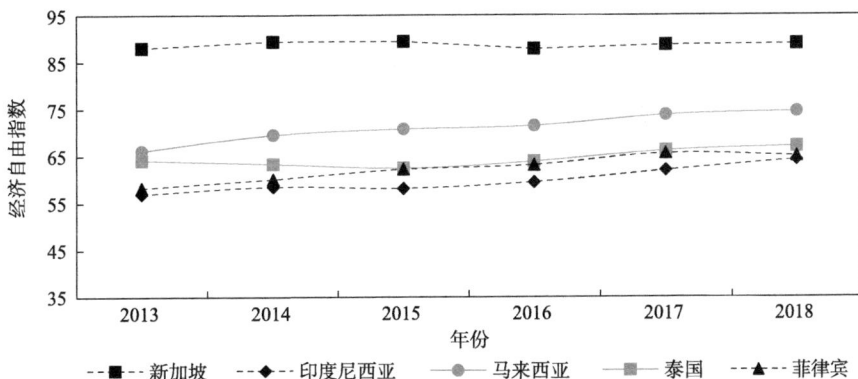

图 4-4 2013～2018 年东南亚"一带一路"沿线国家经济自由指数（排名较高的国家）

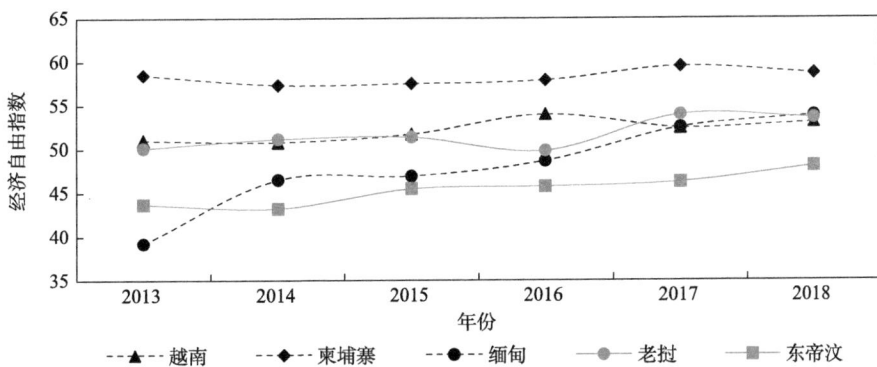

图 4-5 2013～2018 年东南亚"一带一路"沿线国家经济自由指数（排名较低的国家）

2013～2018 年南亚"一带一路"沿线国家经济自由指数变化情况如图 4-6 所示。南亚的国家经济自由指数都处于中等水平，其中，不丹近年来指数不断上升，这表现出其经济自由状况发展势头良好。其余国家中，尼泊尔和马尔代夫等国波动较大，仍需进一步观察。

2013～2018 年西亚北非"一带一路"沿线国家经济自由指数变化情况如图 4-7、图 4-8 所示。西亚北非"一带一路"沿线国家众多，经济自由指数也相差幅度较大。其中，伊朗的经济自由指数最低，但有上升的趋势。巴林在 2013～2016 年一直名列前茅，然而在 2017～2018 年其经济自由指数有所下降。而在 2017～2018 年阿联酋表现较好，跃居第一。

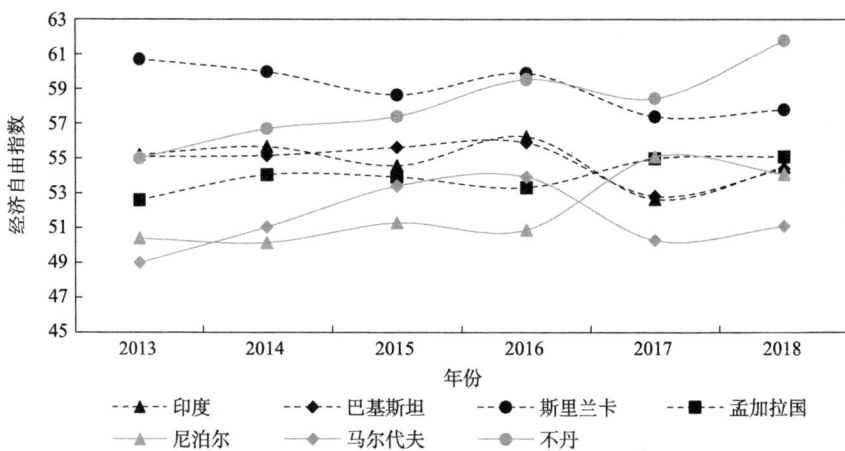

图 4-6　2013～2018 年南亚"一带一路"沿线国家经济自由指数

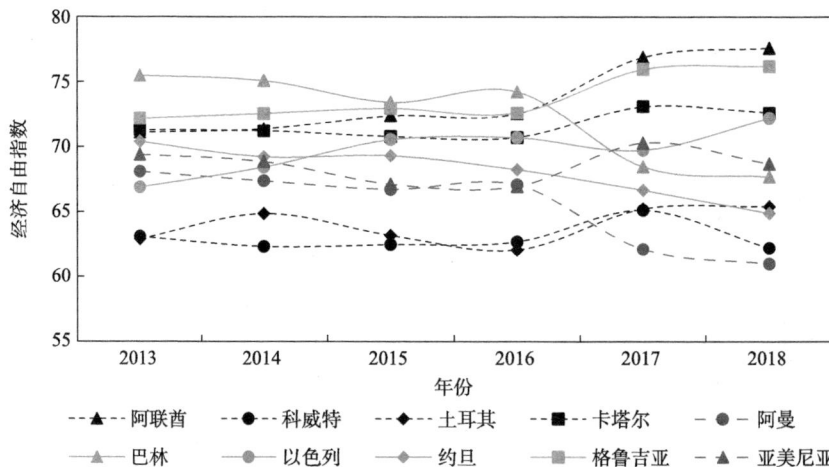

图 4-7　2013～2018 年西亚北非"一带一路"沿线国家经济自由指数（排名较高的国家）

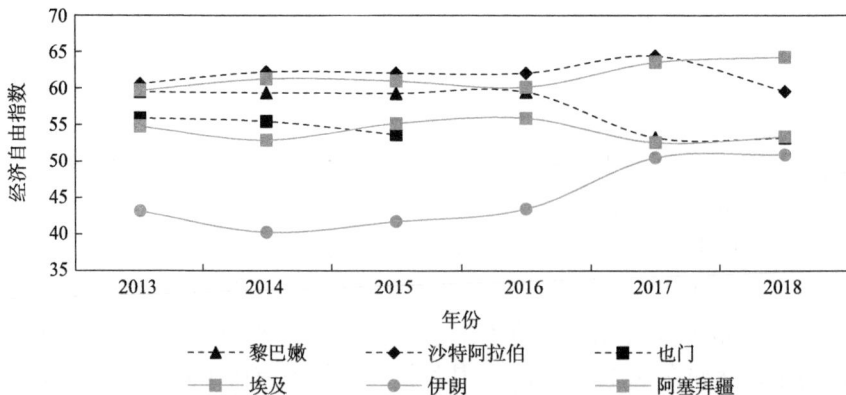

图 4-8　2013～2018 年西亚北非"一带一路"沿线国家经济自由指数（排名较低的国家）

2013～2018 年中东欧"一带一路"沿线国家经济自由指数变化情况如图 4-9、图 4-10 所示。中东欧"一带一路"沿线国家中，乌克兰的经济自由指数最低，表明其经济自由程度较低。白俄罗斯的经济自由指数在 2013～2016 年较低，但在 2017～2018 年有较大的跃升。其余国家中，爱沙尼亚、立陶宛的经济自由指数在 2013～2018 年一直位居前列，总体而言，中东欧国家经济自由指数波动平稳。

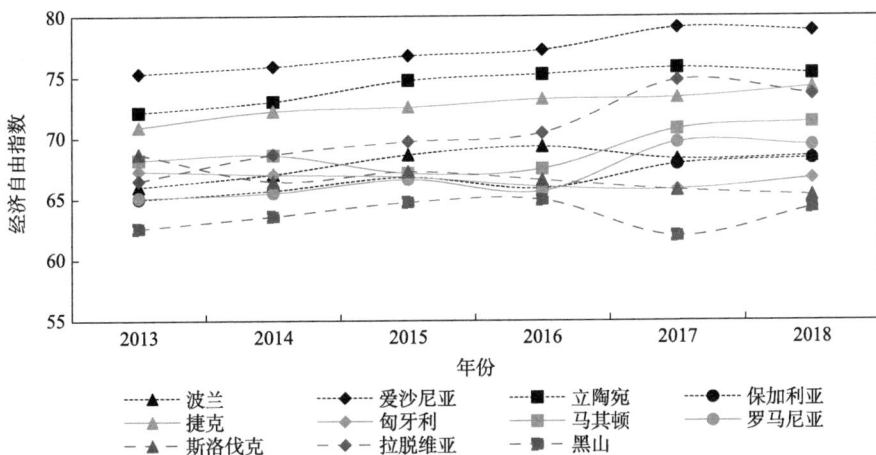

图 4-9　2013～2018 年中东欧"一带一路"沿线国家经济自由指数（排名较高的国家）

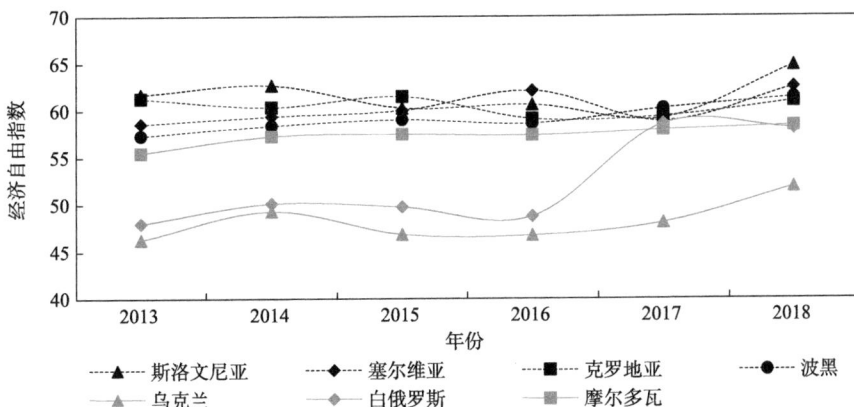

图 4-10　2013～2018 年中东欧"一带一路"沿线国家经济自由指数（排名较低的国家）

2013～2018 年中亚"一带一路"沿线国家经济自由指数变化情况如图 4-11 所示。中亚国家中，哈萨克斯坦的经济自由指数最高，土库曼斯坦的经济自由指数最低，其余国家处于中等水平。整体而言，在 2013～2016 年各个国家经济自由指数波动比较平稳，在 2017 年整体有较大跃升。

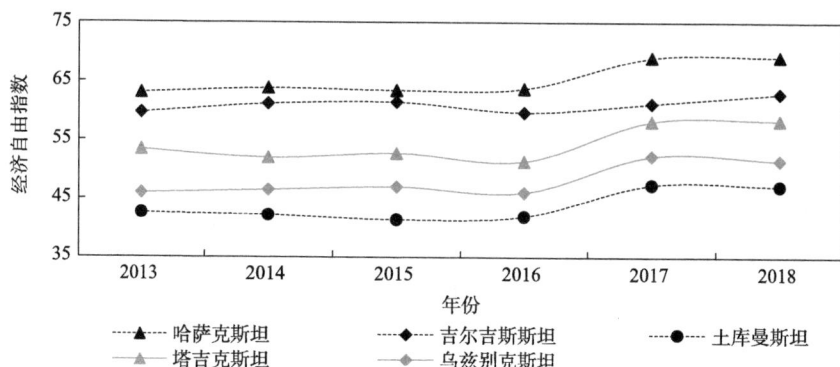

图 4-11 2013~2018 年中亚"一带一路"沿线国家经济自由指数

第三节 营商便利指数

营商便利指数来自世界银行数据库。世界银行是世界银行集团的简称，国际复兴开发银行的通称，是联合国经营国际金融业务的专门机构，同时也是联合国的一个下属机构。其由国际复兴开发银行、国际开发协会、国际金融公司、多边投资担保机构和国际投资争端解决中心五个成员机构组成；成立于 1945 年，1946 年 6 月开始营业。

一个经济体的营商便利指数区间为 0~100，其中 0 表示最低，100 表示表现最佳。例如，若某经济体 2017 年的营商便利指数为 75，意味着该经济体在所有的经济体和跨时间范围内，与最佳监管表现的经济体相差 25。营商便利指数有助于评估监管绩效的绝对水平。总体而言，如表 4-9 所示，2013 年以来约有 30.6%（19/62）的"一带一路"沿线国家营商便利指数上升，8.1%（5/62）的"一带一路"沿线国家的营商便利指数下降，61.3%（38/62）的"一带一路"沿线国家的营商便利指数出现上下波动。

表 4-9 2013~2018 年"一带一路"沿线国家营商便利指数变化情况

指数变化	营商便利程度变化	国家数量/个
↑	更便利	19
↓	更不便利	5
↑↓	波动	38
合计		62

具体分析"一带一路"沿线国家的营商便利指数的变动情况，本章有以下几点发现。

1. 排名最高 10 位入围国家较稳定，中东欧地区优势明显

根据表 4-10 可以看出，2013～2018 年始终入围营商便利指数得分排名最高 10 位的"一带一路"沿线国家有：阿联酋、爱沙尼亚、波兰、格鲁吉亚、拉脱维亚、立陶宛、马来西亚和新加坡八个国家。其中，新加坡连续六年营商便利指数居于第一位；其他国家的营商便利指数均呈现出不同幅度的波动发展态势。

表 4-10 2013～2018 年营商便利指数得分排名最高 10 位的"一带一路"沿线国家

排序	2013 年		2014 年		2015 年		2016 年		2017 年		2018 年	
	国家	得分	国家	得分	国家	得分	国家	得分	国家	得分	国家	得分
1	新加坡	90.85	新加坡	86.33	新加坡	84.91	新加坡	84.29	新加坡	84.84	新加坡	84.97
2	格鲁吉亚	81.78	格鲁吉亚	80.69	爱沙尼亚	79.71	爱沙尼亚	80.3	马其顿	81.44	格鲁吉亚	82.8
3	马来西亚	79.45	爱沙尼亚	77.67	马来西亚	79.05	立陶宛	78.93	格鲁吉亚	80.68	马其顿	81.23
4	拉脱维亚	76.64	拉脱维亚	77.41	马其顿	78.32	拉脱维亚	78.58	爱沙尼亚	80.44	立陶宛	80.54
5	爱沙尼亚	75.58	马来西亚	76.89	立陶宛	77.76	马其顿	78.22	拉脱维亚	80.05	爱沙尼亚	80.49
6	泰国	74.63	立陶宛	75.4	拉脱维亚	77.71	格鲁吉亚	78.19	立陶宛	79.15	拉脱维亚	79.26
7	立陶宛	74.43	阿联酋	73.84	格鲁吉亚	77.52	马来西亚	78.01	马来西亚	77.57	阿联酋	78.91
8	以色列	73.97	马其顿	73.27	波兰	75.36	波兰	76.37	波兰	77.13	马来西亚	78.03
9	阿联酋	72.67	波兰	73.03	捷克	75.32	捷克	75.74	阿联酋	77.05	泰国	77.39
10	波兰	71.62	捷克	72.76	阿联酋	74.4	阿联酋	75.16	捷克	76.02	波兰	77.31

入围国家的国别变化主要体现为：捷克在 2014～2017 年入围；马其顿于 2014～2018 年入围；泰国于 2013 年和 2018 年入围；以色列仅在 2013 年入围。根据图 4-12 可以看出，入围营商便利指数排名最高 10 位的国家均分布在中东欧、西亚北非和东南亚地区，其中，中东欧地区占有相当大的比重，且比例呈现小幅波动；西亚北非地区占比自 2014 年有了小幅减少后一直保持稳定；东南亚地区也占有一定的比重，且比例波动变化；东北亚、南亚和中亚地区均未有国家入围。

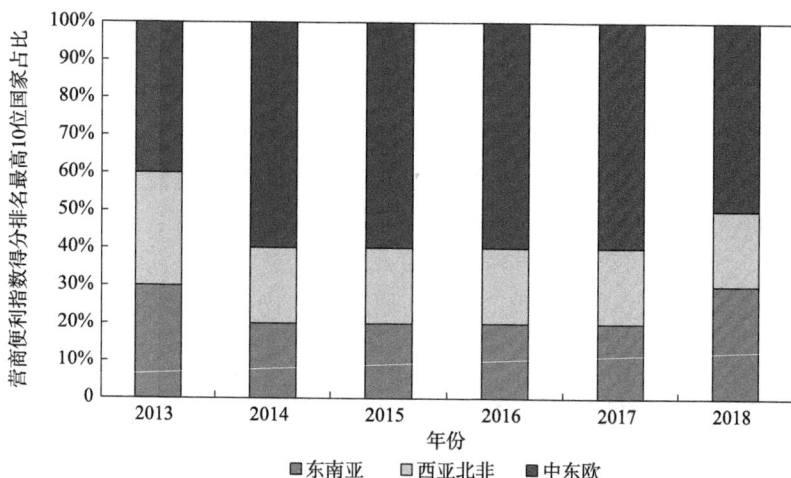

图 4-12　2013～2018 年营商便利指数得分排名最高 10 位的"一带一路"沿线国家区域分布

2. 排名最末 10 位入围国家相对稳定，区域分布也相对稳定

根据表 4-11 可以看出，2013～2018 年始终入围营商便利指数得分排名最末 10 位的"一带一路"沿线国家有阿富汗、东帝汶、老挝、缅甸、叙利亚和伊拉克六个国家。其中，老挝和缅甸的营商便利指数得分总体上有向好的趋势，其他国家则呈现波动变化的发展态势。

表 4-11　2013～2018 年营商便利指数得分排名最末 10 位的"一带一路"沿线国家

排序	2013 年		2014 年		2015 年		2016 年		2017 年		2018 年	
	国家	得分	国家	得分	国家	得分	国家	得分	国家	得分	国家	得分
1	阿富汗	40.12	阿富汗	40.33	缅甸	38.68	阿富汗	39.26	也门	32.94	也门	33
2	缅甸	41.77	缅甸	41.71	孟加拉国	40.44	也门	40.17	阿富汗	38.94	阿富汗	37.13
3	东帝汶	42.78	孟加拉国	43.5	阿富汗	41.37	孟加拉国	40.41	东帝汶	40.08	东帝汶	39.89
4	乌兹别克斯坦	45.75	东帝汶	44.42	叙利亚	41.53	东帝汶	41.23	孟加拉国	40.52	孟加拉国	41.06
5	塔吉克斯坦	45.82	塔吉克斯坦	44.56	东帝汶	43.26	叙利亚	42.9	叙利亚	41.47	叙利亚	41.55
6	老挝	46.09	老挝	45.09	伊拉克	44.56	伊拉克	42.93	缅甸	43.91	缅甸	44.21
7	伊拉克	48.03	叙利亚	46.49	也门	44.58	缅甸	43.36	伊拉克	44.21	伊拉克	44.68
8	乌克兰	48.32	伊拉克	47.65	老挝	47.44	老挝	49.37	老挝	50.22	老挝	51.15
9	叙利亚	51.61	乌兹别克斯坦	48.02	巴基斯坦	51.17	巴基斯坦	50	巴基斯坦	52.26	巴基斯坦	52.78
10	柬埔寨	51.96	印度	51.76	塔吉克斯坦	52.06	马尔代夫	53.57	马尔代夫	53.52	黎巴嫩	53.97

入围国家的国别变化主要体现为：巴基斯坦和也门于 2015～2018 年入围；柬埔寨、黎巴嫩、乌克兰和印度仅在一个年份入围；马尔代夫于 2016～2017 年入围；孟加拉国于 2014～2018 年入围；塔吉克斯坦于 2013～2015 年入围；乌兹别克斯坦于 2013～2014 年入围。根据图 4-13 可以看出，入围营商便利指数得分排名最末 10 位的国家中，东南亚地区比重在 2014 年有所降低；南亚地区的比重呈现出波动趋势；西亚北非地区比重总体呈增长趋势；中亚地区仅在 2015 年及之前有国家入围；中东欧地区仅在 2013 年有一个国家入围；东北亚地区始终未有国家入围。

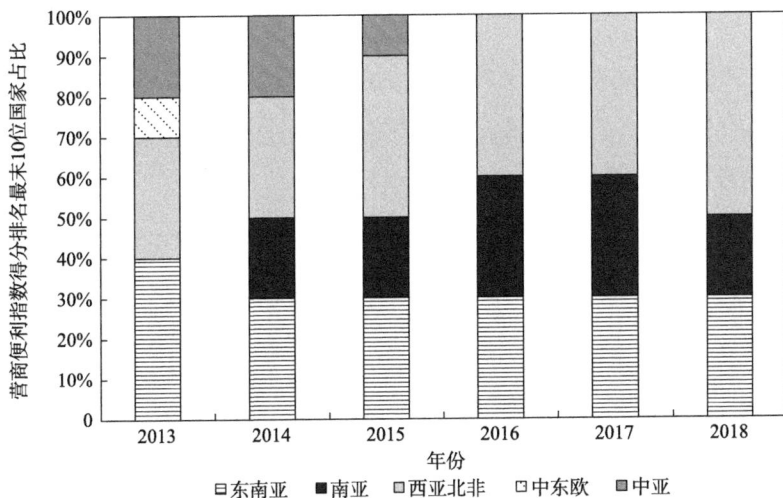

图 4-13　2013～2018 年营商便利指数得分排名最末 10 位的"一带一路"沿线国家区域分布

3. 不同区域内部各国营商便利指数态势特色鲜明

2013～2018 年东北亚"一带一路"沿线国家营商便利指数如图 4-14 所示。东北亚"一带一路"沿线两国中，俄罗斯表现一直优于蒙古国，且差距有小幅增大的趋势。与经济自由指数对比来看，二者存在偏差，蒙古国的经济自由指数在 2013～2016 年均比俄罗斯高，在 2017 年被俄罗斯反超，而俄罗斯的营商便利指数一直比蒙古国高。从趋势看，俄罗斯的两项指数均有上升的趋势，表明该国的经济环境向好。

2013～2018 年东南亚"一带一路"沿线国家营商便利指数如图 4-15 所示。东南亚"一带一路"沿线国家中，新加坡营商便利指数一直名列第一，表明其营商活动的便利性极高；其余国家中，马来西亚位列第二，但仍与新加坡有较大差距，缅甸营商便利指数在 2015 年有小幅下降，东帝汶在 2016 年及之后一直位列

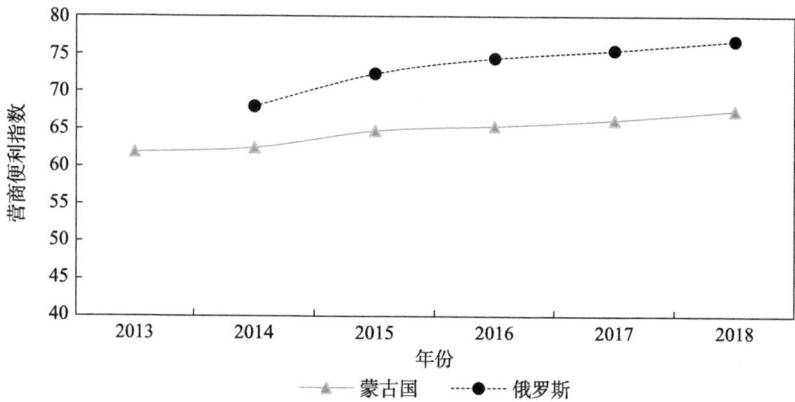

图 4-14 2013～2018 年东北亚"一带一路"沿线国家营商便利指数

该地区末位。与经济自由指数对比来看，新加坡的两项指数均位于首位，缅甸、东帝汶的两项指数均排名倒数。

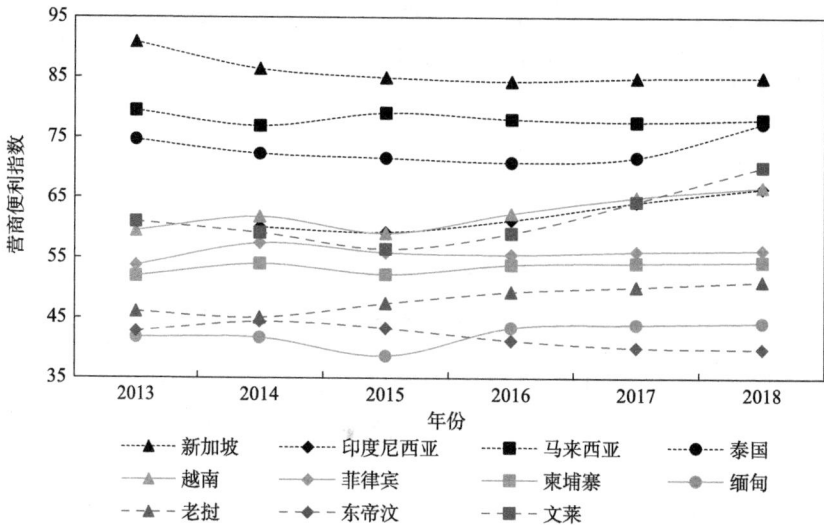

图 4-15 2013～2018 年东南亚"一带一路"沿线国家营商便利指数

2013～2018 年南亚"一带一路"沿线国家营商便利指数如图 4-16 所示。南亚"一带一路"沿线国家营商便利指数整体处于中等水平，其中，马尔代夫 2013 年的营商便利指数居该地区首位，之后排名持续下降，在 2016 年及之后降至倒数第二位，而不丹的排名则从 2014 年开始上升，2015 年升至地区第一。与经济自由指数对比来看，不丹的两项指数均位居该地区前列，且趋势向好。其他国家的两项指数则相似度不高。

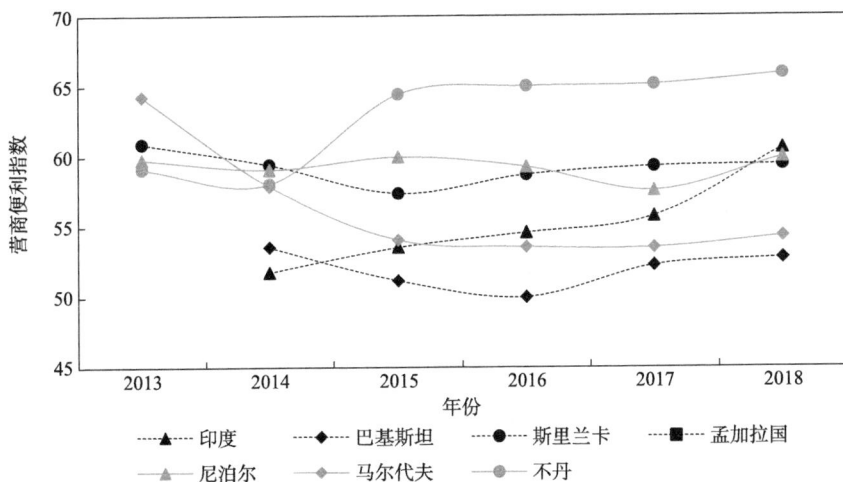

图 4-16 2013～2018 年南亚 "一带一路" 沿线国家营商便利指数

2013～2018 年西亚北非 "一带一路" 沿线国家营商便利指数如图 4-17、图 4-18 所示。西亚北非国家众多，其中，阿富汗在 2013～2018 年一直处于该地区末两位，也门在该地区的排名逐渐下降，2017 年降至该地区末位。与经济自由指数对比来看，格鲁吉亚、阿联酋的两项指数始终位于前列。

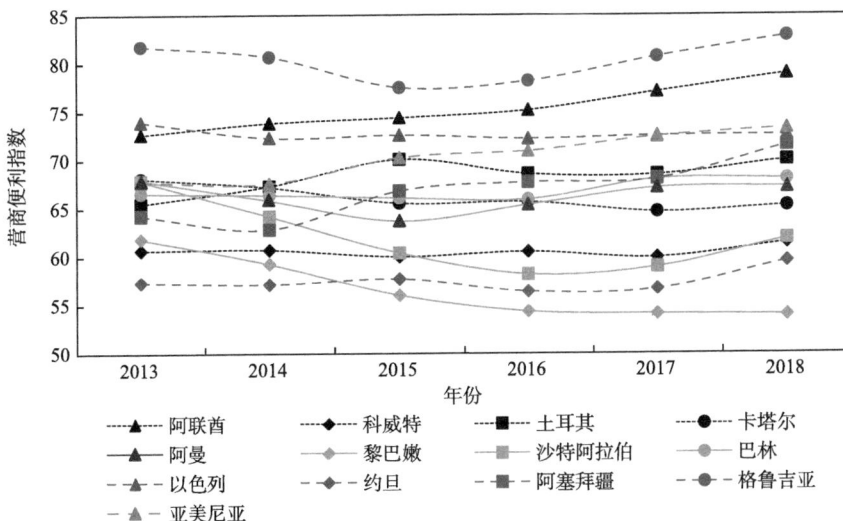

图 4-17 2013～2018 年西亚北非 "一带一路" 沿线国家营商便利指数（排名较高的国家）

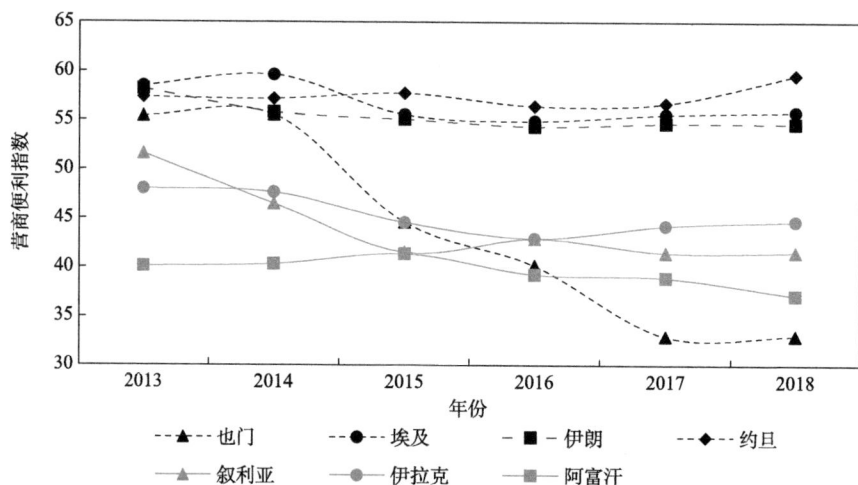

图 4-18　2013～2018 年西亚北非"一带一路"沿线国家营商便利指数（排名较低的国家）

2013～2018 年中东欧"一带一路"沿线国家营商便利指数如图 4-19、图 4-20 所示。中东欧"一带一路"沿线国家众多，除白俄罗斯和乌克兰之外，其余国家大都表现中等。2013～2018 年波黑、阿尔巴尼亚和乌克兰的营商便利指数排名一直比较靠后，马其顿在 2013～2018 年的排名总体呈上升趋势，2018 年升至该地区首位。与经济自由指数对比来看，爱沙尼亚、立陶宛、拉脱维亚的两项指标均名列前茅，而乌克兰、波黑排名倒数。

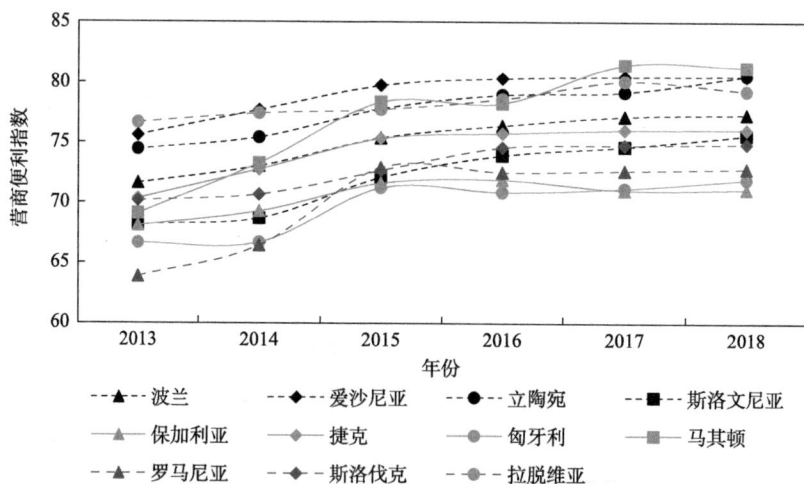

图 4-19　2013～2018 年中东欧"一带一路"沿线国家营商便利指数（排名较高的国家）

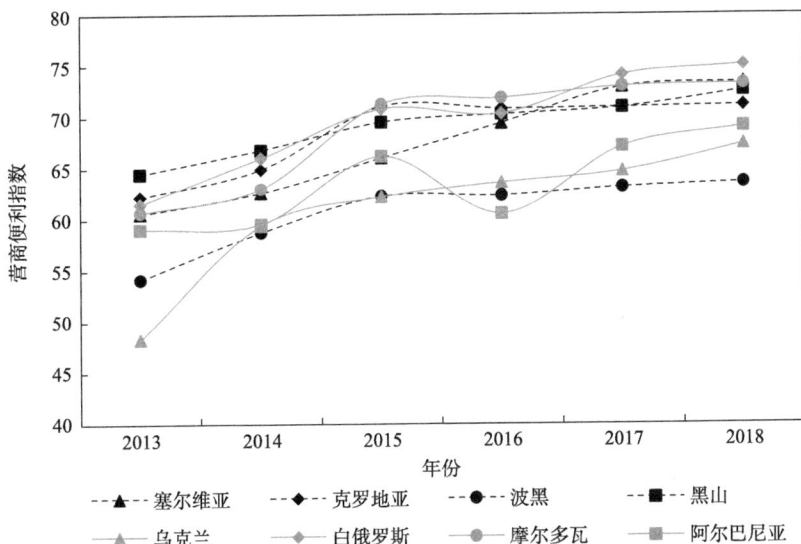

图 4-20 2013～2018 年中东欧"一带一路"沿线国家营商便利指数（排名较低的国家）

2013～2018 年中亚"一带一路"沿线国家营商便利指数如图 4-21 所示。中亚"一带一路"沿线国家中，2013～2014 年，吉尔吉斯斯坦位居该地区首位；2015～2018 年哈萨克斯坦位居该地区首位，且稳中有升；塔吉克斯坦一直位于末位。该地区各个国家指数变动趋势相似，均在 2014～2018 年保持上升趋势。与经济自由指数对比来看，哈萨克斯坦、吉尔吉斯斯坦的两项指数在绝大部分时间里都稳居该地区第一、第二位。

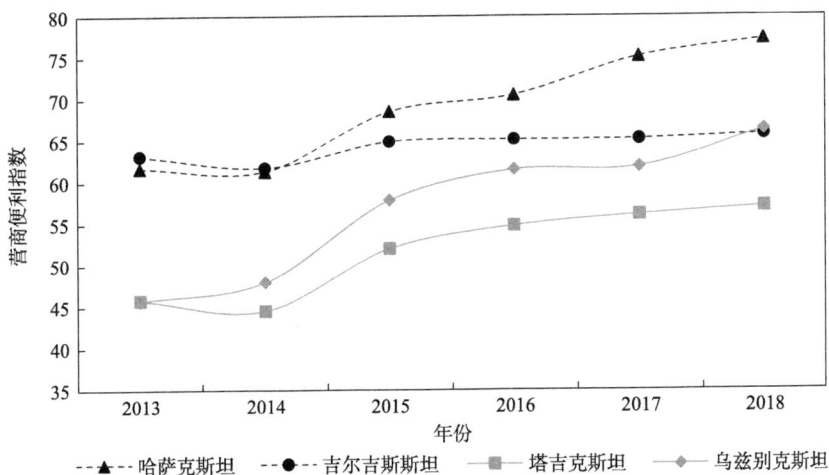

图 4-21 2013～2018 年中亚"一带一路"沿线国家营商便利指数

第四节　风　险　清　单

综合对"一带一路"沿线国家政治风险（政府治理指数）、经济风险（经济自由指数）和市场风险（营商便利指数）的评估，本节对"一带一路"沿线国家各类别风险应加以重视的程度进行总结，为相关机构与个人厘清"一带一路"沿线国家的风险态势提供参考。表 4-12 采用灰度图展示了风险评估结果，需要密切关注的风险颜色最深，风险中等的颜色中等，不需要特别关注的颜色最浅。

表 4-12　"一带一路"沿线国家风险清单

地区	国家	市场风险	经济风险	政治风险
东北亚	蒙古国			
	俄罗斯			
东南亚	越南			
	新加坡			
	印度尼西亚			
	菲律宾			
	泰国			
	马来西亚			
	柬埔寨			
	缅甸			
	东帝汶			—
	老挝			—
	文莱		—	—
南亚	斯里兰卡			
	印度			
	孟加拉国			
	巴基斯坦			
	马尔代夫			—
	尼泊尔			
	不丹			—
西亚北非	沙特阿拉伯			
	阿曼			
	阿塞拜疆			

续表

地区	国家	市场风险	经济风险	政治风险
西亚北非	以色列			
	卡塔尔			
	阿联酋			
	伊朗			
	埃及			
	科威特			
	约旦			
	土耳其			
	巴林			
	黎巴嫩			
	也门		一	
	叙利亚		一	
	伊拉克		一	
	亚美尼亚			一
	格鲁吉亚			一
	阿富汗			
中东欧	匈牙利			
	捷克			
	白俄罗斯			
	克罗地亚			
	塞尔维亚			
	斯洛文尼亚			
	斯洛伐克			
	保加利亚			
	拉脱维亚			
	爱沙尼亚			
	阿尔巴尼亚		一	
	摩尔多瓦			
	波兰			
	罗马尼亚			
	马其顿			
	立陶宛			
	乌克兰			
	波黑			
	黑山			一

续表

地区	国家	市场风险	经济风险	政治风险
中亚	哈萨克斯坦			
	乌兹别克斯坦			
	塔吉克斯坦			—
	吉尔吉斯斯坦			—
	土库曼斯坦	—		

在"一带一路"沿线国家中，缅甸、巴基斯坦和黎巴嫩的政治、经济和市场三个维度的风险都处于较高水平，此外，也门、阿富汗、东帝汶、叙利亚、老挝、伊拉克、马尔代夫、尼泊尔、塔吉克斯坦在市场风险或政治风险维度有数据缺失，无法对其相应的维度准确评估，但有数据的维度风险均处于较高水平，上述国家的风险需要引起重视。新加坡、马来西亚、阿联酋、拉脱维亚、爱沙尼亚、以色列、捷克的三个维度风险都属于较低水平。

第五节　本章小结

本章从国际权威评级机构的视角对"一带一路"沿线国家的政治风险、经济风险和市场风险进行评估，分别选择了经济学人智库的政府治理指数、自由之家发布的经济自由指数以及世界银行的营商便利指数。分析结果显示，2013年至2018年，在政治风险层面，大部分"一带一路"沿线国家政治风险未发生明显变化，少部分国家政治风险发生变化，呈现政治风险减缓或加剧的国家数量相当；在经济风险层面，"一带一路"沿线国家的风险波动较为明显，而经济自由程度上升的国家数量多于经济自由程度下降的国家的数量；在市场风险层面，"一带一路"沿线国家的风险波动较为明显，而营商环境更便利的国家的数量多于营商环境更不便利的国家的数量。最后，本章总结了"一带一路"沿线国家的风险清单，梳理了政治、经济和市场风险态势，为相关机构和个人的投资决策提供参考。

第五章 考虑决策者偏好的"一带一路"沿线国家风险测度

对于海外电力工程投资者而言，国家风险测度，实质上是考虑决策者风险偏好的主观评价过程，需要尽可能体现决策者需求，同时又要能够对决策者态度进行客观、定量反映。在投资决策中，由于投资者所处环境的不同、企业自身风险应对能力的差异，不同风险偏好的投资者对风险的承受能力可能存在较大差异。本章考虑决策者风险偏好，基于模糊测度理论，构建了国家风险测度框架，深入分析不同偏好水平下各风险要素的相对重要程度及其交互影响机制，为海外投资者提供决策参考。

第一节 研究问题的提出

随着经济全球化进程的不断深入，我国企业在"走出去"战略的指导下，进行海外投资的趋势越发显著。据商务部统计，截至 2017 年底，我国对外投资存量高达 1.8 万亿美元，涉及全球近 190 个国家和地区。然而，近年来，由于投资东道国政局的波动、国家领导人的更迭及社会动荡等诸多因素，中国企业海外投资活动遭受重大损失，如 2011 年中国电力投资集团在缅甸投资建设的密松水电站项目被迫中止；2014 年越南骚乱导致中资企业不仅蒙受重大经济损失，甚至有人员伤亡；2015 年柬埔寨政府暂停中国水利水电集团承建的水坝项目（投资总额 4 亿美元）；2015 年斯里兰卡领导人更迭，暂停中国交通建设集团已投入 14 亿美元的科伦坡港口项目。通过以上事例可以发现，中国企业在海外投资活动中存在许多潜在的风险因素。国家风险具有动态、非连续和不可预测的特点，且这种风险往往会导致东道国商业环境发生巨大的变化,进一步导致企业的利益遭受重大损失。因此,面对海外投资如此迅猛的增长趋势,对投资东道国国家风险进行测度,具有极其重要的意义。

目前,国际主流国家风险评级机构给出了国家风险评价的通用框架,如穆迪公司、惠誉、标准普尔、ICRG 等。然而,国家风险评价实质上是考虑决策者风险偏好的主观评价过程,要能够尽可能体现决策者需求,但是又要能够对决策者态度进行客观、定量的反映,使评价过程更加透明,避免"操控"性。在实际投资决策过程中,由于投资者所处环境的不同、企业自身风险应对能力的差异,不同风险偏好的投资者对风险的承受能力可能存在较大的差异。针对同一个投资东道国而言,投资者母国与东道国贸易往来频繁,政府交往甚密,而另一个投资者母国与东道国鲜有贸易往来,或是两国政府之间存在巨大的政治冲突和矛盾,对于两个投资者而言,不同的政治环境背景,会对其投资风险水平造成不同的影响。同时,相较于资金实力较差的投资者而言,资金实力强大且风险应对能力较强的投资者,往往对国家风险的忍受范围更大,诸如此类。因此,有必要考虑投资者不同风险认知及偏好水平下的海外投资东道国国家风险。

本章研究将基于投资者偏好水平对国家风险进行模糊测度,系统全面地刻画和分析不同风险要素之间的相互作用,并进行国家风险多属性的评价工作。本章首先通过调研了解不同类型企业、不同决策者在具体问题中对风险要素的偏好,其次选取最大熵作为优化的目标函数,以构建模糊测度识别模型。鉴于计算复杂度和国家风险测度实际,利用 2-可加模糊测度方法,深入分析不同偏好水平下各风险要素的相对重要程度及其交互影响机制。

本章研究安排具体如下:首先,构建考虑风险偏好的国家风险测度框架,主要包括指标数据的选择与搜集、测度模型的构建与求解以及基于风险测度结果集成的国家分类等主要模块;其次,通过实证分析,选择"一带一路"沿线 37 个国家及其相关数据,进行风险测度,验证模型的有效性和科学性,并综合国家风险进行评价;最后,进行归纳总结。

第二节　国家风险测度框架:基于模糊测度

基于风险偏好的国家风险测度框架,主要包括测度模型的构建与求解、指标数据的选择与搜集以及基于风险测度结果集成的国家分类等主要模块。其中,考虑风险偏好的国家风险测度模型主要利用最大熵作为目标函数，在满足相关的约束条件下进行问题的优化求解；指标的遴选主要根据前文所梳理的指标体系（库），结合研究问题的实际情况，合理选择评价指标，并结合指标进行数据的整理与加工；此外，根据风险测度结果，集成风险并进行不同风险下的国家分类，具体框架如图 5-1 所示。

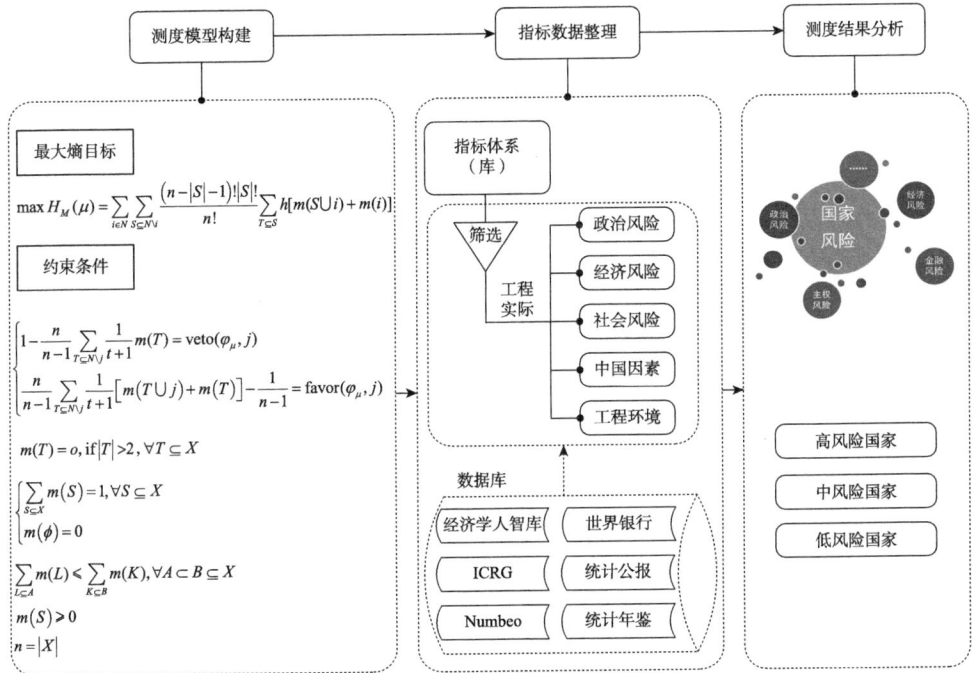

图 5-1　国家风险测度框架

一、风险集成度量模型构建

（一）决策者容忍度识别

为了便于理解容忍度指标，设计如下量表（图 5-2 和图 5-3），并在量表中添加标签帮助决策者进行判断（姚晓阳，2017）。决策者可根据自身风险偏好给出 0～1 的任意取值，再次强调，在同一个多属性评价问题中不能同时出现绝对否决属性及赞成属性，具体而言，否决度及赞成度指标不能同时为 1。

否决度：
你是否愿意接受属性 k 的得分为方案整体得分的最大值？

图 5-2　否决度量

赞成度：
你是否愿意接受属性 k 的得分为方案整体得分的最小值？

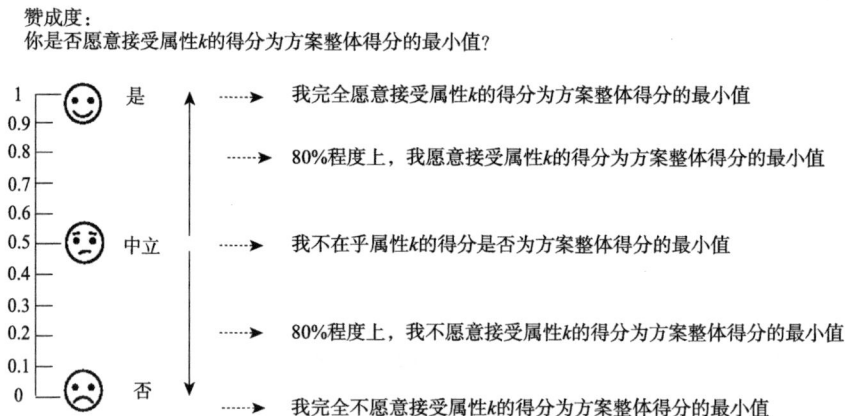

图 5-3　赞成度量

（二）优化模型构建

对于有 n 个属性的评价问题，需要识别 $2^n - 2$ 个具体测度值。值得注意的是，前面提及的决策者容忍度不是必需的：决策者完全可以对某些属性呈中立态度。在这种情况下无法从决策者处获取任何额外信息。综上，考虑到从决策者处获取的信息有限且不确定，无法给出明确的模糊测度的表达公式。然而，一旦对模糊变量有一定的认识或已有知识，可以通过最大化丢失信息的不确定性来估算其概率分布。换句话说，应该尽可能地利用现有信息，同时尽可能不受丢失信息的影响。Shannon 熵具有严格凹函数性，且在一定程度上可以刻画不确定，因此可以利用最大熵原则确定模糊测度（Jaynes，1957）。最大熵原则要求，所有符合已有信息或知识的概率分布中，应该选择有着最大不确定性或最具"一般性"的概率分布。

鉴于此，我们利用最大熵方法构建优化问题进行模糊测度识别，确定符合已有信息（决策者态度等）的最具"一般性"的模糊测度。因无法获取解析解，该优化问题旨在寻找启发式或算数解。从实际应用角度看，在所有符合决策者要求的模糊测度中，寻找最具"普遍性"的一个。最优化问题如下：

$$\max H_M(\mu) = \sum_{i \in N} \sum_{S \subseteq N\setminus i} \frac{(n-|S|-1)!|S|!}{n!} \sum_{T \subseteq S} h[m(S \cup i) + m(i)], \quad h(x) = \begin{cases} -x\ln x, \text{if } x > 0 \\ 0, \text{if } x = 0 \end{cases}$$

（5-1）

s.t.

$$\begin{cases} 1 - \frac{n}{n-1} \sum_{T \subseteq N\setminus j} \frac{1}{t+1} m(T) = \text{veto}(\varphi_\mu, j) \\ \frac{n}{n-1} \sum_{T \subseteq N\setminus j} \frac{1}{t+1} [m(T \cup j) + m(T)] - \frac{1}{n-1} = \text{favor}(\varphi_\mu, j) \end{cases}$$

（5-2）

$$m(T) = o, \text{if } |T| > 2, \quad \forall T \subseteq X$$

（5-3）

$$\begin{cases} \sum_{S \subseteq X} m(S) = 1, \quad \forall S \subseteq X \\ m(\phi) = 0 \end{cases}$$

（5-4）

$$m(S) \geqslant 0$$

（5-5）

$$\sum_{L \subseteq A} m(L) \leqslant \sum_{K \subseteq B} m(K), \quad \forall A \subset B \subseteq X$$

（5-6）

$$n = |X|$$

（5-7）

目标函数是模糊测度下的最大熵（Marichal，1998，2004）。为方便计算，目标函数及约束条件均采用模糊测度的默比乌斯变换形式。在2-可加测度的前提下，上述优化问题实质可以归纳为线性约束条件下的严格凹函数优化问题（Kojadinovic，2007；Marichal，1998）。在优化问题中，约束条件（5-2）表示决策者对具体属性的容忍度，通过调查问卷得出或直接给定。具体而言，veto(φ_μ, j)或favor(φ_μ, j)分别表示决策者对属性 j 的否决度或赞成度。除此之外，约束条件（5-3）是2-可加模糊测度固有性质；约束条件（5-4）是边界条件；约束条件（5-5）确保模糊测度的非负性；约束条件（5-6）确保模糊测度的单调性，这也是模糊测度与可加测度最本质的区别。

二、国家风险度量指标遴选

通过对海外电力工程投资项目风险诸多因素的识别与分析，可以将其划分为外部国家风险和内部项目风险。不同决策者对海外电力工程投资国国家风险的理解和风险承担能力存在差异，因此，在分析海外电力工程投资国国家风险时，需要针对投资主体对指标体系进行甄选。本书研究主要立足于投资国国家风险，尚不考虑项目内部风险，如技术风险、组织风险和管理风险等。

为此，本节将主要介绍海外电力工程投资中国家风险因素及其影响因素，综合考虑指标的重要性、代表性，以及数据的可获得性，选择政治风险、经济风险、社会风险、中国因素及工程环境等，基本结构如图5-4所示。

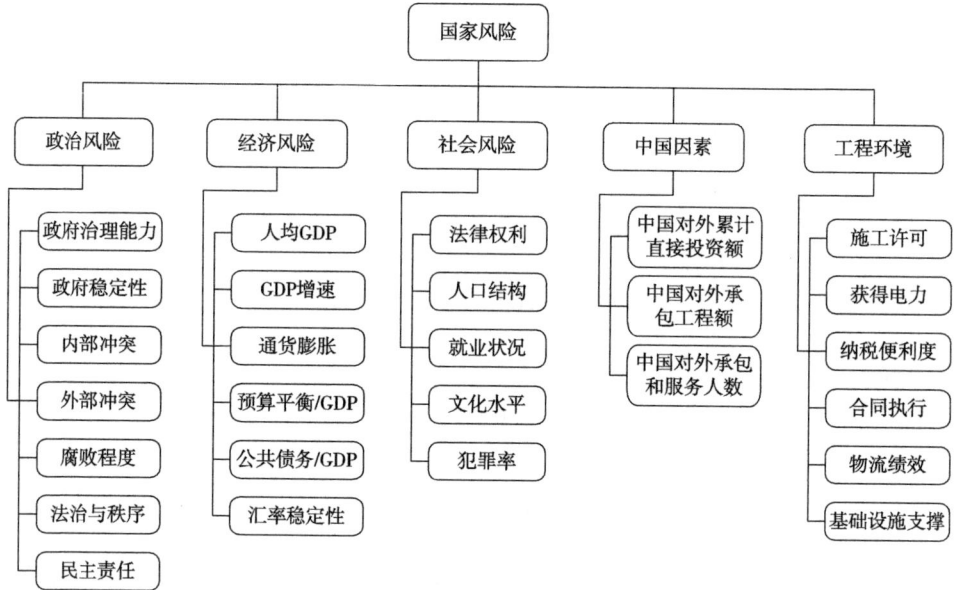

图 5-4　海外电力工程投资国家风险评价基础指标体系

1. 政治风险

海外电力工程投资国家政治风险是指投资东道国国内的政治不确定性给国外电力工程投资方带来损失的可能性。主要包括政府治理能力、政府稳定性、内部冲突、外部冲突、腐败程度、法治与秩序、民主责任等七个关键指标，其中，政府治理能力反映一个国家政府的执政能力，一般而言，政府治理能力较差，往往会导致政局不稳定、政府政策变化莫测、市场紊乱等状况的发生。政府稳定性能够反映一国政府的统治遭受非平稳更迭或是受到破坏或推翻的可能性，一国的政府稳定性越差，其国家政治风险越高。对于多党执政的国家而言，在进行海外投资决策时，政府稳定性需要特别慎重考虑。内部冲突则反映一国政府内部党派之间存在的矛盾状况，而外部冲突则能够反映一国政府外部国家之间存在的矛盾状况，包括战争、经济封锁等问题，冲突越强，政治风险越高。腐败程度能够反映一个国家的腐败状况，腐败程度高，投资成本增加，会导致相应的风险加大。法治与秩序是能够反映一国法律状况和内部秩序的重要指标，法治与秩序状况越良好，风险相应越小。而民主责任能够反映一个国家的民主程度，民主程度越高，风险水平越低。有关政治风险指标的信息形式和测度方法及资料来源，具体如表 5-1 所示。

表 5-1 政治风险指标列表

风险维度	序号	风险因素	指标解释	信息形式	测度方法	资料来源
政治风险	1.1	政府治理能力	反映一个国家政府执政能力，不良的治理能力会导致政局不稳定、政策变化快、扰乱市场等情况的发生	0~4分，分数越低，表明风险越低	利用政府治理指数	经济学人智库国家风险数据库
	1.2	政府稳定性	反映一国政府的统治遭受非平稳更迭或是受到破坏或推翻的可能性，数值越大，风险越低	数值越大，风险越低		ICRG
	1.3	内部冲突	反映一国政府内部党派之间存在的矛盾状况，数值越大，风险越高	数值越大，风险越高		ICRG
	1.4	外部冲突	反映一国政府外部国家之间存在的矛盾状况，包括战争、经济封锁等问题，数值越大，风险越高	数值越大，风险越高		ICRG
	1.5	腐败程度	反映一个国家的腐败状况，数值越高，表明腐败程度越大，投资成本增加会导致相应的风险加大	0~4分，分数越低，表明风险越低	利用腐败指数	经济学人智库国家风险数据库
	1.6	法治与秩序	反映一国法律状况和内部秩序的重要指标，法治与秩序状况越良好，风险相应越小	数值越大，风险越低		ICRG
	1.7	民主责任	反映一个国家民主程度，民主程度越高，风险水平越低	数值越大，风险越低		ICRG

2. 经济风险

对海外电力工程投资国家经济风险分析，主要关注东道国国内可能会影响电力工程市场的经济因素。第一，人均 GDP 能够反映一国经济发展水平；第二，GDP 增速能够反映一国经济活力，是衡量国家宏观经济的重要观测指标；第三，通货膨胀率反映一国货币贬值程度，强烈的通货膨胀往往伴随着经济发展形势的恶化；第四，预算平衡/GDP 能够有效反映一国创造财富的财政可持续性；第五，公共债务/GDP 可以帮助投资者衡量一国政府公共部门的债务水平，一旦政府发生债务危机则影响其设施建设与运行，严重者会导致投资活动的中断；第六，汇率稳定性可以衡量一国汇率波动情况，正值表示本币升值，有利于对外投资建设，风险降低，负值表示本币贬值，海外投资经济风险增加。此类风险共包含 6 类指标，具体指标信息如表 5-2 所示。

表 5-2　经济风险指标列表

风险维度	序号	风险因素	指标解释	信息形式	测度方法	资料来源
经济风险	2.1	人均GDP	反映一国经济发展水平的指标,是了解和把握一个国家宏观经济运行状况最有效的工具	数值越小,风险越高	利用一国人均GDP(GDP/总人口数量)	ICRG
	2.2	GDP增速	反映一国经济活力,是衡量国家宏观经济的重要观测指标	百分比数据,数值越小,风险越高	利用GDP增速(年百分比)	ICRG
	2.3	通货膨胀	反映一国货币贬值程度,强烈的通货膨胀往往伴随着经济发展形势的恶化	0~4分,分数越低,表明风险越低	利用通货膨胀指数	经济学人智库国家风险数据库
	2.4	预算平衡/GDP	反映一国创造财富的财政可持续性	百分比数据,数值越小,风险越低	利用一国政府的财政预算平衡状况在当年GDP中占比	ICRG
	2.5	公共债务/GDP	衡量一国政府公共部门的债务水平,一旦债务危机发生会影响其设施建设与运行	百分比数据,数值越小,风险越低	利用一国政府的外债状况在当年GDP中占比	ICRG/世界银行
	2.6	汇率稳定性	衡量一国汇率波动情况,正值表示本币升值,有利于对外投资建设,风险降低;负值表示本币贬值,海外投资经济风险增加	百分比数据,数值越小,风险越大	官方汇率(本年值/上年值-1)×100%	世界银行

3. 社会风险

对海外电力工程投资国家社会风险的分析,主要重点关注东道国的法律权利,通过法律权利指标衡量一国法律的权威性,如果一国法律权威性较高,对于海外投资者而言,更容易获得信贷,降低投资风险,否则相应的风险将会增加。而东道国的人口结构也会影响东道国的社会风险,如果东道国65岁以上老龄人口比重过高,这反映出其劳动力数量的减少,同时会导致其养老负担的加重,会导致国家社会风险增加。对于一个国家社会风险的衡量,还需要考虑国家整体的就业状况(失业率),如果就业状况良好,表明社会发展秩序良好,而失业率较高则会导致犯罪率的提升,进而导致社会风险的增加,对企业海外投资活动产生负面的影响。此外,犯罪率指标能够进一步反映投资东道国的整体犯罪水平,犯罪率数值越小,投资活动风险越低,具体指标如表5-3所示。

表 5-3　社会风险指标列表

风险维度	序号	风险因素	指标解释	信息形式	测度方法	资料来源
社会风险	3.1	法律权利	衡量一国法律的权威程度,数值越大,越有利于获得信贷,风险越小	0~12分,分数越低,风险越大	利用法律权利度指数	世界银行
	3.2	人口结构	衡量一国人口结构变化,数值越高,其劳动人口比率越低,养老负担越重,风险越高	百分比数据,比率越低,风险越低	利用65岁以上老龄人口占比	世界银行

风险维度	序号	风险因素	指标解释	信息形式	测度方法	资料来源
社会风险	3.3	就业状况	衡量一国劳动力就业状况，数值越高越不稳定，风险越高	百分比数据，比率越低，风险越低	利用失业率	世界银行
	3.4	文化水平	反映一国的整体文化水平，数值越高，文明程度越高，风险越低	百分比水平，比率越低，风险越高	利用识字率	世界银行
	3.5	犯罪率	反映一国的整体犯罪水平，数值越小，投资活动风险越低	0~100分，分数越高，风险越大	利用犯罪率数据	

4. 中国因素

对于海外电力投资东道国的国家风险而言，中国与投资国之间的贸易密切程度，中国在该国的投资、经营所需的竞争力储备情况也会起到关键的影响作用。为此，本书将结合电力工程市场特点，重点从中国对外累计直接投资额、中国对外承包工程额及中国对外承包和服务人数展开对东道国国家风险的分析，其中，中国对外累计直接投资额能够反映中国对该直接投资的支持程度。而中国对外承包工程额则能够反映中国对该工程建设领域投资的支持力度。此外，中国对外承包和服务人数能够有效反映中国对该工程项目承包获得的输出程度，输出服务人数越多，表明两国投资关系越密切，相应的国家风险会相应较小，有关中国因素指标信息如表5-4所示。

表 5-4　中国因素指标列表

风险维度	序号	风险因素	指标解释
中国因素	4.1	中国对外累计直接投资额	反映中国对该直接投资的支持程度，数值越大，表明两国投资关系越密切，风险则相对越小
	4.2	中国对外承包工程额	反映中国对该工程投资的支持力度，数值越大，表明两国投资关系越密切，风险则相对越小
	4.3	中国对外承包和服务人数	反映中国对该工程项目承包获得的输出程度，数值越大，表明两国投资关系越密切，风险则相对越小

5. 工程环境

在对海外电力工程投资国家风险展开分析时，无法脱离行业的特殊性，因此需要立足电力工程建设行业，充分考虑行业的特殊性，为此本书选择施工许可、获得电力、纳税便利度、合同执行、物流绩效和基础设施支撑等相关指标展开分析。其中，施工许可指标反映东道国工程建设的难易程度和复杂程度等，由于电力工程投资活动的特殊性，施工许可可决定项目能否启动，如果前期获得施工许可较难，往往会导致项目无法正常开工建设，引起工期延误和进度推迟，常常会造成投资方利益的受损。获得电力指标能够反映在东道国获得电力的复杂、烦琐程度，如果无法获得电力系统的支持，投资建设活动就会被迫终止，因此获得电力的难易程度在一定程度上影响投资活动的开展。纳税便利度指标，反映在东道国开展经营活动、纳税的方便程度，如果纳税流程烦琐，会造成资金和人力的消耗。而合同执行指标能够反映在一个国家开展商业活动，所签署的项目合同的法律效力。如果合同执行情况较差，表明相应的风险会增加。此外，由于电力工程投资活动需要采购大量的建材和设备等物资，所以，选取物流绩效指标和基础设施支撑等指标，以充分反映一国贸易运输相关的基础设施质量和东道国交通基础设施对交通服务的支撑力度，如果物流绩效和基础设施服务支撑较差，往往会导致投资活动效率低下，采购活动需投入更多的资金和时间成本等，给投资活动带来较高的风险，具体如表5-5所示。

表 5-5　工程环境指标列表

风险维度	序号	风险因素	指标解释	信息形式	测度方法	资料来源
工程环境	5.1	施工许可	施工许可反映一国工程建设的难易程度、复杂程度等，得分越高，风险越低	0~100分，分数越高，风险越小	利用处理施工许可证得分	世界银行数据
	5.2	获得电力	反映一国获得电力的复杂、烦琐等程度，得分越高，风险越低	0~100分，分数越高，风险越小	利用获得电力得分	世界银行数据
	5.3	纳税便利度	反映在一国开展经营活动、纳税便利程度，得分越高，风险越低	0~100分，分数越高，风险越小	利用纳税得分	世界银行数据
	5.4	合同执行	反映在一个国家开展商业活动，其合同执行情况，评分越高，风险越低	0~100分，分数越高，风险越小	利用合同执行得分	世界银行数据
	5.5	物流绩效	反映一国贸易运输相关的基础设施质量，分数值越高，运输效率越高，则风险越小	0~5分，分数越高，风险越小	利用物流绩效指数	世界银行数据
	5.6	基础设施支撑	反映一国交通基础设施对交通服务的支撑力度，比值型（大于1，支撑力度不足，小于1，支撑力度充足）	比值型，比值越低，风险越小	交通服务（占国际收支统计口径的服务进口比例）/出口比例	世界银行数据

第三节　样本与数据

考虑到国家风险指标数据的可获得性，本书选择了"一带一路"沿线37个国家作为研究对象，各区域的国家具体如表5-6所示。"一带一路"沿线共有66个国家，其中2个国家无数据，26个国家的数据存在大量缺失，此外由于考虑海外投资行为，不将中国纳入其中。

表 5-6 "一带一路"沿线国家列表

地区	国家
中亚	哈萨克斯坦、蒙古国
南亚	印度、巴基斯坦、孟加拉国、斯里兰卡
西亚	伊朗、土耳其、约旦、黎巴嫩、以色列、沙特阿拉伯、也门、阿曼、卡塔尔、科威特、巴林
中东欧国家	波兰、立陶宛、拉脱维亚、捷克、匈牙利、斯洛文尼亚、阿尔巴尼亚、罗马尼亚、保加利亚
东盟	新加坡、马来西亚、印度尼西亚、缅甸、泰国、菲律宾
独联体国家	俄罗斯、乌克兰、白俄罗斯、阿塞拜疆、摩尔多瓦

注：为便于分析，本书此处将蒙古国归入中亚地区，将俄罗斯归入独联体地区

根据遴选出来的国家风险评价指标，本书通过相关数据库网站进行数据整理，具体如表 5-7 所示。

表 5-7 资料来源列表

序号	来源
1	经济学人智库国家风险数据库
2	ICRG
3	世界银行
4	中国对外直接投资统计公报
5	《中国统计年鉴》
6	Numbeo 数据库

由于指标数据的来源较为广泛，数据统计口径和统计方式存在较大差异，并且对一个国家风险的判断有正/负相关之分，产生不同的影响，如表 5-8 所示。比如，人均 GDP 越高，表明其经济情况越好，即相应的经济风险水平较低；对于通货膨胀指标而言，通货膨胀率越高，则表明该国家经济态势越差，即经济风险水平越高，因此，有必要在进行具体的运算之前，将数据统一为 0~1 的正向数据。

表 5-8 评价指标与风险的相关关系

编码	指标	与风险的关系
1.1	政府治理能力	正相关
1.2	政府稳固性	负相关
1.3	内部冲突	正相关
1.4	外部冲突	正相关

编码	指标	与风险的关系
1.5	腐败程度	正相关
1.6	法治与秩序	负相关
1.7	民主责任	负相关
2.1	人均 GDP	负相关
2.2	GDP 增速	负相关
2.3	通货膨胀	正相关
2.4	预算平衡/GDP	正相关
2.5	公共债务/GDP	正相关
2.6	汇率稳定性	负相关
3.1	法律权利	负相关
3.2	人口结构	正相关
3.3	就业状况	正相关
3.4	文化水平	负相关
3.5	犯罪率	正相关
4.1	中国对外累计直接投资额	负相关
4.2	中国对外承包工程额	负相关
4.3	中国对外承包和服务人数	负相关
5.1	施工许可	负相关
5.2	获得电力	负相关
5.3	纳税便利度	负相关
5.4	合同执行	负相关
5.5	物流绩效	负相关
5.6	基础设施支撑	正相关

对于与风险大小存在正向关系的指标，如政府治理能力、内部冲突、外部冲突、腐败程度、通货膨胀、犯罪率等指标，采用式（5-8）进行处理。对于与风险大小存在负向关系的指标，如政府稳固性、法治与秩序、民主责任、人均 GDP 等指标，采用式（5-9）进行处理：

$$x_{ik} = \frac{\max x_i - x_{ik}}{\max x_i - \min x_i} \qquad (5\text{-}8)$$

$$x_{ik} = \frac{x_{ik} - \min x_i}{\max x_i - \min x_i} \tag{5-9}$$

通过以上处理方式，所有指标均转化为 0～1 的实数，越接近 1，表示投资东道国在该指标中潜在风险越大，越靠近 0，则表示潜在风险越小。

第四节　沿线国家风险分析

不同决策者对某一或某些风险因素的容忍程度存在差异，在进行投资决策时往往会存在不同的倾向。例如，对于激进的投资决策者而言，只要某一指标的风险数值足够小（更趋向于容忍度的上限），则可以视为整体风险小，即使其他风险因素测度结果比较大；对于保守的投资决策者来说，只要存在特定指标的风险较大（趋向于容忍区间的下限），则整体的风险较大，即使其他风险因素取值较小。为此，我们采用 veto 和 favor 分别表示激进和保守两种不同的风险偏好者，各设置 2 种不同的模拟情景用以展开不同风险偏好决策者的投资决策，其中政治风险、经济风险、社会风险、中国因素及工程环境等，分别取值[0.2,0.4,0.5,0.6,0.8]和[0.8,0.6,0.5,0.4,0.2]，如表 5-9 所示。

表 5-9　不同情景下激进和保守决策者的风险偏好水平

情景		政治风险	经济风险	社会风险	中国因素	工程环境
veto（激进）	情景 1	0.2	0.4	0.5	0.6	0.8
	情景 2	0.8	0.6	0.5	0.4	0.2
favor（保守）	情景 1	0.2	0.4	0.5	0.6	0.8
	情景 2	0.8	0.6	0.5	0.4	0.2

一、局部容忍度风险测度

通过模型对国家的风险水平进行测算，获得评价结果，如表 5-10 所示，在表中给出具体的评价结果和风险高低排序。评价结果处于 0～1，越靠近 1 表示风险水平越大，反之则表示风险水平越低。研究选取 2014 年和 2016 年的测算数据进行时序对比，选择不同情景进行横向对比验证测度方法的合理性和有效性。

表 5-10 局部容忍度风险测度结果

国家	激进策略								保守策略							
	veto 情景 1				veto 情景 2				favor 情景 1				favor 情景 2			
	2014 年		2016 年		2014 年		2016 年		2014 年		2016 年		2014 年		2016 年	
	评分	排序	评分	排序	评分	排序	评分	排序	评分	排序	评分	排序	评分	排序	评分	排序
阿尔巴尼亚	0.44	21	0.33	37	0.4	34	0.42	33	0.41	19	0.22	37	0.35	33	0.37	30
阿曼	0.54	7	0.46	22	0.68	7	0.74	2	0.51	9	0.35	26	0.64	6	0.7	3
阿塞拜疆	0.52	8	0.51	10	0.55	19	0.59	15	0.52	6	0.48	10	0.55	13	0.57	15
巴基斯坦	0.48	16	0.48	17	0.45	28	0.43	30	0.5	11	0.48	11	0.43	27	0.42	26
巴林	0.5	11	0.49	13	0.71	2	0.73	3	0.38	20	0.37	23	0.66	3	0.68	4
白俄罗斯	0.37	36	0.48	16	0.53	23	0.55	21	0.3	34	0.43	17	0.51	21	0.52	21
保加利亚	0.39	33	0.34	36	0.54	22	0.59	16	0.29	35	0.25	36	0.5	23	0.56	17
波兰	0.43	26	0.41	30	0.56	18	0.63	10	0.32	28	0.31	31	0.52	20	0.6	11
俄罗斯	0.44	22	0.47	19	0.43	32	0.43	31	0.43	18	0.44	16	0.39	31	0.36	33
菲律宾	0.4	30	0.43	25	0.62	14	0.6	19	0.32	27	0.34	27	0.59	10	0.56	16
哈萨克斯坦	0.5	13	0.46	20	0.6	12	0.66	7	0.46	15	0.4	21	0.55	14	0.61	8
捷克	0.38	35	0.39	33	0.56	17	0.6	12	0.29	36	0.29	34	0.52	17	0.59	12
卡塔尔	0.65	1	0.69	1	0.66	8	0.53	23	0.64	1	0.67	1	0.67	2	0.39	28
科威特	0.42	27	0.47	18	0.54	21	0.55	22	0.33	24	0.38	22	0.52	19	0.52	20
拉脱维亚	0.45	19	0.37	35	0.68	5	0.67	5	0.33	25	0.28	35	0.6	8	0.61	7
黎巴嫩	0.63	3	0.6	4	0.25	37	0.25	37	0.62	2	0.57	5	0.13	37	0.13	37
立陶宛	0.54	6	0.46	21	0.62	9	0.67	6	0.51	8	0.46	14	0.56	12	0.6	10
罗马尼亚	0.4	31	0.42	28	0.45	29	0.6	14	0.31	33	0.31	32	0.42	28	0.6	9
马来西亚	0.49	14	0.5	11	0.6	10	0.65	9	0.43	17	0.46	15	0.65	4	0.57	14
蒙古国	0.43	25	0.4	32	0.53	25	0.56	20	0.37	21	0.32	30	0.49	24	0.55	18
孟加拉国	0.38	34	0.42	26	0.43	31	0.43	29	0.31	29	0.4	20	0.4	30	0.42	25
缅甸	0.47	17	0.53	8	0.6	14	0.58	18	0.35	23	0.43	18	0.55	15	0.51	22
摩尔多瓦	0.43	24	0.43	24	0.6	13	0.59	17	0.31	32	0.32	29	0.59	9	0.57	13
沙特阿拉伯	0.56	4	0.64	2	0.69	3	0.73	4	0.54	5	0.63	2	0.64	7	0.71	2
斯里兰卡	0.4	32	0.38	34	0.42	33	0.4	35	0.33	26	0.3	33	0.39	32	0.36	32
斯洛文尼亚	0.52	9	0.54	6	0.54	22	0.57	19	0.5	12	0.51	7	0.49	25	0.53	19

续表

国家	激进策略								保守策略							
	veto 情景 1				veto 情景 2				favor 情景 1				favor 情景 2			
	2014 年		2016 年		2014 年		2016 年		2014 年		2016 年		2014 年		2016 年	
	评分	排序	评分	排序	评分	排序	评分	排序	评分	排序	评分	排序	评分	排序	评分	排序
泰国	0.44	23	0.52	9	0.69	4	0.66	8	0.37	22	0.51	8	0.65	5	0.61	6
土耳其	0.49	15	0.49	14	0.58	16	0.52	26	0.51	10	0.5	9	0.54	16	0.41	27
乌克兰	0.52	10	0.49	15	0.36	36	0.28	36	0.52	7	0.47	12	0.28	36	0.21	36
新加坡	0.64	2	0.62	3	0.86	1	0.86	1	0.57	4	0.56	9	0.86	1	0.85	1
匈牙利	0.41	28	0.44	23	0.5	26	0.52	24	0.29	37	0.33	28	0.45	26	0.49	24
也门	0.45	20	0.42	29	0.44	30	0.43	32	0.48	14	0.41	19	0.32	35	0.31	34
伊朗	0.46	18	0.37	31	0.49	27	0.48	28	0.43	16	0.37	24	0.41	29	0.38	29
以色列	0.41	29	0.58	5	0.61	11	0.62	11	0.31	31	0.57	3	0.58	11	0.62	5
印度	0.5	12	0.51	11	0.4	35	0.41	34	0.49	13	0.46	13	0.33	34	0.3	35
印度尼西亚	0.37	37	0.42	27	0.53	22	0.52	25	0.31	30	0.36	25	0.51	22	0.49	23
约旦	0.54	5	0.53	7	0.58	15	0.49	27	0.58	3	0.57	4	0.52	18	0.36	31

（一）激进型决策视角下风险测度

（1）vote 情景 1：政治风险、经济风险、社会风险、中国因素及工程环境等局部容忍度为[0.2,0.4,0.5,0.6,0.8]，即工程环境和中国因素作为关键指标，表现出一定的"否决"特征，社会风险为中立要素。投资者对工程环境容忍程度较低，投资东道国工程环境状况 80%程度上可以视为国家综合风险的评价上限。通过2014 年测度结果，如图 5-5 所示，卡塔尔、新加坡、黎巴嫩及沙特阿拉伯等国家风险得分较高，印度尼西亚、白俄罗斯、孟加拉国及捷克等风险得分较低。相比于 2014 年数据可以发现，2016 年国家风险测度结果，由图 5-6 可知，卡塔尔、沙特阿拉伯、新加坡、黎巴嫩、以色列等国家风险得分相对较高，而捷克、斯里兰卡、拉脱维亚、保加利亚、阿尔巴尼亚等国家风险得分较低。整体来看，国家风险评估在类别上没有太大的差异，只是在风险评分结果上存在细微的变动，主要是由于工程环境和中国因素具有"否决"特征，表现出不同的风险测度结果。

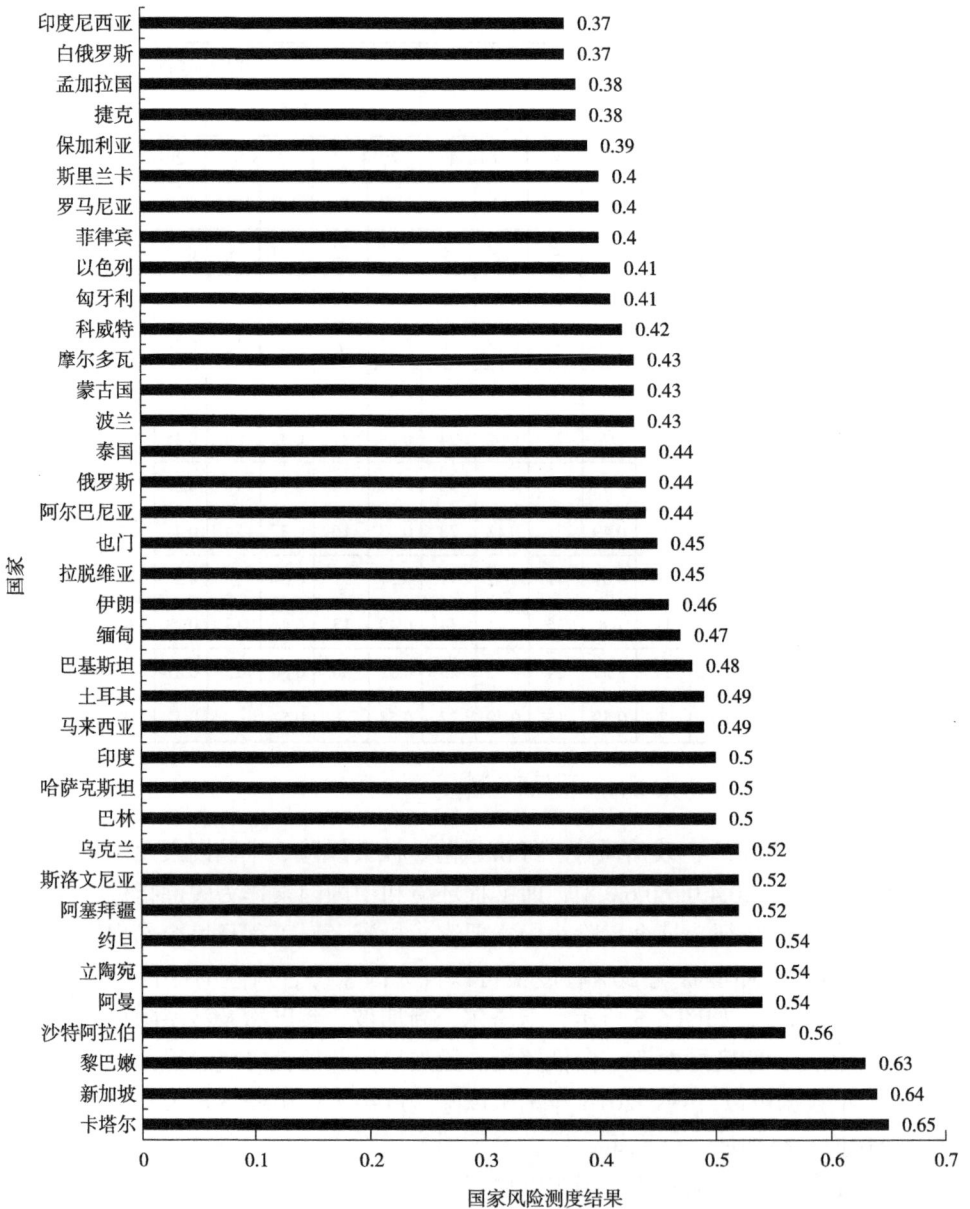

图 5-5　2014 年国家风险排序-vote 情景 1

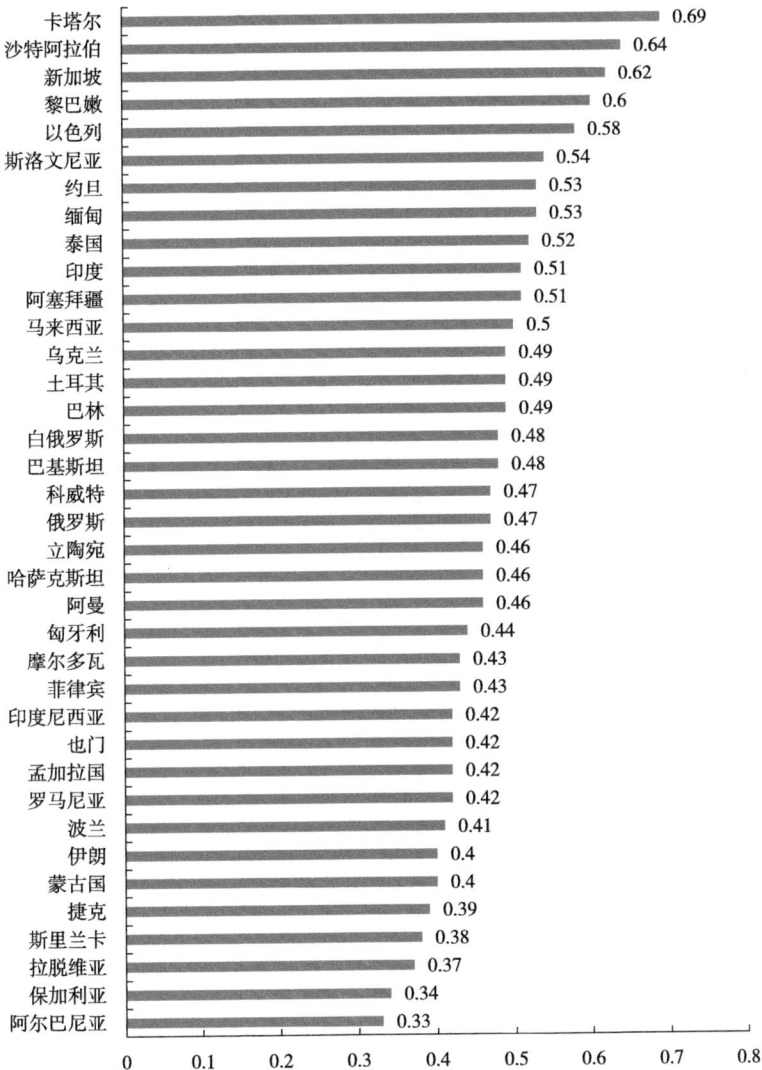

图 5-6 2016 年国家风险排序-vote 情景 1

（2）vote 情景 2：政治风险、经济风险、社会风险、中国因素及工程环境等局部容忍度为[0.8,0.6,0.5,0.4,0.2]，即政治风险和经济风险作为关键指标，表现出一定的"否决"特征，社会风险为中立要素。投资者对政治风险和经济风险的容忍程度较低，投资东道国政治状况 80%程度上可以视为国家综合风险的评价上限。通过 2014 年风险测度结果，如图 5-7 所示，可以看出新加坡、巴林、沙特阿拉伯、泰国等风险得分较高，而黎巴嫩、乌克兰、印度、阿尔巴尼亚和斯里兰卡等国家风险得分较低；由 2016 年国家风险测度结果，如图 5-8 所示，可以看出新加坡、阿曼、巴林、沙特阿拉伯、拉脱维亚的风险得分相对较高，而印度、斯里兰卡、乌克兰、黎巴嫩的风险得分较低。由于政治风险和经济风险具有"否决"特征，所以表现出不同的风险测度结果。

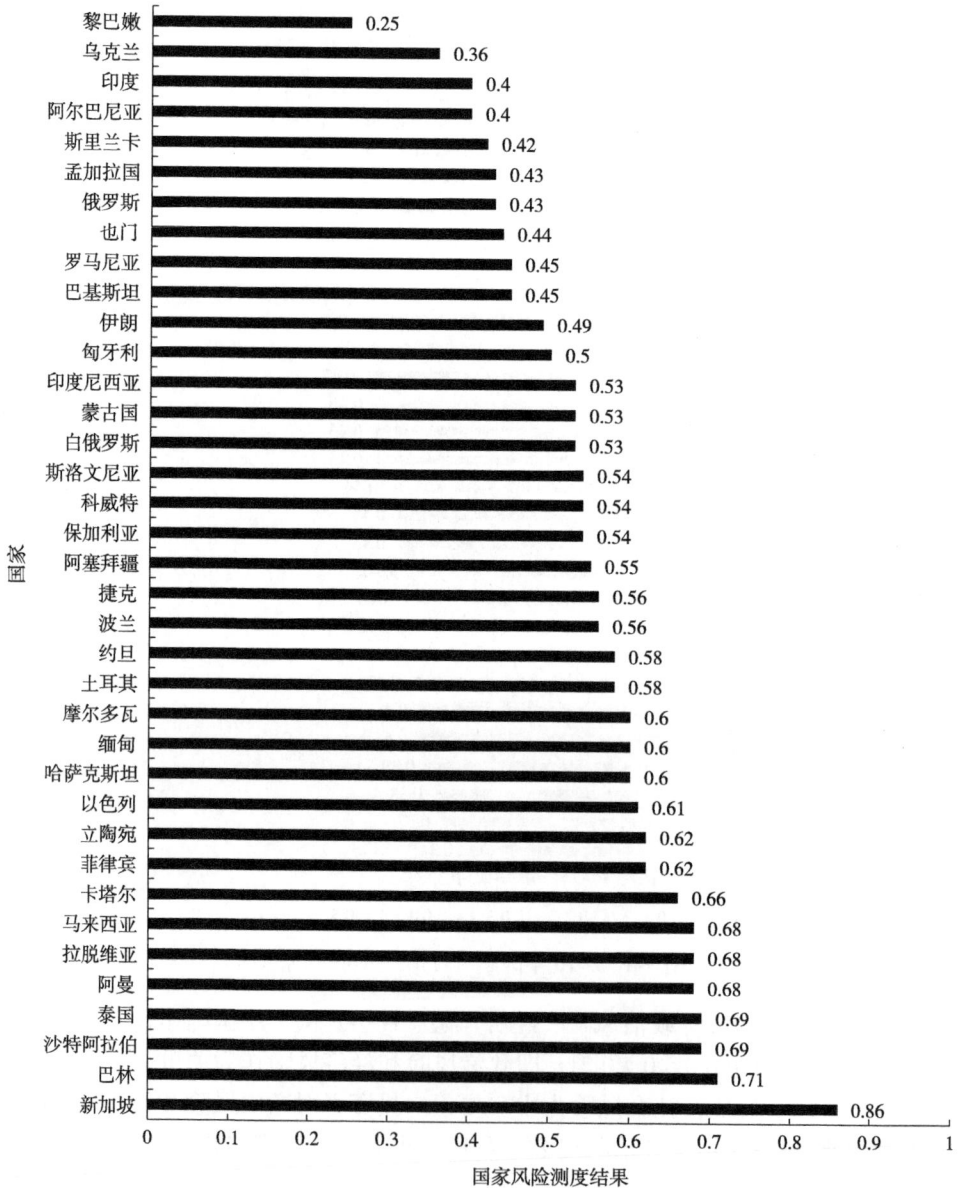

图 5-7　2014 年国家风险排序-vote 情景 2

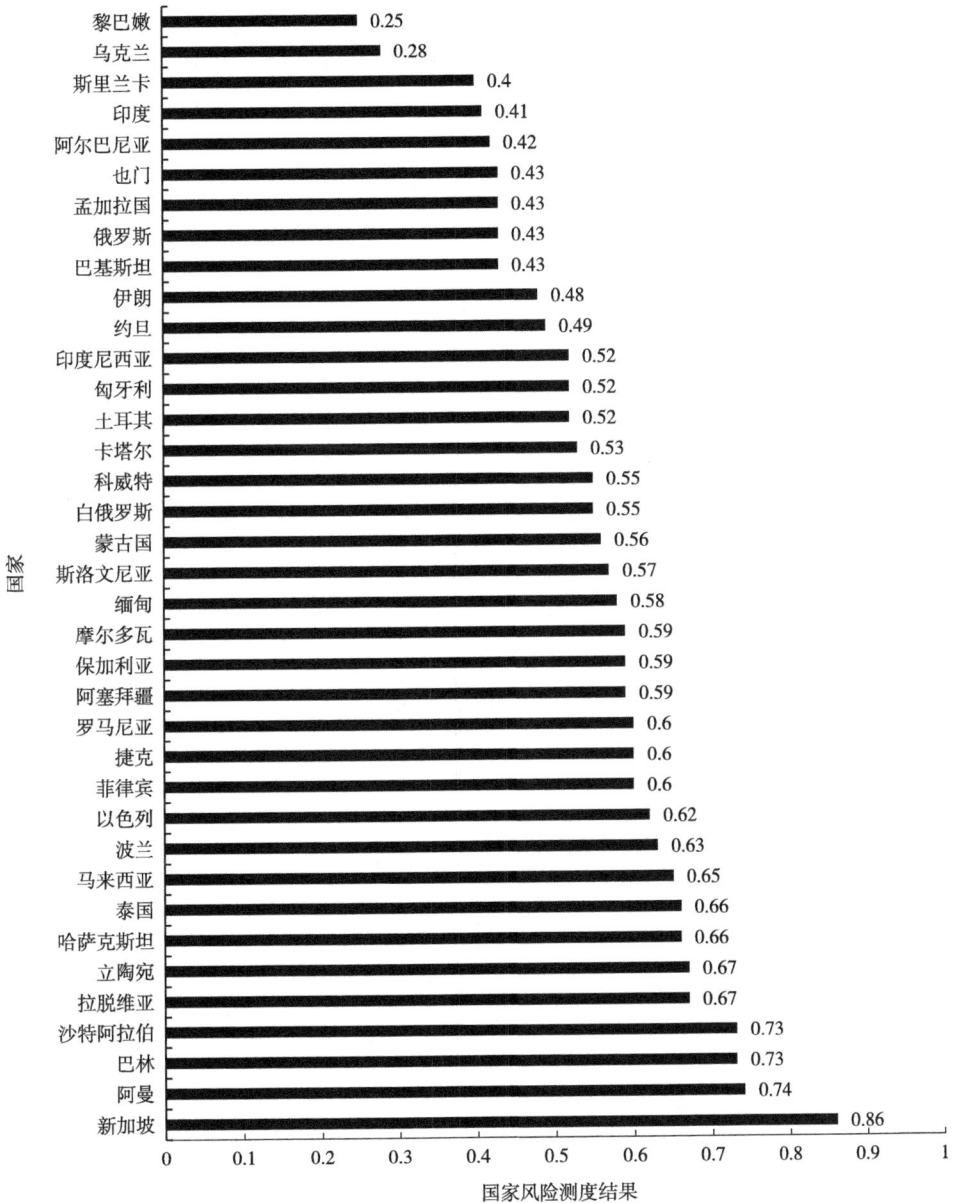

图 5-8　2016 年国家风险排序-vote 情景 2

（3）vote 情景比较。通过对 vote 情景 1 和 vote 情景 2 分别进行分析，可以发现，两种情景下"一带一路"沿线国家风险测度结果排序存在差异，如在 2016 年国家风险排序-vote 情景 1 中，卡塔尔的国家风险得分最高，阿尔巴尼亚的国家风险得分处于最低水平；而在 2016 年国家风险排序-vote 情景 2 中新加坡的国家风险得分最高，黎巴嫩的国家风险得分最低；具体风险排名及其风险变动情况如表 5-11 所示。在两种情景下，当风险因素偏好由[0.2,0.4,0.5,0.6,0.8]变为[0.8,0.6,0.5,0.4,0.2] 时，风险排名降低最多的 TOP5 国家分别是黎巴嫩(−33)、印度(−24)、乌克兰(−23)、卡塔尔（−22）和约旦（−20）；而增加最多的 TOP5 国家分别是拉脱维亚（30）、捷克（21）、保加利亚（21）、波兰（20）及阿曼（18）。由这两种情景，可以发现不同风险偏好水平下，同一个国家的风险测度水平存在明显的差异。

表 5-11　vote 情景下国家风险排序 2016 年数据

国家	vote 情景 1		vote 情景 2		排名变化	国家	vote 情景 1		vote 情景 2		排名变化
	得分	排名	得分	排名			得分	排名	得分	排名	
卡塔尔	0.69	1	0.53	23	−22	阿曼	0.46	20	0.74	2	18
沙特阿拉伯	0.64	2	0.73	3	−1	哈萨克斯坦	0.46	20	0.66	7	13
新加坡	0.62	3	0.86	1	2	立陶宛	0.46	20	0.67	5	15
黎巴嫩	0.6	4	0.25	37	−33	匈牙利	0.44	23	0.52	24	−1
以色列	0.58	5	0.62	11	−6	菲律宾	0.43	24	0.6	12	12
斯洛文尼亚	0.54	6	0.57	19	−13	摩尔多瓦	0.43	24	0.59	15	9
缅甸	0.53	7	0.58	18	−11	罗马尼亚	0.42	26	0.6	12	14
约旦	0.53	7	0.49	27	−20	孟加拉国	0.42	26	0.43	30	−4
泰国	0.52	9	0.66	7	2	也门	0.42	26	0.43	30	−4
阿塞拜疆	0.51	10	0.59	15	−5	印度尼西亚	0.42	26	0.52	24	2
印度	0.51	10	0.41	34	−24	波兰	0.41	30	0.63	10	20
马来西亚	0.5	12	0.65	9	3	蒙古国	0.4	31	0.56	20	11
巴林	0.49	13	0.73	3	10	伊朗	0.4	31	0.48	28	3
土耳其	0.49	13	0.52	24	−11	捷克	0.39	33	0.6	12	21
乌克兰	0.49	13	0.28	36	−23	斯里兰卡	0.38	34	0.4	35	−1
巴基斯坦	0.48	16	0.3	30	−14	拉脱维亚	0.37	35	0.67	5	30
白俄罗斯	0.48	16	0.55	21	−5	保加利亚	0.34	36	0.59	15	21
俄罗斯	0.47	18	0.43	30	−12	阿尔巴尼亚	0.33	37	0.42	33	4
科威特	0.47	18	0.55	21	−3						

（二）保守型决策视角下风险测度

（1）favor 情景 1：政治风险、经济风险、社会风险、中国因素及工程环境等局部容忍度为[0.2,0.4,0.5,0.6,0.8]，即政治风险和经济风险作为关键指标，表现出一定的"赞成"特征，社会风险为中立要素。

投资者对政治风险和经济风险的容忍程度较高，投资东道国的政治风险 80% 程度上可以视为国家综合风险的评价下限。通过测度结果可以发现，2014 年国家风险排序中，风险得分较高的国家有卡塔尔、黎巴嫩、约旦、新加坡和沙特阿拉伯等,而匈牙利、捷克、保加利亚和白俄罗斯等国家风险得分相对较低,具体排序如图 5-9 所示;根据 2016 年评价结果可知卡塔尔、沙特阿拉伯、黎巴嫩、以色列、约旦的风险得分相对较高,而斯里兰卡、捷克、拉脱维亚、保加利亚、阿尔巴尼亚的风险得分较低,如图 5-10 所示。由于政治风险和经济风险具有"赞成"特征,表现出不同的风险测度结果。

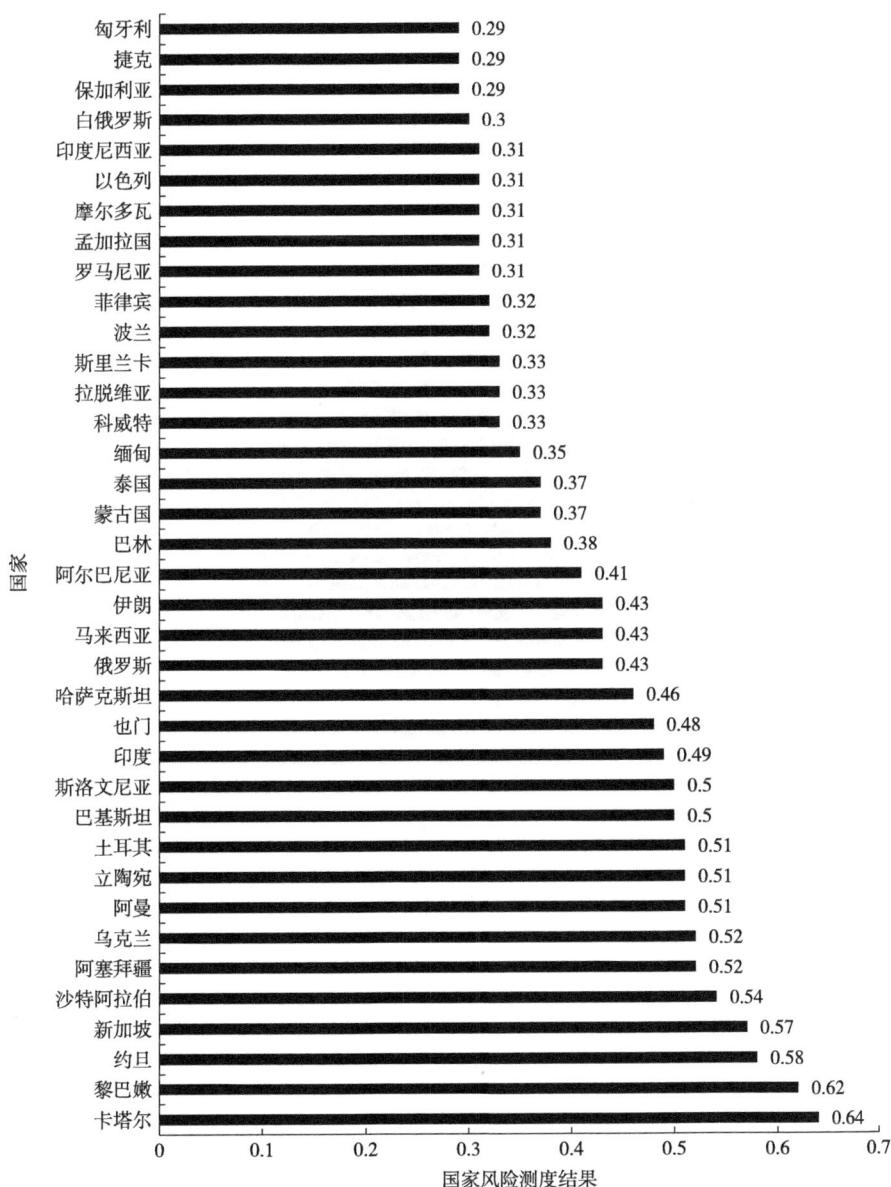

国家	国家风险测度结果
匈牙利	0.29
捷克	0.29
保加利亚	0.29
白俄罗斯	0.3
印度尼西亚	0.31
以色列	0.31
摩尔多瓦	0.31
孟加拉国	0.31
罗马尼亚	0.31
菲律宾	0.32
波兰	0.32
斯里兰卡	0.33
拉脱维亚	0.33
科威特	0.33
缅甸	0.35
泰国	0.37
蒙古国	0.37
巴林	0.38
阿尔巴尼亚	0.41
伊朗	0.43
马来西亚	0.43
俄罗斯	0.43
哈萨克斯坦	0.46
也门	0.48
印度	0.49
斯洛文尼亚	0.5
巴基斯坦	0.5
土耳其	0.51
立陶宛	0.51
阿曼	0.51
乌克兰	0.52
阿塞拜疆	0.52
沙特阿拉伯	0.54
新加坡	0.57
约旦	0.58
黎巴嫩	0.62
卡塔尔	0.64

图 5-9 2014 年国家风险排序-favor 情景 1

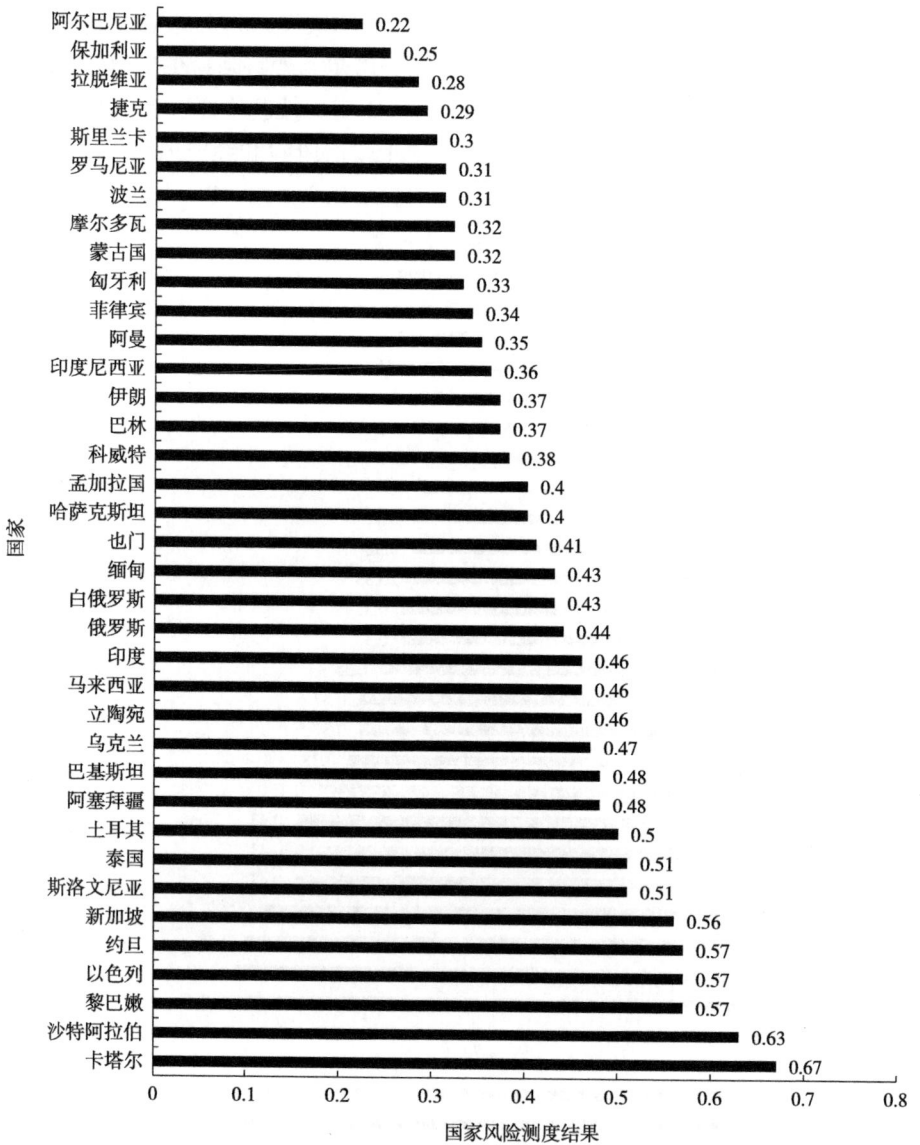

图 5-10 2016 年国家风险排序-favor 情景 1

（2）favor 情景 2：政治风险、经济风险、社会风险、中国因素及工程环境等局部容忍度为 [0.8,0.6,0.5,0.4,0.2]，即中国因素及工程环境作为关键指标，表现出一定的"赞成"特征，社会风险为中立要素。

投资者对中国因素及工程环境的容忍程度较高，投资东道国工程环境 80% 程度上可以视为国家综合风险的评价下限。通过测度结果，如图 5-11 所示，可知

2014 年新加坡、卡塔尔、巴林、马来西亚和泰国等风险得分较高,而黎巴嫩、乌克兰、也门、印度和阿尔巴尼亚等风险得分较低;由 2016 年测度结果可知,如图 5-12 所示,新加坡、沙特阿拉伯、阿曼、巴林、以色列的风险得分较高,而也门、印度、乌克兰、黎巴嫩的风险得分较低。由于中国因素及工程环境具有"赞成"特征,表现出不同的风险测度结果。

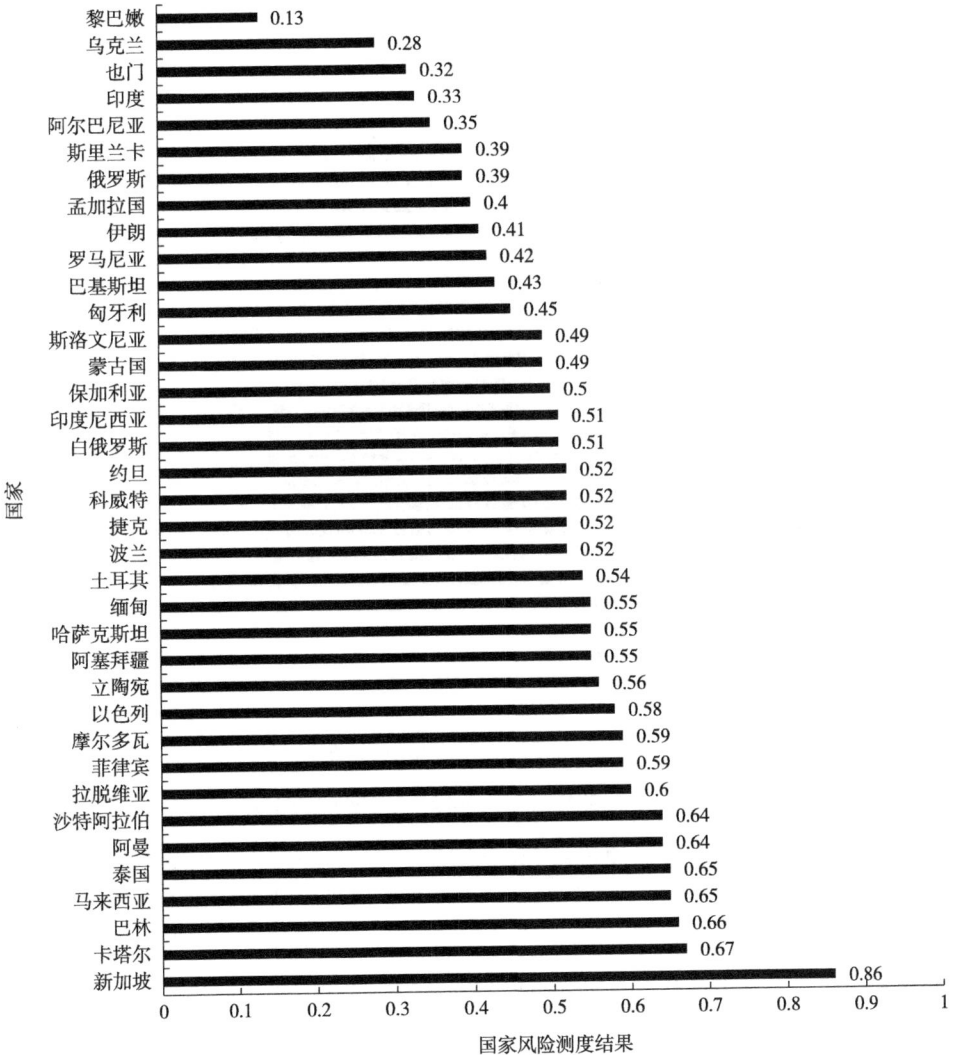

国家	国家风险测度结果
黎巴嫩	0.13
乌克兰	0.28
也门	0.32
印度	0.33
阿尔巴尼亚	0.35
斯里兰卡	0.39
俄罗斯	0.39
孟加拉国	0.4
伊朗	0.41
罗马尼亚	0.42
巴基斯坦	0.43
匈牙利	0.45
斯洛文尼亚	0.49
蒙古国	0.49
保加利亚	0.5
印度尼西亚	0.51
白俄罗斯	0.51
约旦	0.52
科威特	0.52
捷克	0.52
波兰	0.52
土耳其	0.54
缅甸	0.55
哈萨克斯坦	0.55
阿塞拜疆	0.55
立陶宛	0.56
以色列	0.58
摩尔多瓦	0.59
菲律宾	0.59
拉脱维亚	0.6
沙特阿拉伯	0.64
阿曼	0.64
泰国	0.65
马来西亚	0.65
巴林	0.66
卡塔尔	0.67
新加坡	0.86

图 5-11 2014 年国家风险排序-favor 情景 2

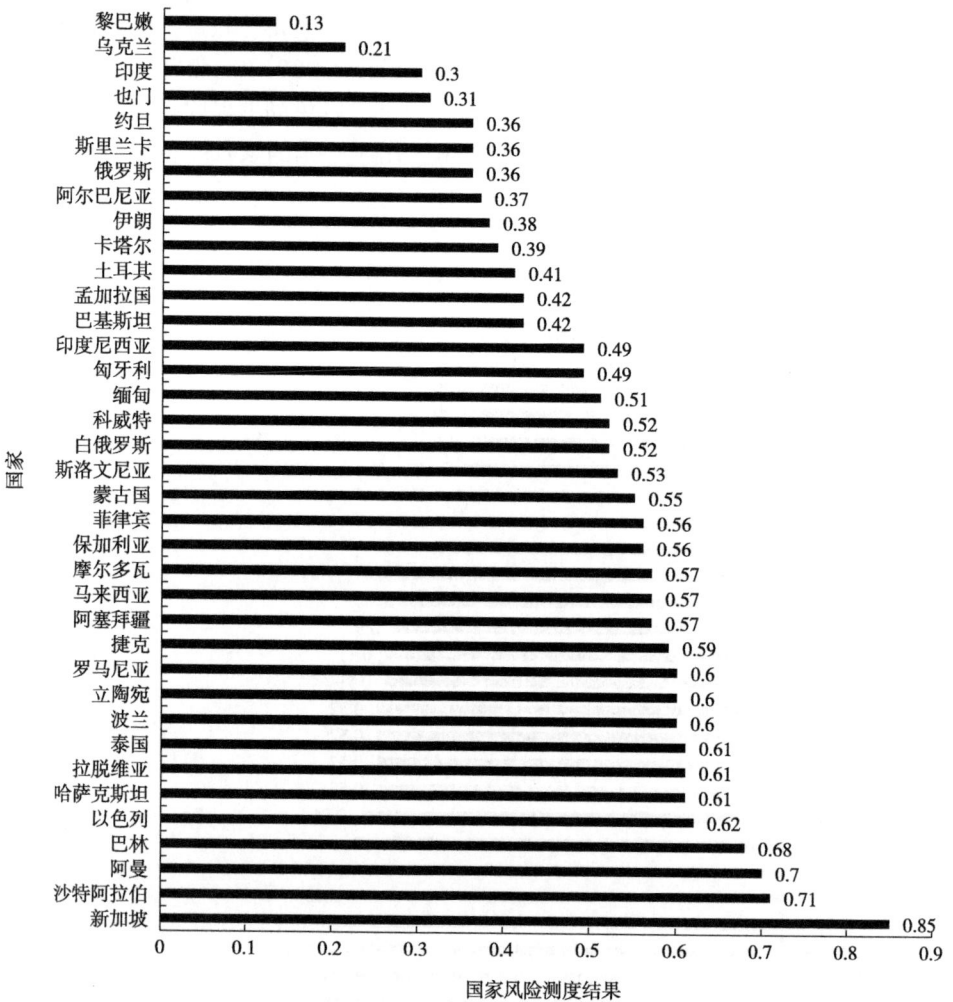

图 5-12 2016 年国家风险排序-favor 情景 2

（3）favor 情景比较。通过对 favor 情景 1 和 favor 情景 2 分别进行分析，可以发现，两种情景下"一带一路"沿线国家风险测度结果排序存在差异，如在 2016 年国家风险排序-favor 情景 1 中，卡塔尔的国家风险得分最高，阿尔巴尼亚的国家风险得分处于最低水平；而在 2016 年国家风险排序-favor 情景 2 中新加坡的国家风险得分最高，黎巴嫩的国家风险得分最低；具体风险排名及其风险变动情况如表 5-12 所示。在两种情景下，当风险因素偏好由 [0.2,0.4,0.5,0.6,0.8] 变为 [0.8,0.6,0.5,0.4,0.2] 时，风险排名降低最多的 TOP5 国家分别是黎巴嫩（-34）、约旦（-28）、卡塔尔（-27）、乌克兰（-24）与印度（-22）；而增加最多的 TOP5 国家分别是拉脱维亚（29）、罗马尼亚（22）、阿曼（23）、捷克（22）、波兰（22）。

由这两种情景，可以发现不同风险偏好水平下，同一个国家的风险测度水平存在明显的差异。

表 5-12 favor 情景下国家风险排序 2016 年数据

国家	favor 情景 1		favor 情景 2		排名变化	国家	favor 情景 1		favor 情景 2		排名变化
	得分	排名	得分	排名			得分	排名	得分	排名	
阿尔巴尼亚	0.22	37	0.37	30	7	蒙古国	0.32	29	0.55	18	11
阿曼	0.35	26	0.7	3	23	孟加拉国	0.4	20	0.42	25	−5
阿塞拜疆	0.48	10	0.57	13	−3	缅甸	0.43	17	0.51	22	−5
巴基斯坦	0.48	10	0.42	25	−15	摩尔多瓦	0.32	29	0.57	13	16
巴林	0.37	23	0.68	4	19	沙特阿拉伯	0.63	2	0.71	2	0
白俄罗斯	0.43	17	0.52	20	−3	斯里兰卡	0.3	33	0.36	31	2
保加利亚	0.25	36	0.56	16	20	斯洛文尼亚	0.51	7	0.53	19	−12
波兰	0.31	31	0.6	9	22	泰国	0.51	7	0.61	6	1
俄罗斯	0.44	16	0.36	31	−15	土耳其	0.5	9	0.41	27	−18
菲律宾	0.34	27	0.56	16	11	乌克兰	0.47	12	0.21	36	−24
哈萨克斯坦	0.4	20	0.61	6	14	新加坡	0.56	6	0.85	1	5
捷克	0.29	34	0.59	12	22	匈牙利	0.33	28	0.49	23	5
卡塔尔	0.67	1	0.39	28	−27	也门	0.41	19	0.31	34	−15
科威特	0.38	22	0.52	20	2	伊朗	0.37	23	0.38	29	−6
拉脱维亚	0.28	35	0.61	6	29	以色列	0.57	3	0.62	5	−2
黎巴嫩	0.57	3	0.13	37	−34	印度	0.46	13	0.3	35	−22
立陶宛	0.46	13	0.6	9	4	印度尼西亚	0.36	25	0.49	23	2
罗马尼亚	0.31	31	0.6	9	22	约旦	0.57	3	0.36	31	−28
马来西亚	0.46	13	0.57	13	0						

二、全局容忍度风险测度

通过全局容忍度风险测度模型对国家的风险水平进行测算，获得评价结果，如表 5-13 和表 5-14 所示，其中表 5-13 是激进型决策视角下国家风险测度结果，表 5-14 是保守型决策视角下的风险测度结果，在表中给出具体的评价结果和风险高低排序。本节选取 2014 年和 2016 年的测算数据进行时序对比，选择不同情景进行横向对比验证测度方法的合理性和有效性。

表 5-13　激进型-全局容忍度风险测度结果

国家	2014 年										2016 年									
	k=1		k=2		k=3		k=4		k=5		k=1		k=2		k=3		k=4		k=5	
	评分	排序	评分	排序	评分	排序	评分	排序	评分	排序	评分	排序	评分	排序	评分	排序	评分	排序	评分	排序
阿尔巴尼亚	0	30	0.16	36	0.23	37	0.29	37	0.34	37	0	26	0.17	35	0.23	36	0.28	36	0.33	37
阿曼	0.02	21	0.23	24	0.33	18	0.4	15	0.48	9	0.03	22	0.3	9	0.4	6	0.46	5	0.53	5
阿塞拜疆	0.01	24	0.26	17	0.35	16	0.4	15	0.44	18	0	26	0.2	30	0.3	25	0.37	23	0.43	24
巴基斯坦	0.34	3	0.37	4	0.41	5	0.43	8	0.44	18	0.39	3	0.4	3	0.41	5	0.43	8	0.44	19
巴林	0	30	0.26	17	0.4	8	0.48	4	0.54	4	0	26	0.28	12	0.4	6	0.48	4	0.54	4
白俄罗斯	0.09	20	0.24	22	0.31	26	0.36	30	0.4	32	0.06	19	0.27	33	0.27	34	0.34	30	0.4	30
保加利亚	0.02	21	0.2	29	0.27	32	0.34	33	0.4	30	0	26	0.19	33	0.29	28	0.34	30	0.4	30
波兰	0.01	24	0.21	27	0.3	29	0.38	22	0.43	23	0.01	23	0.25	17	0.36	13	0.41	13	0.47	10
俄罗斯	0.3	5	0.36	6	0.38	9	0.4	15	0.41	28	0.21	7	0.29	10	0.35	14	0.39	16	0.42	27
菲律宾	0.1	17	0.27	14	0.35	16	0.39	19	0.45	15	0.08	18	0.25	17	0.32	21	0.39	16	0.45	15
哈萨克斯坦	0.34	3	0.37	4	0.41	5	0.45	5	0.5	6	0.24	6	0.31	8	0.37	10	0.41	13	0.48	9
捷克	0.01	24	0.22	25	0.31	26	0.37	23	0.42	25	0.01	23	0.23	23	0.33	18	0.39	16	0.44	19
卡塔尔	0.1	17	0.35	7	0.45	3	0.52	3	0.55	3	0.07	19	0.35	4	0.45	3	0.51	3	0.56	3
科威特	0.1	17	0.3	11	0.37	12	0.41	12	0.45	15	0.1	15	0.27	15	0.4	6	0.43	8	0.47	10
拉脱维亚	0	30	0.2	29	0.27	32	0.37	23	0.46	12	0	26	0.21	26	0.3	25	0.36	27	0.45	15
黎巴嫩	0	30	0.22	25	0.33	18	0.41	12	0.46	12	0	26	0.24	23	0.32	21	0.39	16	0.45	15
立陶宛	0	30	0.21	29	0.27	32	0.36	30	0.44	18	0	26	0.21	26	0.28	32	0.34	30	0.44	19
罗马尼亚	0.01	24	0.21	29	0.3	29	0.36	30	0.41	28	0.01	23	0.2	30	0.33	18	0.4	15	0.44	19
马来西亚	0.28	6	0.33	8	0.41	5	0.45	5	0.51	5	0.32	4	0.34	5	0.42	4	0.46	5	0.52	6
蒙古国	0.18	10	0.27	14	0.36	13	0.41	12	0.44	18	0.1	13	0.24	19	0.34	17	0.39	16	0.42	27
孟加拉国	0.13	15	0.24	22	0.32	21	0.33	35	0.37	36	0.09	16	0.24	19	0.3	25	0.33	34	0.36	35
缅甸	0.14	12	0.32	9	0.38	9	0.42	10	0.49	8	0.15	9	0.26	16	0.33	18	0.37	23	0.46	13
摩尔多瓦	0	30	0.2	29	0.32	21	0.39	19	0.44	18	0	26	0.22	23	0.31	24	0.39	16	0.44	19
沙特阿拉伯	0.49	2	0.51	2	0.54	2	0.56	2	0.6	2	0.62	1	0.63	1	0.63	1	0.63	2	0.66	2
斯里兰卡	0.14	12	0.25	21	0.32	21	0.36	30	0.39	34	0.09	16	0.23	30	0.29	28	0.34	30	0.38	33
斯洛文尼亚	0	30	0.17	35	0.26	35	0.34	33	0.41	28	0	26	0.21	26	0.28	32	0.37	23	0.43	24
泰国	0.17	11	0.31	10	0.38	9	0.43	8	0.5	6	0.17	8	0.32	7	0.37	10	0.42	11	0.49	8
土耳其	0.14	12	0.29	12	0.36	13	0.4	15	0.46	12	0.14	11	0.28	12	0.35	14	0.39	16	0.45	15
乌克兰	0.12	16	0.26	17	0.32	21	0.37	23	0.41	28	0.15	9	0.28	12	0.32	21	0.36	27	0.4	30
新加坡	0.52	1	0.56	1	0.61	1	0.67	1	0.71	1	0.46	2	0.53	2	0.62	2	0.66	1	0.71	1
匈牙利	0.01	24	0.21	27	0.32	21	0.37	23	0.43	23	0	26	0.23	21	0.35	14	0.42	11	0.46	13
也门	0.02	21	0.15	37	0.26	35	0.32	36	0.38	35	0	26	0.13	37	0.2	37	0.27	37	0.34	36
伊朗	0.19	9	0.28	13	0.32	21	0.37	23	0.42	25	0.12	12	0.21	26	0.26	35	0.31	35	0.38	33

续表

国家	2014 年										2016 年									
	$k=1$		$k=2$		$k=3$		$k=4$		$k=5$		$k=1$		$k=2$		$k=3$		$k=4$		$k=5$	
	评分	排序	评分	排序	评分	排序	评分	排序	评分	排序	评分	排序	评分	排序	评分	排序	评分	排序	评分	排序
以色列	0.01	24	0.26	17	0.36	13	0.42	10	0.47	10	0.05	21	0.29	10	0.4	6	0.45	7	0.5	7
印度	0.21	8	0.27	14	0.33	18	0.36	28	0.42	25	0.1	13	0.23	21	0.29	28	0.35	29	0.41	29
印度尼西亚	0.26	7	0.38	3	0.42	4	0.44	7	0.47	10	0.32	4	0.33	6	0.38	9	0.43	8	0.47	10
约旦	0	30	0.19	34	0.31	26	0.39	19	0.45	15	0	26	0.16	36	0.29	28	0.37	23	0.43	24

表 5-14　保守型-全局容忍度风险测度结果

国家	2014 年										2016 年									
	$k=1$		$k=2$		$k=3$		$k=4$		$k=5$		$k=1$		$k=2$		$k=3$		$k=4$		$k=5$	
	评分	排序	评分	排序	评分	排序	评分	排序	评分	排序	评分	排序	评分	排序	评分	排序	评分	排序	评分	排序
阿尔巴尼亚	0.56	32	0.51	33	0.46	35	0.43	36	0.34	37	0.55	33	0.85	1	0.44	37	0.42	37	0.33	37
阿曼	0.79	4	0.7	5	0.64	5	0.59	5	0.48	9	0.81	5	0.76	2	0.69	3	0.66	5	0.53	5
阿塞拜疆	0.6	26	0.57	23	0.56	21	0.55	17	0.44	15	0.67	17	0.73	5	0.59	17	0.54	18	0.43	24
巴基斯坦	0.5	36	0.5	35	0.5	33	0.47	30	0.44	15	0.51	36	0.72	5	0.47	32	0.46	32	0.44	19
巴林	0.8	3	0.76	2	0.73	2	0.67	2	0.54	4	0.81	5	0.71	5	0.72	2	0.68	2	0.54	4
白俄罗斯	0.58	29	0.54	31	0.51	30	0.48	28	0.4	32	0.64	22	0.68	6	0.55	26	0.49	28	0.4	30
保加利亚	0.63	21	0.59	21	0.53	26	0.49	27	0.4	32	0.66	20	0.67	7	0.54	28	0.5	27	0.4	30
波兰	0.64	19	0.63	15	0.58	16	0.53	16	0.43	23	0.7	13	0.67	7	0.61	9	0.58	7	0.47	10
俄罗斯	0.48	37	0.46	37	0.45	37	0.44	35	0.41	28	0.53	33	0.67	7	0.5	31	0.47	30	0.42	27
菲律宾	0.69	13	0.61	18	0.57	18	0.54	16	0.45	15	0.68	14	0.66	10	0.58	21	0.54	18	0.45	15
哈萨克斯坦	0.7	11	0.64	12	0.59	15	0.54	16	0.5	6	0.77	10	0.65	11	0.6	12	0.55	14	0.48	9
捷克	0.62	23	0.58	22	0.55	23	0.52	16	0.42	25	0.63	28	0.65	11	0.58	21	0.54	18	0.44	19
卡塔尔	0.7	11	0.7	5	0.69	3	0.66	3	0.55	3	0.74	11	0.65	11	0.69	3	0.68	3	0.56	3
科威特	0.59	28	0.56	26	0.54	24	0.53	16	0.45	15	0.64	22	0.65	11	0.56	12	0.56	11	0.47	10
拉脱维亚	0.82	2	0.74	3	0.67	4	0.59	5	0.46	15	0.8	6	0.65	11	0.56	11	0.45	15		
黎巴嫩	0.67	15	0.66	10	0.63	7	0.58	7	0.46	15	0.68	14	0.66	16	0.56	11	0.54	11	0.45	15
立陶宛	0.77	7	0.69	7	0.61	11	0.55	13	0.44	18	0.83	1	0.65	16	0.59	18	0.55	14	0.44	19
罗马尼亚	0.58	30	0.57	23	0.55	23	0.51	24	0.4	28	0.63	28	0.63	16	0.54	12	0.55	14	0.44	19
马来西亚	0.76	8	0.67	8	0.64	5	0.57	9	0.51	5	0.78	8	0.63	16	0.64	6	0.57	8	0.52	6
蒙古国	0.6	26	0.57	23	0.56	21	0.51	24	0.44	18	0.58	32	0.63	16	0.55	26	0.51	25	0.42	27
孟加拉国	0.54	34	0.49	36	0.46	35	0.43	36	0.37	36	0.51	36	0.62	21	0.45	36	0.43	35	0.36	35
缅甸	0.74	9	0.64	12	0.6	13	0.57	9	0.49	8	0.81	3	0.62	21	0.59	20	0.54	18	0.46	13
摩尔多瓦	0.62	23	0.62	16	0.6	13	0.55	13	0.44	18	0.62	30	0.61	23	0.59	19	0.55	14	0.44	19
沙特阿拉伯	0.78	6	0.71	4	0.67	4	0.63	4	0.6	2	0.78	7	0.6	24	0.69	3	0.67	4	0.66	2

续表

国家	2014 年										2016 年									
	k=1		k=2		k=3		k=4		k=5		k=1		k=2		k=3		k=4		k=5	
	评分	排序	评分	排序	评分	排序	评分	排序	评分	排序	评分	排序	评分	排序	评分	排序	评分	排序	评分	排序
斯里兰卡	0.54	34	0.51	33	0.49	34	0.46	34	0.39	34	0.55	33	0.6	24	0.51	30	0.46	33	0.38	33
斯洛文尼亚	0.67	15	0.64	12	0.57	18	0.51	24	0.41	28	0.67	17	0.6	24	0.57	23	0.53	23	0.43	24
泰国	0.79	4	0.67	8	0.63	7	0.58	6	0.5	6	0.78	7	0.59	27	0.61	9	0.57	8	0.49	8
土耳其	0.69	13	0.61	18	0.57	18	0.54	16	0.46	12	0.68	14	0.57	28	0.56	25	0.53	23	0.45	15
乌克兰	0.56	32	0.54	31	0.51	30	0.48	28	0.41	28	0.59	31	0.56	29	0.49	32	0.47	31	0.4	30
新加坡	0.88	1	0.87	1	0.81	1	0.76	1	0.71	1	0.9	1	0.55	30	0.83	1	0.77	1	0.71	1
匈牙利	0.66	17	0.6	20	0.58	16	0.54	16	0.43	23	0.64	22	0.55	30	0.61	9	0.57	8	0.46	13
也门	0.62	23	0.56	26	0.53	26	0.47	30	0.38	35	0.63	28	0.52	32	0.48	34	0.43	35	0.34	36
伊朗	0.63	21	0.56	26	0.51	30	0.47	30	0.42	25	0.64	22	0.52	32	0.49	32	0.44	34	0.43	33
以色列	0.66	17	0.62	16	0.6	12	0.58	6	0.47	10	0.67	17	0.51	34	0.63	7	0.61	6	0.5	7
印度	0.64	19	0.55	29	0.52	29	0.47	30	0.42	25	0.64	22	0.49	35	0.53	29	0.49	28	0.41	29
印度尼西亚	0.57	31	0.55	29	0.53	26	0.47	30	0.47		0.64	22	0.49	35	0.56	24	0.51	25	0.47	10
约旦	0.71	10	0.66	10	0.63	7	0.56	14	0.45	15	0.71	12	0.46	37	0.62	8	0.54	18	0.43	24

（一）激进型决策视角下风险测度

通过模拟激进型决策者对待风险因素的态度，进行国家风险水平的测度，其中激进型决策者对待风险的态度相对较为激进，只要该类型的决策者认为有 k（k=1,2,3,4,5）个风险小，则整体国家风险水平较低。例如，激进型决策者认为只要存在任意 2 个风险因素（如政治风险、经济风险等）水平较低，则国家风险水平整体较低。为此，本节首先将分别对不同取值的 k 进行分析，测度其国家风险水平以进行对比说明，其次针对不同年份的国家风险测度结果进行分析，具体如下。

1. 不同 k 值下国家风险测度

通过图 5-13 可以看出，整体而言 k 值不同国家风险测度结果往往不同，且绝大多数国家的风险测度结果差异相对较大，如阿尔巴尼亚、阿曼、巴林、新加坡等国家，而沙特阿拉伯除外。此外，随着 k 取值的增大，国家风险测度结果也会不断加大。以新加坡为例，k 取值为 1 时，国家风险测度结果为 0.46；k 为 2 时，国家风险为 0.53；k 为 3 时，国家风险为 0.62；k 为 4 时，国家风险为 0.66；当 k 为 5 时，国家风险为 0.71。针对单个国家而言，阿尔巴尼亚整体风险得分较低，而沙特阿拉伯的国家风险得分相对较高，无论 k 取何值，沙特阿拉伯国家风险得分均高于 0.6，且风险得分处于所有国家的前列。和新加坡相比，当 k 小于 4 时，沙特阿拉伯国家风险排名处于第 1 位，当 k 大于等于 4 时，新加坡国家风险得分则超过沙特阿拉伯，位于第 1 位。

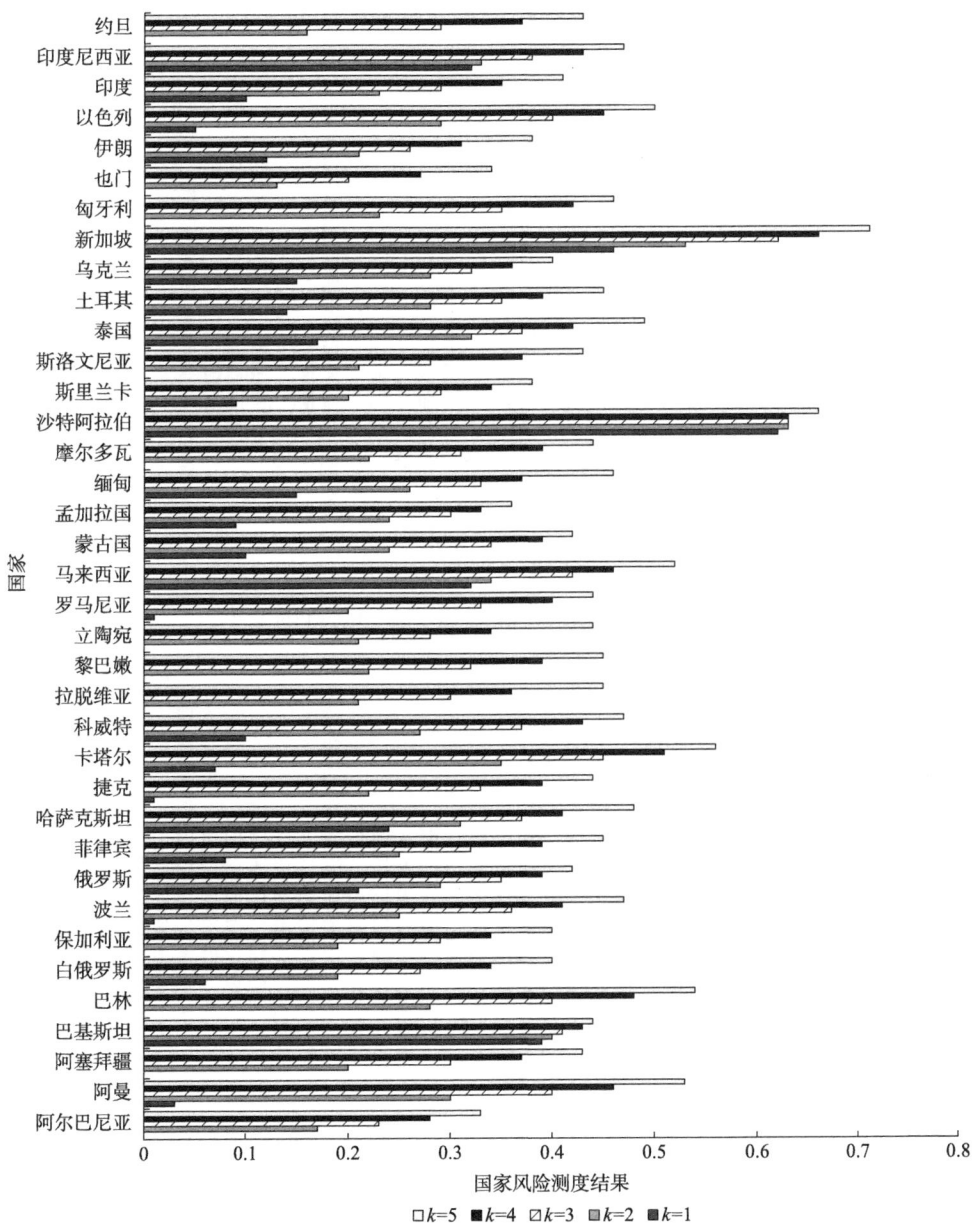

图 5-13　激进型决策视角下 2016 年不同 k 值下的国家风险测度

2. 不同年份国家风险水平测度

本节进一步对不同年份不同 k 值下国家风险进行测度分析，选择 2014 年和 2016 年 k 分别取 1、3、5 的测度结果进行分析，如图 5-14、图 5-15、图 5-16 所示。

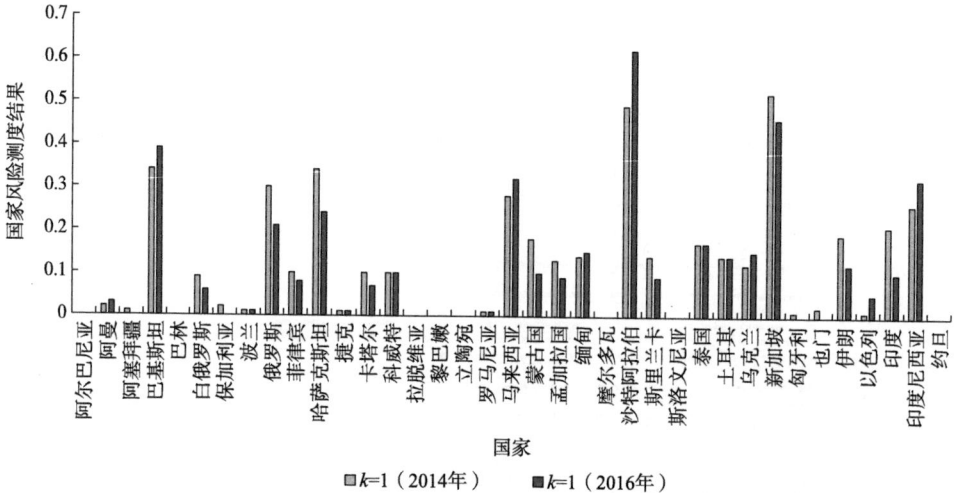

图 5-14　激进型决策视角下 $k=1$ 国家风险测度结果

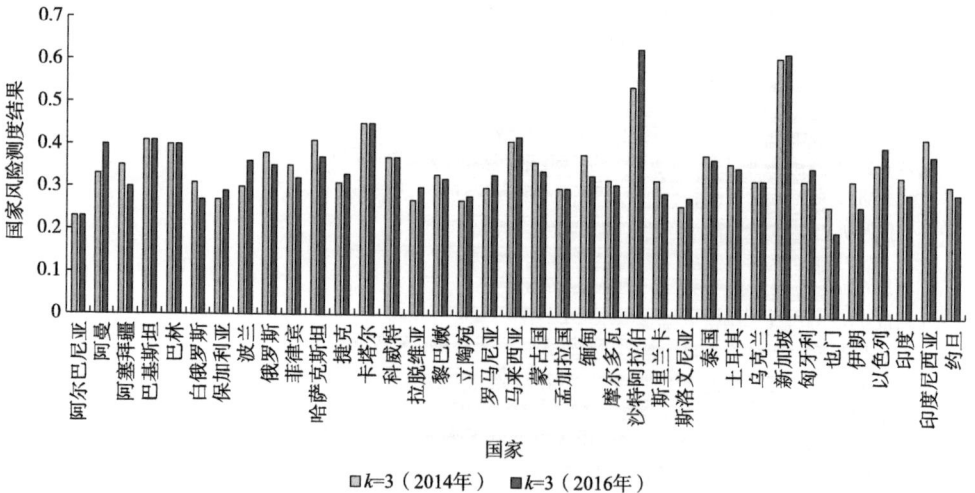

图 5-15　激进型决策视角下 $k=3$ 国家风险测度结果

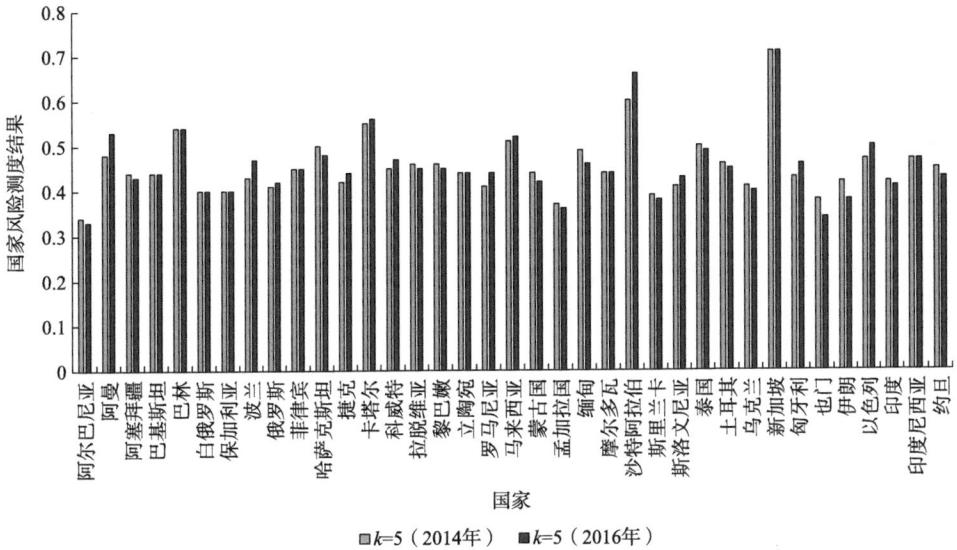

图 5-16　激进型决策视角下 $k=5$ 国家风险测度结果

　　当 k 取 1 时，可以发现沙特阿拉伯、新加坡和巴基斯坦等国家风险得分较高，而阿尔巴尼亚、巴林、拉脱维亚、黎巴嫩、立陶宛、摩尔多瓦、斯洛文尼亚及约旦等国家风险得分较低；相比于 2014 年而言，在 2016 年国家风险测度结果有所降低的国家包括阿塞拜疆、保加利亚、白俄罗斯、俄罗斯、菲律宾、蒙古国、孟加拉国、斯里兰卡、新加坡、伊朗、印度等；而阿曼、巴基斯坦、马来西亚、缅甸、沙特阿拉伯、乌克兰、印度尼西亚等国家 2016 年风险得分高于 2014 年；部分国家如科威特、泰国和土耳其等国家风险得分保持稳定，没有太大波动。

　　当 k 取 3 时，新加坡国家风险水平较高，达到 0.6 以上。从 2014～2016 年，整体来说国家风险测度结果变化不大，部分国家风险测度得分略微增加，如保加利亚、捷克、拉脱维亚、立陶宛、罗马尼亚、马来西亚、匈牙利和以色列等，而沙特阿拉伯国家风险得分增加较为明显，由 0.54 增加到 0.63，成为 2016 年风险得分最高的国家；部分国家如阿塞拜疆、白俄罗斯、俄罗斯、菲律宾、哈萨克斯坦、黎巴嫩、蒙古国、缅甸、印度尼西亚等国家风险测度结果有所下降。此外，阿尔巴尼亚、巴基斯坦、巴林、卡塔尔、科威特等国家风险水平保持稳定。

　　当 k 为 5 时，新加坡和沙特阿拉伯及卡塔尔等国家风险得分较高。较 2014 年而言，阿曼、沙特阿拉伯、波兰、以色列、俄罗斯、捷克、科威特、罗马尼亚、斯洛文尼亚等国家风险得分有所增加；部分国家风险得分有所降低，如哈萨克斯坦、拉脱维亚、黎巴嫩、蒙古国、缅甸、泰国、土耳其、乌克兰、约旦等；巴基斯坦、保加利亚、菲律宾、立陶宛、摩尔多瓦、印度尼西亚等国家风险得分几乎没有波动。由于 k 值不同，激进型决策者对待风险的态度相对较为激进，只要该类型的决策者认为有 k（k=1,2,3,4,5）个风险低，则整体国家风险得分较低。因此，当 k 分别为 3 和 5 时，国家风险测度结果存在较大的差异。

（二）保守型决策视角下风险测度

通过模拟保守型决策者对待风险因素的态度，进行国家风险水平的测度，其中保守型决策者对待风险的态度相对较为保守，只要该类型的决策者认为有 k（k=1,2,3,4,5）个风险高，则整体国家风险得分较高。例如，保守型决策者认为只要政治风险、经济风险、社会风险、中国因素和工程环境等其中的任意 2 个（k=2时）风险得分较高，则国家风险得分整体较高。为此，本书研究将分别对不同取值的 k 进行分析，测度其国家风险水平以进行对比说明，其次针对不同年份的国家风险测度结果进行分析，具体如下。

1. 不同 k 值下国家风险测度

通过对 2016 年不同 k 值下的国家风险进行测度，得到图 5-17，整体而言，基于保守型决策视角下，k 值不同，国家风险测度结果往往不同，且绝大多数国家的风险测度结果差异相对较大，这一点和基于激进型决策视角下的测度结果一致。但是随着 k 值的增加，不同于激进型决策视角下，保守型决策视角下各国的风险得分会随之降低，如阿曼、菲律宾、哈萨克斯坦、拉脱维亚、立陶宛、缅甸等诸多国家。以立陶宛为例，k 为 1 时，其国家风险测度结果为 0.83，随着 k 值的增加，国家风险得分逐渐降低，k 为 2 时，国家风险得分为 0.63；k 为 3时，国家风险得分为 0.59；k 为 4 时，国家风险得分为 0.55；k 为 5 时，国家风险得分为 0.44。当然，也会有个别国家存在例外的情况，如阿尔巴尼亚、阿塞拜疆、巴基斯坦和孟加拉国等国家，k 为 2 的风险水平要远远高于 k 为 1 的风险水平。

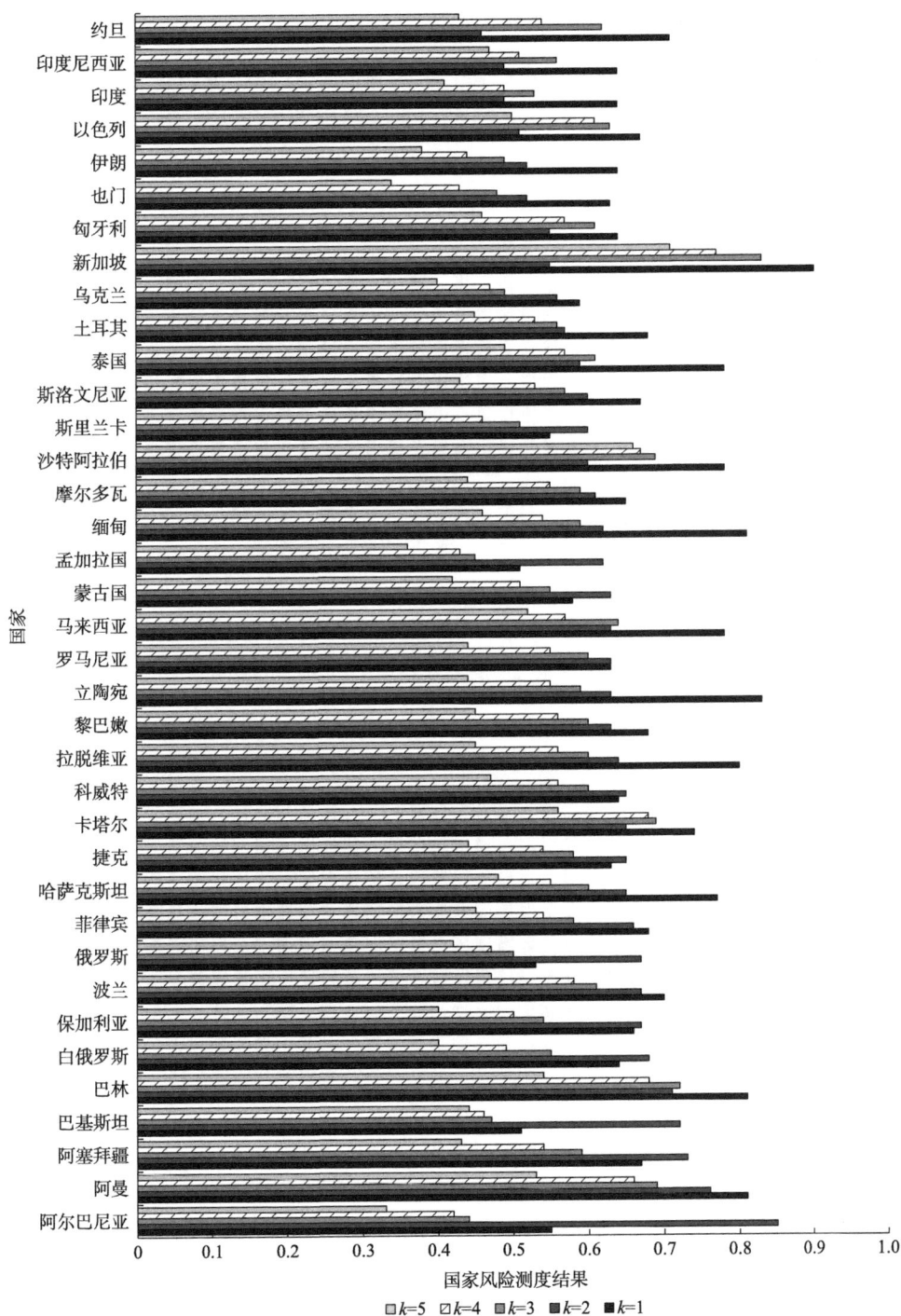

图 5-17 保守型决策视角下 2016 年不同 k 值下的国家风险测度

2. 不同年份国家风险水平测度

本节进一步对不同年份不同 k 值下国家风险进行测度分析，选择 2014 年和 2016 年 k 分别取 1、3、5 的测度结果，进行分析如图 5-18、图 5-19、图 5-20 所示。

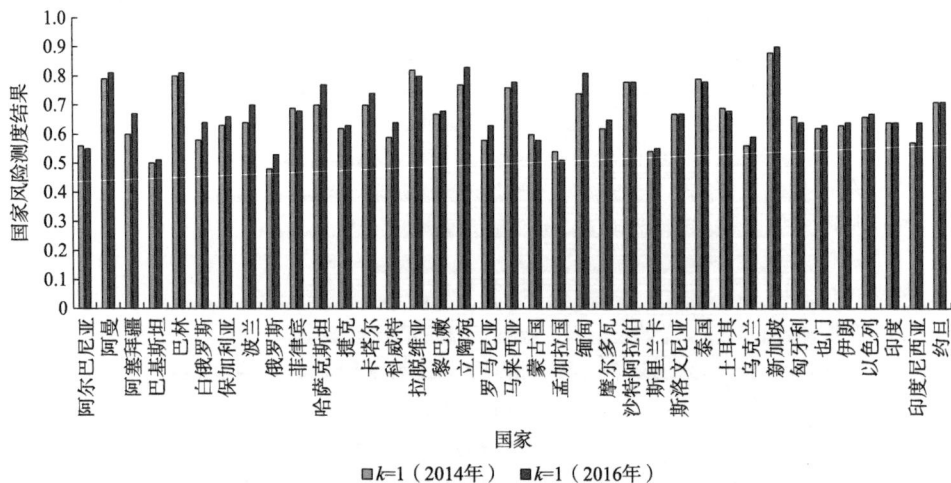

图 5-18　保守型决策视角下 $k=1$ 国家风险测度结果

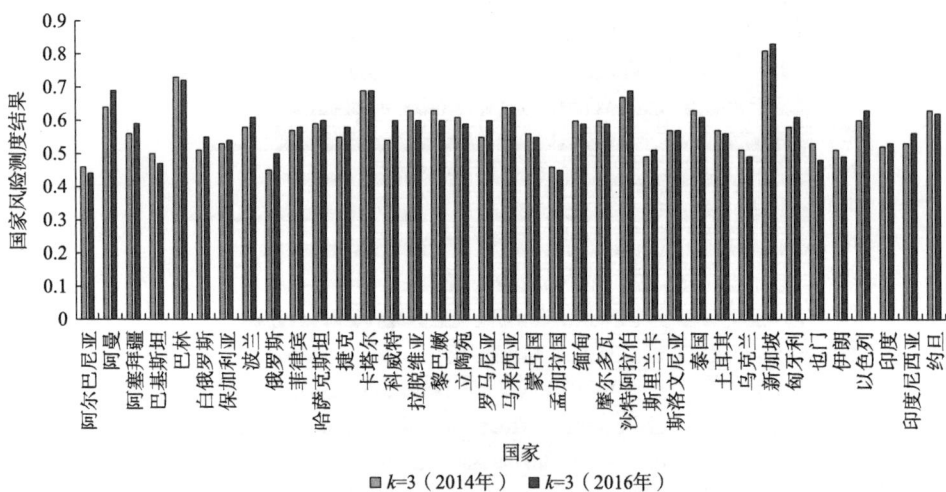

图 5-19　保守型决策视角下 $k=3$ 国家风险测度结果

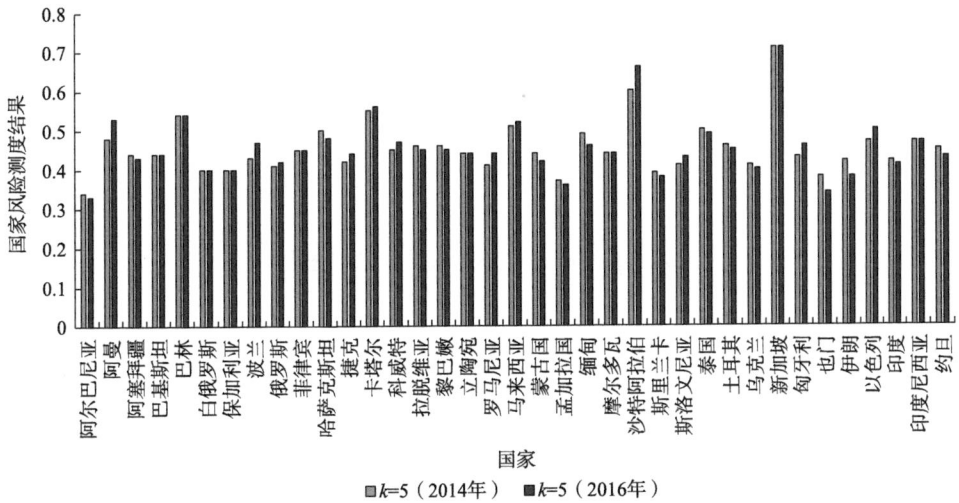

图 5-20　保守型决策视角下 $k=5$ 国家风险测度结果

当 k 取 1 时，可以发现阿曼、巴林、拉脱维亚、马来西亚、缅甸、沙特阿拉伯、泰国及新加坡等国家风险水平较高，原因在于保守型决策者认为政治、经济、社会、中国因素及工程环境等其中的任何一项风险因素水平较高时，整个国家风险水平较高，相对于激进型决策者而言，保守型决策者对风险的忍受能力更低。相较于 2014 年，2016 年阿塞拜疆、白俄罗斯、波兰、哈萨克斯坦、卡塔尔、科威特、立陶宛、缅甸等国家风险得分有所增加；而阿尔巴尼亚、菲律宾、蒙古国、孟加拉国、斯洛文尼亚、泰国、土耳其、匈牙利、印度和约旦等国家风险得分有所降低或保持稳定。

当 k 取 3 时，新加坡和巴林国家风险水平较高，而俄罗斯、孟加拉国和阿尔巴尼亚等国家风险水平较低。整体来说国家风险测度结果，相较于 k 取 1 时，有所降低。从 2014 年到 2016 年，部分国家风险测度得分有所增加，如阿曼、阿塞拜疆、白俄罗斯、保加利亚、波兰、俄罗斯、菲律宾、沙特阿拉伯、新加坡、以色列、印度和印度尼西亚等，但是增加幅度并不显著，其中阿曼增长最多，风险水平由 0.64 增加到 0.69，在 2016 年风险得分排名为第 3；部分国家如阿尔巴尼亚、巴基斯坦、拉脱维亚、黎巴嫩、泰国、土耳其、乌克兰、也门、伊朗及约旦等国家风险测度结果有所下降。此外，马来西亚、斯洛文尼亚等国家风险水平保持稳定。

当 k 为 5 时，新加坡、沙特阿拉伯等国家风险得分较高，而阿尔巴尼亚等国家风险得分较低。较 2014 年而言，2016 年阿曼、波兰、卡塔尔、捷克、科威特、罗马尼亚、马来西亚、沙特阿拉伯、匈牙利及以色列等国家风险得分有所增加，其中阿曼、沙特阿拉伯两国增加较为明显。而阿尔巴尼亚、阿塞拜疆、哈萨克斯坦、拉脱维亚、蒙古国、孟加拉国、缅甸、泰国及约旦等国家风险得分略微有所降低；巴基斯坦、白俄罗斯、保加利亚、菲律宾、立陶宛、摩尔多瓦、印度尼西亚等国家风险水平保持稳定不变。

第五节　本 章 小 结

国家风险具有动态、非连续和不可预测的特点，且这种风险往往会导致东道国商业环境发生巨大的变化，进一步导致企业的利益遭受重大损失。鉴于此，面对海外投资如此迅猛的增长趋势，对投资东道国国家风险进行测度，具有极其重要的意义。然而，国家风险评估实质上是考虑决策者风险偏好的主观评价过程，要能够尽可能体现决策者需求，但是又要能够对决策者态度进行客观、定量反映，使评价过程更加透明，避免"操控"性。在实际投资决策过程中，由于投资者所处环境的不同、企业自身风险应对能力的差异，不同风险偏好的投资者对风险的承受能力可能存在较大的差异。

为此，本章基于投资者偏好水平对国家风险进行模糊测度，系统全面地刻画和分析了不同风险要素之间的相互作用，并进行了国家风险多属性的评价工作。首先，本章通过调研得出不同类型企业、不同决策者在具体问题中对风险要素的偏好；其次，选取最大熵作为优化的目标函数，以构建模糊测度识别模型。鉴于计算复杂度和国家风险测度实际，利用2-可加模糊测度方法，深入分析不同偏好水平下各风险要素的相对重要程度及其交互影响机制。本章立足于投资国国家风险，梳理海外电力工程投资国国家风险因素及其影响因素，选择政治风险、经济风险、社会风险、工程环境及中国因素等作为评价指标，并以"一带一路"沿线37个国家作为研究对象，从局部容忍度和全局容忍度两个维度出发，并且采用veto和 favor 分别表示激进和保守两种不同的风险偏好者，以展开针对不同风险偏好决策者的投资决策实证研究。

第六章 "一带一路"沿线国家主权风险溢出网络

基于 VAR 模型构造溢出指数,以"一带一路"沿线国家为例,考察了沿线国家两两之间的主权风险溢出效应和"一带一路"沿线国家主权风险溢出网络的节点特征和结构特征,探究"一带一路"沿线国家整体及不同区域国家集团主权风险溢出效应的动态性特征。进而,结合结构变点识别方法,探究"一带一路"沿线国家集团间的溢出效应并对其进行了阶段对比分析。

第一节 研究问题的提出

国家风险测度属于多属性评价与决策问题,往往受限于数据频率,该方法的使用需要构建评价指标体系,依靠评价专家的经验判断,对评价者的经验和知识体系要求较高。经验和知识体系的差异会导致评价结果差别较大。在海外投资和运营阶段中,企业投资决策者往往需要更加及时、更加高频、更易获取的国家风险信息作为决策参考。鉴于此,主权信用违约互换利差(sovereign credit default swap spreads,以下简称主权 CDS 利差)因其反映了市场参与者对债务国金融健康程度的认知而经常被看作主权风险(sovereign risk)的有效表征(Annaert et al., 2013),这已经成为学术界的普遍共识(Badaoui et al., 2013)。此外,主权 CDS 利差因其属于高频的日度数据,能够有效弥补多属性评价中数据低频的问题而被广泛采用。

目前,关于主权 CDS 利差的文献主要有以下三条研究分支。现有大量文献聚焦于研究主权 CDS 利差的驱动因素(Chen H Y and Chen S S, 2018; de Santis,

2014；Yang et al.，2018）。例如，Blommestein 等（2016）和 Yang 等（2018）调查了发达国家和新兴市场不同国家的主权 CDS 利差市场表现，发现全球性和本国经济金融指标会对主权 CDS 利差产生不同程度的影响，而且这些指标对利差的影响会随着市场不确定性而变化。另一条分支主要关注主权 CDS 利差市场与其他资产市场间的溢出效应，其中涉及最多的是大宗商品市场，其次是股票市场。Bouri 等（2017）研究了新兴市场国家和前沿经济体的主权 CDS 利差与大宗商品（包括能源）指数之间的波动溢出现象，紧跟着他们之前的工作，Bouri 等（2019）又进一步揭示了不同市场环境下，金砖国家主权 CDS 利差与大宗商品之间的相依现象。除此之外，Sharma 和 Thuraisamy（2013）及 Pavlova 等（2018）主要对油价与主权 CDS 利差之间的溢出效应进行了探究。

相比于关注主权 CDS 利差与大宗商品之间溢出效应的文献，聚焦主权 CDS 利差与股票市场溢出效应的文章较少。Ngene 等（2014）发现了 13 个新兴市场国家主权 CDS 利差和股票市场间的协整关系。Asandului 等（2015）探究了在 5 个东欧国家的主权 CDS 利差和股票市场是否存在价格发现现象，却并没有确认这两个市场间存在溢出效应。作为较新的研究领域，研究主权 CDS 利差和股票市场间的溢出/传染效应正吸引着越来越多的关注。虽然，目前存在一类使用主权债收益率数据研究区域国家主权风险传染现象的文章（BenSaïda，2018），但因为主权债收益率数据不能完全表征某国的主权风险，所以不在本章的研究范围之内。

值得注意的是，关于主权 CDS 利差的第三类研究分支，即利用主权 CDS 利差数据进行区域国家集团间的主权风险溢出效应的相关研究目前很少，据我们调研，目前只有 Wu 等（2016）对包含 67 个国家的 5 个地缘区域间的主权风险溢出现象进行了研究。因此，我们可以说在欧洲主权债务危机爆发后的今天，主权风险在具有相似经济政治环境的区域国家集团间的溢出现象依然没有得到足够的重视。

"一带一路"覆盖了中亚、中东、南亚等区域，"一带一路"沿线国家多为新兴经济体和发展中国家，地缘政治关系相对紧张，国内政治经济的成熟度和稳定性较差，整体经济金融风险较大，而由主权债偿付出现困境引发的主权信用风险正是此区域国家可能面临的重要经济金融风险之一。随着资金融通强化区域国家间的金融联系，个别国家的主权信用风险也可能通过金融市场迅速蔓延扩散，可能会产生多米诺骨牌效应，影响整个区域内的金融稳定，甚至给我国带来严重的外来风险冲击。

因此，本章的着眼点是探究"一带一路"沿线国家主权风险的溢出特征。解决以下几点问题：①"一带一路"沿线国家间是否存在显著的主权风险溢出效应？②这种溢出效应是否随着时间的变化而发生变化？③这种主权风险溢出网络是否存在阶段特征，且不同的区域国家集团在溢出网络中处于何种地位？

基于之前的文献调研，我们可以总结得出关于溢出效应的研究主要基于对多种计量经济学模型的使用（朱学红等，2016），如 VAR 模型、广义自回归条件异方差（generalized autoregressive conditional heteroskedasticity，GARCH）模型和 Copula 模型等。在这些模型中，由 Diebold 和 Yilmaz（2009，2012）首次提出的基于广义预测方差分解（forecast error variance decomposition）提取溢出指数（spillover index）被广泛应用于具有高度相关性的多变量组成的系统。因此，本章借鉴基于方差分解的溢出指数方法，结合复杂网络技术，构造一种溢出网络去探究"一带一路"沿线国家主权风险的溢出特征。

简单来说，本章的创新点主要有如下两点：其一，以网络化的视角，首次考察了"一带一路"沿线国家主权风险溢出网络的节点特征和结构特征，并对其动态演化特征进行了分析；其二，以集团化视角，探究了"一带一路"沿线区域国家集团间的溢出效应并对其进行了阶段对比分析。

本章后续内容组织如下。第二节展示了本章所使用的模型方法；第三节主要对选择的样本和数据进行介绍，并初步进行描述性统计分析；第四节主要详细展示了本章的实证分析过程和结果；第五节总结了本章的重要结论，并提出了有针对性的政策建议，且对本章后续可能研究的方向进行了展望。

第二节　模型方法：溢出网络

本章主要借鉴 Diebold 和 Yilmaz（2009，2012）提出的基于广义预测方差分解的方法。关于此模型的细节如下所示。

开始需要建立一个具有平稳协方差的滞后 p 期的 N 变量 VAR 模型：

$$x_t = \sum_{i=1}^{P} \phi_i x_{t-i} + \varepsilon_t \tag{6-1}$$

其中，$x_t = (x_{1t}, x_{2t}, \cdots, x_{Nt})$ 表示一个有 N 个内生变量的向量；ϕ_i（$i = 1, 2, \cdots, P$）表示 $N \times N$ 自回归系数矩阵。误差向量 ε_t 均值为零，协方差矩阵记为 $\sum$。假设该 VAR 模型具有平稳的协方差，如此则可将式（6-1）转换为移动平均的形式：

$$x_t = \sum_{j=0}^{\infty} A_j \varepsilon_{t-j}$$

式中的系数矩阵满足递归形式 $A_j = \phi_1 A_{j-1} + \phi_2 A_{j-2} + \cdots + \phi_P A_{j-P}$，$A_0$ 为 $N \times N$ 维单位阵，且当 $j < 0$ 时，$A_j = 0$。在上述展示的 VAR 模型基础上，对协方差矩阵

进行方差分解，有助于我们将每一个变量预测误差的方差分离成来自系统内各变量的部分，并将此归因于来自各变量的溢出效应。

首先，为了测度变量间的溢出效应和总溢出效应，我们先对变量间的溢出效应进行定义：变量 x_j 对变量 x_i 的溢出效应被定义为 x_i 的 H 步预测误差的方差受到来自 x_j 部分的冲击，其中 $i \neq j$，H 步表示 VAR 模型的预测误差的时间跨度，即方差分解的期数，可以用公式表达为如下形式：

$$\theta_{ij}^H = \frac{\sigma_{jj}^{-1} \sum_{h=0}^{H-1} (e_i^{\mathrm{T}} A_h \sum e_j)^2}{\sum_{h=0}^{H-1} (e_i^{\mathrm{T}} A_h \sum A_h^{\mathrm{T}} e_j)} \qquad (6\text{-}2)$$

其中，σ_{jj}^{-1} 表示第 j 个变量预测误差的标准差形式；e_i 表示一个 $N \times 1$ 的向量，其中第 i 个元素为 1，其余元素为 0；θ_{ij}^H 表示变量 x_j 对变量 x_i 的溢出效应，但值得注意的是 $\sum_{j=1}^N \theta_{ij}^H \neq 1$，所以需要对 θ_{ij}^H 进行标准化处理：

$$\tilde{\theta}_{ij}^H = \frac{\theta_{ij}^H}{\sum_{j=1}^N \theta_{ij}^H} \qquad (6\text{-}3)$$

由此可得，$\sum_{j=1}^N \tilde{\theta}_{ij}^H = 1$，且 $\sum_{i,j=1}^N \tilde{\theta}_{ij}^H = N$。矩阵 $\tilde{\theta}^H = [\tilde{\theta}_{ij}^H]$ 展示了 N 个变量间的溢出效应，其中主对角元素表示变量自身的溢出效应，而非对角元素表示不同变量间的溢出效应。

其次，根据式（6-3）我们可以得到总溢出效应的百分比形式：

$$\mathrm{TS} = \frac{\sum_{i,j=1,i\neq j}^N \tilde{\theta}_{ij}^H}{\sum_{i,j=1}^N \tilde{\theta}_{ij}^H} \times 100\% = \frac{\sum_{i,j=1,i\neq j}^N \tilde{\theta}_{ij}^H}{N} \times 100\% \qquad (6\text{-}4)$$

对于总溢出指数，将所得矩阵 $\tilde{\theta}^H = [\tilde{\theta}_{ij}^H]$ 中的非对角元素加和作为总溢出指数的分子，而将该矩阵中所有元素加和得到总溢出指数的分母，如此总溢出效应指数度量了不同金融市场之间总溢出效应的程度，所以可以作为衡量金融市场相关程度的量化指标（刘超等，2017）。而且，溢出指数越大，表明金融市场的波动在更大程度上来自不同市场间的信息溢出，进而表明各金融市场间的联系越密切（尹力博和柳依依，2016）。

考虑到金融系统的动态性特征，仅靠静态的溢出指数不能完全反映市场间溢出效应的全部信息，故采用滑动窗口技术，从而获得总溢出指数的时变动态图，以便进一步探究各市场之间溢出效应的动态变化特征。

第三节 样本与数据

考虑到主权 CDS 利差数据的流动性问题，本章选择了"一带一路"沿线 25 个国家（"一带一路"沿线国家共有 66 个，其中 36 国无数据，5 国数据存在大量缺失）的五年期主权 CDS 利差作为研究对象，数据来源于 DataStream 数据库。样本期为 2008 年 10 月 31 日至 2017 年 12 月 20 日，数据频度为日度。样本国家的区域分布如表 6-1 所示。

表 6-1 "一带一路"沿线样本国家区域分布

区域	国家
东亚	中国
东盟	马来西亚、印度尼西亚、泰国、越南、菲律宾
西亚	土耳其、黎巴嫩、以色列、卡塔尔、巴林、塞浦路斯
中亚	哈萨克斯坦
独联体	俄罗斯
中东欧	波兰、立陶宛、爱沙尼亚、拉脱维亚、捷克、斯洛伐克、匈牙利、斯洛文尼亚、克罗地亚、罗马尼亚、保加利亚

在数据处理过程中，我们通过对主权 CDS 利差序列取一阶差分，从而获得主权 CDS 利差日度变化序列。如表 6-2 所示，除塞浦路斯外，主权 CDS 利差日度变化序列的均值皆为负值。就主权 CDS 利差日度变化序列的标准差而言，以色列在 25 国中最小，仅为 3.016 493，这表明以色列的主权 CDS 利差市场较为平稳，也表明其主权风险波动不太剧烈。排名第二的是卡塔尔，标准差为 3.596 498，而中国在 25 国中排名第三，为 3.674 758，这说明中国的主权风险波动较为平缓。与此同时，"一带一路"沿线另一大国俄罗斯、东盟地区大国印度尼西亚、西亚地区国家塞浦路斯却均表现出了较高的标准差，说明这三个国家的主权风险波动较为明显。除此之外，ADF 检验表明所有的序列都是平稳的，这也表明了后续使用 VAR 模型进行实证分析的正当性。

表 6-2　描述性统计

区域	国家	均值	最大值	最小值	标准差	偏度	峰度	ADF
东亚	中国	−0.047 19	47.5	−22.5	3.674 758	1.006 34	22.398 56	−46.403 5***
独联体	俄罗斯	−0.205 15	285	−129.7	15.284 44	2.343 806	64.746 81	−55.916 9***
中亚	哈萨克斯坦	−0.269 43	145	−235	12.336 79	−2.313 45	98.551 42	−39.702***
东盟	马来西亚	−0.070 89	31.22	−50	4.964 46	−0.244	18.397 16	−47.960 3***
	泰国	−0.076 76	37.5	−50	4.489 595	−0.185 52	23.427 13	−45.591 6***
	越南	−0.191 27	87.5	−105	6.902 968	−0.286 97	46.992 83	−48.707 7***
	印度尼西亚	−0.267 47	175	−130	10.364 23	2.255 999	81.108 03	−47.491 5***
	菲律宾	−0.177 85	85	−100	6.248 22	−0.641 49	59.523 98	−45.382 3***
中东欧	波兰	−0.058 67	45	−50	5.310 818	−0.076 88	19.528 87	−43.544 7***
	保加利亚	−0.133 33	95	−109.85	7.771 212	−0.200 4	42.674 32	−42.021 7***
	克罗地亚	−0.082 29	77.01	−66.5	7.559 732	0.384 075	23.289 53	−43.108 1***
	捷克	−0.056 29	35	−60	3.982 019	−1.168 87	51.875 76	−46.496 8***
	爱沙尼亚	−0.180 32	80	−75	6.362 306	−0.215 38	49.003 75	−49.278 8***
	匈牙利	−0.095 04	99	−62.049 9	8.828 43	1.011 381	23.017 34	−43.126 7***
	拉脱维亚	−0.245 29	168.850 1	−168.85	12.655 37	−0.165 88	71.583 68	−57.585 7***
	立陶宛	−0.177 11	120	−110	8.534 595	−0.416 57	68.821 86	−55.940 6***
	罗马尼亚	−0.148 62	95	−91.300 1	8.613 093	−0.328 16	36.530 33	−41.139 4***
	斯洛伐克	−0.042 31	52.2	−40	4.182 034	0.538 873	30.654 89	−50.471***
	斯洛文尼亚	−0.018 52	47.686	−45.059 8	5.083 253	0.933 512	27.161 02	−47.031 8***
西亚	巴林	−0.045 72	81.549 8	−70.96	7.439 711	−0.062 33	48.910 13	−55.001 8***
	黎巴嫩	−0.133 41	137.409 9	−139.7	6.799 231	−2.073 16	180.855 6	−47.532 4***
	塞浦路斯	0.018 616	374.465 1	−305.07	20.080 97	3.317 614	115.298 1	−49.099 7***
	以色列	−0.063 92	46	−30	3.016 493	0.756 949	43.215 99	−45.489 2***
	卡塔尔	−0.040 47	70	−37.5	3.596 498	2.751 663	93.696 14	−43.101 3***
	土耳其	−0.126 18	140	−72.506 8	8.037 086	1.792 183	54.899 59	−44.680 8***

*** 表示 1%的置信水平

第四节　沿线国家主权风险溢出效应分析

在本节中，首先，我们对"一带一路"沿线 25 个国家构成的主权 CDS 利差系统进行静态全样本溢出效应分析,并且计算分析中国与"一带一路"沿线典型区域国家集团间的全样本溢出效应;其次,通过将每个国家主权 CDS 利差市场视为一个个节点,将市场间的溢出效应视为边,我们构造了"一带一路"沿线 25 国主权 CDS 利差网络进行深入分析;最后,我们使用滑动窗口技术研究了"一带一路"沿线国家整体以及不同区域国家集团主权风险溢出效应的动态性特征。

一、静态溢出效应分析

首先,全样本溢出指数基于提前 12 天的预测误差方差(forecast error variance,FEV)分解得出,如表 6-3 所示。特别地,ij-th 中元素指的是变量 j 对变量 i 预测误差方差的贡献。每一个变量都与某国主权 CDS 利差日度变化序列相关。因此,对角元素($i=j$)测度的是某国主权 CDS 利差市场内部的溢出效应,而非对角元素($i \neq j$)捕捉的是国家之间的溢出效应。而且,排除主对角元素的行和序列(标记为"来自其他国家的影响")与列和序列(标记为"对其他国家的影响")分别表示每一个变量接收和传递的总溢出效应。

如表 6-3 所示,"一带一路"沿线 25 国主权 CDS 利差系统内部的总溢出指数达到 69.10%,表明区域内主权 CDS 利差市场间的内部关联较为紧密。一般来说,区域国家集团内部国家间的溢出效应总是强于域外国家集团国家与其的溢出效应,其中东盟国家间的溢出效应大多达到 7%以上,是东盟、中东欧和西亚国家集团中内部溢出效应最强的,这与东盟集团国家内部较强的政治经济联系是相辅相成的。

在这 25 个国家中,土耳其对其他国家的溢出效应是最强的,达到了 123.7%,这与土耳其近年来快速增长的经济实力、极为重要的地缘政治地位是有莫大关联的,紧接着是罗马尼亚、波兰和保加利亚。而菲律宾受到来自其他国家的影响是最强的,达到了 84.6%,紧随其后的是波兰和保加利亚,由此我们可以得出,波兰和保加利亚是"一带一路"沿线 25 国主权 CDS 利差市场上非常重要的两个国家,其既容易受到别国的影响,也能对别国产生较大影响。从现实国际政治经济形势来看,波兰是中东欧区域最大经济体和最主要大国,在"一带一路"倡议中极为重要,所以实证该结论与现实基本相符。如果分析两两国家之间的主权风险溢出效应,我们能发现一些有意思的结果。例如,中国对泰国的溢出效应是中国对所有国家中最强的,接着是马来西亚,而且中国、马来西亚、泰国三国间的溢出效应都非常强,表明这三国拥有很紧密的关系。而俄罗斯对土耳其的溢出效应是最强的,与此同时,土耳其对俄罗斯的溢出效应也是最强的,这表明了俄罗斯与西亚大国土耳其之间紧密的政治经济联系,与实际也是非常相符的。

表 6-3　"一带一路"沿线国家主权信用

国家	中国	俄罗斯	哈萨克斯坦	印度尼西亚	马来西亚	泰国	越南	菲律宾	克罗地亚	捷克	爱沙尼亚	匈牙利	拉脱维亚
中国	19.3	3	2.6	6.5	10.2	10.8	5.5	9.9	2.3	1.8	1	3.2	1
俄罗斯	2.4	27.4	5.8	4	2.4	2.3	1.5	4.3	2.9	3	2.6	4.1	2.1
哈萨克斯坦	2	5.2	23.8	2.6	2.2	2.7	2.6	4.4	2.5	4.9	3.1	4.1	1.6
印度尼西亚	6.8	3.3	3.3	19.9	7.6	7.5	7.6	11.4	2	1.8	2.1	2.5	1.5
马来西亚	10.1	3	3	7.5	18.8	10.9	5.6	8.6	2.2	1.9	1.4	2.4	1.7
泰国	10.7	2.7	2.9	7	10.9	18.9	5.8	9.1	2.4	1.8	1.4	2.8	1.3
越南	7.3	2.2	3.4	9.3	7.3	7.6	24.2	9.8	2.3	1.6	1.5	2.5	1.1
菲律宾	8	3.6	4.3	8.9	6.9	7.4	6.1	15.4	2	2.8	2.3	3	1.3
克罗地亚	1.9	2.8	2.3	1.7	1.6	1.8	1.4	2.1	23.1	4.5	2.1	7.8	2.5
捷克	1.5	2.3	4.8	1.4	1.6	1.6	1.3	3	4.3	21.7	3.6	5.8	2.7
爱沙尼亚	0.9	3.2	3.8	1.8	1.2	1.4	1.4	2.7	3.1	3.9	32.4	3.8	2.9
匈牙利	1.7	3.2	3.5	1.1	1.1	1.2	0.9	2.2	6.2	5.1	2.2	21.6	2.3
拉脱维亚	0.9	2.2	2.4	1.6	1.2	1.2	1.2	1.9	4.1	4.7	2.8	4.4	39.5
立陶宛	1.6	2.4	3.9	1.5	1.3	1.6	0.9	2.6	4.7	4.9	5.9	5.8	
保加利亚	1.7	3.2	3.4	1.6	1.4	1.4	0.9	2.5	7.9	5.8	2.8	7.6	2.6
波兰	2	3.3	3.9	1.3	1.5	1.6	1	2.6	5.6	6.3	2.8	9.1	2.5
罗马尼亚	1.6	3.8	4.1	1.9	1.3	1.6	1	2.6	6.7	4.7	2.6	8.8	3
斯洛伐克	1.3	2.2	3	1.8	1.3	1.3	1.2	2.5	2.6	8	2.3	3.6	2.2
斯洛文尼亚	1.6	1.8	1.9	1	0.9	0.9	0.4	1.9	2.8	5.5	1.4	4.5	1.1
以色列	2.5	2.2	4.4	3.1	2.2	2.5	2.2	3.6	2.8	3.9	2.5	4	1.2
黎巴嫩	0.5	1.8	4.6	1.9	0.8	1	2	3.5	1.6	2.4	2	1.2	0.6
塞浦路斯	0.2	0.1	0.1	0	0.1	0	0	0.1	0.5	0.1	0	0.5	0
卡塔尔	1.6	2.7	5.6	2.6	1.9	1.9	2.5	3.3	3.2	2.5	3.4	3.2	2
巴林	0.5	0.2	1.8	0.2	0.6	0.4	0.4	0.2	1.1	1.2	0.4	1.1	0.4
土耳其	3.3	6.8	5.7	4.5	3	2.9	2.1	6	3.4	4	1.9	5.3	1.8
对其他国家的影响	72.7	67.4	84.4	75	70.6	73.4	55.4	100.6	79.3	87.2	54.1	101.2	43.5
对所有国家的影响	92	94.8	108.2	95	89.3	92.4	79.6	116.1	102.3	108.9	86.5	122.8	82.9

风险静态溢出表（总溢出指数=69.10%）

立陶宛	保加利亚	波兰	罗马尼亚	斯洛伐克	斯洛文尼亚	以色列	黎巴嫩	塞浦路斯	卡塔尔	巴林	土耳其	来自其他国家的影响
1.6	3	3.8	3.4	0.9	0.9	2	0.2	0.1	1.2	0.1	5.7	80.7
2.5	4.7	4.6	5.7	1.7	1	1.6	0.8	0	1.8	0	11	72.6
3.4	4.4	4.9	5.5	2	0.9	3.5	1.8	0	3.8	0.1	8.2	76.2
1.4	2.6	2.4	3.5	1.1	0.6	2.1	0.6	0	1.2	0	7	80.1
1.6	2.8	3.1	3.4	1.1	0.6	2.2	0.3	0	1.6	0.1	6.1	81.2
1.8	2.8	3.2	3.2	1.2	0.7	2.3	0.4	0	1.3	0.1	5.1	81.1
1.4	2.2	2.4	2.5	1.1	0.6	2.3	0.9	0	2	0.1	4.5	75.8
2.1	3.3	3.4	3.9	1.5	0.9	2.4	1	0	1.7	0	7.6	84.6
4.6	10.6	7.5	9.1	1.9	1.4	1.7	0.7	0.1	1.8	0.2	4.7	76.9
4.3	7.7	8.2	6.1	5	2.6	2.8	0.9	0	1.5	0.1	5.2	78.3
7.5	5.5	5.7	6.3	1.9	0.9	1.7	1	0	2.6	0.1	4.2	67.6
4.7	8.6	10.3	9.4	1.8	1.7	2.3	0.5	0.1	1.9	0.2	6.1	78.4
4.4	5.4	5.3	6.1	2.6	1.1	1.1	0.5	0	1.9	0.1	3.6	60.5
24.7	6.1	6.8	6	2.4	1.3	2.8	1	0	3.2	0.1	4.5	75.3
4.2	18.2	9	11.1	2.2	1.2	2.1	0.9	0.1	2.2	0.1	5.7	81.8
5.1	8.9	18.2	8.6	2.6	1.5	2.6	0.4	0.1	2.1	0.2	6.2	81.8
4.3	10.6	8.6	19.1	2.3	1.2	1.8	0.8	0.1	1.6	0.1	5.9	80.9
3.5	4.8	5.3	4.8	31.8	6.4	3.3	0.7	0.1	1.6	0.1	4.3	68.2
2.5	3.6	4.4	3.4	8.7	43.8	2.9	0.4	0.2	0.9	0.1	3.2	56.2
3.7	4.1	5.2	3.7	2.9	1.8	29.5	1.8	0.1	4	0.5	5.4	70.5
2.4	2.6	1.5	1.8	1.1	0.6	3.9	56.4	0	1.7	0.4	3.8	43.6
0.2	0.3	0.3	0.4	0.3	0.8	0.1	0.1	95.2	0	0	0.2	4.8
4.8	4.5	4.2	4.1	1.9	0.7	4.5	1	0	32.3	0.8	4.6	67.7
1.1	1.6	1.6	1.3	1.4	1	1.9	0.6	0	2.3	77.9	0.7	22.1
3	5.5	6	5.9	2.1	1.1	2.8	1.1	0	2.2	0.1	19.5	80.5
76.2	116.2	117.7	119.4	51.6	31.6	56.5	18.3	1.2	46.2	3.8	123.7	
101	134.4	135.9	138.4	83.4	75.4	86	74.7	96.4	78.5	81.7	143.2	

为了获得更多信息，我们还计算了中国与"一带一路"沿线区域国家集团间的全样本溢出效应，如表 6-4 所示。很明显，中国对东盟地区的溢出效应是最强的，与此同时，东盟地区对中国的溢出效应也是最强的，达到了 2.48%。随后是中国与中东欧地区间的溢出效应，为 1%左右。在中国与三个区域国家集团间的溢出效应中，西亚处于较为弱势的地位，仅为 0.5%左右。由此可以看出，在"一带一路"沿线国家中，中国与东盟地区国家集团的主权 CDS 利差市场联系是最为紧密的，也从侧面表明了中国与东盟地区国家集团密切的政治经济关系。

表 6-4　中国与"一带一路"沿线区域国家集团间的全样本溢出效应

样本	溢出效应
中国-东盟	2.48%
中国-中东欧	0.97%
中国-西亚	0.50%
东盟-中国	2.48%
中东欧-中国	1.33%
西亚-中国	0.54%

上述结果揭示了"一带一路"沿线区域国家两两之间、区域国家集团之间以及整体的溢出效应。在本节中，我们将对"一带一路"沿线 25 国主权 CDS 利差市场构成的网络进行分析。我们通过净溢出效应将节点识别为净接收方和净传递方，其中净溢出指数是某变量对其他所有变量的溢出效应与所有其他变量对其自身溢出效应的差。通过 Gephi 软件，本章得到了如图 6-1 所示的溢出网络图。其中，某节点的圆圈大小表示其对/来自其他节点的净传递/接收。黑色（白色）节点表示某节点在网络中是净传递方（净接收方）。边表示两两节点之间的溢出效应，且边颜色的深浅反映了溢出效应的强弱。从图 6-1 可以看出，有 10 个国家在整个网络中是主权风险的净传递方，其中 7 个国家处于中东欧地区。在这 10 个净传递国家中，土耳其的净传递效应最强，达到了 43.2%，紧随其后的是三个中东欧国家，即罗马尼亚、波兰和保加利亚，而东盟国家菲律宾处于第六位，中亚国家哈萨克斯坦处于第八位。而且，西亚 6 国除土耳其外皆为净接收方，东盟 5 国除菲律宾外皆为净接收方。因此，我们可以得出中东欧国家集团在"一带一路"沿线国家主权风险溢出网络中处于主导地位。

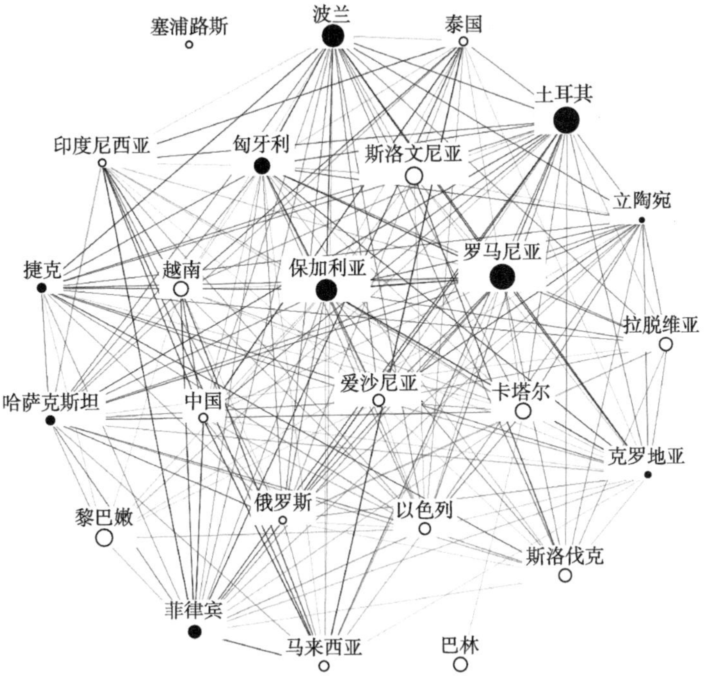

图 6-1 "一带一路"沿线国家主权风险溢出网络

二、动态溢出效应分析

溢出效应会随着时间变化是学术界所普遍认同的，而且不同市场/国家间的相关性在不确定条件下可能会加剧或者减缓。换句话说，全样本溢出指数（表6-3）是静态的且可能忽略各种政治金融事件所带来的影响，如2009~2012年的欧洲主权债务危机，而且样本期内发生的这些事件的冲击会加剧不同市场间的溢出效应（Ebrahim and Nguyen, 2016）。考虑到这种可能性，似乎任何单一固定参数的模型均不能应用于全样本。因此，我们使用滑动窗口技术研究了不同国家间的时变溢出效应，而且通过对应时间序列的总溢出指数评估了动态溢出效应的程度和本质。图6-2展示了使用200天滑动窗口和12天预测步长的时变溢出指数。

总溢出指数在2009年8月7日以73%左右开始，在2010年8月前后达到83%左右的高峰，然后经历过短暂下降后，在2011年12月重回84%左右的峰值。这段时间总溢出指数虽然经历过下跌，但始终维持在70%以上的较高位，说明此期间"一带一路"沿线国家间的主权风险溢出效应是较强的，这也与欧债危机的时期恰好一致。经过两年左右的小幅波动后，总溢出指数在2014年开启了急剧下跌

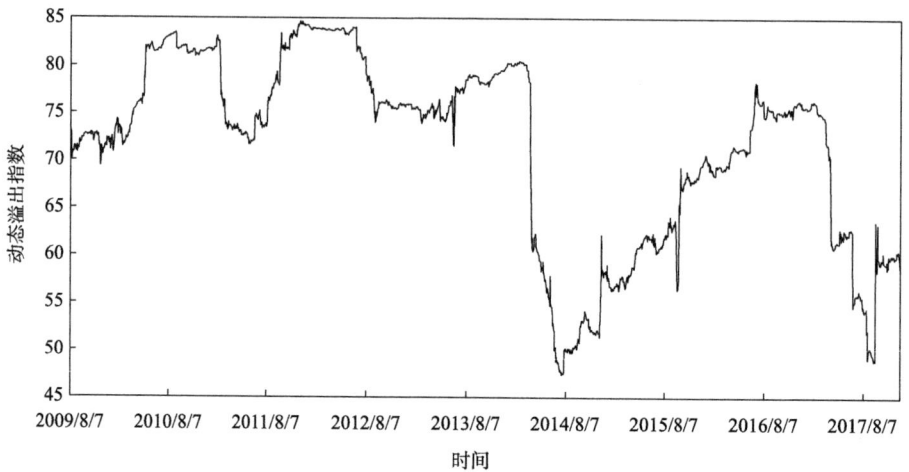

图 6-2　"一带一路"沿线国家主权风险总溢出指数动态图

模式，并在 2014 年 7 月达到了 47%左右的历史最低点，这得益于全球经济的复苏。随后，又经历了长期震荡上升，并在 2016 年 7 月恢复到 78%左右的高位。此后，总溢出指数又于 2017 年 9 月跌到 48%左右的低位。

　　为了检验总溢出效应的鲁棒性，我们使用可选提前 H 步预测误差方差分解和可选 m 天滑动窗口。本节分别选择 250 天和 500 天滑动窗口，以及 10 步和 15 步预测步长，进行鲁棒性检验。无论滑动窗口的大小或者预测步长的选择如何，所有的动态溢出图均表现出了相似的模式，这也证实了我们的结果是鲁棒且一致的。

　　由上述分析可知，重大的政治金融事件强化/减弱了不同市场/国家间的溢出效应，而且总溢出指数的动态性展示出了清晰的阶段特征。因此，我们采用 Perron 和 Qu（2007）提出的 Phillips-Perron 检验识别动态溢出指数序列（参数设置为 200 天滑动窗口和 12 天预测步长）的结构变点。如表 6-5 所示，实证得出样本期可以划分为 4 个阶段：阶段 1 为 2008 年 10 月 31 日至 2011 年 8 月 31 日，阶段 2 为 2011 年 9 月 1 日至 2014 年 3 月 31 日，阶段 3 为 2014 年 4 月 1 日至 2015 年 9 月 29 日，阶段 4 为 2015 年 9 月 30 日至 2017 年 12 月 20 日。

表 6-5　结构变点识别

阶段	时期
阶段 1	2008/10/31～2011/8/31
阶段 2	2011/9/1～2014/3/31
阶段 3	2014/4/1～2015/9/29
阶段 4	2015/9/30～2017/12/20

我们进一步探究了"一带一路"沿线区域国家集团间的溢出效应，并进行了分阶段对比。实证结果与全样本对比有众多相似之处，最关键的一点为无论在哪一阶段，中国与东盟集团之间的主权风险溢出效应总是最强的，其次是中国与中东欧国家集团，最后是中国与西亚国家集团。值得注意的是，中国对东盟集团的主权风险溢出效应随着时间的变化而逐渐增强，并在阶段4达到最强，为3.59%。与此同时，中国对中东欧地区和西亚地区的溢出效应分别在阶段2和阶段3达到最强，而后在阶段4稍有回落。有意思的是，中东欧地区对中国的主权风险溢出效应随着时间的推移而逐渐减弱。

自《推动共建丝绸之路经济带和21世纪海上丝绸之路的愿景与行动》发布以来，中国与"一带一路"沿线国家之间的经贸合作和金融合作步入了快车道。其中，东盟与中日韩进行金融合作的"清迈倡议多边化"是目前"一带一路"沿线国家金融合作水平最高的平台，其已建立了2400亿美元的外汇储备库以预防危机冲击，因而实证分析与现实也是高度相符的，即中国与东盟地区高度的政治金融联系决定了其较强的主权风险溢出效应，如表6-6所示。中国与西亚地区的金融联系目前还存在较大空白，进展不太明显。所以目前来看，实证结果较充分地反映了"一带一路"沿线国家间的现实联系。

表6-6 "一带一路"沿线区域国家集团溢出效应分阶段对比

样本	全样本	阶段1	阶段2	阶段3	阶段4
中国-东盟	2.48%	2.06%	2.16%	2.87%	3.59%
中国-中东欧	0.97%	0.94%	1.16%	1.16%	0.73%
中国-西亚	0.50%	0.38%	0.58%	0.88%	0.60%
东盟-中国	2.48%	2.10%	2.09%	2.82%	3.16%
中东欧-中国	1.33%	1.54%	1.39%	1.09%	0.96%
西亚-中国	0.54%	0.51%	0.55%	0.65%	0.50%

为了进一步探究"一带一路"沿线国家中三个主要国家集团溢出效应与"一带一路"沿线国家整体溢出效应的关系，我们分别画出东盟、中东欧与西亚三个区域国家集团各自的动态溢出图并进行对比分析，如图6-3所示。很明显，就主权风险溢出效应的动态走势来看，三个国家集团基本上保持了和"一带一路"沿线国家整体一致的变化。而就主权风险的溢出效应来看，东盟集团和西亚区域集团处于较高水平，基本和沿线整体处于同等水平，而中东欧区域集团则明显处于低位，在整个样本期内，几乎只有其他区域国家集团主权风险溢出效应的二分之一左右。

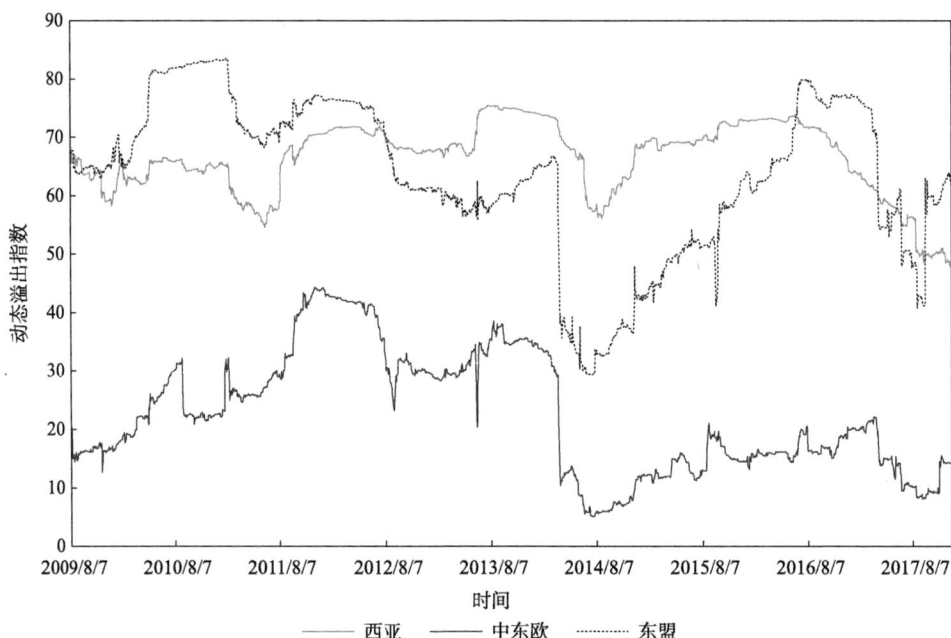

图 6-3　"一带一路"沿线区域国家集团主权风险溢出效应动态对比

　　然而，当我们对"一带一路"沿线区域国家集团主权风险溢出效应进行相关性分析时，却发现"一带一路"沿线国家整体与东盟集团间的相关性是最弱的，只有 0.459 797，而中东欧区域国家集团与"一带一路"沿线国家整体的相关性达到了 0.875 241，是所有三个区域国家集团中与"一带一路"沿线国家整体相关性最强的，其次是西亚区域国家集团与"一带一路"沿线国家整体，也达到了 0.841 074 的高度相关，具体如表 6-7 所示。因此，我们可以得出，西亚地区是最能代表"一带一路"沿线国家整体主权风险溢出效应变化的区域国家集团。

表 6-7　"一带一路"沿线区域国家集团主权风险溢出效应相关性分析

国家集团	"一带一路"沿线 25 国	东盟	中东欧	西亚
"一带一路"沿线25 国	1.000 000	0.459 797	0.875 241	0.841 074
东盟	0.459 797	1.000 000	0.163 867	0.437 044
中东欧	0.875 241	0.163 867	1.000 000	0.576 396
西亚	0.841 074	0.437 044	0.576 396	1.000 000

第五节 本 章 小 结

在海外投资和运营中，企业投资决策者往往需要更加及时、更加高频、更易获取的国家风险信息作为决策参考，而传统的多属性国家风险评价受限于数据频率和专家知识经验。与此同时，主权 CDS 利差能够有效反映市场参与者对债务国金融健康程度的认知而被看作主权风险的有效表征，主权 CDS 利差因其属于高频的数据类型，能够有效弥补多属性评价中数据低频的问题。研究基于 Diebold 和 Yilmaz 提出的基于 VAR 模型构造溢出指数的方法，在"一带一路"倡议强化本区域国家间金融联系的背景下，以"一带一路"沿线国家为例，考察了"一带一路"沿线国家两两之间的主权风险溢出效应和"一带一路"沿线国家主权风险溢出网络的节点特征和结构特征，并探究了"一带一路"沿线国家整体及不同区域国家集团主权风险溢出效应的动态性特征。进而，结合结构变点识别方法，探究了"一带一路"沿线区域国家集团间的溢出效应并对其进行了阶段对比分析。

研究结果表明"一带一路"沿线 25 国主权 CDS 利差系统内部的总溢出指数达到 69.10%，反映出区域内主权 CDS 利差市场间的内部关联较为紧密。东盟国家间的溢出效应大多达到 7% 以上，是东盟、中东欧和西亚国家集团中内部溢出效应最强的，这与东盟集团国家内部较强的政治经济联系是相辅相成的。由静态溢出效应分析可以发现：土耳其对其他国家的溢出效应是最强的，达到了 123.7%，罗马尼亚、波兰和保加利亚紧随其后；而菲律宾受到来自其他国家的影响是最强的，达到 84.6%。通过动态溢出效应分析发现中国与东盟集团之间的主权风险溢出效应总是最强的，其次是中国与中东欧国家集团，最后是中国与西亚国家集团。值得注意的是，中国对东盟集团的主权风险溢出效应随着时间的变化而逐渐增强，并在阶段 4 达到最强。

第七章 多因素驱动的电力工程市场需求预测

第一节 研究问题的提出

电力是国民经济的重要能源，对维持社会经济发展和改善人民生活水平具有重要的支持与保障作用。由于电力具有便于转换能源的形式、能高度集中和无限划分、清洁干净、易于控制、可大规模生产和远距离输送等特性，电力发展和应用的程度（即一个国家的电气化程度）成了衡量一个国家和地区社会现代化水平高低，以及物质文明和精神文明高低的重要标志之一。

要保障电力的持续稳定供应，有充足的电力基础设施，需要准确的电力规划（Jiang et al.，2020）。电力工程市场包括设计、研发、制造、销售先进的水电、火电、核电、风电、气电等发电设备、配套设备在内的向全球电力运营商提供设备工程及服务等相关业务的市场。全球电力需求稳定增长，清洁能源发电技术应用逐渐广泛，智能电网建设加速推行均带来电力工程市场需求的不断增加。

装机容量，也称"电站容量"，指电厂或电站中所装有的发电机组额定功率的总和，是表征电厂或电站建设规模和电力生产能力的主要指标之一。装机容量是反映一个国家或地区电力发展的重要变量（Wang and Chen，2012；Feng et al.，2021）。准确的装机容量预测变得越来越重要，并引起了越来越多的关注（Zhao and Zhang，2018）。对于电力公司而言，装机容量预测可以指导电力设备制造，并有助于制定合理的生产和销售策略（Zhao and Zhang，2018）。准确的生产计划和库存管理将提高企业效率。装机容量预测也可以指导政府政策，因为需要准确的预测结果来评估一个国家未来的发电容量并调整相关的能源发展计划（Li et al.，2018）。准确的预测还能有效规划输变电项目，避免因容量不足或过大而造成的浪费（Chen et al.，2019）。

在电力市场中，传统的预测模型可以按数据结构分为单因素模型或多因素模型（Hussain et al.，2016）。单变量时间序列模型，如自回归综合移动平均（autoregressive integrated moving average，ARIMA）模型、灰色模型（grey model，GM）和 Holt Winters 模型，假设电力容量的最佳预测是历史数据，而不考虑其他因素（Steinbuks，2019）。智能计算技术，如支持向量回归（support vector regression，SVR）和人工神经网络（artificial neural network，ANN），也可以执行以历史值为输入的单变量时间序列预测（Cincotti et al.，2014；Li et al.，2021a）。在已有的研究中，上述模型已被广泛用于预测用电量（Hussain et al.，2016）、电价（Yan and Chowdhury，2014）、发电量（Rahman et al.，2016）、电力市场投资（Pan et al.，2019）和市场风险（He et al.，2016）等。装机容量预测最近在学术界和工业界越来越受到重视。例如，Li 等（2018）使用新陈代谢灰色模型、ARIMA、GM-ARIAM 和非线性新陈代谢灰色模型（nonlinear metabolism grey model，NMGM）预测了中国的煤电装机容量。Sahin（2020）利用分数阶非线性灰色伯努利模型预测土耳其可再生能源和水力能源装机容量。

尽管单因素预测模型很受欢迎，但多因素模型更适用于装机容量预测。当预测目标与其他宏观经济基本面密切相关时，多因素预测模型是合适的（Steinbuks，2019；Hao et al.，2020）。多因素模型通常构建影响因素和预测目标之间的函数关系。但是确定影响预测目标的因素是一项具有挑战性的任务，因为电力市场是一个具有众多影响的复杂系统。研究人员在对不同目标的研究中选择了不同的因素。就装机容量而言，它与更多宏观经济因素和发电方法有关。Biresselioglu（2016）以及 Staid 和 Guikema（2013）的工作估计了政治、经济和环境因素对风电装机容量的影响。Zhao 和 Zhang（2018）指出，区域光伏装机容量受政府补贴、负荷曲线、阳光可用性等因素的影响。

在预测装机容量时，大部分相关数据可以从官方统计数据和权威估计中获得，但存在一些不确定性和模糊性（Clements，2019）。GDP 等宏观经济数据通常会在首次发布后多次修改。关于区域装机容量和相关因素的统计数据一般始于 20 世纪 80 年代末或 20 世纪 90 年代初，每年公布一次。然而，广泛使用的多因素计量经济模型，如向量误差修正模型或多元回归模型，需要足够的观测数据进行统计检验。而像 ANN 这样的智能计算技术需要大量的训练数据才能获得性能良好的拟合模型（Wu et al.，2018）。这些数据限制是能源预测领域的一个基本和常见问题。

在极少的数据量和难以精确的数据情况下，我们考虑如何定量进行相对准确的装机容量的预测。具体的研究过程如下：首先，分析装机容量的影响因素，在此基础上剖析影响机理，并就关键影响因素间的因果关系展开梳理；其次，针对各个影响因素，研究分析数据的可获得性，并在充分考虑数据可获得性与相关指标代表性的基础上，对关键变量进行指标替代与选取，开展基础数据的分析；再次，基于多因素的预测的技术方法，构建电力工程市场需求预测框架；最后，基于构建的装机容量需求预测框架对中亚五国开展实证分析。

第二节　影响因素与机理分析

本节首先从经济发展、电力发展、政策法规、自然条件四个维度分析装机容量的影响因素，其次采用解释结构模型（interpretative structural model，ISM）分析各类因素对装机容量的具体影响路径。

一、影响因素分析

（一）经济发展因素

（1）国内经济发展。国内经济发展指的是一个国家总体经济发展水平。国内经济发展与电力市场需求紧密相关，经济的高速增长也是促进发电能力增长的重要动力。通常 GDP 被公认为衡量国家经济状况的最佳指标。

（2）国际经济形势。国际经济形势是全球经济发展的整体水平。在经济全球化时代，国际经济形势对各国的经济发展有较大影响，如受 2008 年全球性金融危机的影响，各国经济增长普遍放缓。

（3）居民生活水平。居民生活水平是指在某一社会生产发展阶段中，居民用以满足物质、文化生活需求的生活产品和劳务的消费程度。居民收入及城市化水平是反映居民生活水平的最密切指标。居民收入及生活水平主要通过家用电器的普及程度和使用强度间接反映。随着国家经济的飞速发展，为满足人们的需求，家用电器的数量与种类越来越多。家用电器的广泛使用将会增大电力需求量，进而影响装机容量。

（4）人口增长。人口是经济社会中最基本的因素，人口的多少直接影响着电力需求，较快的人口增长必将带来装机容量的增加。可选用人口量表示。

（5）工业化水平。工业化水平是利用机械化手段，以物质资料为原料，以资本和劳动为生产要素，进行大规模的物质产品的生产和消费，实现以机器大生产为特征的工业部门在 GDP 中所占比重不断上升的过程。在工业化过程中，大规模生产、加工行业的企业用电将大幅增加，直接带来装机容量需求的增加。可选用的替代指标为工业总产值（gross value of industrial output，GIOV）。

（6）产业结构调整。产业结构，即构成 GDP 的各产业的比重。产业结构调整是为促进经济、社会的发展和人民物质、文化生活的改善，调整和建立合理的产业结构。产业结构的调整势必改变经济增长方式，从而影响国内经济的发展。而根据国内经济发展的不同阶段，国家也会相应做出产业结构调整，以促进经济的稳步有序发展。因此，国内经济的发展状况对产业结构调整也有一定的促进作用。第一、第二、第三产业所占比例不同，以及不同行业对电力需求大小不同，从中长期的电力需求来看，都会对装机容量需求产生影响。可选用 GIOV 占 GDP 的比重表示。

（二）电力发展因素

（1）发电能力。发电能力是电力电量有效供给能力的有机组成部分。发电能力的大小对电力供应有着直接影响，若当前发电能力无法满足人们生产生活中的电力需求，将直接刺激增加电源点建设。更换大容量发电设备的需求，对装机容量需求起着关键性作用。

（2）输配电能力。输配电能力是电力电量有效供给能力的有机组成部分，与发电能力的影响机制相同，对电力供应有着直接影响。输配电能力是通过变电站、输电线路将电厂产生的电能传送到用户终端的能力，若输配电能力不足，将大大影响人们的用电水平。因此，当前电力系统的输配电能力大小是否能够满足现有人们的电力需求，会直接影响装机容量市场需求。

（3）电力技术进步。电力新技术的研发和应用能有效提高电能生产、传输、应用的效率，提高系统的安全性、可靠性，有助于降低电能生产、传输成本，提高电力的有效供给能力，有助于改善人们的生活水平。一定程度上，由电力技术进步带来的电力供给能力的变化，将可能刺激更换新的电源点和输变电设备，从而影响装机容量需求。

（4）装备制造技术。装备制造技术的提高，有助于降低电能生产、传输成本，提高电力的有效供给能力，将在一定程度上刺激更换新型的电力装备，从而刺激装机容量需求。

（5）新能源利用。新能源利用是指传统能源之外的各种能源形式，如太阳能、地热能、风能、海洋能、生物智能和核聚变能等。随着人们对环境问题的关注，众多国家已把开发和利用新能源视为国家战略发展的重要一步。新能源利用的加强必将增大相应能源发电的电源点建设和输配电网的建设，带来新的电力工程市场需求。

（三）政策法规因素

（1）宏观经济政策。宏观经济政策指国家或政府为了增进整个社会经济福利、改善国民经济的运行状况、达到一定的政策目标而有意识和有计划地运用一定的政策工具而制定的解决经济问题的指导原则和措施，它包括综合性的国家或地区发展战略和产业政策、国民收入分配政策、价格政策、物资流通政策等。不同的宏观经济政策对国家的经济发展、产业结构等做出指导与计划，从长期来看，将会大大影响人们的电力消费需求，进而影响装机容量。

（2）电力发展规划。电力发展规划是对一个国家的电力发展、投资规划做出的整体布局策略，内容涵盖水电、核电、煤电、气电、风电、太阳能发电等各类电源和输配电网，从供应能力、输配电能力、电源结构、电网发展、综合调节能力、节能减排等方面做出指导性规划，将从根本上影响装机容量。

（3）需求侧管理。需求侧管理是指在政府法规和政策的支持下，采取有效的激励和引导措施以及适宜的运作方式，通过发电公司、电网公司、电力用户等共同协力，提高终端用电效率和改变用电方式，在满足同样用电功能的同时减少电量消耗，达到节约资源和保护环境的目的，实现社会效益最大化。

（四）自然条件因素

自然灾害：主要包括各种地质灾害、气象灾害和气候灾害等。自然灾害的发生可能会导致一国或地区的供电系统破坏，严重影响人们对电能的利用，灾后电力系统的重建一定程度上增大了对电力工程市场的需求。

二、影响机理分析

首先，依据解释结构模型的建模步骤，分析影响因素间的相互作用，在此基础上，建立邻接矩阵、可达矩阵。其次，将可达矩阵分解为四层，基于可达矩阵对层次进行划分，建立解释结构模型，如图 7-1 所示。

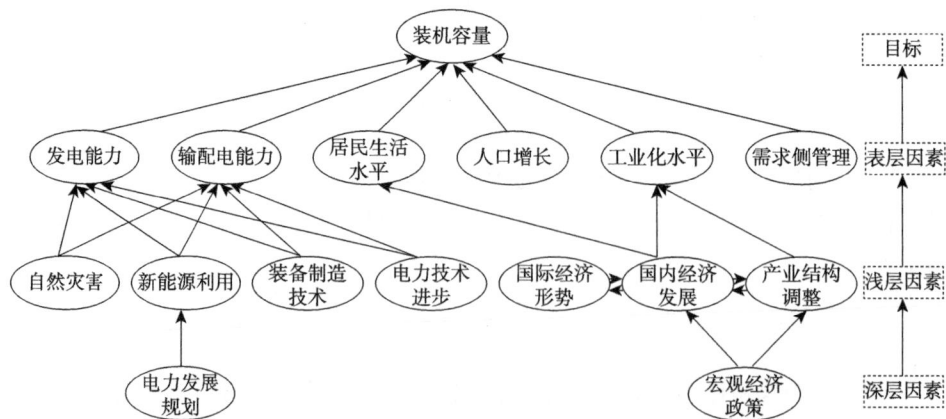

图 7-1　装机容量影响因素的解释结构模型

　　装机容量影响因素模型是一个四层多级递阶模型，从深层因素开始通过递阶关系影响到浅层、表层因素。装机容量影响因素及其相互关系分析如下。

　　（1）从图7-1中可以看出，电力发展规划、宏观经济政策是根本影响因素（即深层因素）；国际经济形势、国内经济发展、产业结构调整、电力技术进步、装备制造技术、新能源利用、自然灾害等是重要的浅层因素；发电能力、输配电能力、居民生活水平、人口增长、工业化水平、需求侧管理是装机容量的直接影响因素（即表层因素）。

　　（2）从深层因素来看，电力发展规划和宏观经济政策是对装机容量影响最深的因素。电力发展规划是一定时期内，国家对于电力发展做出的整体布局规划，明确电力系统发展的主要目标和重点任务。内容涵盖整个电力系统的电源结构、电网结构、综合系统调节能力、节能减排、科技装备发展等多个方面，为未来的电力发展提供战略性和导向性的思路和办法，对于发展目标尽可能予以量化，对发展目标给予清晰明确的描述。在影响装机容量需求方面，电力发展规划通过对未来的新能源利用做出规划部署，从而影响整个电力系统的电源结构和输电网结构，即电源和电网的发电能力和输配电能力。国家宏观经济政策是国家运用一定的政策工具，调节宏观经济运行。宏观经济政策的实施对国内经济发展起到了至关重要的作用，通过产业结构调整影响国家经济增长方式，进而影响装机容量规模。

　　（3）从浅层因素来看，新能源利用、自然灾害、装备制造技术、电力技术进步主要影响电力系统的发电能力和输配电能力，最终影响各种类别发电的装机容量。国内经济发展和产业结构调整将直接影响居民生活水平和工业化水平，从而影响总的电力消费量。新能源产业是衡量一个国家和地区高新技术发展水平的重要依据，也是新一轮国际竞争的战略制高点。新能源利用是促进电源结构清洁化、推动能源革命、保护生态环境的重要举措，新能源利用必然会产生对新型发电站建设的刚性需求。浅层因素中，国内经济发展被认为是影响装机容量最重要的决定因素。受经济波动的影响，电力消费需求也表现出明显的波动性，国内经济发展与电力消费之间存在着显著且稳定的正相关关系。当经济增长势头较好时，会产生较强的电力需求，而经济增长形势发生变化时，电力需求格局也产生相应的变化。此外，国内经济发展与国际环境密切相关，国际经济形势的变化也会间接影响装机容量。

　　（4）从表层因素来看，发电能力和输配电能力从供给侧影响总的供电量，在现有供电能力水平下，若无法满足人们的电力消费需求，就会带来增加电源点、电网建设需求。随着科学技术和电力技术的进步，一些国家和地区也在积极地升级改造配电网，推进智能电网建设。智能电网以各种发电设备、输配电网络、用电设备和储能设备的物理电网为基础，将现代先进的网络技术、通信技术、自动化与智能控制技术等与物理电网高度集成形成新型电网，以使电力系统更加清洁、高效、安全、可靠。智能电网建设在一定程度上会影响电网的输配电能力，也将在一定程度上影响整个装机容量。居民生活水平、工业化水平、人口增长、需求侧管理从用电消费需求侧直接影响全社会的总消费量，总消费量的增加将直接刺激电力工程市场需求。

利用本节构建的装机容量影响因素的解释结构模型，可以在定性分析的基础上进一步整理出需求影响因素之间的因果关系链。通过分析，共总结出五条主要的因果关系链。

（一）经济形势传递链

经济形势传递链如图 7-2 所示：宏观经济政策—国内经济发展—居民生活水平（工业化水平）—装机容量。该传递链是从需求侧影响装机容量最深的因果关系链。宏观经济政策的变动对国内经济发展会产生直接的影响，而经济的发展与国内的电力消费需求呈现正相关关系，经济发展的变动会对居民生活水平和工业化水平产生直接影响，进而影响电力消费需求，最终影响装机容量。

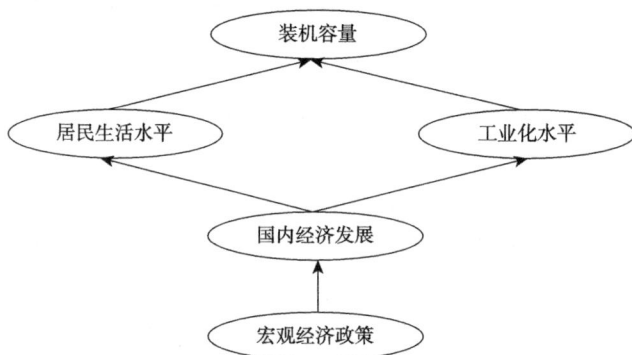

图 7-2　经济形势传递链

（二）电力发展规划传递链

电力发展规划传递链：电力发展规划—新能源利用—发电能力（输配电能力）—装机容量。该传递链是从供给侧影响装机容量最深的因果关系链。电力发展规划对未来的清洁电源结构做出规划部署，不同的电源结构不仅会直接带来对新型技术及设备的需求，也会影响整个电力系统的发电能力和输配电能力，如图 7-3 所示。

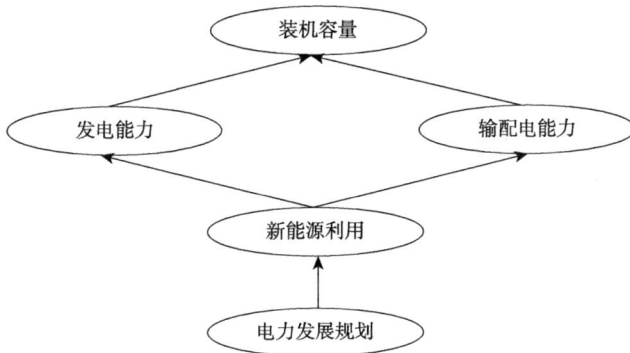

图 7-3　电力发展规划传递链

（三）自然条件传递链

自然条件传递链：自然灾害—发电能力（输配电能力）—装机容量。该传递链是从自然条件变化的外部环境来分析其对电力市场的影响。自然灾害，如地震、洪涝灾害等的发生，可能会造成电源和电网的整体破坏，影响整个电力系统的发电能力和输配电能力，从而影响装机容量，如图 7-4 所示。

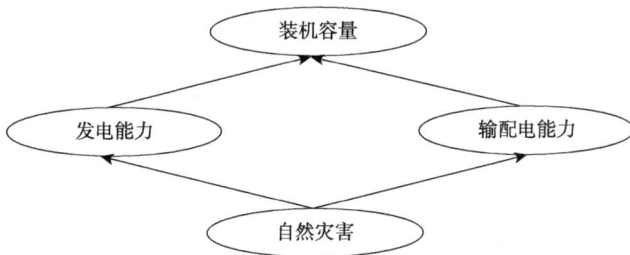

图 7-4　自然条件传递链

（四）电力技术进步传递链

电力技术进步传递链：电力技术进步—发电能力（输配电能力）—装机容量。电力技术进步可能会提高整个电力系统的发电能力和输配电能力，造福于人民。然而，在此进程中也可能会产生更换现有电源和输电网设备的需要，从而影响装机容量，如图 7-5 所示。

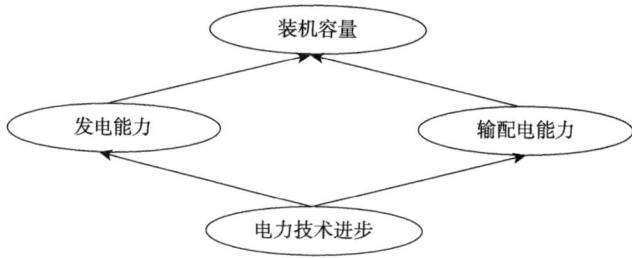

图 7-5　电力技术进步传递链

（五）装备制造技术传递链

装备制造技术传递链：装备制造技术—发电能力（输配电能力）—装机容量。电力装备技术的进步可能会提高装备的发电性能和输配电性能，进而影响整个电力系统的发电能力和输配电能力。更换性能更佳的电力装备需求，直接影响装机容量，如图 7-6 所示。

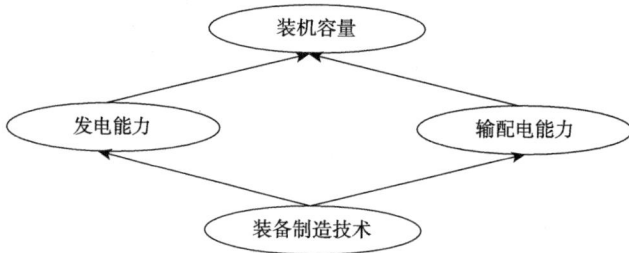

图 7-6　装备制造技术传递链

第三节　预测框架：混合集成

基于对装机容量影响机理的研究，我们分析得到装机容量受到诸多因素的影响。本节将基于时间序列和多元回归的预测方法，构造集成预测分析框架，以期对重点领域的电力技术及装备市场需求展开预测与分析。预测建模共分为三部分。

第一部分在已有的影响因素和机理分析的基础上，综合考虑数据的可获得性，将数据重新划分为不同的模块，确定后续定量分析的重点。

第二部分为基于各影响因素时间序列数据的单模型预测，利用的模型分别为 ARIMA 模型、SVR 模型、FNN 模型，利用这三种模型得到相应模型下各影响因素的预测值，利用对各因素三种预测值取平均的集成方法得到影响因素最终的预测值。

第三部分为利用多元回归方程分别建立各因素与目标之间的关系，而后将第二部分得到的各因素的最终预测值代入到多元回归方程中，得到目标的最终预测值。至此我们定量预测出目标的预测值。

一、预测模块设计

在影响电力工程市场需求的因素中，既有定性因素，也有定量因素。为了后续的分析更加清楚，具体将影响因素归纳到宏观经济模块、电力需求模块、电力供应模块、装机容量模块。

（一）宏观经济模块

宏观经济模块用来反映国际经济形势和国内经济发展的发展状况，选择 GDP、GIOV、GIOV 占 GDP 的比例、人口数量等作为替代变量指标。具体选择的指标，可根据国家或地区的可以获取的数据灵活做出调整（表 7-1）。

表 7-1　宏观经济模块影响因素与替代变量指标

模块	影响因素	替代变量指标
宏观经济模块	国际经济形势	定性分析
	国内经济发展	GDP
		GIOV
		GIOV 占 GDP 的比例
		人口数量

宏观经济模块是影响电力技术及装备市场需求的重要因素，本节将采用时间序列的预测方法，对各因素进行预测。

（二）电力需求模块

电力需求模块用于衡量某国或某地区的电力市场的电力消费能力。可以选择总电力消费量、居民用电量、工业用电量、电力进口量、电力出口量等作为替代变量指标（表 7-2）。具体选择的指标，可根据国家或地区的可获得的数据灵活做出调整。

表 7-2　电力需求模块影响因素与替代变量指标

模块	影响因素	替代变量指标
电力需求模块	居民用电水平	居民用电量
	工业用电水平	工业用电量
	电力消耗	总电力消费量
		电力进口量
		电力出口量

电力需求模块作为影响电力技术及装备市场需求的重要因素，本节将采用时间序列的预测方法，对各因素进行预测。

（三）电力供应模块

电力供应模块用于衡量某国或地区的电力市场的电力供应能力，可以选择净发电量、总净发电量、不同能源净发电量（煤炭净发电量、石油净发电量、天然气净发电量、核能净发电量、风能净发电量、太阳能净发电量、水电净发电量、生物质能净发电量）、变压器容量等作为替代变量指标（表 7-3）。具体选择的指标，可根据国家或地区的可获得的数据灵活做出调整。

表 7-3　电力供应模块影响因素与替代变量指标

模块	影响因素	替代变量指标
电力供应模块	发电能力	净发电量
		总净发电量
		煤炭净发电量
		石油净发电量
		天然气净发电量
		核能净发电量
		风能净发电量
		太阳能净发电量
		水电净发电量
		生物质能净发电量
	输配电能力	变压器容量
	电力技术进步	定性分析

电力供应模块作为影响电力技术及装备市场需求的重要因素，本节将采用时间序列的预测方法，对各因素进行预测。

（四）装机容量模块

装机容量模块用于衡量某国或地区的电力市场装机容量概况。可以选择总装机容量、不同能源装机容量（煤炭装机容量、石油装机容量、天然气装机容量、水电装机容量、核能装机容量、太阳能装机容量、风能装机容量、海洋能装机容量、生物质能装机容量）等作为替代变量指标（表 7-4）。具体选择的指标，可根据国家或地区的可获得的数据灵活做出调整。

表 7-4　装机容量模块影响因素与替代变量指标

模块	影响因素	替代变量指标
装机容量模块	装机容量	总装机容量
		煤炭装机容量
		石油装机容量
		天然气装机容量
		水电装机容量
		核能装机容量
		太阳能装机容量
		风能装机容量
		海洋能装机容量
		生物质能装机容量

结合预测目标可以观察到装机容量模块是进行市场规模预测的重要节点，本节首先根据宏观经济、电力需求、电力供应模块相应的数据进行多元回归预测，获得装机容量的预测值。

二、基于时间序列的影响因素集成预测

具体流程如图 7-7 所示。若有影响因素 $x_1, x_2, \cdots, x_n$，每个因素 t 期的历史数据为 $x_{11}, x_{12}, \cdots, x_{1t}$；$x_{21}, x_{22}, \cdots, x_{2t}$；$\cdots$；$x_{n1}, x_{n2}, \cdots, x_{nt}$，将各个因素 t 期的历史数据代入到估计得到的 ARIMA、前馈神经网络（feedforward neural network，FNN）和 SVR 模型中，即可得到各因素的基于三个不同模型的预测结果分别为预测值 1、预测值 2 和预测值 3。之后采用简单平均的集成预测方式，将三个不同模型的预测结果集成，获得最终的集成预测值。ARIMA、SVR 和 FNN 的具体介绍如下。

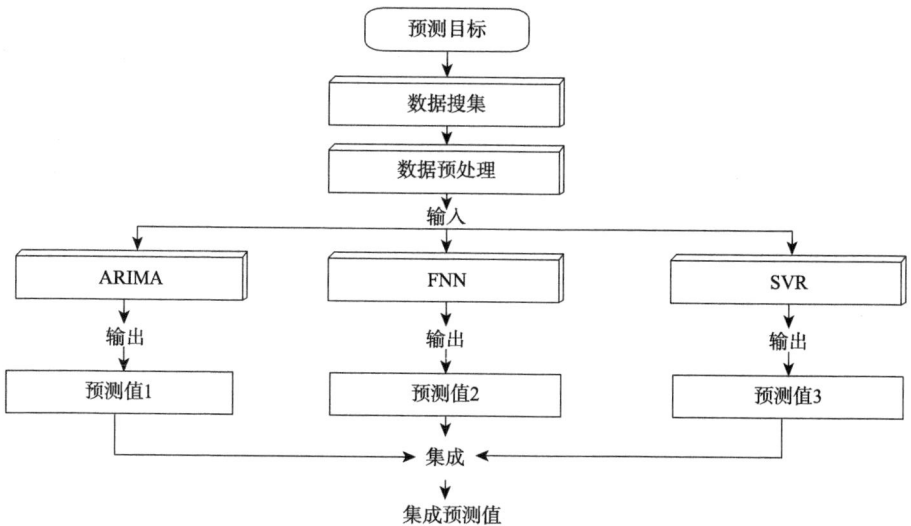

图 7-7　基于时间序列的因素预测流程图

（一）ARIMA

自回归（auto regressive，AR）、滑动平均（moving average，MA）模型、自回归移动平均（auto regressive moving average，ARMA）模型等模型均适用于平稳时间序列，而实际应用中遇到的时间序列往往是非平稳的，尤其是经济金融类时间序列。ARIMA 实质上是 ARMA 的扩展，是 Box 和 Jenkins 提出的著名线性模型之一。如果非平稳的时间序列通过 d 阶差分后保持平稳，则可以利用 ARMA(p,q) 模型对平稳时间序列进行建模，然后通过逆变换得到原始序列。根据 ARIMA 模型的公式，可知其能够很好地拟合时间序列的线性模式，而不足之处则是无法捕捉时间序列的非线性特征。

（二）SVR

假设有个数据集 $\{x_i, y_i\}(i=1,2,\cdots,N)$，其中，$x_i \in R^N$ 是第 i 个输入模式，y_i 是其对应的观测结果。SVR 的基本思路是首先通过非线性映射函数 $\varphi(*)$ 将原始数据 x 映射到高维特征空间，接着在高维特征空间做线性回归且利用最小均方误差和找到最优分离超平面。回归函数可以表示如下：

$$f(x) = \omega^{\mathrm{T}}\varphi(x) + b \tag{7-1}$$

其中，$\varphi(x)$ 表示将输入 x_i 到高维特征空间的非线性函数；$f(x)$ 表示估计值；系数 ω^{T} 和 b 可通过最小化正则风险函数获得。这也可以转化为如下优化问题：

$$\min \frac{1}{2}\omega^{\mathrm{T}}\omega + C\sum_{i=1}^{N}(\xi_i + \xi_i^*) \tag{7-2}$$

（三）FNN

神经网络可能是时序预测中应用最为广泛的机器学习模型。在本章中，我们采用的是标准的单隐层前馈神经网络，因为其在输入特征数量相对较小的情况下，能在大多数情况下较好地拟合训练样本。一个典型的用于回归预测的单隐层前馈神经网络可以表示如下：

$$y = g_2(w_2(g_1(w_1 x + b_1)) + b_2) \tag{7-3}$$

其中，$x \in R^{N \times 1}$ 和 $y \in R^{M \times 1}$ 表示输入和输出向量；w_1、b_1 和 $g_1(\cdot)$ 分别表示输入层与隐含层的连接权值、隐含层偏置和隐含层激活函数；w_2、b_2 和 $g_2(\cdot)$ 分别表示隐含层与输出层的连接权值、输出层偏置和输出层激活函数。所有的权值矩阵和偏置向量通过梯度下降算法来更新。对于时间序列 ts(t)，$t = 1, 2, \cdots, N$，神经网络实质上是一个非线性自回归（nonlinear autoregressive，NAR）模型，它采用固定长度的历史观测值 $x = (\mathrm{ts}(t), \mathrm{ts}(t-1), \cdots, \mathrm{ts}(t - \Delta T + 1))$ 作为样本的输入属性，观测值 $y = \mathrm{ts}(t+1)$ 作为标价来构造训练样本，ΔT 代表滞后阶数。神经网络模型在每一轮的训练中包括两个过程：输入信号的前向传播（forward propagation，FP）和误差的反向传播（back propagation，BP）。前向传播和反向传播算法如 Rumelhart 等（1986）详示，在计算完所有层参数的梯度之后，参数会进行相应的更新。

三、基于多元回归的装机容量预测

首先可以建立装机容量的预测目标和影响因素对应的多元回归模型，其中，本章考虑到装机容量和发电量数据的对应性，在预测装机容量时选择对应的发电量数据作为输入，如在预测总装机容量时，选择宏观经济模块中的所有因素、电力需求模块中的所有因素，以及电力供应模块中的总发电量数据作为自变量；在预测化石燃料装机容量时，选择宏观经济模块中的所有因素、电力需求模块中的所有因素，以及电力供应模块中的化石燃料净发电量（即煤炭净发电量、石油净发电量、天然气净发电量之和）数据作为自变量；在预测可再生能源装机容量时，选择宏观经济模块中的所有因素、电力需求模块中的所有因素，以及电力供应模块中的水电净发电量数据作为自变量。

第四节　样本与数据

中亚五国（哈萨克斯坦、乌兹别克斯坦、土库曼斯坦、吉尔吉斯斯坦和塔吉克斯坦）东与我国新疆维吾尔自治区相邻，南与伊朗、阿富汗接壤，北与俄罗斯相接，西与俄罗斯、阿塞拜疆隔里海相望，总面积约 400 万 km²，总人口约 7200 万。该地区是世界上油气资源最丰富的地区之一，有"第二个中东"之称。近年来，随着中亚国家经济的快速复苏，其市场潜力吸引了越来越多外国企业的目光。

中亚五国电力能源目前主要是以石油、天然气、煤炭和水资源为依托，对核能、风能和太阳能的开发利用程度很低。此外，中亚地区的电力、交通、通信等基础设施多为 20 世纪中期修建，由于其经济发展水平的限制，中亚国家普遍在基础设施建设维护方面投入不足。除哈萨克斯坦以外，其他四国的基础设施都存在交通不便、道路老化、电力供应不足且成本较高等问题。在中亚各国电力基础设施条件较差或亟待更新换代以及在可再生能源领域的技术储备较少、存在资金限制、相关配套政策缺失、电网消纳能力较差的背景下，未来中亚五国的电力技术及装备市场需求潜力巨大。这为我国开展与中亚地区的电力合作创造了良好条件。

通过实际搜集结果，发现电力技术及装备市场需求预测所需的数据可获得性相对较差。原因在于以下几点：其一，由于该市场的特殊性，很多国家和地区将该市场归并到电力市场的范畴之内；其二，电力技术及装备市场存量和容量大多是以合同额的形式存在，在一定程度上难以清晰地界定，且存在很大的波动；其三，由于不同国家和区域的发展程度存在显著的差异，对电力技术及装备相关数据的统计程度存在明显的差别，发达国家相关数据的完整性相对较好，而发展中国家数据缺失较为严重（表 7-5）。

表 7-5　替代数据

替代数据	指标	数据源
宏观经济数据	GDP	世界银行
	GIOV	世界银行
	GIOV 占 GDP 的比重	世界银行
	人口数量	世界银行

续表

替代数据	指标	数据源
电力供应数据	总净发电量	EIA
	化石燃料净发电量	EIA
	可再生能源净发电量	EIA
	水电净发电量	EIA
电力需求数据	总电力消费量	EIA
	电力进口量	EIA
	电力出口量	EIA
装机容量数据	总装机容量	EIA
	化石燃料装机容量	EIA
	可再生能源装机容量	EIA
	水电装机容量	EIA

注：本表格列示表 7-1 至表 7-4 中数据可得性较好的指标

第五节　结果分析

一、哈萨克斯坦

根据宏观经济、电力需求、电力供应模块各指标和装机容量的历史数据，本节构建了装机容量的多元回归预测模型。进一步根据各指标的 2020～2035 年的时间序列预测数据，获得了哈萨克斯坦 2020～2035 年的预测值如图 7-8～图 7-11 所示。

1992～2019 年的历史数据显示，哈萨克斯坦的总装机容量呈现波动上升的趋势，其中受苏联解体的影响，1992～1999 年哈萨克斯坦的总装机容量不断下降。而从 2002 年开始，总装机容量不断上升，2019 年哈萨克斯坦的总装机容量为 16.19 MkW。预测结果显示，2020～2035 年哈萨克斯坦的总装机容量将不断增加，预计 2035 年总装机容量达 37.72 MkW。

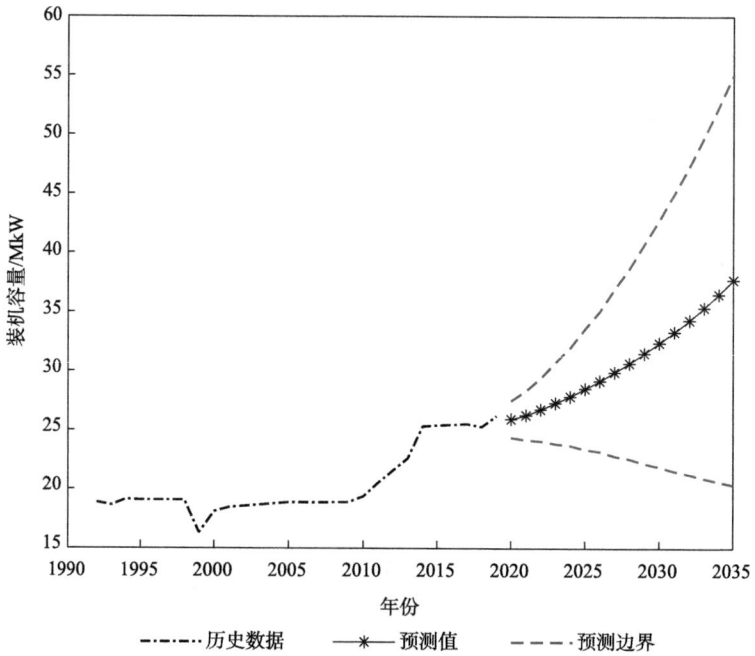

图 7-8　哈萨克斯坦总装机容量

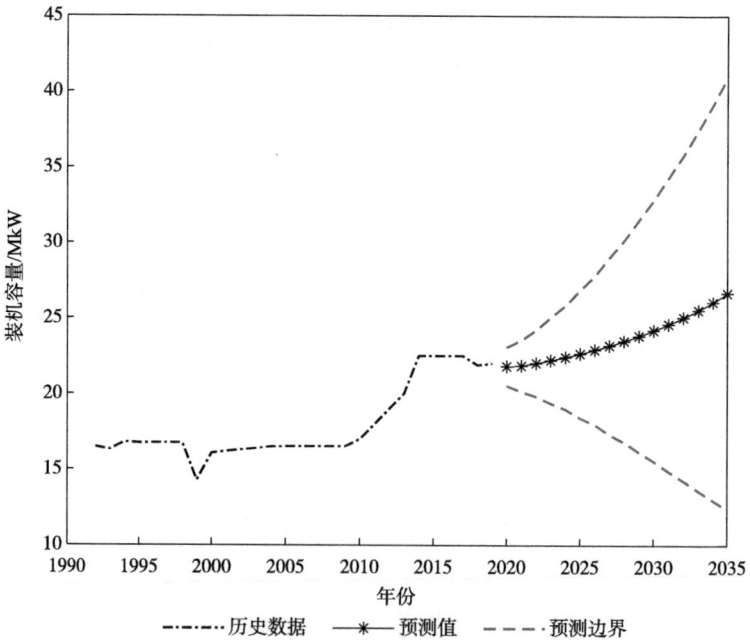

图 7-9　哈萨克斯坦化石燃料装机容量

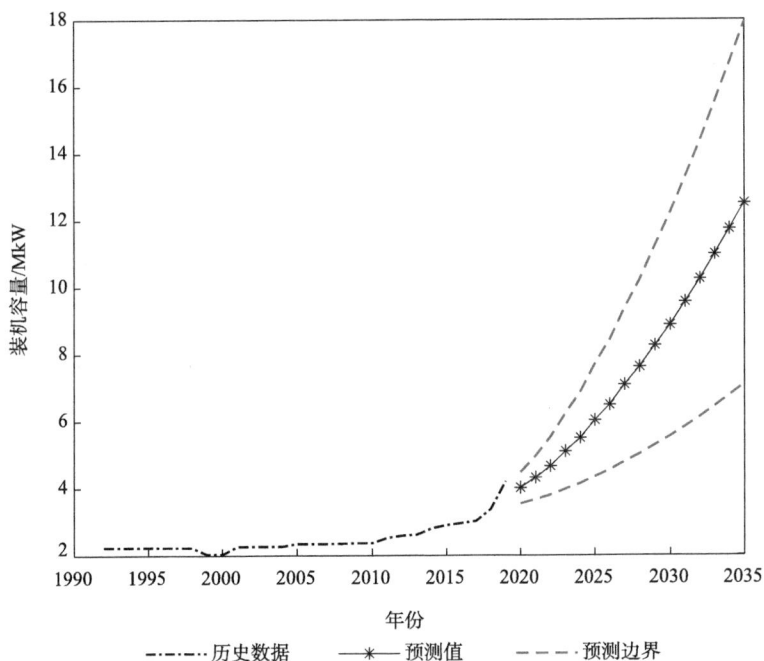

图 7-10　哈萨克斯坦可再生能源装机容量

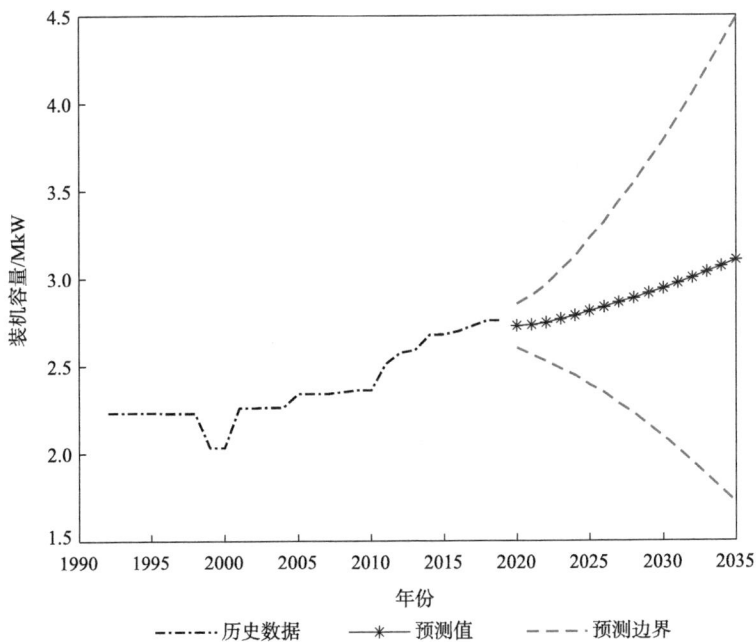

图 7-11　哈萨克斯坦水电装机容量

哈萨克斯坦丰富的煤炭资源使得化石燃料发电仍然是该国主要的发电方式，因此其 1992～2019 年的历史数据显示其化石燃料发电装机容量的变化趋势和总装机容量的变化趋势基本一致。而 2020～2035 年的预测结果也显示化石燃料装机容量将保持持续上升，说明未来相当长一段时间内，化石燃料发电仍然是哈萨克斯坦主要的发电方式，预计 2035 年该国的化石燃料装机容量将达到 26.67 MkW。

图 7-10 和图 7-11 展示了哈萨克斯坦的可再生能源装机容量和水电装机容量的预测结果。历史数据显示水电是哈萨克斯坦的主要可再生能源发电方式，因此水电装机容量和可再生能源装机容量的趋势基本一致。2000～2019 年，哈萨克斯坦的可再生能源装机容量呈现快速上升的趋势，2019 年该国的可再生能源装机容量为 4.19 MkW，水电装机容量为 2.75 MkW。预测结果显示，2020～2035 年该国的可再生能源装机容量和水电装机容量将逐年增加，2035 年其可再生能源装机容量可达 12.52 MkW，水电装机容量可达 3.10 MkW。

二、乌兹别克斯坦

基于对乌兹别克斯坦的宏观经济、电力需求、电力供应模块各项指标的分析和预测。本节构建了乌兹别克斯坦的装机容量预测的多元回归模型，并进一步对该国的总装机容量、化石燃料装机容量、可再生能源装机容量以及水电装机容量进行预测。

图 7-12 展示了总装机容量的预测结果，1992～2019 年乌兹别克斯坦的总装机容量一直比较稳定，2019 年该国的总装机容量为 15.87 MkW。预测结果显示，2020～2035 年该国总装机容量将有大幅上升，预计 2035 年该国的总装机容量达 113.49 MkW。

本节对乌兹别克斯坦化石燃料装机容量的预测如图 7-13 所示，1992～2019 年，乌兹别克斯坦化石燃料装机容量微幅上升。为了大力发展可再生能源发电，乌兹别克斯坦政府宣布将向私人出售大量火力发电站。

1992 年以来乌兹别克斯坦的可再生能源装机容量和水电装机容量的数值较小。时间序列的预测结果显示，2020～2035 年乌兹别克斯坦的可再生能源装机容量和水电装机容量将可能有所下降，预计 2035 年分别为 1.12 MkW 和 1.06 MkW，如图 7-14、图 7-15 所示[①]。

---

① 随着预测步长的增加，预测精度不断下降，预测边界也不断扩大。当预测步长过长时，可能出现预测下边界出现负值的情况。乌兹别克斯坦的可再生装机容量预测值呈现下降趋势，该结果需要和专家研判结果综合集成，以完成对未来的准确研判。

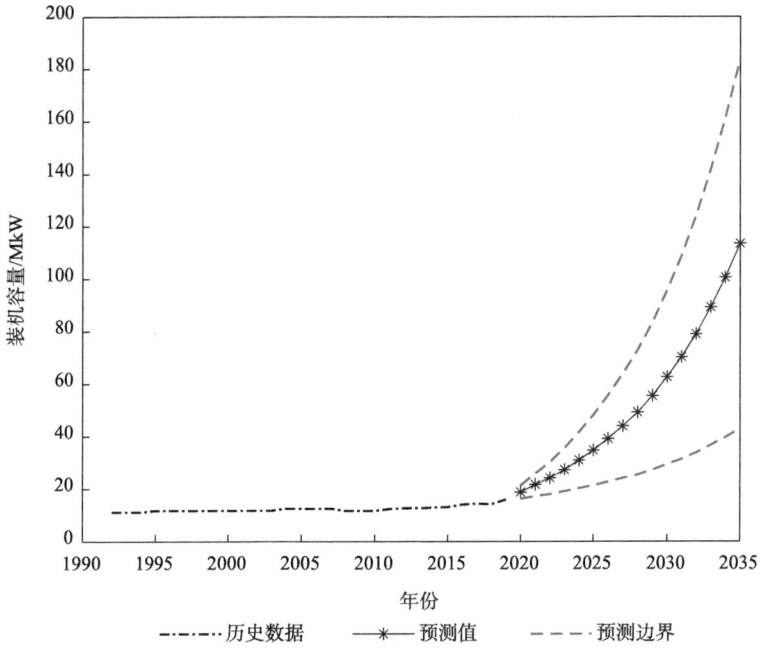

图 7-12 乌兹别克斯坦总装机容量

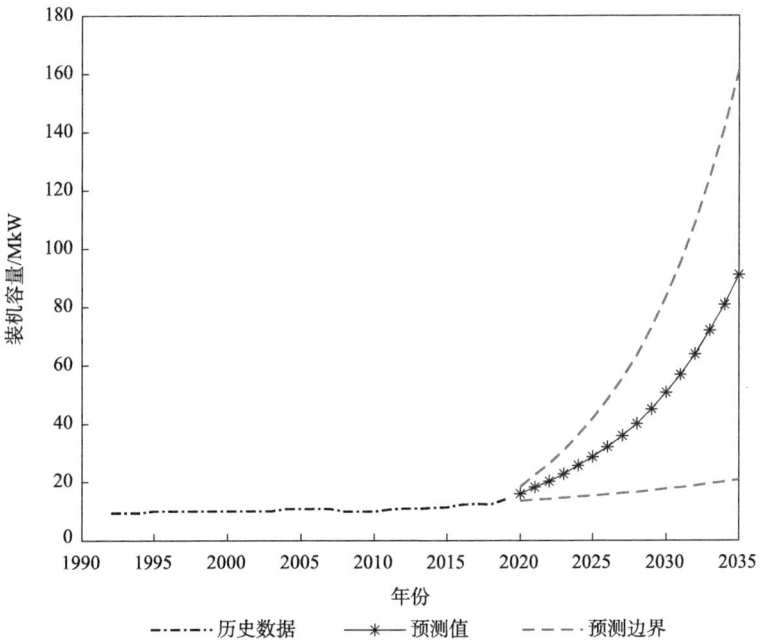

图 7-13 乌兹别克斯坦化石燃料装机容量

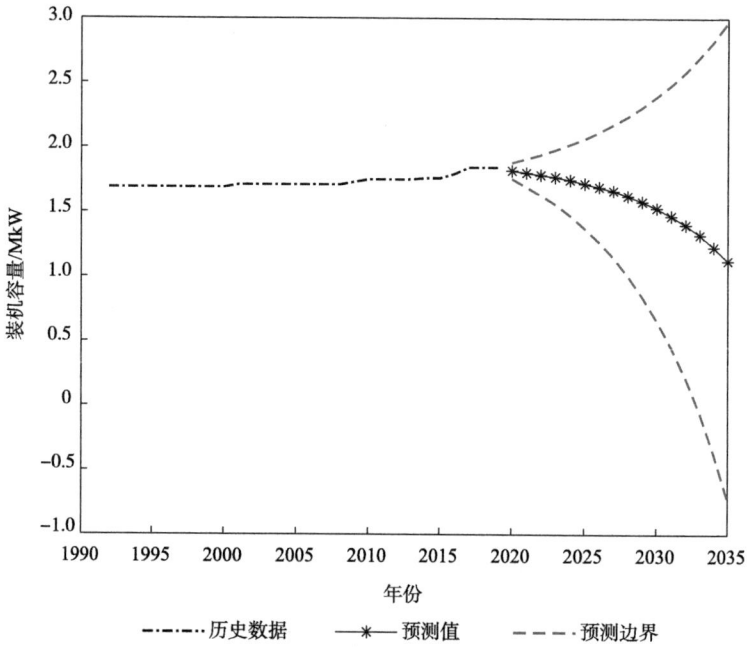

图 7-14　乌兹别克斯坦可再生能源装机容量

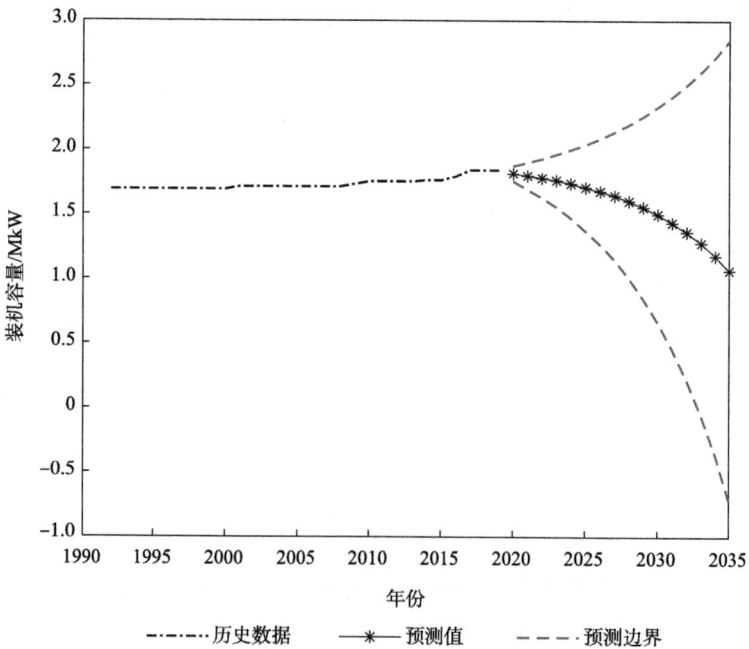

图 7-15　乌兹别克斯坦水电装机容量

三、土库曼斯坦

基于对土库曼斯坦的宏观经济、电力需求、电力供应模块各项指标的分析和预测。本节构建了土库曼斯坦的装机容量预测的多元回归模型，并进一步对该国的总装机容量、化石燃料装机容量、可再生能源装机容量以及水电装机容量进行预测。

图 7-16 展示了总装机容量的预测结果，1992～2019 年土库曼斯坦的总装机容量一直比较稳定，2019 年该国的总装机容量为 5.20 MkW。预测结果显示，2020～2035 年该国总装机容量将会有较大程度的发展，预计 2035 年该国的总装机容量达 13.57 MkW。

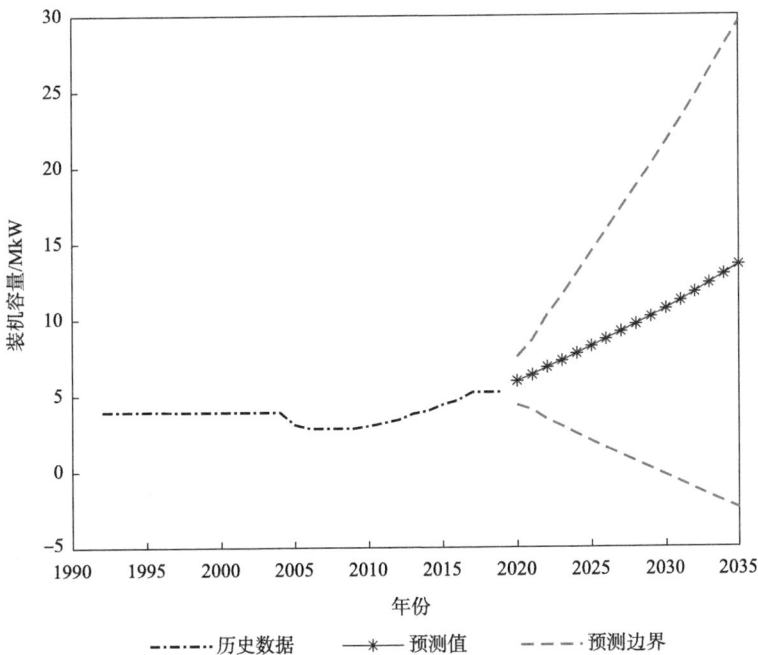

图 7-16　土库曼斯坦总装机容量

本节对土库曼斯坦化石燃料装机容量的预测如图 7-17 所示，1992～2019 年，土库曼斯坦化石燃料装机容量有一定程度的小幅波动，基本稳定，2019 年该国化石燃料装机容量为 5.2 MkW。土库曼斯坦未来仍会大力发展天然气发电，本节的预测结果也显示，2020～2035 年该国的化石燃料装机容量将会持续上升，预计至2035 年土库曼斯坦化石燃料装机容量将达 13.3MkW。

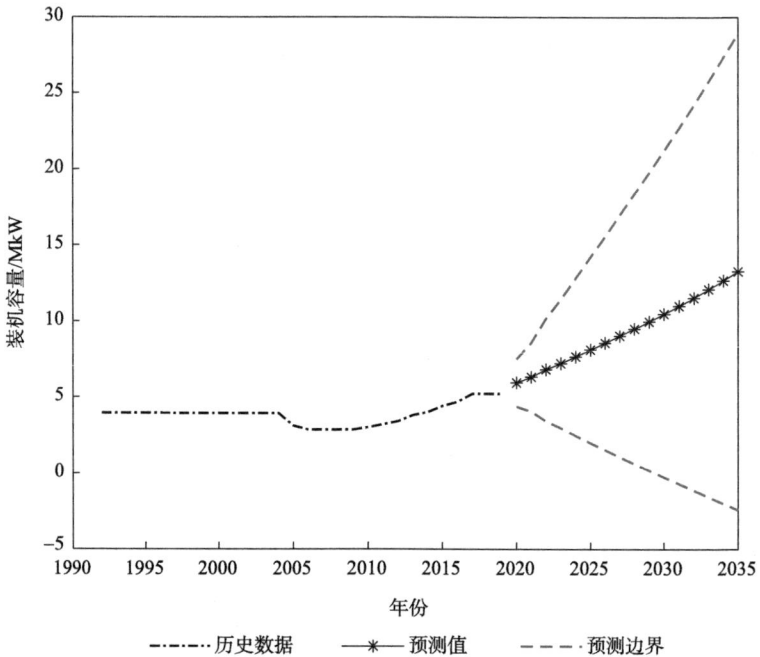

图 7-17　土库曼斯坦化石燃料装机容量

图 7-18 和图 7-19 展示了土库曼斯坦的可再生能源发电装机容量和水电装机容量的预测结果。历史数据显示水电是土库曼斯坦的主要可再生能源发电方式，因此水电装机容量和可再生能源装机容量的趋势基本一致。1992～1999 年，土库曼斯坦的可再生能源装机容量和水电装机容量基本稳定于 0.004 MkW，2000 年则经历了大幅度下跌，降至 0.001MkW。本节的预测结果显示，2020～2035 年土库曼斯坦可再生能源装机容量和水电装机容量将会有大幅度的上升，预计 2035 年其可再生能源装机容量和水电装机容量将达 0.0039MkW。

四、吉尔吉斯斯坦

基于对吉尔吉斯斯坦的宏观经济、电力需求、电力供应模块各项指标的分析和预测。本节构建了吉尔吉斯斯坦的装机容量预测的多元回归模型，并进一步对该国的总装机容量、化石燃料装机容量、可再生能源装机容量以及水电装机容量进行预测。

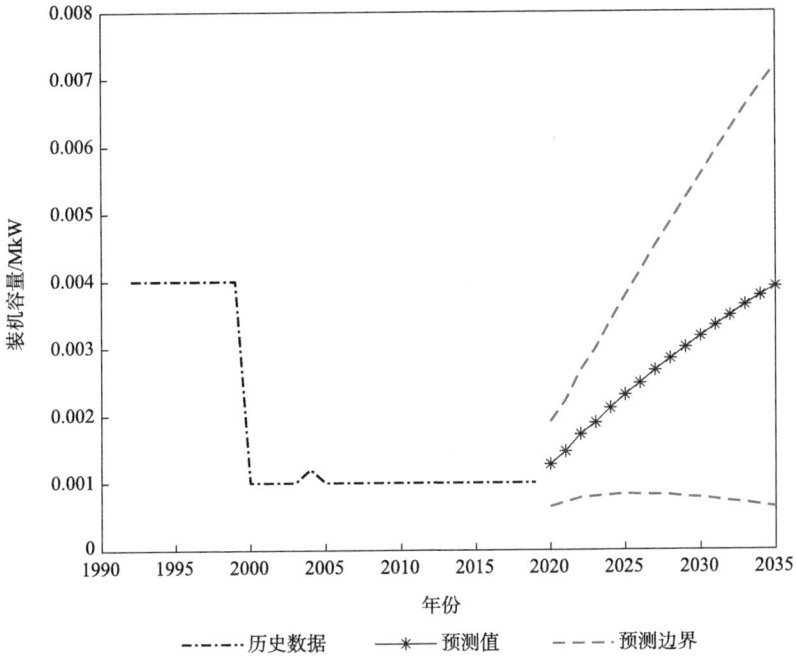

图 7-18 土库曼斯坦可再生能源装机容量

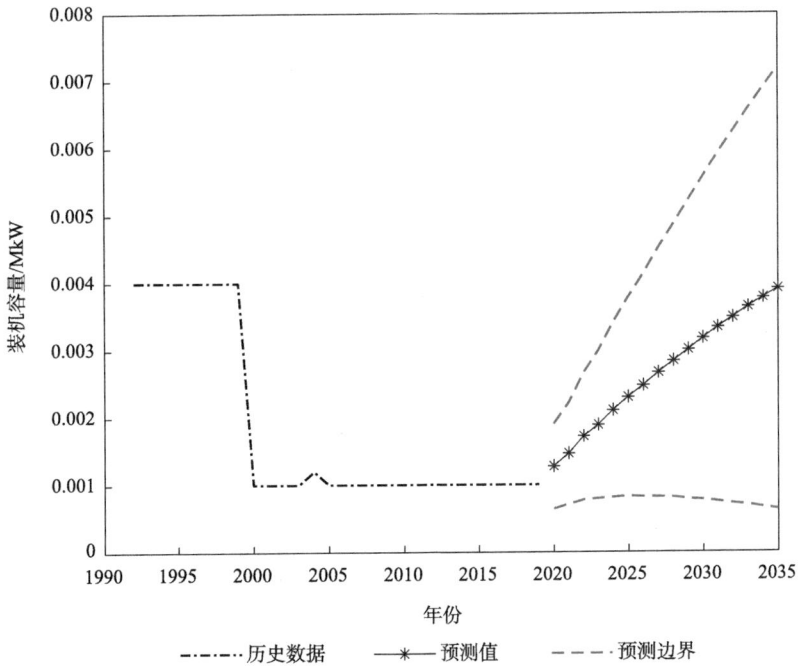

图 7-19 土库曼斯坦水电装机容量

图 7-20 展示了总装机容量的预测结果，吉尔吉斯斯坦的总装机容量在 1992～2017 年呈现小幅波动上升的趋势，但在 2018 年有所下降。1992 年吉尔吉斯斯坦的总装机容量为 3.5 MkW，2019 年该国的总装机容量为 3.48 MkW。预测结果显示，2020～2035 年该国总装机容量将会有较大幅度的上升，预计 2035 年该国的总装机容量达 4.50MkW。

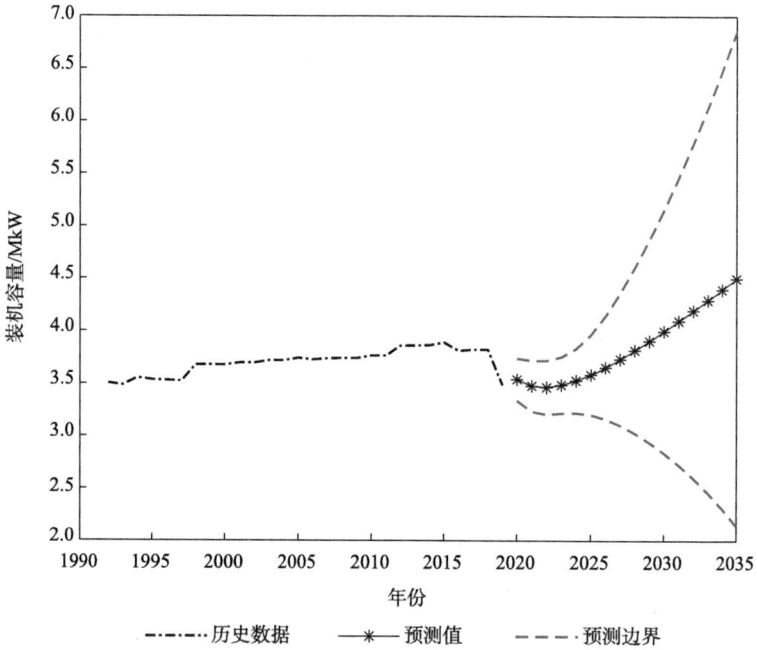

图 7-20　吉尔吉斯斯坦总装机容量

本节对吉尔吉斯斯坦化石燃料装机容量的预测如图 7-21 所示，1992～2017年，吉尔吉斯斯坦化石燃料装机容量基本呈现基本平稳的结果，2018 年该国化石燃料装机容量有所下降，为 0.39MkW。为了解决发电能源结构不合理的问题，吉尔吉斯斯坦政府也在大力促进除水力以外的其他能源发电，基于多元回归的预测结果显示，2020～2035 年吉尔吉斯斯坦的化石燃料装机容量将会不断增加，预计2035 年其化石燃料装机容量达 1.09 MkW。

吉尔吉斯斯坦可再生能源装机容量和水电装机容量如图 7-22 和图 7-23 所示。由于水力发电是该国主要的发电方式，水电装机容量、可再生能源装机容量和总装机容量的变化情况基本一致。1992～2019 年吉尔吉斯斯坦的水电装机容量和可再生能源装机容量不断增长，1992 年其水电和可再生能源装机容量为 2.7 MkW，2019 年增加至 3.09MkW。基于多元回归的预测结果显示，2020～2035 年该国水电装机容量和可再生能源装机容量略有下降后保持稳定，预计 2035 年为 2.98 MkW。

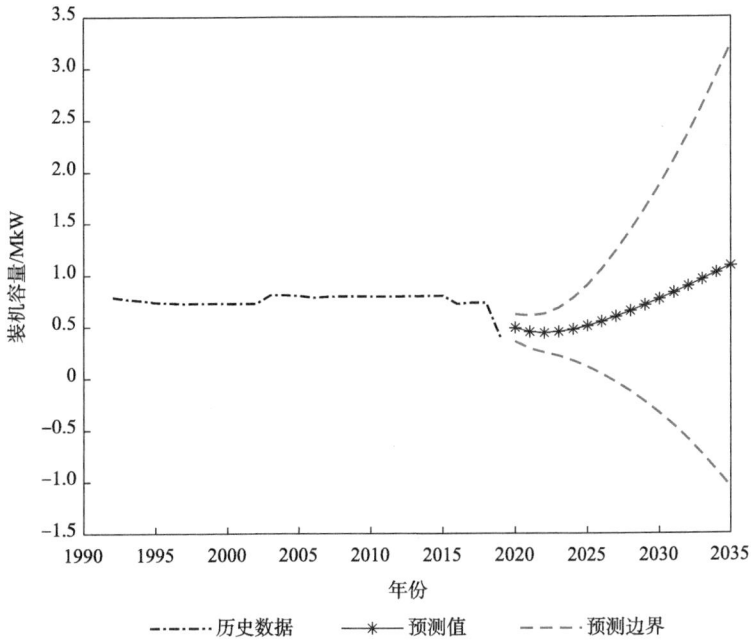

图 7-21　吉尔吉斯斯坦化石燃料装机容量

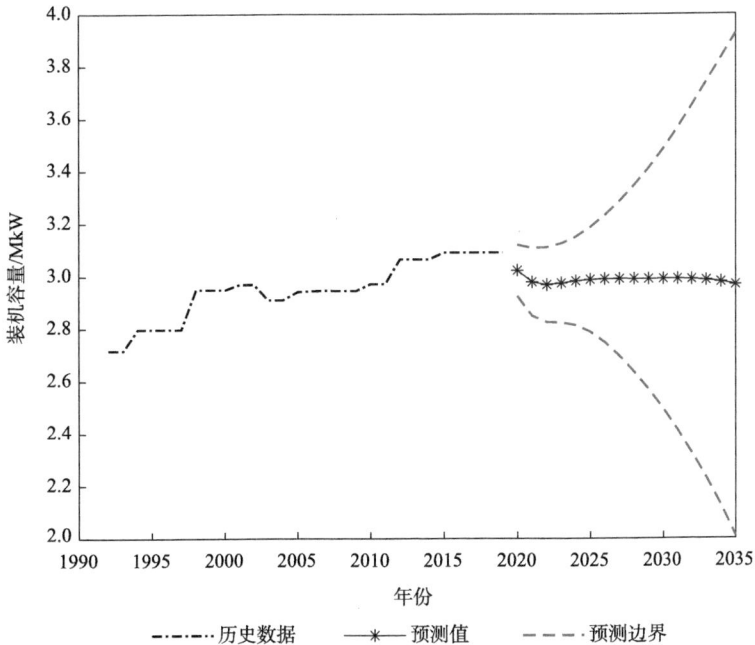

图 7-22　吉尔吉斯斯坦可再生能源装机容量

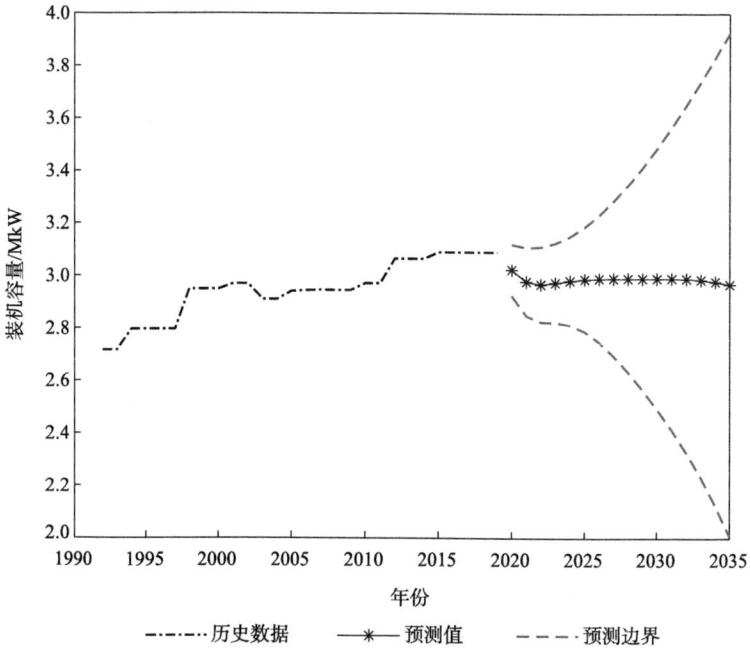

图 7-23　吉尔吉斯斯坦水电装机容量

五、塔吉克斯坦

基于对塔吉克斯坦的宏观经济、电力需求、电力供应模块各项指标的分析和预测。本节构建了塔吉克斯坦的装机容量预测的多元回归模型，并进一步对该国的总装机容量、化石燃料装机容量、可再生能源装机容量以及水电装机容量进行预测。

图 7-24 展示了总装机容量的预测结果，历史数据显示，1992～2008 年塔吉克斯坦的总装机容量一直比较稳定，维持在 4.4 MkW 左右，2009 年塔吉克斯坦的总装机容量突增至 5.0 MkW，2012～2019 年继续增长至 6.51 MkW。基于多元回归的预测结果显示，2020～2035 年塔吉克斯坦的总装机容量将会有一定程度的增加，之后保持较稳定的状态，预计 2035 年塔吉克斯坦的总装机容量为 7.28 MkW。

本节对塔吉克斯坦化石燃料装机容量的预测如图 7-25 所示，历史数据显示，1992～2007 年塔吉克斯坦的化石燃料装机容量稳定在 0.389 MkW，2007 年下降至 0.321 MkW，之后基本保持稳定，从 2015 年开始有所上升，基于多元回归的预测结果显示，2020～2035 年塔吉克斯坦的化石燃料装机容量将上升，预计 2035 年该国的化石燃料装机容量为 1.719 MkW。

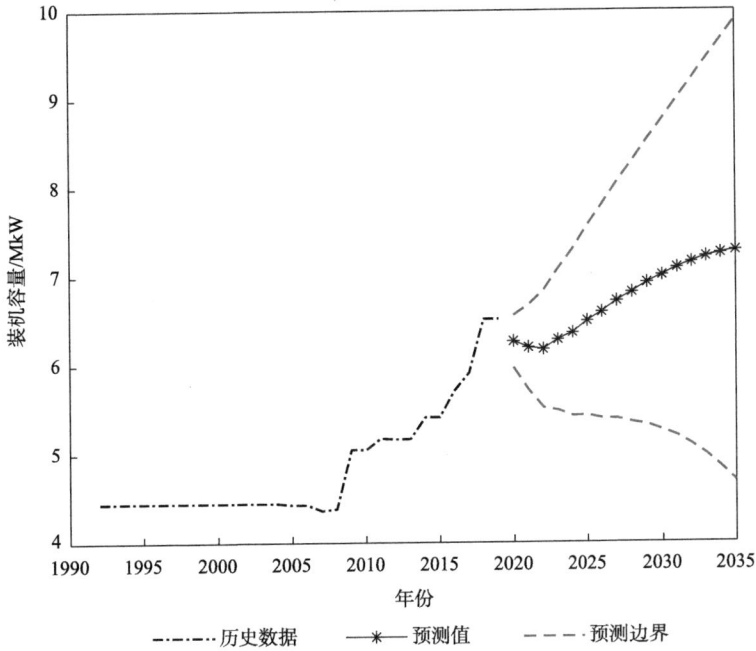

图 7-24　塔吉克斯坦总装机容量

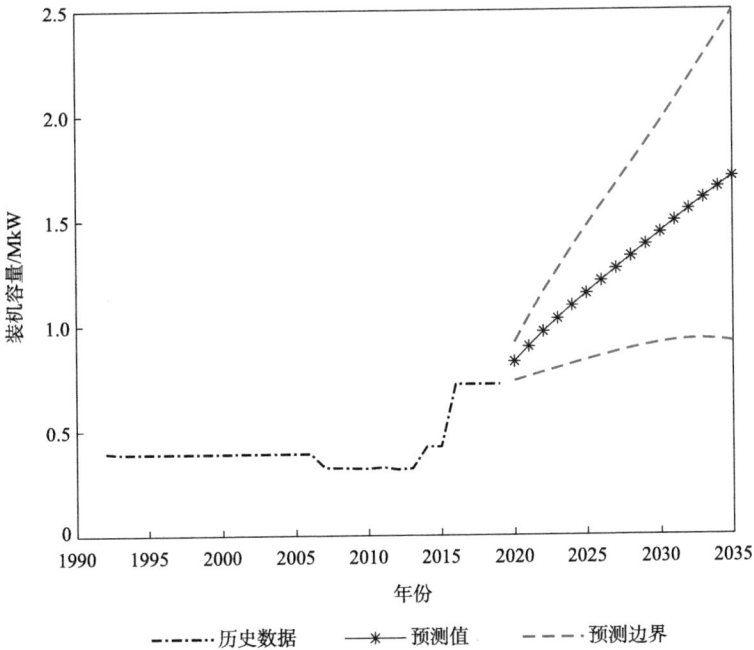

图 7-25　塔吉克斯坦化石燃料装机容量

　　塔吉克斯坦可再生能源装机容量和水电装机容量如图 7-26 和图 7-27 所示。由于水力发电是该国主要的发电方式，水电装机容量、可再生能源装机容量和总装机容量的变化情况基本一致。1992～2008 年塔吉克斯坦的可再生能源和水电装机容量基本维持在 4.05 MkW 左右，2009 年该国可再生能源装机容量和水电装机容量突增至 4.73 MkW，2009～2019 年该国可再生能源装机容量和水电装机容量不断增加，2019 年塔吉克斯坦的可再生能源装机容量和水电装机容量均为 5.8 MkW。基于多元回归的预测结果显示，2020～2035 年塔吉克斯坦的可再生能源装机容量可能有所下降。

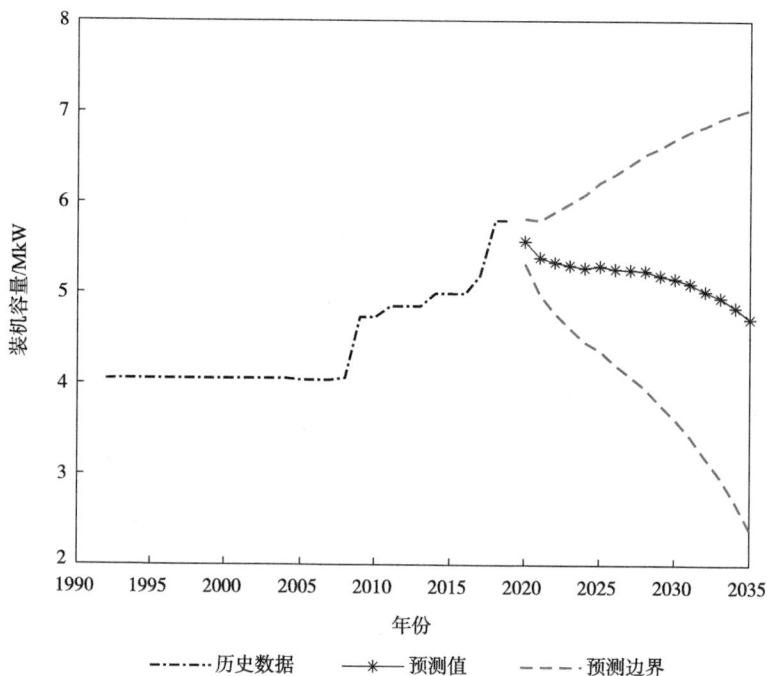

图 7-26　塔吉克斯坦可再生能源装机容量

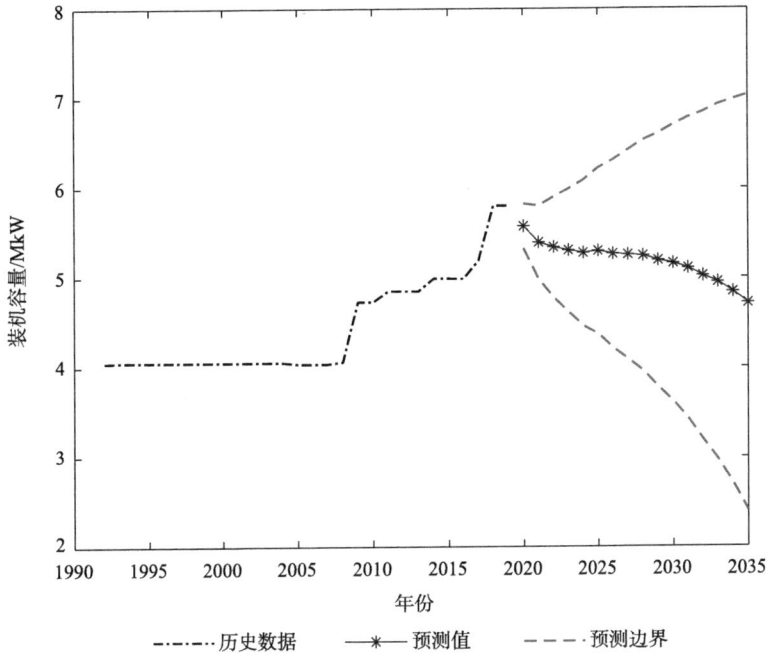

图 7-27 塔吉克斯坦水电装机容量

第六节 本 章 小 结

准确的装机容量需求预测对于电力市场发展规划至关重要。本章首先从经济发展、电力发展、政策法规以及自然条件方面梳理影响装机容量的因素，进而构建解释结构模型深入探究影响因素间的因果关系和作用机理。

本章构建了装机容量的混合预测模型。通过引入时间序列预测方法，构造集成预测分析框架。基于预测框架，采用多个基模型进行预测并采用简单加权平均的方式进行集成，采用多元回归预测方法实现了装机容量的多因素预测。

以中亚五国为样本，通过对2020~2035年的总装机容量进行预测，结果发现未来中亚五国电力工程市场的需求呈现稳定上升的趋势。受自然资源、经济环境等的影响，中亚五国电力工程市场的需求呈现出共性又有所差异，其中，哈萨克斯坦和土库曼斯坦未来装机容量增加仍主要以化石燃料发电为主，同时可再生能源装机容量的增加速度也较快。乌兹别克斯坦化石燃料装机容量发展较快。

第八章　考虑多模态特征的国家风险预测

第一节　研究问题的提出

国家风险是一个国家风险状况的综合反映。在国际商务过程中，由于各国经济结构、政策、自然环境和社会文化的差异而产生的风险可能会改变特定投资或交易的盈利前景（Bouchet et al.，2003；Duan et al.，2018）。国家风险已成为影响全球投资战略和国际资本流动的关键因素（李建平等，2021a；王军，2020）。预测东道国的国家风险对于海外电力工程投资至关重要。

常用的国家风险预测模型可归纳为两大类：一类是回归模型、logit 模型和 probit 模型等传统技术；另一类是人工智能工具，主要包括神经网络、SVM、灰色系统等（李建平等，2011；Zhao et al.，2017）。然而，作为一个综合性概念，国家风险在政治、经济、文化、地理等触发因素方面表现出复杂性（Cantor and Packer，1996；汤铃等，2016）。换句话说，国家风险在互动驱动因素方面表现出复杂性特征。不同因素的持续性和滞后性导致了时间维度上的复杂性，难以估计。

与普通的定量统计分析相比，权威机构发布的国家风险评级对国家风险预测具有重要参考价值（Oshiro and Saruwatari，2005）。本章主要研究利用 ICRG 数据进行时间序列预测。Wang 等（2005）和 Yu 等（2008）提出了"分解集成"原理（或称"分而治之"策略），特别是为了解决具有高复杂性和易变性的数据建模困难。分解的主要目的是通过将困难的预测任务划分为一些相对容易的子任务来简化预测过程，而集成的目标是为原始数据生成一致的预测结果（Li et al.，2021b；Sun et al.，2020）。因此，此原理启发了一系列的混合集成学习范例，以解决一些困难的预测任务（郝俊，2021）。

例如，Yu 等（2008）提出了基于经验模态分解（empirical mode decomposition，EMD）和神经网络的集成学习范式来预测国际原油价格，He 等（2012）基于小波分解和多种预测模型提出了集成学习方法对原油价格进行了预测，Zhang 等（2015）结合集成经验模态分解（ensemble empirical mode decomposition，EEMD）和最小二乘支持向量机（least squares support vector machine，LSSVM）以及 Yu 等（2016）结合 EEMD 和增强极限学习机（enhanced extreme learning machine，EELM）对国家油价展开了预测，均达到了良好的预测精度。除此之外，分解集成思想也广泛应用在具有类似性质的金融时间序列的预测中，如汇率预测（Plakandaras et al.，2015；Sun et al.，2019，2020）。

本章系统性地将常用的四种分解算法 [EEMD、小波分解（wavelet decomposition，WVD）、奇异谱分解（singular spectrum analysis，SSA）和变分模态分解（variational mode decomposition，VMD）] 与三种预测模型 [极限学习机（extreme learning machine，ELM）、SVR 和 FNN] 进行排列组合，形成 12 个混合集成学习模型，并与四个单预测模型（ARIMA、ELM、SVR 和 FNN）进行对比，展开了对国家风险的分解集成预测实践，有以下几个重点：①与其他几种常用的基准模型的预测性能相比，验证所提出的国家风险分解集成预测思路的优越性，并对比得出最优预测模型；②评价四种常用分解算法中的哪一种对提升国家风险预测效果更为有效；③在先分解后集成预测框架下，评价何种预测模型对提升国家风险预测效果更为有效。

第二节　模型方法：分解集成

基于分解集成视角的国家风险预测研究的框架如图 8-1 所示。预测过程分为三个主要步骤。步骤一完成数据分解过程，运用 EEMD、WVD、SSA 和 VMD 分解方法将原始数据分解为几个不同时间尺度上的组分；步骤二为组分预测，采用 ARIMA、ELM、SVR 和 FNN 模型进行时间序列预测，获得每个组分的预测结果；步骤三为预测集成，将各组分的预测结果采用简单相加的集成方法集成，获得最终的预测值。具体的分解算法和预测算法将在下文具体介绍。

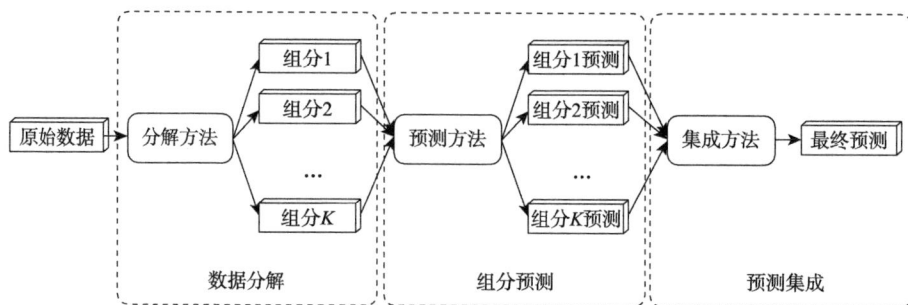

图 8-1 分解集成学习方法框架图

一、分解算法

（一）EEMD

采用 EMD 方法对原始序列进行分解，获取满足以下两个条件的有限本征模函数（intrinsic mode functions，IMF）：极值点的数目与过零点的数目相等或者相差为 1；在任何点处，由局部极大值包络和局部极小值包络生成的平均包络为 0。在满足上述假设的前提下，对时间序列 $x(t)$ 筛选过程步骤如下。

（1）令 $i = 0$ ，$r(t) = x(t)$ ，计算 $r(t)$ 的局部极大值和局部极小值。

（2）对序列局部极大值插值得到上包络 $e_{\max}(t)$ ，对序列局部极小值插值得到下包络 $e_{\min}(t)$ ，计算平均包络：$m(t) = [e_{\max}(t) + e_{\min}(t)] / 2$ 。

（3）令 $d(t) = r(t) - m(t)$ 。判断 $d(t)$ 是否符合 IMF 的两个基本条件，如果符合则认为 $d(t)$ 是第 i 个 IMF，并令 $r(t) = r(t) - d(t)$ ，$i = i + 1$ ；如果 $d(t)$ 不是 IMF，令 $r(t) = d(t)$ 。

（4）重复步骤（2）和步骤（3），直到最后的残差项满足停止条件。至此，可以将原始序列分解为有限个 IMF 和剩余残差项 $r(t)$ 。

（二）WVD

小波分析的基本思想是用一簇小波函数系来表示或逼近某一信号或函数。因此，小波函数是小波分析的关键，它是指具有震荡性、能够迅速衰减到 0 的一类函数，即小波函数 $\psi(t) \in L^2(R)$ 且满足：

$$\int_{-\infty}^{+\infty} \psi(t) \mathrm{d}t = 0 \tag{8-1}$$

其中，$\psi(t)$ 表示小波基函数，它可通过尺度的伸缩和时间轴上的平移构成一簇函数系：

$$\psi_{a,b}(t) = |a|^{-\frac{1}{2}} \psi(\frac{t-b}{a}) \qquad (a,b \in R, \ a \neq 0) \qquad (8\text{-}2)$$

其中，$\psi_{a,b}(t)$ 表示子小波；a 表示尺度因子，反映小波的周期长度；b 表示平移因子，对于给定的能量有限信号 $f(t) \in L^2(R)$，其连续小波变换（continue wavelet transform，CWT）为

$$w_f(a,b) = |a|^{-\frac{1}{2}} \int_R f(t) \overline{\psi}(\frac{t-b}{a}) \mathrm{d}t \qquad (8\text{-}3)$$

其中，$w_f(a,b)$ 表示小波变换系数；$f(t)$ 表示一个信号或平方可积函数；a 表示伸缩尺度；b 表示平移参数；$\overline{\psi}(\frac{t-b}{a})$ 表示 $\psi(\frac{t-b}{a})$ 的复共轭函数。

散小波变换形式为

$$w_f(a,b) = |a|^{-\frac{1}{2}} \Delta t \sum_{k=1}^{N} f(k\Delta t) \psi(\frac{k\Delta t - b}{a}) \qquad (8\text{-}4)$$

由式（8-3）或式（8-4）可知小波分析的基本原理，即通过增加或减小伸缩尺度 a 来得到信号的低频或高频信息，然后分析信号的概貌或细节，实现对信号不同时间尺度和空间局部特征的分析。

（三）SSA

SSA 是近年来兴起的一种研究非线性时间序列数据的强大方法。它根据观测到的时间序列构造出轨迹矩阵，并对轨迹矩阵进行分解、重构，从而提取出代表原时间序列不同成分的信号，如长期趋势信号、周期信号、噪声信号等，从而对时间序列的结构进行分析，并可进一步预测。

SSA 的基本思想是，将所观测到的一维时间序列数据 $Y = (y_1, y_2, \cdots, y_T)$ 转化为其轨迹矩阵：

$$X = (x_{ij})_{i,j=1}^{n,m} = \begin{pmatrix} y_1 & y_2 & y_3 & \cdots & y_m \\ y_2 & y_3 & y_4 & \cdots & y_{m+1} \\ \vdots & \vdots & \vdots & & \vdots \\ y_n & y_{n+1} & y_{n+2} & \cdots & y_T \end{pmatrix} \qquad (8\text{-}5)$$

其中，m 表示选取的窗口长度；$n = T - m + 1$。计算 $X^\mathrm{T}X$ 并对其进行奇异值分解（singular value decomposition，SVD），从而得到其 m 个特征值，$\lambda_1 \geqslant \lambda_2 \geqslant \cdots \geqslant \lambda_m \geqslant 0$，以及其相应的特征向量，将每一个特征值所代表的信号进行分析组合，重构出新的时间序列。SSA 过程可分成嵌入、SVD、分组、重构四个步骤。

（1）嵌入。选择适当的窗口长度 m（$2 \leqslant m \leqslant T$），将所观测到的一维金融时间序列数据转化为多维序列 $X_1, X_2, \cdots, X_n$（$X_i = (y_i, y_{i+1}, \cdots, y_{i+m-1})$，$n = T - m + 1$），

得到轨迹矩阵 $X = [X_1, \cdots, X_n]$。这里 m 的选取不宜超过整个数据长度的 1/3，如可根据事先经验大致确定数据的周期特征，则 m 的选取最好为周期的整数倍。

（2）SVD。将一个矩阵 A 执行 $A^T A$ 的运算，得到一个方阵，用这个方阵求特征值可以得到：

$$
\begin{aligned}
(A^T A)v_i &= \lambda_i v_i \\
\sigma_i &= \sqrt{\lambda_i} \\
u_i &= \frac{1}{\sigma_i} A v_i
\end{aligned}
\tag{8-6}
$$

其中，得到的 v 表示右奇异向量；σ 表示奇异值；u 表示左奇异向量。σ 在矩阵 Σ 中沿对角线从大到小排列，而且 σ 的减少特别快。在很多情况下，前 10% 甚至 1% 的奇异值的和就占了全部的奇异值之和的 99% 以上了。因此，可以用前 r 大的奇异值来近似描述矩阵：

$$
A_{m \times n} \square\ U_{m \times r} \Sigma_{r \times r} V_{r \times n}^T
\tag{8-7}
$$

r 是一个远小于 m 和 n 的数，等式右边的三个矩阵相乘的结果将会是一个接近于 A 的矩阵，其中 r 越接近于 n，则相乘的结果越接近于 A。

（3）分组。假设有 N 个奇异值 $a_1, a_2, \cdots, a_N$。定义第 i 个奇异值的贡献率为 $\dfrac{a_i}{\sum\limits_{i=1}^{N} a_i}$。我们选择前（从大到小排）$r$ 个奇异值，使它们的贡献率之和大于一定阈值（如 80%）。

（4）重构。利用式（8-7）进行重构，之后利用式（8-8）对时间序列进行重构：

$$
\begin{aligned}
y_p &= (\sum_{j=1}^{m} X^{i,j}) / \alpha_p \\
i &= p - j + 1 \\
0 &< i < n + 1 \\
\alpha_p &= \begin{cases}
p, & p < m \\
T - p + 1, & p > T - m + 1 \\
m, & \text{otherwise}
\end{cases}
\end{aligned}
\tag{8-8}
$$

（四）VMD

在噪声恶劣的背景下，EMD 分解得到的 IMF 容易淹没在噪声背景中，导致不能得到信号特征分量，基于此，Dragomiretskiy 在 2014 年提出了 VMD 方法。VMD 将信号划分为非递归变分模态分解模式，其实质是多个自适应维纳滤波组，便显出更好的噪声鲁棒性。在模态分解方面，VMD 方法通过迭代搜寻变分模型最优解来确定每个分量的频率中心及带宽，自适应地实现信号的频域剖分及各分量的有效分离。

VMD 算法中，IMF 被重新定义为一个调幅–调频信号，表达式为

$$u_k(t) = A_k(t)\cos(\varphi_k(t)) \tag{8-9}$$

其中，$A_k(t)$ 表示 $u_k(t)$ 的瞬时值。$w_k(t)$ 为 $u_k(t)$ 的瞬时频率，$w_k(t) = \varphi_k'(t) = \mathrm{d}\varphi_k(t)/\mathrm{d}t$。变分问题描述为寻求 k 个模态函数 $u_k(t)$，使得每个模态的估计带宽之和最小，约束条件为各模态之和等于输入信号 f，具体构造如下：

$$\min_{\{u_k\},\{w_k\}} \left\{ \sum_k \| \partial_r [(\delta(t) + \frac{j}{\pi t})^2 u_k(t)] \mathrm{e}^{-jw_k t} \|^2 \right\} \tag{8-10}$$

$$\text{s.t.} \sum_k u_k = f(t)$$

二、预测方法

本部分详细介绍本章所采用预测模型，其中，ARIMA 模型、SVR、FNN 模型均在第七章介绍，本节仅介绍 ELM 模型。

ELM 是一种新型的快速学习算法，对于单隐层神经网络，ELM 可以随机初始化输入权重和偏差并得到相应的输出权重（Huang et al., 2006）。ELM 最大的特点是对于传统的神经网络，尤其是单隐层前馈神经网络，在保证学习精度的前提下比传统的学习算法速度更快。隐含层神经元数量为 20 个，激活函数采用 sigmoid 函数。早停（early stop）方法用来控制神经网络训练的迭代次数。如果在验证集上的均方误差损失函数没有在 50 次迭代以内降低，则停止迭代；否则，训练一直持续到最大迭代次数 500 次。ELM 算法的优势是训练速度快、可获得全局最优解，在训练过程中，只需设置隐含层神经元的个数，便可以获得唯一最优解。而其劣势是没能权衡好经验风险和结构风险，未考虑结构风险，因此容易导致过度拟合问题，泛化性能变差；当数据维数较高时，会出现特征表示能力不足的问题；由于隐藏层节点随机设置，其预测的结果具有不稳定性。

第三节　样本与数据

在所有国家风险评级机构中，ICRG 被广泛接受为国家风险领域最专业的评

级机构之一；大量关于国家风险的研究都是基于 ICRG 的风险评级（Hassan et al.，2003；Hoti，2005；Hoti et al.，2007）。ICRG 提供了对于 140 个国家的综合和分类别（政治、经济、金融）风险状况评分，其中综合评分取值为 0～100，政治风险评分为 0～50，经济和金融风险评分为 0～25。因此，选择 ICRG 的月度综合风险和政治、经济、金融风险评分进行实验研究，覆盖时间为 1992 年 1 月至 2020 年 8 月，每类数据有 344 个观测值。

本章选取东盟十国作为研究样本，其中，老挝和柬埔寨没有国家风险评分数据，最终样本国家为八个，包括：新加坡、马来西亚、印度尼西亚、缅甸、泰国、越南、文莱、菲律宾。八个样本国家均为"一带一路"沿线国家。样本数据的描述性统计如表 8-1 所示，其中所有的样本数据被划分为两部分，即训练集和测试集，以对分解集成的聚类效果进行评估。具体而言，1992 年 1 月至 2014 年 11 月的数据（275 个观测值）为训练集，2014 年 12 月至 2020 年 8 月（69 个观测值）被划分为训练集。

表 8-1　东盟国家 ICRG 风险评分描述性统计

ICRG 风险		印度尼西亚	马来西亚	新加坡	泰国	菲律宾	越南	文莱	缅甸
综合国家风险	平均值	64.71	77.20	**87.11**	71.32	69.62	66.61	85.52	**56.94**
	标准差	6.50	3.00	2.40	3.81	3.91	5.92	4.06	7.58
	最小值	41.00	67.25	81.25	60.75	47.00	46.00	72.75	30.50
	最大值	72.00	83.30	92.50	81.00	76.50	72.75	89.50	65.25
政治风险	平均值	56.29	72.60	**83.44**	62.77	63.18	65.11	79.37	**49.02**
	标准差	6.36	3.24	3.14	6.78	4.95	3.80	3.51	4.79
	最小值	40.00	66.00	77.00	51.50	41.00	52.00	71.50	27.00
	最大值	67.00	82.00	90.00	79.00	76.00	74.00	83.50	62.00
经济风险	平均值	35.15	40.17	**45.02**	38.35	36.88	32.90	44.11	**31.09**
	标准差	4.05	2.69	3.08	3.18	2.20	4.31	4.86	4.55
	最小值	18.00	30.50	35.50	26.00	30.00	24.00	28.50	17.00
	最大值	38.50	44.00	50.00	43.50	40.00	39.00	48.50	38.00
金融风险	平均值	37.95	41.59	45.73	41.47	39.12	35.21	**47.53**	**33.73**
	标准差	4.47	2.75	1.34	3.10	4.55	7.00	1.43	9.18
	最小值	22.00	29.50	42.50	23.00	23.00	16.00	43.50	9.00
	最大值	44.00	45.00	49.00	45.00	46.50	41.00	50.00	44.00

注：本表格中最大和最小平均值均加粗显示

值得指出的是，本章在预测时采用了迭代的预测方法，公式表示为 $\hat{x}_{t+h} = f(x_{t-1}, x_{t-2}, \cdots, x_{t-l})$，其中 $\hat{x}_{t+h}$ 为预测步长，h 为预测的提前期，l 为预测的滞后项。在预测中，l 被设置为 6。

第四节　结　果　分　析

一、模型设置

为了检验基于分解集成学习的国家风险预测方法的预测能力，本节用 4 个单预测模型（ARIMA、ELM、SVR 和 FNN）作为基准模型，而 4 种分解算法和 3 种集成预测模型总共可组合成 12 个混合集成学习模型（EEMD-ELM、EEMD-SVR、EEMD-FNN；VMD-ELM、VMD-SVR、VMD-FNN；SSA-ELM、SSA-SVR、SSA-FNN；WVD-ELM、WVD-SVR、WVD-FNN）。

首先，ARIMA、ELM、SVR 和 FNN 作为基准模型，先分别对中国和美国主权 CDS 利差数据进行预测。在单模型预测时，ARIMA 模型参数 p 和 q 均设置最大为 4，并根据赤池信息量准则（Akaike information criterion，AIC）进行选择，滞后项 d 设置为 1；FNN 和 ELM 的隐层层数均设置为 1，隐层神经元的数量均等于输入变量的个数。ELM 隐层所用激活函数为"sin"，FNN 的隐层激活函数为"trainscg"，SVR 模型核函数设定为"linear"。

接下来，使用 12 个混合集成学习模型进行主权 CDS 利差预测，在 EEMD 分解中，添加的白噪声的标准差 ε 为 0.2，总体成员 NE 设置为 100；在 VMD 分解中我们设置数据保真度约束的平衡参数 α 为 2000，模态数 K 设置为 11，主要是为了保证分解出的模态分量数量是一致的；同样，在 SSA 方法中我们也设置模态个数为 11，而在 WVD 中采用"db6"作为分解方式并设置分解模态个数为 10，其他参数均设置为默认值。本章涉及的所有模型算法及代码均在 Matlab2016a 软件平台上编写，计算机运行系统如下，Intel Core i5，1.86-GHz CPU，3G DDR3 和 Windows 10 操作系统。

为了评估各预测模型的水平预测精度和方向预测精度。本节采用三个评价标准对训练集和测试集的预测能力进行比较：均方根误差（root mean square error，RMSE）、平均绝对百分比误差（mean absolute percentage error，MAPE）以及方向准确度（directional accuracy，DA），具体公式如下：

$$RMSE = \sqrt{\frac{1}{n}\sum_{i=1}^{n}(y_t - \hat{y}_t)^2} \qquad (8-11)$$

$$\text{MAPE} = \frac{1}{n}\sum_{t=1}^{n}|\frac{y_1 - \hat{y}_t}{y_t}| \quad\quad (8\text{-}12)$$

$$\text{DA} = \frac{1}{n}\sum_{t=1}^{n}a_t, \quad a_t = \begin{cases} 1, & (y_{t+1} - y_t)\times(\hat{y}_{t+1} - y_t) \geqslant 0 \\ 0, & \text{otherwise} \end{cases} \quad\quad (8\text{-}13)$$

二、预测结果

（一）综合风险预测精度

表8-2展示了4个单体模型和12种组合的分解集成模型对于样本国综合风险的预测精度，分析结果有以下几点发现。

表 8-2　综合风险预测精度比较

模型	印度尼西亚			马来西亚			新加坡			泰国		
	MAPE	RMSE	DA	MAPE	RMSE	DA	MAPE	RMSE	DA	MAPE	RMSE	DA
ARIMA	1.58%	1.40	0.59	1.20%	1.42	0.68	0.31%	0.52	0.78	1.46%	1.35	0.75
ELM	0.63%	0.68	0.71	0.59%	0.79	0.68	0.33%	0.52	0.78	0.54%	0.79	0.79
SVR	0.63%	0.65	0.65	0.54%	0.77	0.78	0.35%	0.53	0.76	0.53%	0.79	0.79
FNN	0.57%	0.61	0.81	0.57%	0.81	0.75	0.52%	0.70	0.76	0.55%	0.79	0.74
EEMD-ELM	0.25%	0.24	0.96	0.25%	0.37	0.96	0.15%	0.21	0.99	0.30%	0.42	0.97
EEMD-SVR	0.54%	0.40	0.82	0.32%	0.38	0.91	0.23%	0.30	0.94	0.33%	0.49	0.97
EEMD-FNN	1.57%	1.13	0.66	0.75%	0.62	0.78	1.61%	1.46	0.76	0.44%	0.40	0.94
VMD-ELM	0.34%	0.29	0.88	0.21%	0.20	0.96	0.15%	0.17	0.96	0.18%	0.17	1.00
VMD-SVR	0.58%	0.46	0.81	0.24%	0.25	0.99	0.21%	0.24	0.96	0.24%	0.22	1.00
VMD-FNN	0.41%	0.34	0.90	1.07%	0.85	0.78	1.27%	1.11	0.78	0.22%	0.22	1.00
SSA-ELM	0.09%	0.08	1.00	0.09%	0.11	0.99	0.05%	0.07	1.00	0.11%	0.18	0.97
SSA-SVR	0.68%	0.49	0.74	0.20%	0.22	0.97	0.21%	0.23	0.96	0.15%	0.23	0.97
SSA-FNN	0.19%	0.16	0.96	0.35%	0.35	0.94	0.37%	0.45	0.88	0.19%	0.28	0.96
WVD-ELM	—	—	—	0.18%	0.17	0.96	0.10%	0.12	1.00	0.17%	0.18	0.99
WVD-SVR	0.35%	0.29	0.82	0.43%	0.40	0.87	0.36%	0.35	0.91	0.37%	0.35	0.90
WVD-FNN	0.38%	0.33	0.91	1.03%	0.82	0.81	0.53%	0.50	0.90	0.75%	0.59	0.82

模型	菲律宾			越南			文莱			缅甸		
	MAPE	RMSE	DA	MAPE	RMSE	DA	MAPE	RMSE	DA	MAPE	RMSE	DA
ARIMA	0.78%	0.78	0.68	0.38%	0.44	0.82	1.03%	1.84	0.69	1.01%	0.94	0.63

续表

模型	菲律宾			越南			文莱			缅甸		
	MAPE	RMSE	DA	MAPE	RMSE	DA	MAPE	RMSE	DA	MAPE	RMSE	DA
ELM	0.57%	0.65	0.71	0.37%	0.42	0.85	3.21%	3.49	0.66	1.06%	0.92	0.62
SVR	0.59%	0.66	0.72	0.41%	0.43	0.81	1.25%	1.77	0.78	0.78%	0.79	0.72
FNN	0.79%	0.81	0.72	0.43%	0.44	0.85	2.87%	2.90	0.79	0.84%	0.81	0.69
EEMD-ELM	0.19%	0.19	0.99	0.19%	0.17	1.00	0.58%	0.91	0.97	0.30%	0.24	1.00
EEMD-SVR	0.37%	0.33	0.87	0.88%	0.64	0.87	0.80%	0.86	0.85	1.12%	0.74	0.74
EEMD-FNN	0.23%	0.23	0.99	0.27%	0.23	0.94	1.05%	0.96	0.91	0.59%	0.43	0.87
VMD-ELM	0.23%	0.21	0.96	0.20%	0.17	1.00	0.42%	0.47	0.93	0.23%	0.19	0.96
VMD-SVR	0.27%	0.26	0.93	0.37%	0.32	0.97	0.44%	0.45	0.94	0.44%	0.33	0.91
VMD-FNN	0.37%	0.32	0.90	0.34%	0.29	0.99	2.58%	2.12	0.78	0.34%	0.25	0.94
SSA-ELM	0.09%	0.11	1.00	0.07%	0.07	1.00	0.25%	0.30	0.97	0.12%	0.11	0.97
SSA-SVR	0.21%	0.20	0.97	0.25%	0.20	0.97	0.60%	0.63	0.94	0.20%	0.16	1.00
SSA-FNN	0.47%	0.41	0.85	0.23%	0.19	0.99	3.53%	3.32	0.81	0.56%	0.39	0.90
WVD-ELM	0.17%	0.16	1.00	0.11%	0.10	1.00	2.77%	2.45	0.81	0.27%	0.21	0.97
WVD-SVR	0.21%	0.20	0.96	0.37%	0.30	0.96	0.44%	0.55	0.94	0.67%	0.46	0.82
WVD-FNN	0.38%	0.32	0.88	0.58%	0.44	0.90	2.84%	2.34	0.81	0.75%	0.54	0.84

注：WVD-ELM 模型对于印度尼西亚综合风险预测的结果出现了负值，模型对数据的拟合出现了错误，该精度值不纳入分析

首先，对比 4 个单体模型对于综合风险的预测精度，可以发现 ARIMA 作为计量模型，其预测精度明显不如其他 3 个机器学习模型。而 SVR、ELM 和 FNN 模型则各有优势，ELM 对新加坡、菲律宾和越南综合风险的预测精度高于 SVR 和 FNN，SVR 对马来西亚、文莱、缅甸的综合风险预测精度高于 ELM 和 FNN，FNN 对印度尼西亚综合风险的预测精度高于 SVR 和 ELM。此外，SVR 和 FNN 在预测泰国时各有优势。

其次，对比 12 种分解集成模型和 4 个单体模型的预测精度，可以发现大部分分解集成模型的预测精度高于单体模型。例如，对于菲律宾而言，分解集成模型的 MAPE 值均低于 0.5%，RMSE 值均低于 0.5，而单体模型的 MAPE 值均高于 0.5%，RMSE 值均高于 0.5。这说明了分解集成策略用于综合国家风险预测的优势。

再次，对比四类分解集成模型的精度，可以发现 SSA 方法的优势明显。在 EEMD-ELM、VMD-ELM、SSA-ELM 和 WVD-ELM 四个模型中，SSA-ELM 在 8

个样本国家的综合风险预测精度最高；在 EEMD-SVR、VMD-SVR、SSA-SVR 和 WVD-SVR 4 个模型中，SSA-SVR 模型的精度在大多数时候精度最高；而对比 EEMD-FNN、VMD-FNN、SSA-FNN 和 WVD-FNN 4 个模型可以发现 SSA-FNN 模型在大部分情况下表现最优。

最后，控制分解模型，对比 ELM、SVR 和 FNN 在分解集成模型中的精度，可以发现 ELM 模型的优势明显。在 EEMD-ELM、EEMD-SVR、EEMD-FNN 3 个模型中，EEMD-ELM 模型对于样本国家综合风险的预测精度最高，而在 VMD-ELM、VMD-SVR、VMD-FNN 模型中，VMD-ELM 的预测精度最高。在 SSA-ELM、SSA-SVR、SSA-FNN 和 WVD-ELM、WVD-SVR、WVD-FNN 组中，ELM 模型的精度也高于同组其他 2 个预测模型。

（二）政治风险预测精度

表 8-3 展示了 4 个单体模型和 12 种组合的分解集成模型对于样本国的政治风险的预测精度。

表 8-3　政治风险预测精度比较

模型	印度尼西亚			马来西亚			新加坡			泰国		
	MAPE	RMSE	DA	MAPE	RMSE	DA	MAPE	RMSE	DA	MAPE	RMSE	DA
ARIMA	1.26%	0.91	0.65	0.75%	0.71	0.74	0.43%	0.66	0.87	4.70%	2.74	0.78
ELM	0.84%	0.68	0.81	0.66%	0.66	0.74	0.33%	0.50	0.88	0.66%	0.54	0.85
SVR	1.00%	0.75	0.69	0.71%	0.66	0.71	0.37%	0.53	0.90	0.61%	0.51	0.84
FNN	0.86%	0.70	0.75	0.71%	0.67	0.71	0.50%	0.59	0.90	0.58%	0.49	0.88
EEMD-ELM	0.31%	0.25	0.97	0.22%	0.22	0.99	0.13%	0.15	1.00	0.30%	0.22	1.00
EEMD-SVR	0.50%	0.36	0.97	0.26%	0.25	0.99	0.26%	0.26	0.99	0.44%	0.30	1.00
EEMD-FNN	1.35%	0.84	0.85	1.18%	0.90	0.79	1.17%	1.02	0.93	1.07%	0.72	0.88
VMD-ELM	0.41%	0.29	0.99	0.21%	0.19	1.00	0.14%	0.15	1.00	0.20%	0.14	1.00
VMD-SVR	0.79%	0.54	0.91	0.25%	0.22	1.00	0.23%	0.22	1.00	0.59%	0.38	0.97
VMD-FNN	0.44%	0.33	0.96	1.86%	1.34	0.78	1.26%	1.05	0.91	0.24%	0.17	1.00
SSA-ELM	0.13%	0.11	1.00	0.09%	0.10	1.00	0.06%	0.09	1.00	0.10%	0.10	1.00
SSA-SVR	0.64%	0.42	0.94	0.22%	0.19	1.00	0.18%	0.17	1.00	0.36%	0.23	1.00
SSA-FNN	0.30%	0.25	0.97	0.28%	0.23	1.00	0.25%	0.26	0.99	0.16%	0.13	1.00
WVD-ELM	1.02%	0.80	0.94	0.18%	0.17	1.00	0.12%	0.13	1.00	0.17%	0.13	1.00
WVD-SVR	0.51%	0.34	0.96	0.21%	0.19	1.00	0.38%	0.34	0.99	0.63%	0.39	0.97

续表

模型	印度尼西亚			马来西亚			新加坡			泰国		
	MAPE	RMSE	DA	MAPE	RMSE	DA	MAPE	RMSE	DA	MAPE	RMSE	DA
WVD-FNN	0.96%	0.62	0.93	0.25%	0.22	1.00	0.50%	0.45	0.97	0.59%	0.40	0.94

模型	菲律宾			越南			文莱			缅甸		
	MAPE	RMSE	DA	MAPE	RMSE	DA	MAPE	RMSE	DA	MAPE	RMSE	DA
ARIMA	1.12%	0.99	0.82	2.84%	1.86	0.87	0.49%	0.61	0.85	1.62%	1.05	0.78
ELM	0.84%	0.80	0.71	0.31%	0.35	0.90	0.73%	0.71	0.84	0.96%	0.67	0.72
SVR	0.89%	0.81	0.65	0.30%	0.37	0.88	0.68%	0.72	0.82	0.85%	0.62	0.75
FNN	0.95%	0.84	0.65	0.47%	0.44	0.90	0.90%	0.88	0.82	0.86%	0.63	0.78
EEMD-ELM	0.26%	0.22	0.97	0.14%	0.11	1.00	0.24%	0.24	1.00	0.35%	0.23	1.00
EEMD-SVR	0.39%	0.29	0.99	0.61%	0.41	0.97	0.32%	0.29	0.99	0.48%	0.31	0.97
EEMD-FNN	0.57%	0.41	0.93	0.47%	0.33	0.99	1.27%	1.05	0.90	0.52%	0.33	0.97
VMD-ELM	0.31%	0.24	0.97	0.16%	0.13	1.00	0.29%	0.26	0.99	0.25%	0.16	1.00
VMD-SVR	0.54%	0.38	0.93	0.28%	0.23	1.00	0.32%	0.29	0.99	0.32%	0.20	1.00
VMD-FNN	0.34%	0.27	0.97	0.33%	0.25	1.00	1.39%	1.05	0.91	0.75%	0.44	0.91
SSA-ELM	0.14%	0.12	1.00	0.06%	0.06	1.00	0.08%	0.08	1.00	0.14%	0.10	1.00
SSA-SVR	0.34%	0.25	0.99	0.16%	0.12	1.00	0.16%	0.15	1.00	0.18%	0.12	1.00
SSA-FNN	0.34%	0.26	0.97	0.25%	0.21	0.99	0.72%	0.60	0.97	0.21%	0.14	1.00
WVD-ELM	0.22%	0.18	1.00	0.12%	0.10	1.00	0.17%	0.18	1.00	0.23%	0.17	0.99
WVD-SVR	0.28%	0.22	0.99	0.26%	0.20	0.99	0.65%	0.51	0.97	0.67%	0.40	0.91
WVD-FNN	0.29%	0.24	0.99	0.44%	0.31	0.99	0.99%	0.78	0.97	0.77%	0.44	0.96

各模型对于样本国家政治风险与对综合风险预测的精度表现类似。主要的结论有以下几点：①在单体模型中，ELM、SVR 和 FNN 作为机器学习模型，预测精度高于 ARIMA；②分解集成模型的预测精度高于单体模型；③在分解集成模型中，SSA 方法对应的精度较高，同时 ELM 模型的精度较高。

（三）经济风险预测精度

表8-4展示了4个单体模型和12种组合的分解集成模型对于样本国经济风险的预测精度。

表 8-4　经济风险预测精度比较

模型	印度尼西亚			马来西亚			新加坡			泰国		
	MAPE	RMSE	DA	MAPE	RMSE	DA	MAPE	RMSE	DA	MAPE	RMSE	DA
ARIMA	0.91%	0.94	0.93	0.73%	1.04	0.94	0.69%	0.65	0.90	6.33%	3.52	0.91
ELM	0.67%	0.77	0.96	0.58%	0.94	0.97	0.59%	0.66	0.94	1.41%	1.37	0.94
SVR	0.68%	0.76	0.93	0.55%	0.93	0.99	0.50%	0.59	0.94	1.02%	1.27	0.96
FNN	1.19%	0.88	0.97	0.64%	0.94	0.94	0.67%	0.69	0.91	1.39%	1.34	0.94
EEMD-ELM	0.50%	0.34	1.00	0.64%	0.80	1.00	0.45%	0.46	1.00	0.78%	0.66	1.00
EEMD-SVR	0.63%	0.47	0.99	0.88%	0.80	1.00	0.83%	0.51	0.99	1.00%	0.82	1.00
EEMD-FNN	0.55%	0.30	0.99	1.71%	0.85	1.00	0.73%	0.49	0.99	1.32%	0.67	1.00
VMD-ELM	0.49%	0.22	1.00	0.38%	0.21	1.00	0.45%	0.29	1.00	0.56%	0.29	1.00
VMD-SVR	0.48%	0.24	1.00	0.40%	0.24	1.00	0.54%	0.33	1.00	0.70%	0.36	1.00
VMD-FNN	0.52%	0.24	1.00	0.55%	0.32	1.00	0.61%	0.40	1.00	1.20%	0.55	1.00
SSA-ELM	0.14%	0.10	1.00	0.20%	0.19	1.00	0.09%	0.07	1.00	0.38%	0.38	1.00
SSA-SVR	0.27%	0.18	1.00	0.22%	0.23	1.00	0.22%	0.19	1.00	0.51%	0.38	1.00
SSA-FNN	0.36%	0.17	1.00	0.37%	0.29	1.00	0.31%	0.21	1.00	0.79%	0.58	1.00
WVD-ELM	0.31%	0.19	1.00	0.29%	0.22	1.00	0.25%	0.16	1.00	0.97%	0.56	1.00
WVD-SVR	0.60%	0.31	1.00	0.65%	0.39	1.00	0.74%	0.41	0.99	0.84%	0.47	0.99
WVD-FNN	0.87%	0.39	1.00	0.80%	0.44	1.00	0.62%	0.40	0.99	2.08%	0.98	0.97

模型	菲律宾			越南			文莱			缅甸		
	MAPE	RMSE	DA	MAPE	RMSE	DA	MAPE	RMSE	DA	MAPE	RMSE	DA
ARIMA	1.03%	0.92	0.90	0.95%	0.57	0.96	2.09%	2.59	0.97	7.46%	3.16	0.94
ELM	0.79%	0.76	0.96	0.71%	0.50	0.97	14.64%	7.50	0.99	1.06%	0.99	0.99
SVR	0.71%	0.73	0.96	0.69%	0.50	0.96	3.16%	2.59	0.99	1.10%	1.00	0.94
FNN	0.87%	0.77	0.94	0.79%	0.52	0.96	8.92%	4.11	0.99	1.20%	1.00	0.96
EEMD-ELM	0.26%	0.22	1.00	0.33%	0.16	1.00	4.40%	3.91	0.99	0.64%	0.31	0.99
EEMD-SVR	0.45%	0.28	1.00	1.18%	0.47	1.00	2.49%	1.33	0.99	0.89%	0.39	1.00
EEMD-FNN	0.39%	0.26	1.00	0.73%	0.31	1.00	4.87%	2.05	0.99	0.84%	0.35	1.00
VMD-ELM	0.42%	0.23	1.00	0.53%	0.25	1.00	5.35%	2.16	1.00	0.55%	0.26	1.00
VMD-SVR	0.64%	0.32	1.00	0.67%	0.32	1.00	1.59%	0.77	1.00	0.69%	0.35	1.00
VMD-FNN	0.76%	0.39	1.00	0.70%	0.32	1.00	7.15%	2.66	1.00	0.63%	0.30	1.00
SSA-ELM	0.17%	0.20	1.00	0.14%	0.07	1.00	1.62%	1.08	1.00	0.21%	0.12	1.00
SSA-SVR	0.31%	0.27	1.00	0.70%	0.28	1.00	1.42%	0.68	1.00	0.38%	0.20	1.00
SSA-FNN	0.39%	0.29	1.00	0.33%	0.14	1.00	8.12%	3.52	1.00	0.38%	0.17	1.00
WVD-ELM	0.29%	0.18	0.99	0.26%	0.14	1.00	5.70%	3.21	1.00	0.49%	0.22	1.00
WVD-SVR	0.59%	0.30	1.00	0.86%	0.35	1.00	1.65%	0.91	0.97	0.62%	0.28	1.00
WVD-FNN	0.60%	0.31	1.00	0.59%	0.27	1.00	6.10%	2.37	1.00	1.06%	0.44	0.99

各模型对于样本国家经济风险与对综合风险、政治风险预测的精度表现类似。主要的结论有以下几点：①在单体模型中，ELM、SVR 和 FNN 作为机器学习模型，预测精度高于 ARIMA；②分解集成模型的预测精度高于单体模型；③在分解集成模型中，SSA 方法对应的精度较高，同时 ELM 模型的精度较高。

（四）金融风险预测精度

表 8-5 展示了 4 个单体模型和 12 种组合的分解集成模型对于样本国金融风险的预测精度。

表 8-5　金融风险预测精度比较

模型	印度尼西亚			马来西亚			新加坡			泰国		
	MAPE	RMSE	DA	MAPE	RMSE	DA	MAPE	RMSE	DA	MAPE	RMSE	DA
ARIMA	1.96%	1.09	0.79	1.25%	0.91	0.79	0.71%	0.52	0.88	1.02%	0.57	0.91
ELM	1.06%	0.59	0.88	1.24%	0.82	0.81	0.48%	0.37	0.96	0.82%	0.45	0.88
SVR	0.99%	0.58	0.84	1.17%	0.80	0.76	0.43%	0.37	0.88	0.74%	0.41	0.90
FNN	0.99%	0.60	0.90	1.18%	0.81	0.81	0.50%	0.37	0.96	1.33%	0.65	0.90
EEMD-ELM	0.34%	0.19	1.00	0.65%	0.40	0.94	0.18%	0.12	1.00	0.19%	0.11	1.00
EEMD-SVR	0.98%	0.42	0.96	0.42%	0.29	0.97	0.27%	0.16	1.00	0.70%	0.33	1.00
EEMD-FNN	1.53%	0.66	0.90	0.73%	0.36	0.94	0.26%	0.16	1.00	0.78%	0.39	0.97
VMD-ELM	0.42%	0.23	1.00	0.37%	0.20	0.97	0.13%	0.08	1.00	0.21%	0.12	1.00
VMD-SVR	0.86%	0.40	0.97	0.48%	0.25	0.96	0.16%	0.09	1.00	0.50%	0.25	1.00
VMD-FNN	0.46%	0.25	1.00	1.86%	0.76	0.82	0.17%	0.09	1.00	0.44%	0.23	1.00
SSA-ELM	0.14%	0.08	1.00	0.18%	0.11	1.00	0.09%	0.06	1.00	0.09%	0.05	1.00
SSA-SVR	0.70%	0.30	1.00	0.32%	0.18	1.00	0.13%	0.08	1.00	0.48%	0.22	1.00
SSA-FNN	0.40%	0.18	1.00	0.33%	0.19	1.00	0.24%	0.14	1.00	0.48%	0.23	1.00
WVD-ELM	—	—	—	0.43%	0.23	0.97	0.17%	0.11	1.00	1.49%	1.00	0.99
WVD-SVR	0.64%	0.32	0.99	0.55%	0.33	0.96	0.18%	0.11	1.00	0.49%	0.25	1.00
WVD-FNN	1.24%	0.53	0.93	0.85%	0.43	0.91	0.64%	0.31	1.00	1.16%	0.53	0.94

模型	菲律宾			越南			文莱			缅甸		
	MAPE	RMSE	DA	MAPE	RMSE	DA	MAPE	RMSE	DA	MAPE	RMSE	DA
ARIMA	1.22%	0.74	0.76	0.52%	0.48	0.94	0.84%	0.81	0.81	3.46%	1.65	0.76
ELM	0.56%	0.40	0.85	0.49%	0.45	0.96	0.87%	0.75	0.90	1.96%	0.95	0.79
SVR	0.73%	0.42	0.84	0.49%	0.46	0.97	0.76%	0.69	0.91	1.43%	0.85	0.68
FNN	0.90%	0.50	0.84	0.73%	0.51	0.94	0.99%	0.76	0.93	2.46%	1.15	0.82
EEMD-ELM	0.27%	0.15	1.00	0.35%	0.20	1.00	0.51%	0.31	0.99	0.58%	0.29	0.99
EEMD-SVR	0.81%	0.38	0.96	1.84%	0.77	0.97	0.41%	0.26	1.00	2.44%	1.03	0.81
EEMD-FNN	0.69%	0.34	0.96	0.44%	0.22	1.00	0.76%	0.44	0.96	0.80%	0.38	0.96

续表

模型	菲律宾			越南			文莱			缅甸		
	MAPE	RMSE	DA	MAPE	RMSE	DA	MAPE	RMSE	DA	MAPE	RMSE	DA
VMD-ELM	0.24%	0.15	1.00	0.27%	0.13	1.00	0.30%	0.18	0.99	0.55%	0.27	1.00
VMD-SVR	0.71%	0.36	0.96	1.44%	0.60	0.97	0.47%	0.28	1.00	0.92%	0.45	0.96
VMD-FNN	0.36%	0.18	1.00	0.31%	0.15	1.00	0.52%	0.29	0.99	0.72%	0.34	1.00
SSA-ELM	0.10%	0.06	1.00	0.10%	0.09	1.00	0.14%	0.09	1.00	0.26%	0.13	1.00
SSA-SVR	0.32%	0.15	1.00	1.01%	0.42	0.99	0.36%	0.21	1.00	0.55%	0.28	1.00
SSA-FNN	0.23%	0.13	1.00	0.22%	0.11	1.00	0.75%	0.44	0.97	0.54%	0.27	1.00
WVD-ELM	0.18%	0.10	1.00	0.19%	0.11	1.00	0.34%	0.20	1.00	0.44%	0.22	0.99
WVD-SVR	0.49%	0.25	1.00	0.82%	0.36	0.99	0.32%	0.21	1.00	1.28%	0.57	0.91
WVD-FNN	1.02%	0.52	0.93	0.74%	0.36	1.00	0.60%	0.37	1.00	1.28%	0.57	0.88

注：WVD-ELM 模型对于印度尼西亚金融风险预测的结果出现了负值，模型对数据的拟合出现了错误，该精度值不纳入分析

各模型对于样本国家金融风险与对综合风险、政治风险预测、经济风险的精度表现类似。主要的结论有以下几点：①在单体模型中，ELM、SVR 和 FNN 作为机器学习模型，预测精度高于 ARIMA；②分解集成模型的预测精度高于单体模型；③在分解集成模型中，SSA 方法对应的精度较高，同时 ELM 模型的精度较高。

第五节　本　章　小　结

本章将分解集成思想引入国家风险的预测，并将 4 种主流的分解算法与 ELM、SVR 和 FNN 相组合，构建了 12 种混合预测方法。选择了新加坡等 8 个国家的 ICRG 综合、政治、经济和金融风险数据，开展预测分析。通过将分解集成模型与包括 ARIMA 模型的 4 种基准模型相对比，发现了"分而治之"思想用于国家风险预测的优势。此外，本章将 12 种分解集成模型从分解方法和预测模型维度进行对比分析，结果发现了分解方法中 SSA 表现较好，预测模型中 ELM 表现优异。

第九章 面向关键国家风险要素的 风险缓释框架

在我国电力企业海外投资过程中，有效控制风险、保障企业利益显得尤为重要。为此，本章将进一步深入探究海外投资中国家风险缓释的应对策略。本章内容组织如下：第一节设计风险缓释的主体框架，给出风险缓释的原则、流程和基本策略等内容；第二节选择关键要素——汇率风险进行缓释，详细展示风险缓释的具体内容；第三节给出本章分析的重要结论。

第一节 风险缓释框架

随着"一带一路"建设的持续推进，越来越多的企业逐渐加大与"一带一路"沿线国家的业务往来。中国 FDI 数据显示，2017 年中国对外投资高达 1582.9 亿美元，占全球份额超过 10%。中国企业海外投资活动越发活跃，中国在世界范围内的投资影响程度正在不断扩大。截至 2017 年底，我国对外投资存量高达 1.8 万亿美元，涉及全球近 190 个国家和地区。中国企业海外投资并购涉及领域较为广泛，其中电力行业的并购金额排名靠前。此外，据统计，2017 年度我国对"一带一路"沿线国家的 FDI 超过 200 亿美元，增长超过 30%。截至 2018 年度前三季度，我国企业对"一带一路"沿线国家非金融投资超过 100 亿美元，完成对外承包工程营业额高达 585 亿美元，越来越多的中国企业在国家战略的指导下，加大在"一带一路"沿线国家的投资力度。

在海外投资中，中国电力企业占据非常重要的地位。然而，海外投资环境的复杂性与国际经济形势的不稳定给中国企业带来了巨大的风险挑战。在海外投资中风险问题异常突出，如中国电建投资缅甸密松水电站项目被迫中止、柬埔寨政府暂停中国水利水电集团的水坝项目、斯里兰卡暂停中国企业投资的科伦坡港口项目等。由于海外投资不同于国内投资，文化背景、宗教信仰等诸多差异导致海外投资环境更加复杂且难以预料。在这种环境下，风险因素种类繁多、错综复杂。加之电力行业具有投资周期长、投资规模大等特点，这给我国电力企业海外投资风险管理活动带来巨大困难。

为了能够有效解决国家风险对海外投资企业造成经济损失的问题，本章给出海外电力工程投资国家风险缓释框架，主要包括风险识别、风险评估和风险缓释3个模块，如图 9-1 所示。

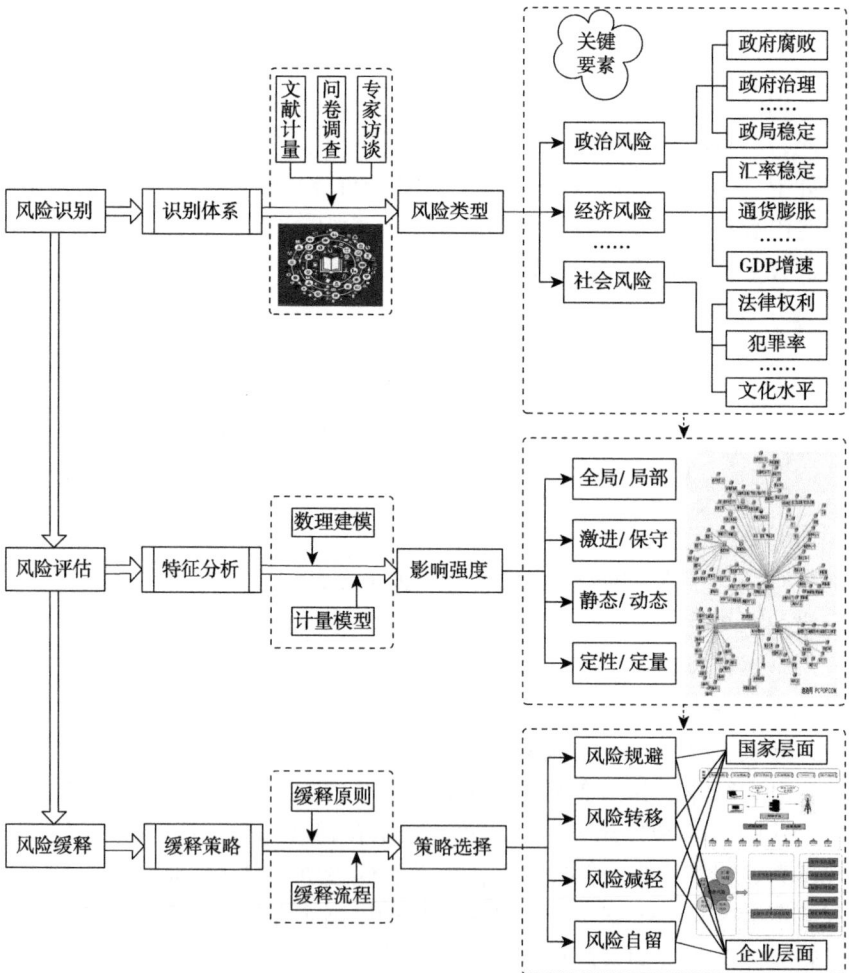

图 9-1　风险缓释框架

一、风险识别

作为风险管理的首要环节，风险识别在于准确识别投资活动所面临的现存及潜在风险，以确切把握实施风险控制措施的最佳时机。风险识别主要对海外电力工程投资中涉及的风险因素展开识别构造风险体系。通过利用文献计量、专家访谈和调查问卷等形式，梳理风险因素，确定相应的风险类型，并针对每一类风险识别关键风险要素。

结合第三章研究内容，本章采用风险分解结构进行风险的识别、梳理工作，首先根据研究主体海外电力工程投资将风险分为国家风险、市场风险及项目风险等，通过采用文献计量和专家访谈等多种形式，对风险类型进行统计和识别。通过构造 WBS-RBS 耦合矩阵，不仅能够从全局出发梳理海外投资，还能够深入到投资活动的具体细节。通过识别出关键的风险要素，并对其进行合理的风险缓释，以有效减轻或避免风险发生所产生的影响或损失。

本节给出风险识别的框架体系，具体参考前文内容，此外，本节给出风险识别常用的识别方法，具体如表 9-1 所示。

表 9-1　常用风险识别方法及其优缺点

序号	方法	优点	缺点
1	德尔菲法	集中专家的思想和经验，能够结合专家的知识体系	耗时又耗力
2	头脑风暴法	仅仅注重风险因素识别的数量	忽视了风险因素的质量
3	WBS-RBS	将项目所处具体环节存在的风险进行结构化划分并展开分析的方法，可以直接为各环节的风险控制提供依据	对投资经验要求较高，需要风险识别人员的经验和知识体系
4	SWOT 技术	系统全面，能够从优势、劣势、机会和威胁等多个方面展开梳理	需要大量以前类似项目的风险资料
5	文献计量法	能够系统全面地搜集整理风险因素	需要大量的时间与精力
6	故障树方法	能够准确对项目各流程有深入认识，从全局上减少风险发生的概率	对风险识别人员的知识体系要求较高

二、风险评估

国家风险的评估是风险管理体系中非常重要的步骤，其是风险缓释的基础和前提。海外投资者根据识别出的风险因素，通过相应的风险度量方法对风险进行量化，以辅助投资者更为直观地了解风险强度和可能造成的损失大小，从而根据风险水平制订相应的风险管理方案。

风险评估主要通过数理建模或计量经济模型展开测度和评价，并分析风险可能对企业造成的影响，确定风险损失严重程度等。在实际投资过程中，国家风险评估实质上是考虑决策者风险偏好的主观评价过程，要能够尽可能体现决策者需求，但是又要能够对决策者态度进行客观、定量反映，使评价过程更加透明，避免"操控"性。本书在第五章对国家风险评估时，充分考虑决策者偏好包括激进或保守、局部或全局影响范围，在第六章研究内容中考虑国家风险的静态、动态传染等方面因素，进而为风险缓释提供决策参考。

本书通过给出两种不同的风险测度方法体系，可以为不同需求类型的决策者提供决策支撑，如采用多属性评价的考虑决策者偏好的国家风险测度和利用计量模型的国家主权风险溢出网络动态特征研究。因此，本节给出风险评估流程体系，具体如图 9-2 所示，通过风险评估为缓释策略的选择提供决策支撑。

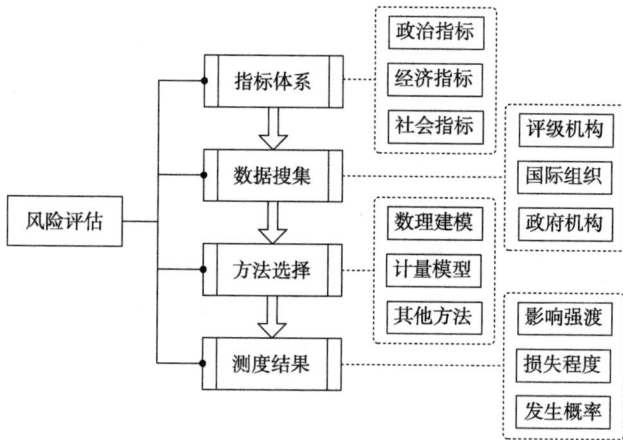

图 9-2　风险评估流程体系

三、风险缓释

风险缓释则基于缓释原则和缓释流程，选择合适的风险缓释策略，诸如风险转移、风险规避、风险减轻和风险自留等，分别从宏观国家层面和微观企业层面制订相应的风险缓释方案，包括风险预警和风险应对系统，以保障海外电力投资企业的经济利益。

（一）缓释原则

1. 风险缓释预防为先原则

对于风险而言，其客观存在于投资活动的全过程，无法做到完全规避风险发生的可能性，但是可以通过风险识别和分析以提前预防风险发生，降低其发生的概率和损失的严重程度。中国企业投资海外电力工程，涉及不同国家和区域，各国风险因素可能存在显著的差异，但是风险管控的核心思想和方法一致，对不同区域的风险类型进行科学的汇总和整理，分析风险的成因和解决方法，将其整理成为风险预防性指导纲领，用于海外电力工程投资项目之中，对各个投资项目进行系统的分析和判断，提前做好风险管控和应对。

2. 风险缓释适度控制原则

风险防范的根本目的是避免和降低风险事件给投资者利益带来损失，如果投资方一味追求规避风险和将风险降到最低，忽视成本和收益之间的关系，可能会造成防控过度，导致风险应对成本远远高于风险引起的损失。基于理性人假设的前提，投资者的此类做法和行为非常不明智。因此，对风险控制产生的成本和带来的损失需要充分量化分析，适度进行风险防控，以实现投资者利益最大化和风险应对成本最小化。

3. 风险缓释集中管理原则

风险缓释集中原则要求企业在进行海外电力工程投资活动时系统地分析风险因素，有相关部门集结专业风险管理专家进行集中分析和处理，充分调动投资企业各部门和机构的内外部资源，为企业进行海外投资提供风险管控的决策指导，同时集中管理原则要求企业具备完善的风险管理体系和组织机构。

4. 风险缓释长期监控原则

海外电力工程投资活动持续周期较长，从前期的投资决策、建设施工直至后期的运营维护等，每一阶段均会存在各种风险因素对投资活动造成不同程度的干扰，投资企业需要对风险进行长期监控，始终保持高度的警惕性，适时、适度采取适当的风险控制标准和控制措施，将海外电力工程投资风险降低到最小。

（二）缓释流程

风险缓释主要涉及风险识别、风险分析、风险预警，以及应对策略选择和处置方案制订等主要环节，如图9-3所示。

首先，通过风险识别对投资东道国的风险因素展开系统、全面的梳理工作，如政治风险、经济风险、金融风险、社会风险、自然风险等。不同风险类型会有不同的风险影响因素，如前文对风险体系的详细介绍和说明。

其次，通过风险分析，对风险发生的可能性和可能导致的风险损失进行评估。由于不同风险偏好类型的决策者，对风险的忍受能力存在差异，可以结合决策者偏好，对风险进行针对性评估，以满足企业投资活动实际。

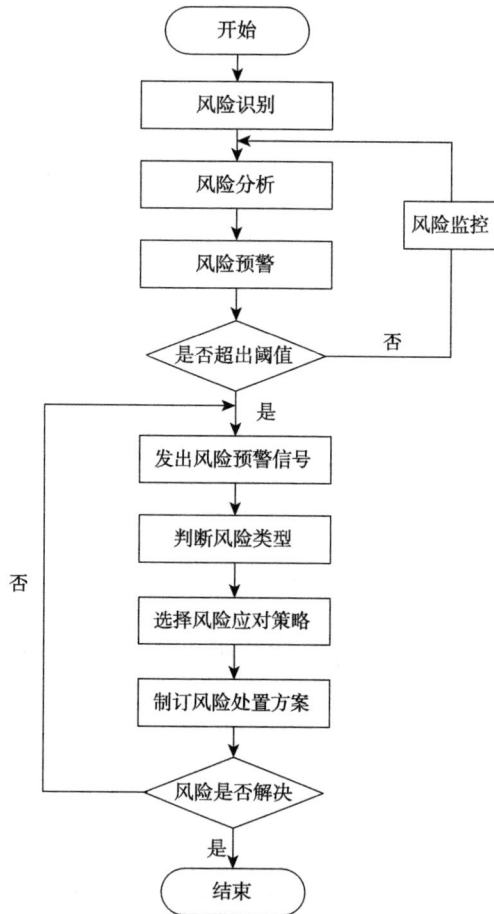

图 9-3　海外电力工程投资风险缓释流程

　　最后，通过风险预警机制，设置相应的风险阈值，对风险水平进行判断，若超过设置的阈值则需要及时发出风险预警信号，否则继续进行风险分析和判断。

　　通过上一环节，风险预警信号发出后，需要快速响应，判断风险类型，根据不同类型的风险选择相应的风险应对策略，并制订相应的风险处置方案。如果风险得以妥善处理，即可结束该阶段风险的控制，并进入下一环节风险的管理和控制活动之中；否则需要再次转入风险预警环节，重新对风险进行判断和选择缓释策略及方案的制订，直至风险得到妥善处理。

　　（三）缓释策略

　　企业在进行海外直接投资时根据不同的风险情况采取针对性的应对策略，

主要包括风险规避、风险转移、风险减轻、风险自留等风险防范策略，具体如图 9-4 所示。

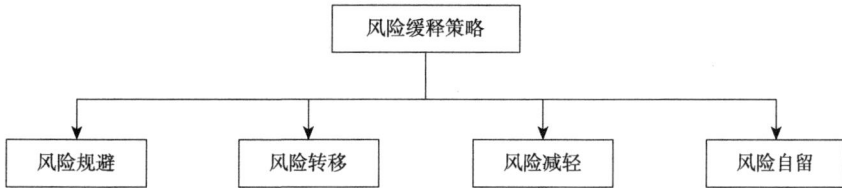

图 9-4 风险应对策略

1. 风险规避

风险规避是指企业在进行海外电力工程投资时，无法承受某一范围的风险，企业对投资风险类型进行系统识别分析并进行评估，发现可能存在较大的风险隐患会对企业利益造成巨大的损失，则企业会选择停止投资活动的开展，以避免给企业带来更大的经济损失。简单来说，该策略是针对企业不值得承担或者无力承担的风险。一般而言，对于高风险的投资项目，企业往往采用这种策略，帮助企业避免遭受重大损失。一个企业在进行海外投资决策时，往往会考虑国家风险及其潜在的风险影响因素。

2. 风险转移

风险转移是企业将海外投资活动可能存在的风险及其所造成的影响和损失通过合法的方式（如保险、担保等），转移给其他机构的应对策略。充分利用组合优化手段，将风险规避、减轻和接受的损失转嫁给第三方。风险转移策略是海外投资企业采用最多的应对策略之一。例如，中国出口信用保险公司、多边投资担保机构等机构提供海外投资保险业务，企业可以通过购买投资保险，转移自身风险。

3. 风险减轻

风险减轻是企业决策部门通过采取相关必要措施，降低投资风险发生的概率或者是减小风险损失影响的应对策略，它也是一种广泛使用的风险应对策略。例如，通过购买外汇衍生品，包括经营性套期保值和金融性套期保值产品，以应对经济风险、金融风险和汇率风险；通过购买主权债衍生品降低国家主权风险，签署单边、双边协议或备忘录以降低或减轻政府执政风险等；通过文化学习和公益活动降低投资国社会风险等。

4. 风险自留

风险自留是针对在企业可承受范围内的风险，企业在分析风险后果时，没有更好的方法应对或者原本就不打算采取措施减低风险或损失，且承担风险后带来的收益大于承担风险所付出部分，通俗讲就是针对值得承担的风险。风险自留政策是指在风险发生后，企业承认和容忍风险可能引起的后果。

由于风险情景存在差异，在制定应对策略时需要区别对待，因此需要依据风险类型和风险影响强度选择合适的应对策略。本章给出风险策略与风险等级对应的关系，具体如表 9-2 所示。

表 9-2　风险应对策略选择

应对策略	风险等级		
	高	中	低
风险规避	●	○	○
风险转移	○	●	●
风险减轻	●	●	○
风险自留	○	○	●

注：●优先；○备用

通过第三章的风险识别与分析，梳理出关键国家风险要素，主要包括政治风险、经济风险、社会风险、法律风险及文化风险等。根据风险测度结果和海外电力工程投资特征，结合风险缓释原则，本节归纳海外电力工程投资中关键要素的国家风险缓释策略与方法，如表 9-3 所示，并针对每一种关键要素进行详细的缓释分析和阐述。

表 9-3　关键国家风险要素缓释清单

风险类型	关键要素	缓释策略	缓释措施
政治风险	政治事变	风险规避	建立风险预警机制和应急机制；建立政治风险防范标准条例；重视本土化战略；注重与本国政府大使馆无障碍联系
	政策变动	风险转移	
	内外冲突	风险规避	
	国有化	风险减轻	
	政府腐败	风险规避	
经济风险	通货膨胀	风险减轻	加强货币结算方式约定；密切关注汇率波动，把握兑换时机；投资协议中强化自我保护；购买投资保险
	汇率风险	风险转移	
	外汇管制	风险自留	
	税率风险	风险规避	

续表

风险类型	关键要素	缓释策略	缓释措施
社会风险	法律权力	风险减轻	避免违反当地法律法规，熟悉当地处理方式；强化企业人员法律知识；尊重当地文化习俗与宗教信仰；遵守劳动法规，严格制定劳动合同；促进当地员工融入企业
	犯罪率	风险减轻	
	文化差异	风险承担	
	罢工风险	风险减轻	
行业风险	价格风险	风险减轻	强化价格信息，组建专业定价队伍；建立价格生产联动机制；加强招标透明力度；加强人员安全保护意识；建立安全生产制度；开展应急预案演练
	成本风险	风险规避	
	竞争风险	风险转移	
	安全风险	风险自留	
	技术风险	风险承担	
	环保风险	风险承担	

第二节　应用分析：以汇率风险为例

一、关键要素选择

本章主要选择汇率风险作为研究对象，进行风险缓释的案例分析。为什么选择汇率风险作为关键要素，主要在于以下几点：首先，"一带一路"沿线国家汇率制度本身暗藏较大风险。从汇率制度上看，根据国际货币基金组织的官方统计，"一带一路"沿线国家的汇率制度可大致分为浮动、管理浮动、固定和欧元区等几种，其中绝大多数国家采用的是浮动或管理浮动的汇率制度，只有马来西亚、科威特、孟加拉国等少数几个国家属于固定汇率制度。与此同时，部分国家由于地缘政治的不稳定，其汇率制度也具有极强的不确定性。因此，从汇率制度上看，绝大多数"一带一路"沿线国家的汇率波动风险较大。

其次，"一带一路"沿线国家汇率风险远高于国际主流货币。我们研究发现，2017年"一带一路"汇率波动率是人民币整体汇率波动率的1.46倍，而2016年是1.24倍。从长期趋势来看，"一带一路"沿线国家汇率指数上涨速度和下跌速度都显著高于人民币整体实际有效汇率指数；从中期来看，"一带一路"沿线国家汇率指数的波动领先于人民币整体实际有效汇率指数，其变动更加敏感；从短期来看，"一带一路"沿线国家汇率指数的波动幅度和频率都大于人民币整体实际有效汇率指数。

再次，"一带一路"沿线国家的汇率风险联动增强。随着"一带一路"沿线各国之间的联系进一步加强，国家汇率波动之间的相关性也随之增强。我们研究发现，2017 年"一带一路"沿线国家的汇率系统性风险较 2016 年提高了 22.4%，"一带一路"沿线国家的汇率风险在各国间传染的概率大幅提升。

最后，目前很多海外工程部分采用当地货币支付，需要充分考虑当地币汇率波动对项目成本造成的潜在风险。若波动较大，可能造成采购、分包成本大大提高。企业采用"带资承包"模式，通过商业银行获得贷款进行融资。如果本币汇率出现波动，同样会影响项目偿还银行贷款的预期，增加融资风险。项目成本和融资成本大幅增加的同时，企业利润自然会下降。汇率波动可能会造成企业利润进一步缩水，从而对企业发展造成无法估量的影响。

鉴于汇率波动与资本市场价格密切相关，对进出口贸易和实体经济中的外国投资产生巨大影响。因此，本节选择汇率风险作为研究对象并展开缓释，以有效指导企业在海外电力工程投资中对汇率风险的防控。

二、汇率风险分析

为有效缓释汇率波动带来的风险，需要对汇率风险的传染机制展开分析。本节内容主要从样本与数据选择、描述性统计分析、风险溢出效应分析等方面逐一展开，其中汇率风险溢出效应分析借助第六章提及的广义预测方差分解提取溢出指数的方法，具体内容如下。

（一）样本与数据选择

在"一带一路"倡议下，中国海外直接投资在"一带一路"沿线国家增长显著，特别是沿大陆航线的中亚国家。据 2017 年中国 FDI 数据可知，中国对中亚五国（哈萨克斯坦、塔吉克斯坦、吉尔吉斯斯坦、土库曼斯坦、乌兹别克斯坦）的直接投资存量 118.10 亿美元。中国与中亚五国具有地缘优势，双方在经贸合作方面有巨大的合作空间。在这种情况下，中亚国家货币对人民币的汇率非常重要。因此，本书以中亚五国为例，探讨"一带一路"沿线国家之间的汇率风险传染网络。为此，选择中亚五国汇率，以人民币计价。本书选择"一带一路"沿线中亚五国作为研究对象，数据来源于 Wind 数据库，时间跨度为 2013 年 9 月 9 日至 2018 年 6 月 22 日。

（二）描述性统计分析

根据国际货币基金组织的官方统计，"一带一路"沿线国家的汇率制度分为浮动汇率制度、硬钉住汇率制度、软钉住汇率制度和其他汇率制度四种。一般而言，硬钉住汇率制度波动性最小，其次是软钉住汇率，其他汇率制度的波动性最大。在中亚五国中，没有国家采用硬钉住汇率制度，塔吉克斯坦、土克曼斯坦及乌兹别克斯坦等三国均采用软钉住汇率制度，哈萨克斯坦采用浮动汇率制度，吉尔吉斯斯坦采用其他汇率制度。中亚五国所采用的汇率制度不同，其波动状况存在差异，各国汇率波动曲线如图 9-5、图 9-6、图 9-7、图 9-8、图 9-9 所示，其中 TJS 代表塔吉克斯坦的货币，KZT 代表哈萨克斯坦的货币，KGS 代表吉尔吉斯斯坦的货币，TMT 代表土库曼斯坦的货币，UZS 代表乌兹别克斯坦的货币，CNY 代表人民币。

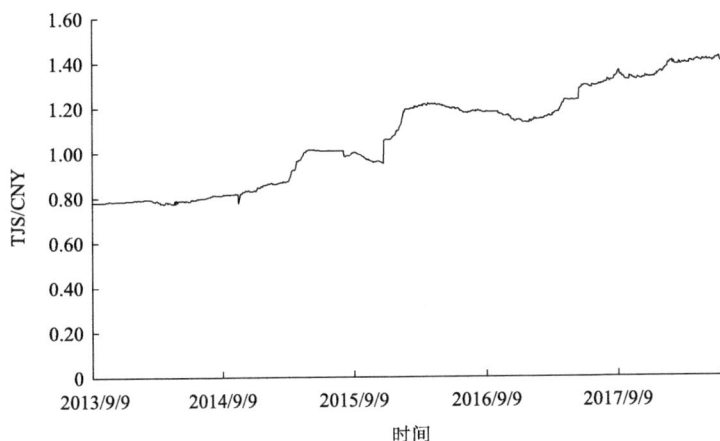

图 9-5　塔吉克斯坦汇率波动曲线

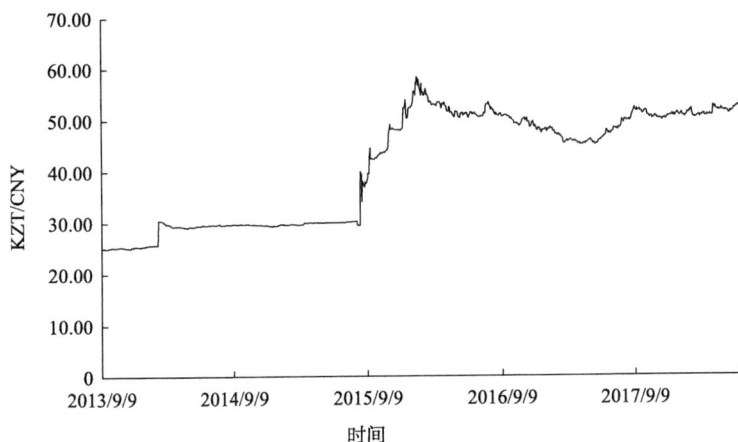

图 9-6　哈萨克斯坦汇率波动曲线

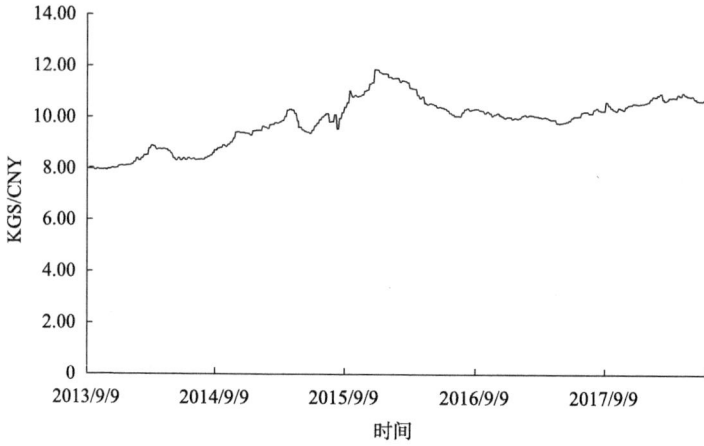

图 9-7　吉尔吉斯斯坦汇率波动曲线

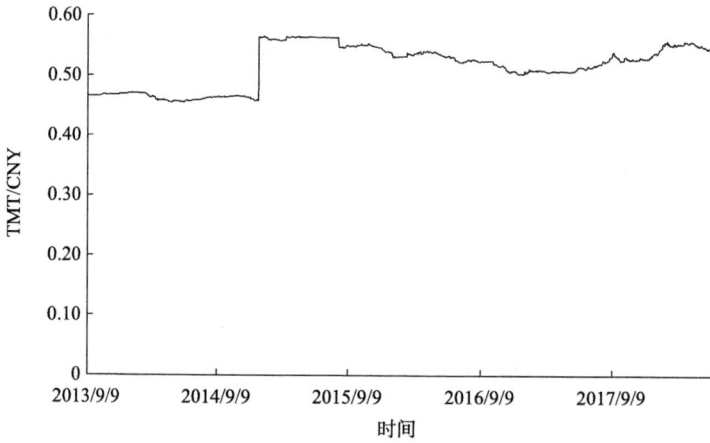

图 9-8　土库曼斯坦汇率波动曲线

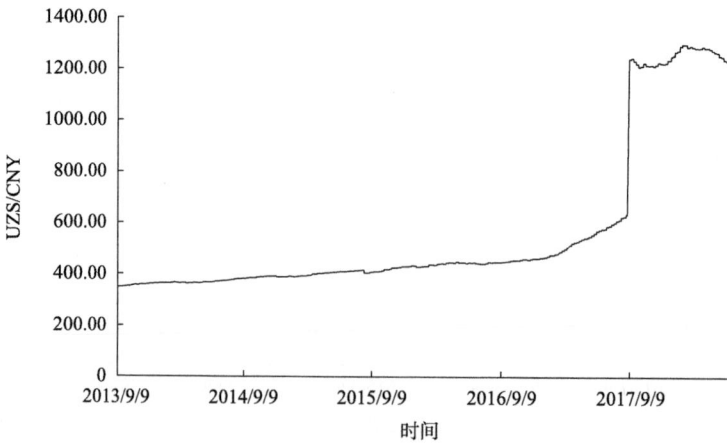

图 9-9　乌兹别克斯坦汇率波动曲线

其中，乌兹别克斯坦的汇率具有最大的平均值，而土库曼斯坦的汇率最小，具体如表 9-4 所示。针对每个国家的汇率标准差而言，乌兹别克斯坦的汇率标准差最高，为 315.3786，表明乌兹别克斯坦的货币市场表现出较大的波动性。有趣的是，汇率偏度表现出明显的分歧，只有乌兹别克斯坦的为正值 1.640 899，而其他均为负值。至于峰度，只有乌兹别克斯坦的峰度值大于 3。值得注意的是，Jarque-Bera[①]的统计数据表明，表 9-4 所有汇率系列都没有正态分布的特征。

表 9-4　汇率统计指标

汇率	均值	最大值	最小值	标准差	偏度	峰度	Jarque-Bera
TJS/CNY	1.071 100	1.422 200	0.772 900	0.214 580	−0.021 096	1.604 114	96.213 74[***]
KZT/CNY	41.038 54	58.360 00	24.980 00	10.598 16	−0.257 834	1.286 243	158.008 5[***]
KGS/CNY	9.886 110	11.868 70	7.944 500	0.968 094	−0.409 400	2.413 323	50.054 80[***]
TMT/CNY	0.516 788	0.565 700	0.455 300	0.036 275	−0.439 428	1.797 580	109.431 3[***]
UZS/CNY	568.605 4	1 299.970	348.220 0	315.378 6	1.640 899	3.884 263	569.904 7[***]

***表示 1%的重要性

为了解汇率序列如何相互关联，本节计算了 Pearson 相关系数，如表 9-5 所示。在这五个国家中，相关系数最高的是塔吉克斯坦-哈萨克斯坦对，其值为 0.891 559，其次是哈萨克斯坦-吉尔吉斯斯坦对（0.840 785），而土库曼斯坦-乌兹别克斯坦对显示出最低的相关系数（0.373 095）。

表 9-5　不同汇率系列之间的 Pearson 相关系数

汇率	TJS/CNY	KZT/CNY	KGS/CNY	TMT/CNY	UZS/CNY
TJS/CNY	1.000 000	0.891 559	0.759 368	0.596 136	0.747 355
KZT/CNY	0.891 559	1.000 000	0.840 785	0.495 002	0.536 344
KGS/CNY	0.759 368	0.840 785	1.000 000	0.770 316	0.443 491
TMT/CNY	0.596 136	0.495 002	0.770 316	1.000 000	0.373 095
UZS/CNY	0.747 355	0.536 344	0.443 491	0.373 095	1.000 000

（三）风险溢出效应分析

如表 9-6 所示，中亚货币市场的总溢出指数仅达到 2.4%，这表明中亚货币市场的内部互动非常弱。至于中亚不同货币对之间的溢出效应，KGS 对 TJS 的溢出效应贡献率最大，为 4.1%，而不同货币对之间的所有其他溢出效应相对较小。此外，KGS 对其他国家的贡献最大，这表明吉尔吉斯斯坦的货币市场在中亚地区扮演着相对重要的角色。此外，其他国家对 TJS 的贡献是最大的，这表明塔吉克斯

---

① Jarque-Bera 检验是用于总体分布的正态性检验的一种方式。正态分布的偏度（三阶矩）S=0，峰度（四阶矩）K=3，若样本来自正态总体，则它们分别在 0、3 附近。

坦的货币市场更有可能受到其他国家的影响。

表 9-6　溢出表（2013/9/10～2018/6/22）总溢出指数＝2.4%

汇率	TJS/CNY	KZT/CNY	KGS/CNY	TMT/CNY	UZS/CNY	来自其他变量
TJS/CNY	93.7	0.8	4.1	1.0	0.4	6.3
KZT/CNY	0.7	98.4	0.5	0.2	0.2	1.6
KGS/CNY	0.1	1.6	98.2	0.1	0.0	1.8
TMT/CNY	1.4	0.2	0.0	98.3	0.1	1.7
UZS/CNY	0.4	0.3	0.1	0.1	99.3	0.7
对其他变量	2.6	2.8	4.7	1.3	0.8	12.2
对所有变量	96.3	101.2	102.8	99.6	100.1	2.4%

全样本溢出指数是静态的，可能忽略了通常归因于各种金融事件的波动，样本期间此类事件的冲击将加剧资产市场之间的溢出效应。因此，我们研究了中亚地区货币市场的时变溢出效应，并通过相应的总溢出指数时间序列评估溢出动态的程度和性质。图 9-10 显示了使用 250 天滚动窗口和 12 步预测范围的时变溢出指数。

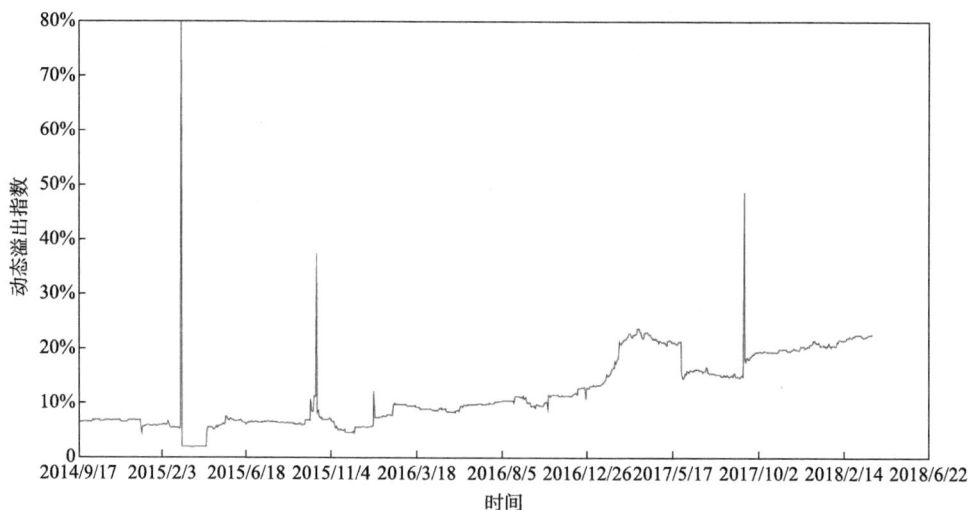

图 9-10　动态总溢出指数（起点 2014/9/17）

2015 年 3 月 28 日，在中国发布《推动共建丝绸之路经济带和 21 世纪海上丝绸之路的愿景与行动》前后，总溢出指数从 6% 左右开始飙升。整体而言，总溢出指数不大于 25%，整段时间还有两个峰值分别发生在 2015 年 11 月 6 日和 2017 年 11 月 17 日。此外，为测试总溢出指数的敏感性，使用备选 H 步长预测误差方差分解和替代 m 天滚动窗口。无论改变滚动窗口的大小还是修改预测步长，溢出指数的测算结果差异不大，这意味着分析结果是稳健且一致的。

三、汇率风险缓释策略

汇率波动由于与资本市场价格密切相关，对进出口贸易和实体经济中的外国投资产生巨大影响，汇率风险传染性极强，需要对其进行合理有效的控制。本章依据风险缓释原则和风险缓释策略（风险规避、风险转移、风险减轻、风险自留），结合汇率风险影响程度分析结果，对于汇率风险缓释而言，应该采取积极的风险应对策略，以风险预防为主，适度控制，并对其进行长期有效的监控，从而能够有效应对汇率风险对企业产生的影响。

（一）汇率风险预防系统

在国家层面建立统一的"一带一路"沿线国家汇率监测预警系统。在宏观的国家层面，基于"一带一路"沿线国家有效汇率指数，建立国家级数据库系统，广泛收集"一带一路"沿线国家相关的各类信息。一方面，利用各种先进的大数据技术对各种异构的实时数据进行快速的分析处理，对短期汇率波动进行预警；另一方面，建立涉及"一带一路"沿线各国的国家风险评估模型，并以此为重要依据对各国的长期汇率风险进行预测，从而为相关企业的对外投资项目和对外承包工程项目的前期评估，提供重要的决策依据，如图 9-11 所示。

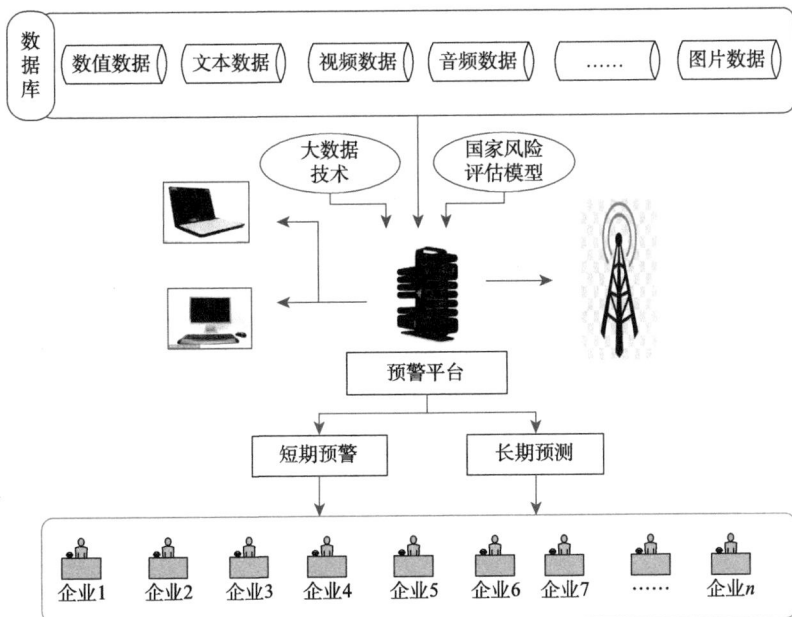

图 9-11　汇率风险预警系统

由国家有关部门联合科研机构编制并实时发布科学、透明的海外投资国家和地区有效汇率指数和系列分区域指数。鉴于目前国内尚未发布官方海外投资国家有效汇率指数，相关企业很难从整体上把握海外投资国家相关业务的汇率风险并进行科学的风险管理。有必要利用转口贸易修正的国家竞争力模型编制科学的海外投资国家有效汇率指数和系列分区域指数，并在相关平台或网站上公开、免费对外每日公布指数走势。

扩展和增强企业海外投资汇率风险防范渠道。国家相关部门的国际合作中心定期组织海外投资相关企业峰会，通过高层论坛的形式提高相关企业对汇率风险防控的认识，并广泛收集相关企业在汇率风险防控方面的实践与建议。与此同时，联合中国人民银行、中国银行保险监督管理委员会、中国证券监督管理委员会等部门，一方面，鼓励相关金融机构开发专门针对"一带一路"沿线国家的汇率避险产品，如汇率远期、期货、期权、互换和信用保险等产品，帮助相关企业在一定程度上对冲中短期的汇率风险；另一方面，继续稳步推进与相关国家签署货币互换协议和人民币结算机制，降低企业长期面临的汇率波动带来的经济风险，同时也可以在区域中推进人民币国际化的进程。

积极推动海外投资项目的资产证券化产品的设计与发行，分散相关企业长期的汇率经济风险。建议由国家发展和改革委员会联合中国银行保险监督管理委员会和相关金融机构，进一步推动相关资产证券化产品的设计与发行，并针对"一带一路"建设相关的项目予以政策上的倾斜与支持。通过针对"一带一路"建设发行资产证券化产品，一方面，可以在最大程度上分散企业长期现金流回收面临的汇率的经济风险，解除企业后顾之忧；另一方面，可以广泛吸收社会资金投资于"一带一路"沿线国家的建设，为相关企业提供极为重要的新型融资渠道。

（二）汇率风险应对系统

经济风险不同于政治风险，其总体来说是可以进行控制的。相较于通货膨胀、外汇风险而言，汇率风险往往会给海外电力工程投资企业带来更多的损失，因此需要格外关注投资东道国整体经济发展态势，尤其是东道国外汇政策和汇率变动等。对于企业而言，汇率风险的有效缓释，需要企业立足自身发展实际，组建专业的分析团队，及时高效评估一国政府外汇政策和汇率变动对企业产生的影响，并及时采取相应的措施，以降低企业的经济损失。对于经济风险，可以采用风险减轻、风险规避和风险转移策略，具体应对方法如图 9-12 所示。

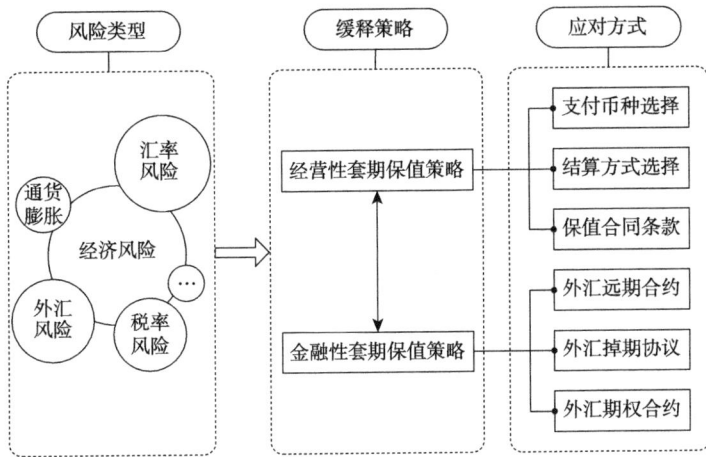

图 9-12　汇率风险缓释框架

1. 经营性套期保值策略

所谓的经营性套期保值策略是指企业充分利用在投资区位上的差异，将不同国家不同区域的资源进行调度和转换，降低投资成本，实现不同市场中的套利，以规避外汇风险。具体来说，海外电力工程投资企业可以通过币种的选择、结算方式的选择（提前、推迟）、保值合同条款等实现经济风险的管理。该策略在企业海外投资经济风险管理中的重要作用体现在以下几个方面。

其一，海外投资企业通过该策略实现折算风险规避与管理。折算风险的有效规避在于企业资金的合理管理，可以借助风险抵冲的方式加以实现。在进行风险规避过程中，关注整体风险组合的收益与损失。其二，实现企业投资交易风险的管理。企业通过谈判协商，与东道国项目干系人达成共识，选择有利的结算币种，或者基于对未来汇率的预测，提出提前或滞后的支付策略。其三，利用经营性套期保值的方法实现经济风险的有效管理。海外投资企业需要关注币值的变动态势，及时、合理调整投资策略，以规避投资期间可能发生的汇率和税率风险。

2. 金融性套期保值策略

不同于经营性套期保值策略，金融性套期保值策略主要是借助金融衍生工具，以实现海外投资企业的经济风险管理。一般来说，海外投资企业的短期外汇交易和折算风险均会有所涉及。海外投资企业可以通过远期合约对冲资产或者是负债的外汇风险，以降低预期套期保值的成本费用，具体包括以下三种金融衍生工具。

其一，采用外汇远期合约。若在未来的某一个时间点，海外投资企业有一笔数量确定的外币收入或者支出，则其适合采用这种方式与银行签订远期合约。海外投资企业利用远期合约来确定外币收入或支出的未来价格，降低或消除价格变动所带来的不确定性。其二，实施外汇掉期协议。该风险规避方式实质上是采用利率产品，双方达成共识以确定数量的两种不同币种进行交换，并且按照约定价格在未来的约定日期再次进行反向交换的行为。这种方式具有灵活多变的形式，可以根据企业自身的实际情况进行合理定制，能够有效规避和缓释汇率波动所带来的经济风险。其三，签订外汇期权合约。外汇期权可以为海外投资企业提供一定数额的汇率保值，还可以在汇率有利于企业时为企业保留一部分利润。区别于其他金融衍生品，由于外汇期权具有权利和义务相互分离的特点，众多海外投资企业选择该金融衍生品以规避经济风险。

第三节　本　章　小　结

本章通过选择汇率风险作为关键要素对海外电力工程投资中国家风险展开缓释研究，为企业投资决策提供决策参考，以保障中国企业经济利益。基于前文介绍，由于汇率制度本身存在的缺陷、汇率风险水平较高及汇率风险的联动性较强等原因，本章确定以汇率风险为关键要素展开研究。利用 VAR 溢出指数法对汇率风险特征展开详细的分析，为具体缓释方法提供决策依据。基于风险缓释原则和流程，选择合适的风险缓释策略，建立汇率风险预警和应对系统。

本章基于广义预测方差分解提取溢出指数，展开汇率风险的波动溢出效益分析，提出"预防为先、适度控制、集中管理及长期监控"的风险缓释原则，给出风险缓释流程和缓释策略，主要包括风险规避、风险转移、风险减轻及风险自留等。由于在"一带一路"倡议下，中国海外直接投资在"一带一路"沿线国家，特别是沿大陆航线的国家，即中亚国家增长显著。在此情况下，中亚国家货币对人民币的汇率非常重要。因此，研究以中亚五国为例，探讨"一带一路"沿线国家间的汇率风险传染网络。研究发现中亚货币市场的内部互动非常弱。吉尔吉斯斯坦的货币市场在中亚地区扮演着相对重要的角色；塔吉克斯坦的货币市场更有可能受到其他国家的影响。

通过以上分析，研究给出海外电力工程投资中汇率风险缓释预防和应对方法，其一，在国家层面建立统一的"一带一路"沿线国家汇率监测预警系统，对短期汇率波动进行预警，对长期汇率风险进行预测；其二，通过经营性套期保值策略和金融性套期保值策略应对汇率风险。

第十章 案例分析与建议

本章主要选择 T 企业海外电力工程投资的 AM 水电站项目展开分析，结合前文的分析框架，首先对 T 企业海外电力工程投资现状与风险特征展开梳理，紧接着对投资案例的相关信息进行提取与介绍，梳理投资风险因素和总结风险缓释策略等。根据企业的投资实践，总结海外投资的经验启示，并提出相应的建议措施，以期更好地促进企业对投资风险的管控。

第一节 T 企业海外电力工程投资现状与风险特征

一、T 企业海外投资现状

（一）海外投资概况

自 2015 年到 2018 年 6 月份，T 企业在境外的投资数额累计超过 184.36 亿元，其中 2015 年投资总额高达 65.21 亿元，尽管自 2016 年开始其投资速度有所放缓，但是投资总量却仍处于较高的水平具体如图 10-1 所示。T 企业在海外投资收益率自 2016 年以来逐渐攀升，2018 年前 2 个季度的收益率高达 29.45%。面对复杂多变的经济环境，T 企业正在加大开拓海外市场。2018 年前 2 个季度其国内市场签约 103 亿元，海外市场合同额超过 60 亿美元。

目前，T 企业积极活跃在海外市场，根据企业的国际化发展战略和海外市场布局，T 企业从最初的产品海外销售、光伏电站的投资与开发发展到如今的 EPC 总包活动，T 企业加大了对国际市场的拓展，在全球设有 12 个常驻办事机构，业务活动遍及乌兹别克斯坦、埃及、几内亚、乌干达、巴基斯坦、土耳其、智利、

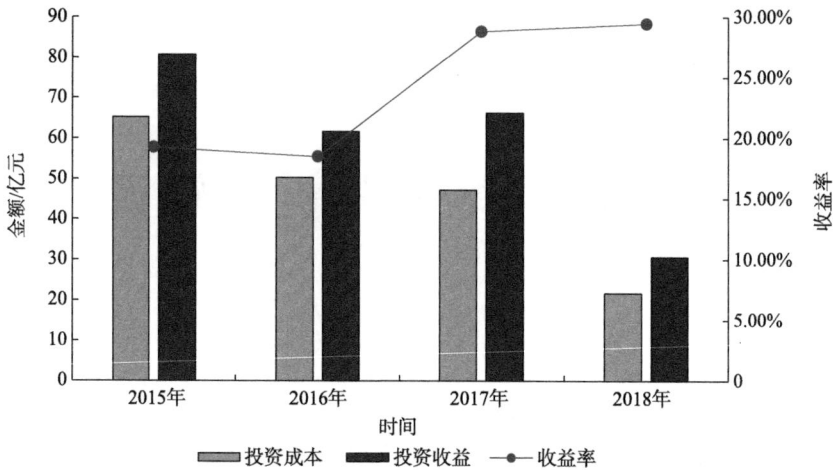

图 10-1 T 企业海外投资成本与收益

资料来源:《T 企业 2015—2018 年度报告》整理

泰国及印度等 20 余个国家和地区,如投资建设巴基斯坦恰希玛核电站、塔吉克斯坦杜尚别 2 号火电站、吉尔吉斯斯坦比什凯克热电厂改造项目等。

(二)海外投资挑战

尽管 T 企业正在加大力度拓宽海外市场,但是由于外部竞争环境的复杂性和自身发展的缺陷,T 企业在海外投资活动中面临以下严峻的挑战,具体包括缺乏长周期的运营管理能力、融资渠道过于单一及全面风险管理能力薄弱等。

1. 长周期运营能力不足

由于 T 企业的发展路径,其业务从最初的产品海外销售、光伏电站的投资与开发发展到 EPC 总包活动,在发展过程中其开展 EPC 总包活动时间相对较短,经验尚不丰富。因此,面对周期长、复杂性极强的电力投资项目在运营管理方面的能力与经验,与国际先进电力工程企业相比,T 企业存在明显的差距。

2. 融资渠道过于单一化

T 企业参与海外电力市场投资活动的资金近 8 成来源于国内的金融机构,与国际金融机构和东道国金融机构的合作联系不足。目前,这种单一化的融资渠道增加了企业进行海外投资的融资难度,此外,过度依赖国内金融机构还减少了其与国际金融机构合作的机会。

3. 全面风险管理能力弱

除了面临常规的电力工程项目投资活动风险因素之外,海外电力市场的投资往往面临更多的风险挑战，如东道国的国家政策、经济社会、文化差异、金融风险、汇率因素及电价波动等。项目投资的全生命周期较为复杂，涉及的风险因素众多，而 T 企业的风险管理能力较为薄弱，在项目投资决策、施工建设和运营维护等各个阶段的风险识别存在问题，往往会导致项目投资失败。因此，企业需要提升自身的全面风险管理能力以适应海外电力市场的严峻挑战。

二、T 企业海外投资风险

T 企业开展海外市场投资活动，像其他对外投资活动一样，均会面临众多风险问题，如政治风险、经济风险等普遍存在于投资活动的整个过程，而部分风险因素，如建设风险、技术风险等只会存在于特定的阶段。当然，部分因素的存在对项目投资活动的影响较小，而一些关键风险因素将会决定投资项目的成功与否。因此，本章根据全寿命周期理论对 T 企业海外投资活动的风险因素进行识别与梳理，确定关键风险因素，从而使其实现更好的管理。

T 企业海外投资在各个阶段具有不同的风险因素，通过企业投资文件进行总结可以得出在投资咨询与决策阶段，存在可行性风险和环境风险；在签约谈判和合同生效阶段，主要存在谈判风险、合同风险、审批风险融资风险及用地风险；而在项目设计采购与施工阶段，主要存在设计、供应、价格、安全等风险；当进入试运行和生产运营阶段，主要存在运行风险和政策及收益风险等。对于持续性风险而言，法律风险、自然风险、政治风险及金融/财务风险等始终存在于项目的各个阶段，具体如图 10-2 所示。

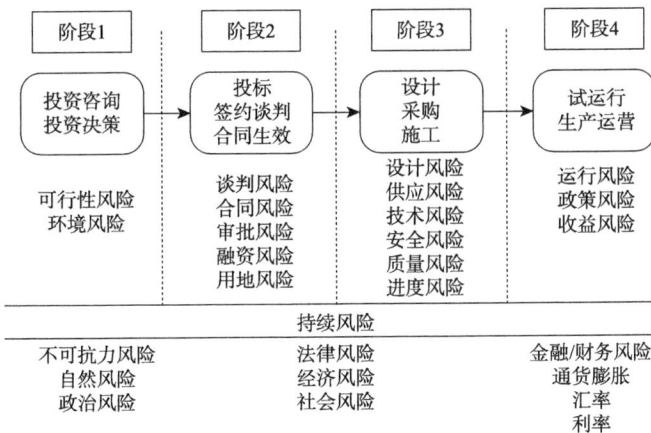

图 10-2　T 企业海外投资风险梳理

通过对各阶段风险因素的梳理，针对 T 企业而言，其海外投资存在政治、经济、法律、社会、技术等关键风险。众所周知，东道国的政治风险具有极大的不确定性，容易受到东道国政府稳定性的影响，一旦发生政治风险，企业的投资项目往往亏损惨重，因而如何识别和测度东道国的政治风险是 T 企业面临的关键风险问题。经济风险的发生，往往通过汇率、利率等形式作用于企业的投资收益，会造成企业的盈利空间严重缩水，甚至令企业产生亏损。法律风险主要是由于 T 企业对当地的法律体系不了解，违反东道国的法律规范；抑或是由于东道国政府为了保护本国企业而制定政策或法规体系给外国企业施加压力。此外，T 企业投资项目具有复杂性和特殊性，对技术要求较高，可能会与东道国的技术标准不匹配，从而引发风险事件。

第二节　T 企业海外电力工程投资案例分析：以 AM 水电站项目为例

一、国别概况

（一）社会经济概况

G 国位于非洲西岸，按自然区分为上、中、下和森林等 4 个区：上区位于东北部，大部分属于 N 河上游平原；中区在 G 国中部地区，经济以牧业为主；下区在 G 国西部是 G 国国内经济最发达的区域；森林区位于 G 国东南部，工业以木材加工为主，有富铁矿和金刚石矿。

G 国共有 20 多个民族，约 85% 的居民信奉伊斯兰教，8% 的居民信奉基督教，其他的居民信奉原始宗教。G 国绝大部分公共投资均来自国外，产品也主要销往国外市场。近年来，G 国政府把争取外援、恢复宏观经济平衡作为经济工作重点。根据 G 国中央银行 2017 年 5 月 31 日发布的统计报告，其关键宏观经济统计数据见表 10-1。

表 10-1　G 国经济社会发展指标（单位：亿美元）

年份	GDP	进出口额	
		进口额	出口额
2012	54.92	8.02	3.05
2013	60.86	7.25	2.70

续表

年份	GDP	进出口额	
		进口额	出口额
2014	65.38	7.46	2.78
2015	65.01	6.89	4.16
2016	75.15	6.96	4.36

（二）资源要素概况

G 国处于非洲西部，国内农业、林业和水力资源丰富，然而化石能源相对贫乏，G 国国内基本无煤炭、石油、天然气等化石能源，目前 G 国正在开展近海石油勘探工作，但均未进入开采阶段。G 国是西非主要河流的发源地，G 国水力资源在西非地区居于首位，有"西非水塔"之称，4 个自然区都有充足的水力可供发电，中区是水力资源最丰富的地区。根据 G 国能源部资料，其可开发的水力资源约为 6000 MW，可保证每年供电 193 亿 kWh，其中下区和中区水力资源最为丰富，分别为 2800 MW 和 2600 MW，上区和森林区水力资源相对较少，分别为 500 MW 和 100 MW。截至 2016 年，其开发的水力资源仅占可开发水力资源的 10%，水力资源开发利用程度较低。G 国水力资源地区分布情况见图 10-3。

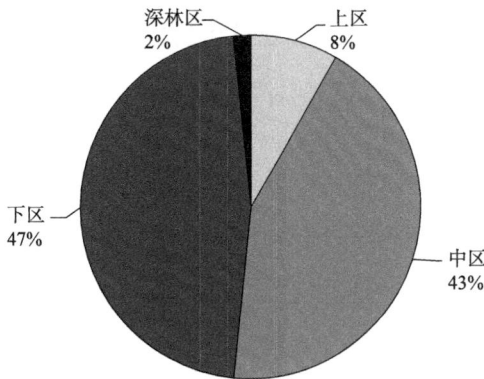

图 10-3　G 国水力资源分布情况图

二、市场前景

（一）电网系统

1. 装机容量

G 国的电力系统目前总装机容量为 679 MW，其总体装机容量十分有限，电力化水平依然很低，截至 2017 年 1 月，全国约有 190 万人用上了电，占全国总人口的比例为 18%。在乡村，使用电力的人口比例则仅为 2.5%。G 国国内的输送网络主要由科纳克里互联网络、中心互联网络、西北部港口的中压电线路组成，电网供电线路总长 1047.95 km，其中 110 kV 线路长 620 km，60 kV 线路长 83 km，30 kV 线路长 344.95 km。新建的水电站必须架设从站址到矿区的专用输电线路，电压等级在 110 kV 以上。

2. 电价机制

G 国为厂网一体的电力市场体系，公共服务领域内的电价由国家相关部门决定。但该法案对电价的制定方法和特许期限内可能开展的电价复议没有明确规定。就 G 国电力公司运营的电站而言，由于电站电网是一家，发电量多少只有统计报表，没有电价结算环节，无上网电价概念。G 国也没有输配电价机制，目前只有用户侧电价（终端用户电价）的规定。

2016 年 9 月 26 日 G 国政府颁布最新的终端用户电价计费标准，并于 10 月 1 日起执行，分成预付费和计量电量两种价格体系。根据 G 国电力公司电力营销部门主管介绍，现有电力用户中政府、企业、国际机构及商业用户的用电占比为 75%～80%，居民用电占比为 20%～25%。营销部门统计的平均销售电价约 21 美分/kWh，如表 10-2 所示。

表 10-2　G 国现行终端用户电价表

用户	预付费	计量电表
居民	2.5～3.5 美分/kWh	1～3 美分/kWh
政府/商业/工业	15.8～16.4 美分/kWh	13～20 美分/kWh
国际机构/大使馆/国际组织		27.8 美分/kWh
政府部门		23.4 美分/kWh

（二）需求预测

法国苏伊士集团下属的 TEF 工程咨询公司于 2016 年 2 月完成了《G 国电力市场分析》，TEF 工程咨询公司的研究是在 2006 年 G 国国家电网发展计划基础上完成的，并更新了原有数据。TEF 工程咨询公司分别按照高、中、低三种方案（乐观方案、中性方案、悲观方案）对 G 国电力公司部门（公共部门）、周边国家需求等进行预测，如表 10-3 所示。

表 10-3　各部门电力需求预测（单位：GWh）

部门	方案	2020 年	2025 年	2030 年	2035 年
	高方案	3 024	4 761	6 529	8 363
公共部门	中方案	2 513	3 082	3 539	3 999
	低方案	2 010	2 949	3 278	3 523

续表

部门	方案	2020 年	2025 年	2030 年	2035 年
矿业部门	高方案	6 002	8 620	8 620	8 620
	中方案	4 220	6 837	6 837	6 837
	低方案	1 892	1 892	1 892	1 892
公共与矿业部门合计	高方案	9 026	13 381	15 149	16 983
	中方案	6 733	9 919	10 376	10 836
	低方案	3 902	4 841	5 170	5 415
周边国家需求	高方案	567	5 229	10 006	10 006
	中方案	439	1 956	4 291	4 291
	低方案	174	273	1 619	1 619
含周边国家需求合计	高方案	9 593	18 610	25 155	26 989
	中方案	7 172	11 875	14 667	15 127
	低方案	4 076	5 114	6 789	7 034

1. 公共需求

根据 G 国电力公司提供数据，2015 年实际电力需求为 1500 GWh，TEF 工程咨询公司以 2015 年为基准年，对 G 国内公共部门需求进行了 2020～2035 年的预测，其中高方案假设经济和人口增长，城市化率和网络覆盖增加，导致经济中的能源消费增加；低方案以经济和人口增长最小参数来预测；中方案考虑经济增长率为国际货币基金组织的预测数据，人口增长假设减速，而城市化略有增长，高压电网络发展按照计划执行，损失情况下降，城市区域的连接率增加，农村地区的连接率略有增加。综合考虑，预测结果表明低方案 2025 年公共部门需求 2949GWh，2030 年需求 3278 GWh；中方案 2025 年公共部门需求 3082 GWh，2030 年需求 3539 GWh；高方案 2025 年公共部门需求 4761 GWh，2030 年需求 6529 GWh。

2. 周边国家需求

TEF 工程咨询公司的《G 国电力市场分析》针对 G 国周边国家需求的研究主要考虑了塞内加尔河流域开发组织（Organisation pour la Mise en Valeur du Fleuve de Sénégal，OMVS）国家，OMVS 国家能源匮乏使其成为 ST 水电站、AM 水电站首要的外部市场。OMVS 国家中马里和毛里塔尼亚目前都有通过进口电力来满足本国电力需求的先例，该假设具有一定客观性。预测低方案 2025 年周边国家需求 273 GWh，2030 年需求 1619 GWh；中方案 2025 年需求 1956 GWh，2030 年需求 4291 GWh；高方案 2025 年需求 5229 GWh，2030 年需求 10 006 GWh，如表 10-3 所示。

（三）电网规划

1. G 国电网建设规划

G 国电网开发计划是由 G 国电力公司在 2006 年完成的，其基于需求预测和水电资源情况建立了国内和国际互联传输网络的开发计划。2011 年 G 国电力公司对某些互联项目和水电项目计划做出更新。G 国电力公司正在大力投入资金对 G 国的电网进行翻新扩建，工作的重心主要是首都及近区的主干网络。G 国电力公司已从法国开发署、欧洲复兴开发银行、伊斯兰开发银行等各机构获得了资金进行配电网络的更新与改造。根据目前已统计的数据，G 国近年正在开展的输变电网配电升级改造项目有 18 项，合计投资约 3.67 亿欧元，项目实施后，网区内用电量年均增长率可达 7.5%左右。

2. 国际连接线路规划

西非电力池是西非经济共同体的常设机构，用于解决地区能源短缺问题。通过能源交换实现地区能源平衡与自给。G 国电力公司与相关地区机构已经完成或正在执行多个基于无线接入网络提供商（wireless access point provider，WAPP）的国际互联互通项目的研究工作。两个主要的国际互联项目已经获得融资，在 2018 年投入服务：其一，冈比亚河流域开发组织（Organisation pour la Mise en Valeur du fleuve Gambi，OMVG）环路，225 kV 输电网络，采用环网单回路架设，架设线路总长 1677 km，输送容量 800 MVA，沿线在各国主要城市建设降压变电站，共计 15 座，变电容量 850 MVA。其二，CLSG①环路，225 kV 链式双回路架设，线路全长 1303 km，终期输电容量 800MVA。

（四）市场空间

按照电力供应预测和需求预测情况，以低～中方案为基础，完成供需平衡如表 10-4、表 10-5 所示。考虑 G 国公共部门需求、矿业需求（不含 T 企业）、T 企业需求及周边国家需求，2025 年总需求为 9244 GWh～16 005 GWh（负荷需求 1136 MW～2639 MW），实际供应能力为 5700 GWh（规划装机 1390 MW），在低方案情况下，电力市场缺口为 3544 GWh（负荷需求 532 MW），中方案情况下，电力市场缺口 10 305 GWh（负荷需求 971 MW）。AM 水电站装机 300 MW，多年平均发电量为 1383 GWh，电力市场空间较大，完全能够被电力市场消纳，如表 10-4、表 10-5 所示。

---

① CLSG 即 Côte d'Ivoire、Liberia、Sierra Leone、Guinea，指西非四国电网互通项目。

表 10-4 G 国电力市场空间电量分析（单位：GWh）

电力供需预测	2020 年	2025 年
（1）G 国电力供应预测	4200	5700
火电站	500	500
现有水电站	400	600
Kaleta	1100	1100
Souapiti	2 000	2 000
Sambangalou	200	200
Koukoutamba		900
Fomi		400
（2）电量需求（低～中）	4 676～7 772	9 244～16 005
公共部门需求	2 010～2 513	2 949～3 082
矿业需求（不含 T 企业）	1 892～4 220	1 892～6 837
周边国家需求	174～439	273～1 956
T 企业需求	600	4 130
（3）电力盈亏（+盈-亏）	−3572～−476	−10 305～−3 544

表 10-5 G 国电力市场空间负荷分析（单位：MW）

类别	2020 年	2025 年
（1）负荷需求（低～中）	906～1594	1136～2639
（2）系统平衡需要装机容量	1087～1913	1363～3167
（3）T 企业用电负荷	133	918
（4）G 国规划装机容量	1000	1390
（5）电力盈亏（+盈-亏）	−394～−220	−971～−532

三、项目概况

（一）项目开发背景

G 国的电力生产主要靠水电站和火电站发电，由于 G 国内煤炭、石油、天然气等资源短缺，其火力发电受限。然而，G 国水力蕴藏量达 6000 MW，水力发电将成为 G 国电力发展的主要方向，但现有水力资源开发不足 10%，无法满足国内需求。因此，需要建设新的水电站以解决 G 国电力供应不足的问题。据勘察发现 AM 水电站极具开发价值，建设 AM 水电站对于缓解 G 国国内电力需求，促进 G 国水电开发，提高其水力资源利用率具有重要意义。

此外，开发水电站项目是 G 国经济发展、社会持续稳定的需要。随着 G 国政局的稳定，政府把争取外援、恢复宏观经济平衡作为经济工作重点。但目前 G 国国内电力供应不足，除首都和几个大区城市有电力供应外，其他县城、村庄基本无电。因此，合理开发 G 国国内丰富的水力资源不但有助于资源的有效利用，解决 G 国能源需求，还可以改善当地生活条件，创造就业机会，促进 G 国经济发展，增强社会稳定性。此外，建设 G 国水电站可以在满足 G 国国内供电需求的基础之上，为矿业发展提供电力供应；实现西非共同体互联互通系统的配置，提升西非地区的电力交易和供应能力；有利于 KT 河实现"流域、梯级、统筹"的综合开发需求。

G 国水电规划的相关工作如图 10-4 所示。1979 年 7 月法国电力集团完成《ST水电站技术可行性研究报告》，推荐优先开发 ST 地区；次年法国电力集团编制 ST水电站招标文件。1980 年 9 月捷克斯洛伐克 Polytechna 公司完成《G 国中区的水电规划总体设计》；1983 年法国科因贝利埃公司与欧洲咨询公司合作完成《G 国下区水电站建设总体规划》《G 国森林区地区水利治理总体规划》《G 国上区地区水利治理总体规划》。2006 年德国 Decon 公司完成《G 国电气化指导性计划和农村电气化工程研究报告》；2008 年中国水电顾问集团国际工程有限公司与 G 国水利能源部签署关于合作开展 G 国共和国水电工作的谅解备忘录。2009 年初，中国水电顾问集团国际工程有限公司编制完成《G 国水电规划报告》；2017 年 T 企业编制《G 国 AM 水电站考察报告》；北京勘测设计研究院完成《G 国 AM 水电站预可行性研究报告》《G 国 AM 水电站可研阶段勘察任务书》等。

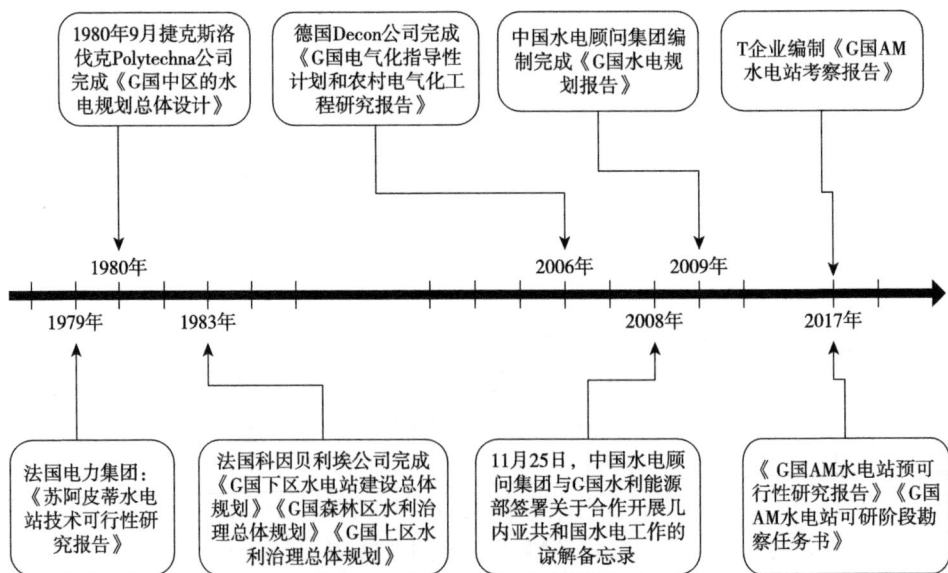

图 10-4　G 国水电规划工作

（二）项目基本情况

1. 项目位置

AM 水电站是 KT 河干流四级水电开发方案的最后一级，位于 KT 河最下游，电站距首都公路里程 129 km，距弗利亚市公路里程约 12 km。KT 河发源于富塔-贾隆高原西侧，在瓦索地区注入大西洋，是 G 国西部地区最具开发条件的河流之一。KT 河流程长、流量大且相对稳定，干流全长约 360 km。

2. 项目规模

AM 水电站采用坝式开发方式，电站正常蓄水位 58.0 m，正常蓄水位以下库容 21.22 亿 m³，死水位 46.0 m，调节库容 11.06 亿 m³。最大坝高 60 m，装机容量 300 MW，装机利用小时数为 4610 h，多年平均发电量 13.83 GWh。电站为一等大（1）型工程，挡水、泄洪、引水、发电厂房及开关站等主要建筑物级别为 1 级，挡土墙、导流墙及护岸等次要建筑物级别为 3 级。

3. 项目周期

施工期分为工程筹建期、工程准备期、主体工程施工期、工程完成期四个阶段。工程筹建期 6 个月，工程总工期 54 个月，其中，工程准备期 11 个月，主体工程施工期 37 个月，工程完成期 6 个月，第一台机组发电工期 48 个月。

4. 项目投资

G 国 AM 水电站工程静态总投资 94 089.48 万美元，工程总投资 109 218.08 万美元；送出工程总投资 8377.24 万美元，工程静态总投资（含送出工程）102 289.48 万美元，单位 kW 静态投资（含送出工程）3409.65 美元/kW。工程总投资（含送出工程）117 595.32 万美元，单位 kW 投资（含送出工程）3919.84 美元/kW。

5. 建设条件

AM 水电站工程区位于向斜盆地的西南翼、大西洋近岸沉降区中。坝址地形属宽缓的"U"形，地形条件相对较好，两岸覆盖层相对较厚，植被发育；坝址区出露基岩为古生界的砂岩及中生代辉绿岩；砂岩岩层近水平，弱风化岩体相对完整；辉绿岩的完整性较好。坝址两岸地表、地下水均向 KT 河排泄，坝址区岸坡稳定条件较好。

工程建设不涉及自然保护区，也无重要的珍稀动植物集中分布地，未发现制约工程建设的重大不利环境影响。AM 水电站的建设具有显著的经济和社会效益，工程施工对局部区域的生态环境也会带来一定的影响，但只要采取适当的防治措施，就能将对环境的影响降低到最低程度。

AM 水电站采用坝式开发，装机容量 300 MW，拦河坝采用碾压混凝土重力坝。泄水建筑物布置于主河床，电站厂房布置在河床左岸，泄水建筑物布置在拦河坝河床，厂房采用坝后式厂房，厂房布置在引水坝段下游。没有影响工程布置和建筑物运行的重大技术问题。

第三节　东道国国家风险分析①

一、风险因素分析

G 国 AM 水电站项目在投资过程中存在技术、组织、管理、经济、政治、社会、环境等方面的风险。根据全寿命周期的阶段划分，通过专家意见对前期投资决策、合同签署阶段、具体实施、投资后期等进行风险耦合。其中，阶段 1（投资咨询与决策）和阶段 2（投标、签约谈判及合同生效）主要存在政治风险和社会风险；阶段 3 和阶段 4 则涉及技术、组织和管理、经济、政治、社会、环境等方面的风险。由于 G 国国内的电力市场前景乐观且电力需求空间较大，因此仅可能发生在采购和生产运营阶段的市场风险对电力投资活动的影响较小；与此同时，技术、组织和管理等项目内部的风险可以通过提升项目投资团队的管理能力来尽可能降低，鉴于此，本章将主要对海外投资过程中的政治、经济、社会文化、环境等国家风险因素展开详细的分析，具体如下。

（一）政治风险

现阶段，G 国国内政治风险水平相对较高。由于实行总统制，总统兼任国家元首和政府首脑，现任总统任期至 2020 年 12 月 21 日，距离下届政府选举还剩一年的时间，各政党均在积极准备竞选。G 国政府机构由中央和地方各级政府组成，而中央政府由总统府、总理府和各部委组成。G 国实行多党制，现有 124 个合法政党，包括人民联盟、民主力量联盟、统一进步党、共和力量同盟、进步复兴联盟等。近一段时间的政治事件，如反政府示威游行等导致 G 国形势不稳定。鉴于此，G 国国内的政治风险处于较高的水平，随时可能因政府换届或不平稳过渡而出现政治风险。

---

① 本章写于 2018 年，本节分析以 2018 年为基准时间。

（二）经济风险

由于埃博拉疫情冲击和国际黄金、石油等原材料价格大幅度走跌，G 国黄金生产和出口下降，外汇收入和财政收入减少，财政赤字扩大。政府投资增加，导致外汇储备大幅减少，G 国货币官方汇率和市场汇率差距拉大。2015 年 G 国政府成功控制了通货膨胀，全年平均通货膨胀率为 8.2%，全年 GDP 增长仅为0.1%。G 国是国际货币基金组织和世界银行公布的世界重债国家之一。近年来随着其在水、电、公路、通信等基础设施方面的投资不断扩大，G 国外债数在不断增加，负担日益沉重。G 国的债权方主要是巴黎俱乐部国家、国际货币基金组织、世界银行、非洲开发银行等。尽管 G 国的经济有转好的表现，但是政治、社会的不稳定性给 G 国的经济带来了重大影响，导致其经济增长微弱，通货膨胀加速，预算赤字加剧。

（三）社会文化风险

G 国社会文化风险处于较高的水平，该国有 20 多个部族，多民族的国家容易因文化差异而出现风险。G 国文盲率仍超过 60%，且在一定程度上具有较高的犯罪率。目前，G 国主要有劳动者工会、工会联合会、雇主协会等非政府组织，其中劳动者工会是该国最大的工会组织，在全国各主要城市具有较大影响力和号召力，也是国际劳工组织的成员。G 国局部地区社会治安形势不容乐观，偷盗、抢劫时有发生，其首都及内地发生数起游行示威事件，造成人员财产损失。G 国为宗教国家，工程区居民主要为穆斯林教徒。施工期间会有大规模人员聚集，来自不同地域的施工人员宗教信仰存在不同程度的差异。要避免来自不同文化背景及拥有不同宗教信仰的施工人群间由于信仰差异而产生冲突，继而对施工期间人员的人身安全及工程安全和进度造成影响。

（四）环境风险

环境、水域、林业和可持续发展部作为 G 国政府的环保机构，主要职责是制定、执行与监督可持续发展与环境保护国家政策与战略；以环保为动力对国民经济、能源、土地资源进行重新规划；研究和批复有关具体部门的环保报告；协调国家环保管理计划的更新行动；提供环保咨询意见；参与国际环保组织的各项活动。《环境开发和保护法》是规定环境保护和管理的法律总框架，近年来 G 国政府加大对环境保护的力度，要求对生产经营可能产生的环境污染事先进行科学评估，同时在规划设计过程中制订好解决方案。电力投资工程，初期蓄水期通过导流底孔下闸进行蓄水，届时坝址下游水量将明显减少。AM 水电站正常蓄水位对应库容为 21.22 亿 m^3，蓄水时间将持续近一个月，初期蓄水期间若不采用任何措施向下游河道泄放一定水量，会造成坝址下游河道断流，将对 KT 河下游水生环境、水生生物、两岸居民取用水及河口湿地造成显著影响。

（五）自然风险

G 国存在雨季和旱季，降雨量约占全年的 90% 以上。KT 河流域雨量充沛，平均降雨量约 2000 mm，自上游向下游降雨逐渐增大，大部分地区的降雨多集中在夜间。G 国旱、雨两季风向有异，洪水成因决定 KT 河流域的洪水特点，流域内 7 月～11 月为汛期。该流域基本上每年发生一次大洪水，主要发生在 8 月份。此外，G 国距离地中海-喜马拉雅山地震带、大西洋海底地震带及非洲东部地震带均较远，整体处于非洲大陆区域构造相对稳定的地区内。但是根据《水电水利工程区域构造稳定性勘察技术规程》区域构造稳定性评价，AM 水电站工程地质资料，该地区属于区域构造稳定性较差地区。库区两岸山体的坡度均较缓，沿岸基本不存在较陡岸坡，岸坡类型以松散堆积物岸坡为主。两岸支流及冲沟的坡降较小，且库岸以覆盖层岸坡居多，库区范围内基本不存在滑坡、崩塌、泥石流等物理地质现象。然而，水库蓄水后覆盖层库岸段局部存在塌岸的可能。

（六）健康风险

水电站建设对人群健康的影响主要体现在施工期大量施工人员聚集可能引发的传染病流行。G 国境内主要传染病包括艾滋病、霍乱、腹泻、结核病、寄生虫和疟疾等。水电工程建设期间，由于施工人员来自不同地区，在卫生管理措施实施不当条件下，大规模人员长期聚集有可能造成传染病暴发，继而给施工人群或附近居民健康带来不利影响。

二、风险缓释策略

G 国 AM 水电站投资过程中的国家风险主要包括政治、经济、社会文化和环境风险等，为此本节结合风险成因，对风险缓释策略进行介绍说明。

（一）政治风险缓释

在国家风险的各类因素中政治风险的影响程度是最大的，一般而言，无法对其做出有效的预测。政治风险一旦发生，造成的损失是巨大的，会对投资活动造成严重的影响。为此，T 企业主要通过投资决策前全面深入了解 G 国当局的实际情况决定是否投资，投资后主动购买保险，风险转移的缓释方法，对政治风险进行合理的缓释。

1. 积极与东道国政府和本国大使馆交流

T 企业在投资决策之前，利用投资推荐会积极与 G 国政府进行有效的交流，及时了解 G 国政府的需求；同时利用中国驻 G 国大使馆，听取投资指南的意见，利用大使馆、办事处或行业协会更好地了解 G 国的实际情况，决定是否投资。T 企业海外投资需要及时了解投资东道国的政治走向，掌握东道国和电力行业的政策导向，及时掌握更多的市场信息。企业人员协助中国驻 G 国使馆的工作，紧密保持与东道国政府官员的紧密沟通和工作往来；通过商会或其他中资机构等渠道获得市场信息，保障信息获得的准确性和及时性。设置专业人员分析东道国政府政策出台的背后原因，及时反馈，以便投资企业及时应对，在最大程度上保障企业自身的利益，减少经济损失。

2. 提前购买投资保险

由于海外电力工程项目的投资数额巨大、投资周期较长，期间可能会发生各种政治事件导致企业因 G 国政治风险而产生损失。因此，积极采取预防措施，通过向多边投资担保机构、中国出口信用保险公司等机构投保，将自身可能面临的政治风险因素与东道国的投资担保机构、投资者所在国及与保险机构利益相关的其他国家进行关联，从而迫使投资东道国在进行资产征收（国有化）、政策制定与颁布等行为时，不得不考虑政治影响。一旦政治风险发生，就投保的投资项目而言，企业可以根据合同约定进行索赔，将政治风险进行转移，从而降低企业的经济损失。

（二）经济风险缓释

由于 G 国国内的经济形势并不乐观，通货膨胀水平较高，经济风险相对来说较为严重。T 企业在投资 G 国 AM 水电站项目时，需要考虑较多的风险因素。T 企业为积极应对经济风险可能造成的损失，建立经济风险缓释小组，专门负责制定相应的措施，应对潜在的经济风险，保障 AM 水电站项目的收益水平。

1. 投资资本结构与融资优化

T 企业需要对资本结构进行合理的优化，注重成本的同时，需要对各类债务和风险水平进行分析，将资金的效率发挥到最大程度。优化资本结构，降低经济金融风险水平，为 AM 水电站项目提供最有利的条件。

2. 商定选择人民币作为交易币种

T 企业与 G 国政府通过谈判协商，达成共识，选择对双方均有利的结算币种，并基于对未来汇率的预测，提出提前支付的策略。因此，企业海外投资需要关注结算币值的变动态势，及时、合理调整投资策略，以规避投资期间可能发生的汇率和税率风险。

（三）社会风险缓释

为妥善处理在 G 国投资电力项目可能面临的社会风险，T 企业专门设置培训，在进入 G 国之前培训工作人员了解我国文化与 G 国文化水平、风俗习惯、宗教信仰等各个方面的差异。梳理因文化差异造成的损失，让员工了解这种差异可能会导致的后果的严重性。同时，由于 G 国的官方语言是法语，因此 T 企业选调相应的小语种人员参与项目，方便沟通与交流。T 企业采取一系列积极的措施，帮助赴 G 国工作的人员尽早适应东道国的文化环境。

（四）环境风险缓释

AM 水电站项目会对当地的自然环境产生一定的影响，因此 T 企业非常重视环境风险的缓释。鉴于 G 国政府对环境保护的力度和相关法律体系的严格标准，对环境风险需要极其重视。T 企业在进行施工设计之前，积极进行实地调研，调研对象包括自然环境、水位变化及上下游的居民生活用水情况。针对具体的情况，将环境保护放在首位，设计相应的施工方案。项目施工结束之后，对施工造成的植被破坏进行复原。通过诸多手段，对环境风险进行最大可能的规避。除此之外，还包括以下具体措施。

1. 加强对施工人员的教育

进一步调查区域内是否有保护动植物，若发现有保护动植物，建议编制建设项目影响区域内保护动植物名录，整理保护动植物图片及习性等相关资料，组织施工人员学习。遇到保护动植物在施工区出现时，立即采取有效措施，尽量减小对保护物种的干扰。建设项目影响区域若分布有其他具有食用价值、药用价值或观赏价值的动植物，建议加强对施工人员保护意识的培养，采取有效措施禁止工人在项目区捕猎野生动物、破坏野生植物，做到爱护野生动植物。

2. 合理布置施工区域

为尽量减小施工噪声及人为活动对项目区动物的干扰，建议合理设置施工区域，避免将施工临时占地区及施工营地布置在陆生动物出没较多的区域。此外，在开展施工爆破及蓄水等环节前，应采取鸣锣等方式对野生动物进行驱赶。

3. 动植物保护及救助

若在现场调查发现重要保护植物，应按照 G 国的有关规定对保护植物进行保护。施工期，若遇到珍稀保护野生动物需要救护，建议成立救助小组，对野生动物进行救护。

（五）自然风险缓释

为了有效应对自然风险对项目投资的影响，T 企业建立水情测报系统，建立系统站网，建立通信组网及强震监测系统。

1. 建立水情测报系统

AM 水电站水情自动测报系统作为电站综合自动化系统的重要组成部分，应用遥测、通信和计算机等先进技术实现对水文数据自动采集、传输、处理，并实现联机实时水情预报。水情自动测报系统能够准确及时收集流域内的雨情信息，为提高水文预报的精度、增加洪水预报的预见期、及时准确地为工程施工期防汛和电站建成后的调度提供科学依据。

2. 建立系统站网

AM 水电站上游有在建的 SO 水电站和已发电的 KA 水电站，AM 水电站水情自动测报系统的覆盖范围为 KA～AM 坝址区间。为了充分利用已建的水情自动测报系统，AM 水电站水情自动测报系统与 SO 水电站水情自动测报系统联网运行。根据流域自然地理特点、洪水特性、水文站网的分布及工程运行对水情预报的要求，SO 水电站水情测报系统由 4 处水文站、1 处遥测水位站和 1 处中心站组成。根据 SO 水电站的水情自动测报系统结合 AM 水电站的实际情况，在 KA 水电站出库处设立水文站，在 AM 电站坝址上游布设 1 个水位站，在厂址的下游布设 1 个流量站，动态了解坝址、厂址的水位流量变化情况。

3. 建立通信组网

根据流域地形地貌特征、现有的通信条件及各种通信方式的特点分析，结合 SO 水电站的组网方式，AM 水电站运行期水情自动测报系统采用通信通道系统（communications gateway system，GSM）通信、超短波和海事卫星三种通信方式，具体需根据当地通信条件确定；施工期也采用运行期水情测报系统组网方式组网。

4. 强震监测系统

AM 水电站项目工程地震强震采用工程数字地震仪监测，设置结构反应台阵，测点布置如下所述：在 20 号表孔坝、24 号非溢流坝段的坝顶和坝体廊道内均设置 1 个地震测点，在 13 号厂房坝段的坝顶设置 1 个地震测点，另外在坝下游距大坝 1 倍坝高以外的自由场地上设置 1 个地震测点，每个地震测点均设置三分量拾震器，共 8 个三分量地震测点，配置 1 套工程数字地震仪。

（六）健康风险缓释

该工程施工前期，应针对施工人员健康情况开展全面调查，避免传染性疾病在施工人员中传播。在工程施工期间，应设置固定的医疗站为施工人员提供健康咨询服务并对施工人员进行定时体检，及早发现潜在的传染源。在工程施工阶段，应尽量避免施工人员与工程区附近居民接触，从而减少外来人员与当地人员间交叉感染的机会。

第四节 T 企业海外投资风险管理建议措施

一、投资决策前，深入调查东道国国别概况以有效规避投资风险

建议在决定是否进入某一国家开展投资活动之前，深入、系统地对东道国的投资环境展开调查。广泛搜集该领域的投资状况，分析存在的诸多风险因素，结合公司自身实际，判断能否妥善处理和应对。如果风险后果能够承担，则可以进入该市场开展投资活动，否则主动选择规避，不进入该国市场。其中，对该国的投资环境展开调查，主要分析东道国的政治环境、经济水平、人文素养、社会局面、金融税收、法律体系，以及电力行业的建设标准、投资优惠、材料市场、基础建设、用工规定等诸多方面。

二、进入市场后，选择合作伙伴/代理人以规避政治与社会风险

一旦决定进入该市场投资电力工程项目，选择合适的当地代理人或合作伙伴非常必要。选择当地代理人或者是合作伙伴，原因在于其对本国的电力行业和电力市场非常熟悉，同时具有一定的经济实力，可以大幅度减少前期调研所花费的精力和时间。此外，通过与当地企业合作，可以降低风险，实现风险水平的分担或规避。此外，在海外投资过程中，不可避免地与当地政府和群众交

涉，而代理人或者是合作伙伴可以积极发挥其自身的优势，使投资活动开展更为顺利。

三、全寿命周期内，优化投资风险管理体系以精准预警与妥善应急

在海外电力工程投资活动中，要时刻关注风险影响程度和发生的可能性，避免给投资活动造成巨大的损失。为此，企业需要优化自身的风险管理体系，及时对风险进行预警且出现问题后要能够妥善处理。建议构建三级风险管理组织架构和优化完善风险管理方法程序。

（一）构建三级风险管理组织架构

T 企业的投资风险管理组织架构包含三个不同的层级，如图 10-5 所示，其中董事会是风险管理决策的最高层级，对风险进行全面负责，审议公司的重大风险问题，确定风险控制计划等。第二层级则主要由总经理、风险管理委员会及审计部门等三部分组成，其中风险管理委员会是企业投资风险管理的核心部门，涉及投融资部经理、风险控制部门经理、法律部经理及市场部经理等。第三层级主要是具体的风险管理部门，主要负责包括投资风险在内的风险管控活动。

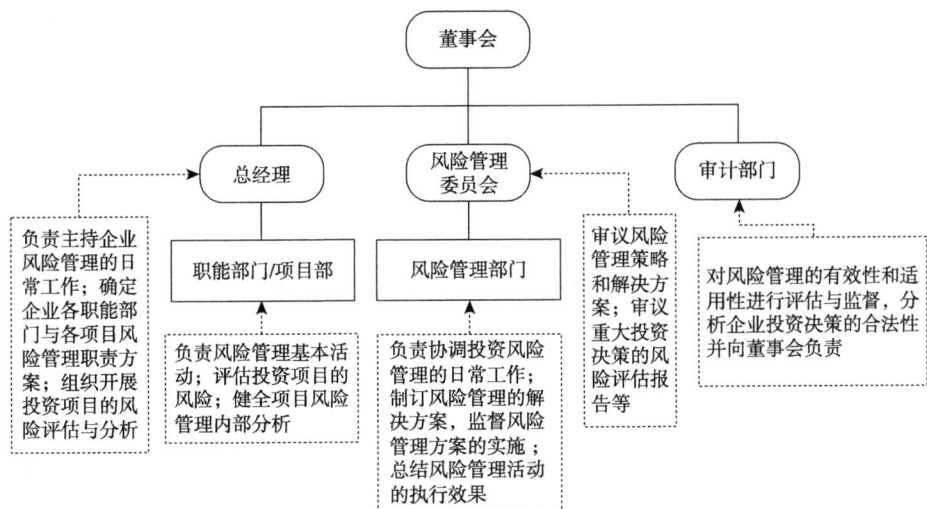

图 10-5　T 企业风险管理组织架构

其中，总经理主要负责主持企业风险管理的日常工作，确定企业各职能部门与各项目风险管理职责方案，组织开展投资项目的风险评估与分析；下设职能部

门或项目部主要负责风险管理基本活动，评估投资项目的风险，健全项目风险管理内部分析。风险管理委员会则负责审议风险管理策略和解决方案，审议重大投资决策的风险评估报告等；风险管理部门负责协调投资风险管理的日常工作，制订风险管理的解决方案，监督风险管理方案的实施，总结风险管理活动的执行效果等。审计部门则对风险管理的有效性和适用性进行评估与监督，分析企业投资决策的合法性并向董事会负责。

（二）优化完善风险管理方法程序

1. 风险识别

T 企业对海外投资风险的识别主要利用历史报告和专家讨论，分析梳理投资风险的主要源头，结合项目特征和所在区域识别风险因素，并通过风险列表汇总风险清单。

2. 风险评估

T 企业对海外投资风险的评估主要通过风险矩阵从风险发生的可能性及风险影响程度两个方面进行评估，其风险评估矩阵如图 10-6 所示。

		后果严重程度				
		极低	低	中等	高	极高
发生可能性 p	极高	5	6	8	12	15
	高	4	5	7	10	12
	中等	3	4	6	8	10
	低	2	3	4	6	8
	极低	1	2	3	4	5

图 10-6　T 企业风险评估矩阵

3. 风险监控

T 企业主要基于审核、评估、监测等方式对海外投资风险进行科学合理的监控，并对风险的识别清单、控制方案和实施效果进行完整的记录。

4. 风险管理流程

结合风险管理组织架构和职责划分，T 企业海外投资风险管理活动的基本流程如图 10-7 所示。

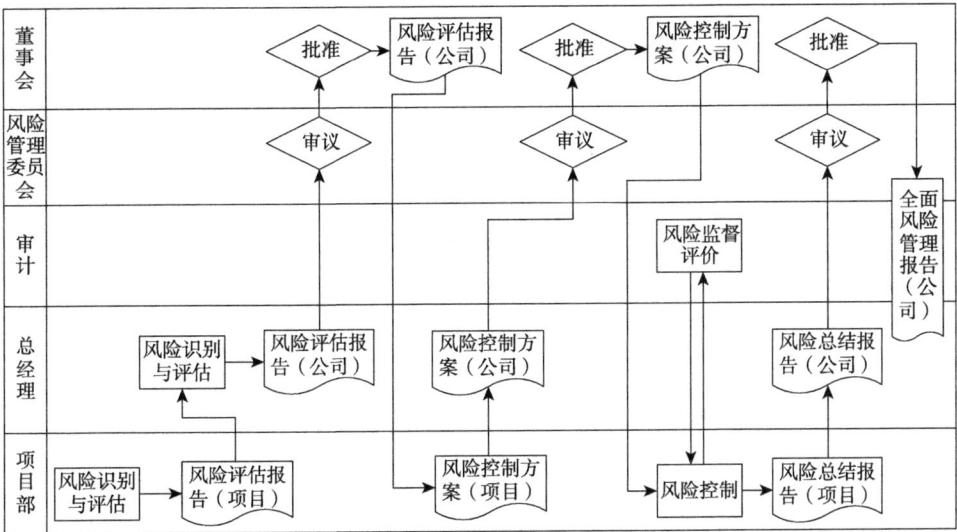

图 10-7　T 企业海外投资风险管理活动流程

第五节　本 章 小 结

　　本章对 T 企业海外电力工程投资现状展开详细的介绍与分析，并梳理其海外投资所面临的关键风险因素，主要包括政治风险、经济风险、法律风险、社会风险、技术风险等。T 企业积极活跃在海外市场，并不断加大对国际市场的拓展。为更好地应对海外投资风险，设置三级投资风险管理组织架构，构建自下而上的风险识别流程体系。本章选取 AM 水电站建设项目，对投资东道国的整体概况、电力市场、项目概况及投资风险等展开深入的分析，并梳理投资风险的缓释与应对策略，进而结合 T 企业在海外进行电力工程投资的风险问题和缓释策略，提出几点相应的建议措施，包括构建三级风险管理组织架构和优化完善风险管理方法程序。

第十一章　结论与展望

随着经济全球化的快速发展，我国电力企业越发频繁地进行海外投资活动，投资规模和投资存量巨大。然而，由于东道国国家风险的不确定性，企业经济利益可能会遭受损失，这使得企业海外投资经营活动面临巨大的挑战。本书立足海外投资中涉及的国家风险，从风险识别、风险评估与分析、风险缓释与应对等方面展开深入的分析，并提出国家风险分析新的框架体系。本章将主要对本书的研究内容进行总结，并展望后续的研究问题。

第一节　主要研究工作与结论

本书的主要工作可以概括为以下九个部分。

（一）归纳中国企业海外电力工程投资的风险特征

通过对国际电力市场发展前景和市场需求状况进行初步分析，掌握国际电力工程市场状况，进而从投资主体、投资规模、投资领域、投资区域等方面梳理我国企业海外电力工程投资状况，最后总结我国企业海外电力工程投资的主要风险特征。海外电力投资的企业以国有企业为主，在业务领域，以水利电力建设为核心，涉及火电、输变电、新能源等多个领域，形成以亚非国家为主，辐射欧美高端市场的多元格局。

风险特征具体表现为：①国际工程承包行业竞争激烈，部分如欧美日韩等发达国家承包企业对海外基础设施市场日益重视。项目所在国政府也在不断地加大对本国企业的扶持，给予贷款利息补贴，导致投资难度加大；②电力工程建设领域业前期投资和各项投入巨大、运营周期和回收周期长，且项目融资条件有限、贷款审查严格等原因导致融资困难，资金成本高企；③全球价值链演变日益深刻，国际金融、贸易、地缘政治等领域的博弈和保护更加复杂激烈，海外投资风险因素增多，导致管理体系复杂。

（二）识别海外电力工程投资中国家风险因素

海外电力工程项目投资活动作为一项极其复杂的系统工程，具有投资数额巨大、投资回收期长、影响因素众多等典型特征，在进行海外电力工程投资活动时，单一阶段的风险管理活动难以有效保障海外电力工程投资活动的顺利开展。基于全寿命周期的海外电力工程投资中国家风险识别与分析研究极其必要。

基于全寿命周期理论，研究利用分解思想将海外电力工程投资全寿命周期进行阶段划分，构建出海外电力工程投资关键事件链，通过采用文献计量和专家访谈等多种形式，对风险类型进行统计，分析每一环节上可能的风险影响因素，重点识别其中涉及的国家风险要素，建立"RBS-WBS"耦合矩阵，形成风险与阶段之间的映射关系。

本书从项目、市场以及国家等层面梳理企业海外电力工程投资存在的风险类型。其中，项目层级风险主要包含技术风险、组织风险和管理风险等类型；市场层级风险是指投资东道国国内的电力市场、建筑市场和建材市场的潜在风险，主要包括东道国市场前景、市场容量、市场基础等影响因素；而国家层级风险主要包含政治风险、经济风险、社会风险、自然环境风险等。

（三）基于评级机构视角的"一带一路"沿线国家风险清单

随着"一带一路"建设的稳步推进，"一带一路"沿线国家在我国整体对外经济往来中的地位逐渐凸显。然而，"一带一路"沿线国家覆盖了东北亚、东南亚、南亚、西亚北非、中东欧、中亚等区域，多为新兴经济体和发展中国家，国内政治经济的成熟度和稳定性较差，经济和市场维度的风险差异较大，这给越来越多的中国企业"走出去"深度参与到"一带一路"建设带来了新的风险挑战。本书从权威国际评级机构视角，选取典型的政治、经济和市场评估指数，勾勒出2013～2018年自"一带一路"倡议提出以来"一带一路"沿线国家风险演化的概况，为中国企业"走出去"提供国别风险信息。

研究结果表明："一带一路"倡议提出以来，在政治风险层面，大部分"一带一路"沿线国家未发生明显变化，少部分"一带一路"沿线国家政治风险发生变化，呈现政治风险减缓或加剧的国家数量相当；在经济风险层面，"一带一路"沿线国家的风险波动较为明显，经济自由程度上升的国家数量多于经济自由程度下降的国家数量；在市场风险层面，"一带一路"沿线国家的风险波动较为明显，营商环境更便利的国家的数量多于营商环境更不便利的国家的数量。在"一带一路"沿线国家中，缅甸、巴基斯坦、黎巴嫩，以及也门、阿富汗、东帝汶、叙利亚、老挝、伊拉克、马尔代夫、尼泊尔、塔吉克斯坦等国的国家风险需要引起重视，在投资中谨慎评估。

（四）考虑决策者偏好的海外电力工程投资风险度量

国家风险评级是典型的需求驱动型，决策目标的不同导致了模型方法选择存在差异。本书面向海外电力工程投资中的国家风险，遵循"确定决策目标—选择要素指标—构建风险集成模型—划分风险等级"，给出具有普适性的国家风险评价体系框架。

国家风险是客观存在的，然而风险承担者因其风险承受力、规避能力等风险偏好而对风险的容忍程度有所差异，因此在特定的决策目标下，其决策者所需要的风险信息，不仅应包括客观的国家风险信息，还应考虑决策者风险偏好。为此，本书拟引入模糊测度方法识别国家风险结构中政治、经济等要素间的风险互补、冗余和独立等交互作用，重点刻画决策者对风险要素的"容忍度"，进而实现对国家风险决策与管理中决策者风险偏好的刻画，开发考虑国家风险交互作用的海外电力工程投资风险度量技术。

本书研究结果表明：在局部容忍度风险测度中，不同风险偏好水平下，同一国家的风险水平存在明显差异；k 值不同，全局容忍度下国家风险测度结果存在较大差异，且在激进型决策视角下，随着 k 值增加，国家风险会不断增大，然而对于保守型决策者而言，国家风险随着 k 值增大而减小。

（五）海外电力工程投资国家主权风险溢出网络特征

国家风险测度属于多属性评价与决策问题，往往受限于数据频率，该方法的使用需要构建评价指标体系，依靠评价专家的经验判断，对评价者的经验和知识体系要求较高。在海外投资和运营阶段中，企业投资决策者往往需要更加及时、更加高频、更易获取的国家风险信息作为决策参考。主权信用违约互换利差因其反映了市场参与者对债务国金融健康程度的认知而经常被看作主权风险的有效表征，且主权 CDS 利差因其属于高频的日度数据，能够有效弥补多属性评价中数据低频的问题而被广泛采用。

为此，本书从地缘政治空间入手，针对不同地理/经济区位的国家，面向由若干国家构成的国家组合，引入复杂网络方法，绘制出特定区位内的国家风险传染网络，分析某一国家的国家风险要素对他国风险结构的影响程度、传染路径与传染范围等动力学特征。

通过分析发现,"一带一路"沿线25个国家主权CDS利差系统内部的总溢出指数达到69.10%,表明区域内主权CDS利差市场间的内部关联较为紧密。土耳其、罗马尼亚、波兰和保加利亚等10个国家是主权风险的净传递方,其中7个处于中东欧地区,中东欧国家在溢出网络中处于主导地位,10个净传递国家中土耳其净传递效应最强,为43.2%。西亚6国除土耳其外皆为净接收方,东盟5国除菲律宾外皆为净接收方。本书通过识别网络中的系统性重要国家,并刻画特定国家在区域风险传染网络中的"驱动者"、"中介"以及"跟随者"等风险角色的转化模式,从更为宏观的国家组合层面为决策者提供目标国及关联国家的风险信息。

(六)基于多因素驱动的电力工程市场需求预测

对电力工程市场需求的分析和准确预测是有效电力工程投资的重要前提。电力工程市场涵盖范围广泛,各个部分和环节之间相互联系和促进。在认真梳理电力工程市场内涵的基础上,本书将装机容量作为预测的主要标的。首先,分析装机容量的影响因素,在此基础上剖析影响机理,并就关键影响因素间的因果关系展开梳理;其次,针对各个影响因素,研究分析数据的可获得性,并在充分考虑数据可获取性与相关指标代表性的基础上,对关键变量进行指标替代与选取,开展基础数据的分析;再次,从基于多因素的预测的技术方法入手,构建电力工程市场需求预测框架;最后,基于构建的装机容量需求预测框架对中亚5国开展实证分析。

结果发现未来中亚5国电力工程市场的需求呈现稳定上升的趋势。受自然资源、经济环境等的影响,中亚5国电力工程市场的需求呈现出共性又有所差异,其中,哈萨克斯坦和土库曼斯坦未来装机容量增加,仍主要以化石燃料发电为主,同时可再生能源发电装机容量的增加速度也较快。乌兹别克斯坦化石燃料装机容量发展较快。吉尔吉斯斯坦和塔吉克斯坦的装机容量以水力发电为主,未来化石燃料装机容量会有所增长。

(七)考虑多模态特征的国家风险预测

国家风险是一个国家风险状况的综合反映。在海外电力工程投资过程中,由于各国经济结构、政策、自然环境和社会文化的差异而产生的风险可能会改变特定投资或交易的盈利前景。国家风险已成为影响全球投资战略和国际资本流动的关键因素。预测东道国的国家风险对于海外电力工程投资至关重要。

由于国家风险具有明显的复杂性特征,本书将分解集成思想引入国家风险的预测,将4种主流的分解算法与ELM、SVR、FNN相组合,构建了12种混合预测方法。选择了ICRG综合、政治、经济和金融风险数据,开展预测分析。本书通过将分解集成混合模型与包括 ARIMA 模型在内的 4 种基准模型相对比，发现了"分而治之"思想用于国家风险预测的优势。此外，本书将 12 种混合预测方法从分解方法和预测模型维度进行对比分析，结果发现了分解方法中 SSA 表现较好，预测模型中 ELM 模型表现优异。

（八）面向关键国家风险要素的海外电力工程投资风险缓释

海外电力工程投资的复杂性，特别是东道国国家风险，给中国企业"走出去"带来了极大的不确定性。本书遴选出关键国家风险要素列表，提出了海外电力工程投资风险缓释基本框架。由于汇率制度本身存在的缺陷、汇率风险水平较高以及汇率风险的联动性较强等，本书确定以汇率风险为关键要素展开研究。利用 VAR 溢出指数法对汇率风险特征展开详细的分析，为具体缓释方法提供决策依据。基于风险缓释原则和流程，选择合适的风险缓释策略，建立汇率风险预警和应对系统。

基于广义预测方差分解提取溢出指数，展开汇率风险的波动溢出效益分析，提出"预防为先、适度控制、集中管理及长期监控"的风险缓释原则，给出风险缓释流程和缓释策略，主要包括风险规避、风险转移、风险减轻以及风险自留等。由于在"一带一路"倡议下，中国海外直接投资在"一带一路"沿线国家，特别是沿大陆航线的国家，即中亚国家增长显著。在此情况下，中亚国家货币对人民币的汇率非常重要。因此，本书以中亚 5 国为例，探讨"一带一路"沿线国家间的汇率风险传染网络。研究发现中亚货币市场的内部互动非常弱。吉尔吉斯斯坦的货币市场在中亚地区扮演着相对重要的角色；塔吉克斯坦的货币市场更有可能受到其他国家的影响。

通过以上分析，本书给出海外电力工程投资中汇率风险缓释预防和应对方法，其一，在国家层面建立统一的"一带一路"沿线国家汇率监测预警系统，对短期汇率波动进行预警，对长期汇率风险进行预测；其二，通过经营性套期保值策略和金融性套期保值策略应对汇率风险的影响。

（九）国家风险约束下的"一带一路"沿线国家海外电力工程投资

"一带一路"沿线国家在政治、经济、社会以及工程环境等方面的风险差异较大，跨区域贸易与投资面临着由各种国家层面差异带来的不确定，这使得对"一带一路"沿线国家的国家风险识别分析成为开展对外投资运作的重要前提。

本书选取 T 企业海外电力工程投资的 AM 水电站项目作为案例，分析了该项目投资所面对的项目、市场和国家层面的风险要素，并针对东道国国家风险，分别针对投资决策前、进入市场后以及全寿命周期内提出了相应的风险缓释策略建议。

第二节　未来研究展望

本书通过对海外电力工程投资中国家风险分析和风险缓释进行研究,基于"风险识别—风险评估—风险缓释"构建了系统的国家风险分析框架,将国家风险视为复杂的系统展开研究。

后续研究将重点从以下几个方面展开。

(1)样本与数据基础。针对本书实证分析的样本与数据而言,由于样本与数据的可获取性难以保证,本书所选取的样本和数据结构存在差异。因此,未来将实现该分析框架下统一样本及时间跨度的系统深入分析。

(2)国家风险评价模型。本书所提出的基于模糊测度的国家风险评价模型,其前提假设是最大熵原则,即所有符合已有信息或知识的概率分布中,应该选择有着最大不确定性或最具"一般性"的概率分布。后续研究将进一步对假设条件进行放宽,以进行深入分析。同时,本书研究中仅考虑存在单一决策者的问题,尚未考虑存在多个决策者的情况,因此后续研究中将对多决策者集成问题进行深入的研究。此外,国家风险评价指标体系仍需进一步完善与优化。

(3)关键风险要素缓释。本书在关键国家风险要素分析时,重点分析了汇率风险,并制定了相应的风险缓释策略。由于国家风险体系的复杂性,在后续研究中作者将针对特定的关键国家风险要素展开全面、持续、深入、动态的分析,以保障企业海外投资活动顺利开展。

(4)国家风险理论与投资实践相融合。后续工作的开展,将大力促进国家风险理论与企业海外投资实践相融合,实现企业海外投资业务与国家风险管理的相辅相成,提升企业跨国经营能力与全面风险管控能力。同时,在企业海外投资实践中,不断应用、丰富和完善国家风险管理理论。

参 考 文 献

格雷 C F，拉森 E W. 2003. 项目管理教程. 黄涛，张会，徐涛，等译. 北京：人民邮电出版社.

郭莉，王朋，方向，等. 2018. 电网项目海外投资案例研究与风险识别. 科技管理研究，38（18）：249-255.

韩叶. 2019.非政府组织、地方治理与海外投资风险——以湄公河下游水电开发为例. 外交评论（外交学院学报），36（1）：81-112.

郝俊. 2021. 时序集成预测方法及应用研究. 北京：中国科学院大学.

何金花，田志龙. 2019. 中国海外投资项目政治风险的演化：基于合法性视角的案例研究. 管理评论，31（6）：277-288.

李福胜. 2006. 国家风险：分析·评估·监控. 北京：社会科学文献出版社.

李建平，何琬，孙晓蕾. 2010. 中国主要石油进口来源国国家风险预测模型与应用.数学的实践与认识，40（7）：53-62.

李建平，孙晓蕾，范英，等. 2011. 国家风险评级的问题分析与战略思考. 中国科学院院刊，26（3）：245-251.

李建平，孙晓蕾，何琬，等. 2014. 资源国国家风险：理论、评估方法与实证. 北京：科学出版社.

李建平，王军，冯倩倩，等. 2021b. 基于多元驱动因素的主权 CDS 利差预测研究. 计量经济学报，1（2）：362-376.

李建平，姚晓阳，孙晓蕾. 2021a. 相关性视角下的国家风险研究. 北京：科学出版社.

李彧. 2016. 海外投资项目风险管理——以委内瑞拉投资硅酸钙板厂为例. 北京：中国科学院大学.

刘畅，陈建明，孙晓蕾. 2016. "一带一路"沿线资源国国家风险与出口潜力区位选择. 中国能源，（3）：19-24.

刘超，徐君慧，周文文. 2017. 中国金融市场的风险溢出效应研究——基于溢出指数和复杂网络方法. 系统工程理论与实践，37（4）：831-842.

马旭平，郝俊，孙晓蕾，等. 2019. 基于工作分解结构-风险分解结构（WBS-RBS）耦合矩阵的海外电力工程投资风险识别与分析. 科技促进发展，15（3）：225-233.

梅震宇，金峰. 2020. 国际工程项目风险管理最佳实践及启示. 国际经济合作，（6）：148-156.

牛田青. 2015. 中国-巴西政府间工程总承包项目风险管理研究与应用. 北京：中国科学院大学.

潘彬，葛青，汤洋. 2021. 中缅铁路工程建设中风险监测模型构建与实证检验. 经济地理，41（3）：58-65.

任南，韩冰洁，何彦昕. 2014. 基于 WBS-RBS-DSM 的项目风险识别与评估. 系统工程，32（11）：96-100.

孙晓蕾，杨玉英，李建平. 2014. 系统性风险动态特征与国家风险评级差异性——以金砖五国为例. 管理科学学报，17（11）：57-68.

孙晓蕾，姚晓阳，杨玉英，等. 2015. 国家风险动态性的多尺度特征提取与识别：以 OPEC 国家为例. 中国管理科学，23（4）：1-10.

汤铃，李建平，孙晓蕾，等. 2012. 基于模态分解的国家风险多尺度特征分析. 管理评论，24（8）：3-10.

汤铃，余乐安，李建平，等. 2016. 复杂时间序列预测技术研究：数据特征驱动分解集成方法论. 北京：科学出版社.

唐礼智，刘玉. 2017. "一带一路"中我国企业海外投资政治风险的邻国效应. 经济管理，39（11）：6-20.

王军. 2020. 主权信用违约互换市场行为特征及预测研究. 北京：中国科学院大学.

王楠. 2020. 我国石油行业海外投资风险变化及应对. 宏观经济管理，（7）：72-77.

王绍锋，陶自成. 2017. 巴基斯坦 BOT 水电投资项目 SWOT 分析及投资策略. 国际经济合作，（5）：69-72.

隗京兰，李付栋，刘健哲. 2013. 海外 BOT 项目的风险管理——老挝水电市场 BOT 项目的风险分析及防范措施. 国际经济合作，（1）：58-60.

肖欣，王哲，张慧帅. 2020. "中巴经济走廊"电力投资项目运营风险评估. 国际经济合作，（6）：138-147.

徐威. 2015. 乌兹别克斯坦天然气管道压气站 EPC 项目风险管理研究. 北京：中国科学院大学.

姚晓阳. 2017. 国家风险相关性测度方法与实证分析. 北京：中国科学院大学.

尹力博，柳依依. 2016. 中国商品期货金融化了吗?——来自国际股票市场的证据. 金融研究，（3）：189-206.

张劲，索玮岚. 2020. 考虑风险关联性和随机性的交通基础设施建设风险评估方法研究. 管理评论，32（6）：45-55.

张一力，周康，张俊森. 2018. 海外市场、制度环境与本土集聚. 经济研究，53（10）：142-157.

周伟，陈昭，吴先明. 2017. 中国在"一带一路"OFDI 的国家风险研究：基于 39 个沿线东道国的量化评价. 世界经济研究，（8）：15-25，135.

朱学红，谌金宇，邵留国. 2016. 信息溢出视角下的中国金属期货市场国际定价能力研究. 中国管理科学，24（9）：28-35.

Aboura S, Chevallier J. 2015. A cross-volatility index for hedging the country risk. Journal of International Financial Markets Institutions and Money, 38: 25-41.

Angilella S, Corrente S, Greco S. 2015. Stochastic multiobjective acceptability analysis for the Choquet integral preference model and the scale construction problem. European Journal of Operational Research, 240: 172-182.

Annaert J, de Ceuster M, van Roy P, et al. 2013. What determines Euro area bank CDS spreads? Journal of International Money and Finance, 32 (1): 444-461.

Asandului M, Lupu D, Mursa G C, et al. 2015. Dynamic relations between CDS and stock markets in Eastern European countries. Economic Computation and Economic Cybernetics Studies and Research, (4): 151-170.

Asgharian H, Hess W, Liu L. 2013. A spatial analysis of international stock market linkages. Journal of Banking & Finance, 37 (12): 4738-4754.

Badaoui S, Cathcart L, El-Jahel L. 2013. Do sovereign credit default swaps represent a clean measure of sovereign default risk? A factor model approach. Journal of Banking & Finance, 37 (7): 2392-2407.

Baek I M, Bandopadhyaya A, Du C. 2005. Determinants of market-assessed sovereign risk: economic fundamentals or market risk appetite?. Journal of International Money and Finance, 24 (4): 533-548.

Beirne J, Fratzscher M. 2013. The pricing of sovereign risk and contagion during the European sovereign debt crisis. Journal of International Money and Finance, 34 (1): 60-82.

BenSaïda A. 2018. The contagion effect in European sovereign debt markets: a regime-switching vine copula approach. International Review of Financial Analysis, 58: 153-165.

Berny J, Townsend P. 1993. Macrosimulation of project risks—a practical way forward. International Journal of Project Management, 11 (4): 201-208.

Biresselioglu M E, Kilinc D, Onater-Isberk E, et al. 2016. Estimating the political, economic and environmental factors' impact on the installed wind capacity development: a system GMM approach. Renewable Energy, 96: 636-644.

Blommestein H, Eijffinger S, Qian Z X. 2016. Regime-dependent determinants of Euro area sovereign CDS spreads. Journal of Financial Stability, 22: 10-21.

Bouchet M H, Clark E, Groslambert B. 2003. Country Risk Assessment: A Guide to Global Investment Strategy. New York: John Wiley&Sons Ltd.

Bouri E, de Boyrie M E, Pavlova I. 2017. Volatility transmission from commodity markets to sovereign CDS spreads in emerging and frontier countries. International Review of Financial Analysis, 49: 155-165.

Bouri E, Jalkh N, Roubaud D. 2019. Commodity volatility shocks and BRIC sovereign risk: a

GARCH-quantile approach. Resources Policy, 61: 385-392.

Brown C L, Cavusgil S T, Lord A W. 2015. Country-risk measurement and analysis: a new conceptualization and managerial tool. International Business Review, 24 (2): 246-265.

Cantor R, Packer F. 1996. Determinants and impact of sovereign credit ratings. Economic Policy Review, 2: 37-53.

Chen H Y, Chen S S. 2018. Quality of government institutions and spreads on sovereign credit default swaps. Journal of International Money and Finance, 87: 82-95.

Chen L, Liu Z B, Ma N N. 2019. Prediction and analysis of generation installed capacity in China. IOP Conference Series: Earth and Environmental Science, 237 (6): 062020.

Cincotti S, Gallo G, Ponta L, et al. 2014. Modeling and forecasting of electricity spot-prices: computational intelligence vs classical econometrics. AI Communications, 27 (3): 301-314.

Clements M P. 2019. Do forecasters target first or later releases of national accounts data?. International Journal of Forecasting, 35 (4): 1240-1249.

de Santis R A. 2014. The euro area sovereign debt crisis: identifying flight-to-liquidity and the spillover mechanisms. Journal of Empirical Finance, 26: 150-170.

Desbordes R. 2010. Global and diplomatic political risks and foreign direct investment. Economics & Politics, 22 (1): 92-125.

Diebold F X, Yilmaz K. 2009. Measuring financial asset return and volatility spillovers, with application to global equity markets. The Economic Journal, 119 (534): 158-171.

Diebold F X, Yilmaz K. 2012. Better to give than to receive: predictive directional measurement of volatility spillovers. International Journal of Forecasting, 28 (1): 57-66.

Duan F, Ji Q, Liu B Y, et al. 2018. Energy investment risk assessment for nations along China's Belt & Road initiative. Journal of Cleaner Production, 170: 535-547.

Duyvesteyn J, Martens M, Verwijmeren P. 2016. Political risk and expected government bond returns. Journal of Empirical Finance, 38: 498-512.

Ebrahim M S, Nguyen D K. 2016. Evolving capital markets in the era of economic uncertainty. International Review of Financial Analysis, 46: 237-238.

Eichler S, Plaga T. 2017. The political determinants of government bond holdings. Journal of International Money and Finance, 73: 1-21.

Favero C A. 2013. Modelling and forecasting government bond spreads in the euro area: a GVAR model. Journal of Econometrics, 177 (2): 343-356.

Feng Q Q, Sun X L, Hao J, et al. 2021. Predictability dynamics of multifactor-influenced installed capacity: a perspective of country clustering. Energy, 214: 118831.

Glova J. 2014. Country risk in the CESEE countries: a fundamental beta approach. Procedia Economics and Finance, 15: 100-107.

Haendel D， West G T， Meadow R G. 1975. Overseas Investment and Political Risk. Philadelphia：Foreign Policy Research Institute.

Hao J，Sun X L，Feng Q Q. 2020. A novel ensemble approach for the forecasting of energy demand based on the artificial bee colony algorithm. Energies，13（3）：550.

Hassan M K，Maroney N C，El-Sady H M，et al. 2003. Country risk and stock market volatility，predictability，and diversification in the Middle East and Africa. Economic Systems，27（1）：63-82.

He K J，Yu L，Lai K K. 2012. Crude oil price analysis and forecasting using wavelet decomposed ensemble model. Energy，46（1）：564-574.

He K J，Zha R，Chen Y H，et al. 2016. Forecasting energy value at risk using multiscale dependence based methodology. Entropy，18（5）：170.

Hoti S. 2005. Modelling country spillover effects in country risk ratings. Emerging Markets Review，6（4）：324-345.

Hoti S，McAleer M，Shareef R. 2007. Modelling international tourism and country risk spillovers for Cyprus and Malta. Tourism Management，28（6）：1472-1484.

Huang G B，Zhu Q Y，Siew C K. 2006. Extreme learning machine：theory and applications. Neurocomputing，70：489-501.

Huang T，Wu F，Yu J，et al. 2015. International political risk and government bond pricing. Journal of Banking & Finance，55：393-405.

Hussain A，Rahman M，Memon J A. 2016. Forecasting electricity consumption in Pakistan：the way forward. Energy Policy，90：73-80.

Iloie R E. 2015. Connections between FDI，corruption index and country risk assessments in central and eastern Europe. Procedia Economics and Finance，32：626-633.

Jaynes E T. 1957. Information theory and statistical mechanics. Physical Review，106（4）：620.

Jiang P，Li R R，Liu N N，et al. 2020. A novel composite electricity demand forecasting framework by data processing and optimized support vector machine. Applied Energy，260：114243.

Ji Q，Zhang D Y. 2019. China's crude oil futures：introduction and some stylized facts. Finance Research Letters，28：376-380.

Kaphahn L，Brennan L. 2017. Reassessing the risk conditions for political instability in the light of the Arab Spring. Journal of Risk Research，20（11）：1497-1515.

Kojadinovic I. 2007. Minimum variance capacity identification. European Journal of Operational Research，177（1）：498-514.

Kucukali S. 2011. Risk assessment of river-type hydropower plants using fuzzy logic approach. Energy Policy，39（10）：6683-6688.

Kuriqi A，Pinheiro A N，Sordo-Ward A，et al. 2019. Flow regime aspects in determining environmental flows and maximising energy production at run-of-river hydropower plants. Applied Energy, 256: 113980.

Kull T, Closs D. 2008. The risk of second-tier supplier failures in serial supply chains: implications for order policies and distributor autonomy. European Journal of Operational Research, 186(3): 1158-1174.

Li J P, Hao J, Feng Q Q, et al. 2021a. Optimal selection of ensemble strategies of time series forecasting with multi-objective programming. Expert Systems with Applications, 166: 114091.

Li J P, Hao J, Sun X L, et al. 2021b. Forecasting China's sovereign CDS with a decomposition reconstruction strategy. Applied Soft Computing, 105: 107291.

Li J P, Tang L, Sun X L, et al. 2012. Country risk forecasting for major oil exporting countries: a decomposition hybrid approach. Computers & Industrial Engineering, 63 (3): 641-651.

Li S Y, Yang X, Li R R. 2018. Forecasting China's coal power installed capacity: a comparison of MGM, ARIMA, GM-ARIMA, and NMGM models. Sustainability, 10 (2): 506.

Liu C, Sun X L, Chen J M, et al. 2016. Statistical properties of country risk ratings under oil price volatility: evidence from selected oil-exporting countries. Energy Policy, 92: 234-245.

Marichal J L. 1998. Aggregation operators for multicriteria decision aid. Liege: University of Liege.

Marichal J L. 2004. Tolerant or intolerant character of interacting criteria in aggregation by the Choquet integral. European Journal of Operational Research, 155 (3): 771-791.

Mok C K, Tummala V M R, Leung H M. 1997. Practices, barriers and benefits of risk management process in building services cost estimation. Construction Management and Economics, 15(2): 161-175.

Nagy P. 1978. Quantifying country risk: a system development by economists at the bank of Montreal. Columbia Journal of World Business, 13 (3): 135-147.

Ngene G M, Kabir Hassan M, Alam N. 2014. Price discovery process in the emerging sovereign CDS and equity markets. Emerging Markets Review, 21: 117-132.

Oshiro N, Saruwatari Y. 2005. Quantification of sovereign risk: using the information in equity market prices. Emerging Markets Review, 6 (4): 346-362.

Ouellet G, Lapen D R, Topp E, et al. 2010. A heuristic model to predict earthworm business in agroecosystems based on selected management and soil properties. Applied Soil Ecology, 39 (1): 35-45.

Ozdoganm I D, Talat Birgonul M. 2000. A decision support framework for project sponsors in the planning stage of build-operate-transfer (BOT) projects. Construction Management and Economics, (3): 343-353.

Pan E S, Peng D, Long W C, et al. 2019. Provincial grid investment scale forecasting based on MLR and RBF neural network. Mathematical Problems in Engineering, 2019: 1-12.

Pavlova I, de Boyrie M E D, Parhizgari A M. 2018. A dynamic spillover analysis of crude oil effects on the sovereign credit risk of exporting countries. The Quarterly Review of Economics and Finance, 68: 10-22.

Perron P, Qu Z J. 2007. A simple modification to improve the finite sample properties of Ng and Perron's unit root tests. Economics Letters, 94 (1): 12-19.

Plakandaras V, Papadimitriou T, Gogas P. 2015. Forecasting daily and monthly exchange rates with machine learning techniques. Journal of Forecasting, 34 (7): 560-573.

Rahman M N, Esmailpour A, Zhao J H. 2016. Machine learning with big data: an efficient electricity generation forecasting system. Big Data Research, 5: 9-15.

Robock S H. 1971. Political risk: identification and assessment. Columbia Journal of World Business, 4: 6-20.

Root F R. 1968. U.S. business abroad and political risks. The International Executive, 10(3): 11-12.

Şahin U. 2020. Projections of Turkey's electricity generation and installed capacity from total renewable and hydro energy using fractional nonlinear grey Bernoulli model and its reduced forms. Sustainable Production and Consumption, 23: 52-62.

Sharma S S, Thuraisamy K. 2013. Oil price uncertainty and sovereign risk: evidence from Asian economies. Journal of Asian Economics, 28: 51-57.

Simon J. 1982. Political risk assessment: past trends and future prospects. The Columbia Journal of World Business, 17 (3): 62-71.

Staid A, Guikema S D. 2013. Statistical analysis of installed wind capacity in the United States. Energy Policy, 60: 378-385.

Steinbuks J. 2019. Assessing the accuracy of electricity production forecasts in developing countries. International Journal of Forecasting, 35 (3): 1175-1185.

Suh S. 2015. Measuring sovereign risk contagion in the Eurozone. International Review of Economics & Finance, 35: 45-65.

Suleman T, Gupta R, Balcilar M. 2017. Does country risks predict stock returns and volatility? Evidence from a nonparametric approach. Research in International Business and Finance, 42: 1173-1195.

Sun S L, Wang S Y, Wei Y J. 2019. A new multiscale decomposition ensemble approach for forecasting exchange rates. Economic Modelling, 81: 49-58.

Sun S L, Wang S Y, Wei Y J, et al. 2020. A clustering-based nonlinear ensemble approach for exchange rates forecasting. IEEE Transactions on Systems, Man, and Cybernetics: Systems, 50 (6): 2284-2292.

Sun X L, Hao J, Li J P. 2022. Multi-objective optimization of crude oil-supply portfolio based on interval prediction data. Annals of Operations Research, 309: 611-639.

Sun X L, Yao X Y, Wang J. 2017. Dynamic interaction between economic policy uncertainty and financial stress: a multi-scale correlation framework. Finance Research Letters, 21: 214-221.

Wang Q, Chen X. 2012. China's electricity market-oriented reform: from an absolute to a relative monopoly. Energy Policy, 51: 143-148.

Wang S Y, Yu L, Lai K K. 2005. Crude oil price forecasting with TEI@I methodology. Journal of Systems Science and Complexity, 18 (2): 145-166.

Warszawski A, Sacks R. 2004. Rafael sacks. Practical multifator approach to evaluating risk of investment in engineering projects. Journal of Construction Engineering and Management, (3): 357-367.

Wu E, Erdem M, Kalotychou E, et al. 2016. The anatomy of sovereign risk contagion. Journal of International Money and Finance, 69: 264-286.

Wu L F, Gao X H, Xiao Y L, et al. 2018. Using a novel multi-variable grey model to forecast the electricity consumption of Shandong Province in China. Energy, 157: 327-335.

Xu T J, Tiong R L K. 2001. Risk assessment on contractors' pricing strategies. Construction Management and Economics, 19: 77-84.

Yan X, Chowdhury N A. 2014. Mid-term electricity market clearing price forecasting: a multiple SVM approach. International Journal of Electrical Power & Energy Systems, 58: 206-214.

Yang L, Yang L, Hamori S. 2018. Determinants of dependence structures of sovereign credit default swap spreads between G7 and BRICS countries. International Review of Financial Analysis, 59: 19-34.

Yu L, Dai W, Tang L. 2016. A novel decomposition ensemble model with extended extreme learning machine for crude oil price forecasting. Engineering Applications of Artificial Intelligence, 47: 110-121.

Yu L, Wang S Y, Lai K K. 2008. Forecasting crude oil price with an EMD-based neural network ensemble learning paradigm. Energy Economics, 30 (5): 2623-2635.

Zhang J L, Zhang Y J, Zhang L. 2015. A novel hybrid method for crude oil price forecasting. Energy Economics, 49: 649-659.

Zhao Y, Li J P, Yu L. 2017. A deep learning ensemble approach for crude oil price forecasting. Energy Economics, 66: 9-16.

Zhao T, Zhang Y. 2018. Regional PV installed capacity forecasting considering generation costs and time lag of influential factors. IEEJ Transactions on Electrical and Electronic Engineering, 13 (2): 201-211.

附录 "一带一路"沿线国家风险概览：评级机构视角

除第四章展示的政府治理指数、经济自由指数和营商便利指数外，本书还选取了典型的国家风险指数进行综合评估，为"一带一路"沿线国家的风险评估提供更全面的视角。

第一节 国家风险评级机构

不同社会制度和意识形态的各民族国家共存依然是当今世界的客观现实，越发激烈的局部地区地缘博弈，差异显著的各国国情，以及越发凸显的国家利益和国家安全考量，使得几乎一切国际资本流动都会面临东道国国家层面风险。参与国际资本流动的企业成为国家风险的最大承担者和受害者，而东道国国家风险管理及应对已经成为从事跨国投资、贸易等企业组织风险管理能力的重要组成部分。

作为全球经济发展不平衡的正常表现，国家风险多由经济制度、政治立场、社会文化和市场差异等常规因素导致，但更多体现在国家主权行为上，给从事跨国商业活动的外国企业带来未来收益损失的可能性。通常认为，国家风险是国际资本流动中当事人面临的、因受特定国家层面的事件引发的目标国"不能"或"不愿"履行国际契约，从而造成当事人利益损失的可能性。

迄今，国家风险并无公认或统一的定义，根本原因在于其性质的复杂性及影响国家风险因素的易变性。一个较为官方的国家风险概念是由 OECD 在其关于国际贸易和信贷的"君子协定"[①]中给出的，其认为国家风险包含五个基本要素：由债务人的政府或政府机构发出的停止付款的命令、政治经济事件引起的贷款被制止转移或延迟转移、法律导致的资金不能兑换成为国际通用货币或兑换后不足以达到还款日应有金额、任何其他来自外国政府的阻止还款措施、不可抗力。广义而言，国家风险是指在这个国家或者因为与这个国家有关联而发生的各种风险（损失或损害的可能性）。从活动主体来看，可以是外国的国家风险（跨国投资和交易时），也可以是本国的国家风险（国内投资交易时）。狭义而言，国家风险是指由国家的某种特定政治、社会、经济、金融、自然环境和突发事件等因素引发的经济利益损失的可能性，是一个国家的经济活动主体在国际业务中涉及的外国的国家风险[②]。

国家风险涉及政治、经济、社会、文化、国际关系及突发事件等十分复杂的范畴，而且影响国家风险的因素多且易变，新的影响国家风险的不安定因素也在不断出现。尽管国家风险很抽象，但人们可以依赖相关国际机构的评级信息做跨国比较，也就是说，评级给出了各国风险的相对测量。国家风险的测量是一件十分复杂艰巨的工作，它涉及一国政治、经济、文化、外交、国防等方方面面的问题。因此，出于商业及政府决策的需要，围绕国家风险的测量出现了众多的专业队伍或机构，国家风险评级主要分为以下四类。

（1）著名研究机构的国家风险等级指标：主要有英国经济学人智库的国家风险指数和美国纽约政治风险服务集团（Political Risk Service Group，以下简称 PRS 集团）编制的 ICRG。

（2）国际评级机构的主权风险评级：主要有穆迪公司、标准普尔、惠誉等。

（3）著名刊物的国家风险评估指标体系：主要有 *Euromoney*（《欧洲货币》）和 *Institutional Investor*（《机构投资者》）的国家风险等级指标等。

（4）其他机构发布的特定风险评级：环球透视（Global Insight）、世界银行、商业环境风险情报中心（Business Environment Risk Intelligence）等。

作为目前国内唯一承办政策性出口信用保险业务的国有独资保险公司——中国出口信用保险公司每年发行《国家风险分析报告》对 191 个主权国家（不包含中国）的风险水平进行评估，从政治局势、经济发展水平、财政状况、投资环境等涉及中国对外经济贸易安全的重要方面，揭示我国出口和投资所面临的国际环

[①] OECD 关于官方支持的出口信用准则的约定，由于它只是供参加的成员国遵循的一个准则，并非国际法律，故俗称"君子协定"。

[②] 李福胜. 2006. 国家风险：分析·评估·监控. 北京：社会科学文献出版社。

境和有关风险。大公国际资信评估有限公司于 2010 年首次发布了全球 50 个国家的主权信用评级（sovereign credit rating），反映的是作为债务人的中央政府对其本币、外币债务违约的相对可能性。前者侧重经贸往来，重点关注一个国家的市场潜力、发展趋势、风险状况等涉及中国贸易投资安全的关键因素；后者侧重国家主权信用，重点对一国对金融债务的偿还能力与愿景进行评估，更接近三大国际评级机构的评级体系。

国家风险评级的目的绝不在于限制或减少对某个国家或地区的出口、投资或开展工程承包业务，而在于解释一个国家或地区的主要风险因素、成因、所处的水平及发展趋势。国家风险源于政治、经济、金融与社会等多种因素，这直接导致国家风险评级的难度高、涉及面广，权威的评级机构屈指可数。如前文所述，这些评级机构中有的只对某种特定的国家风险要素进行评价，如政治风险、政府治理能力等，有的则是对综合风险进行全面评价。从全球层面来看，标准普尔、穆迪公司、惠誉三大机构基本垄断了全球的风险评级业务，掌握了世界评级市场高端话语权。国家风险评级结果已经成为国际资本流动及全球投资战略的重要决定因素，直接影响着一个国家在国际市场上的融资能力及国家借贷成本。可以说，风险评级结果的准确性对一个国家的核心利益形成了前所未有的影响。

综合来看，国家风险关注政治、经济、社会、金融、自然环境等突发事件可能带来的损失，致力于识别国际经济活动中潜在的波动风险及下跌风险。虽然以三大评级机构为核心的评级模式及由其主导的国际评级体系潜藏着风险，但是其评级结果依然是全球经济金融活动决策中首要参考的风险信息。考虑到机构权威性与数据可获取性，本书选取了穆迪公司、经济学人智库、美国纽约 PRS 集团、国际透明组织及世界银行等机构的国家风险评级结果，来刻画"一带一路"沿线国家的主权、政治、经济与金融、社会以及综合风险，勾勒"一带一路"沿线国家风险画像。

第二节　主权风险概览

主权风险是一个主权国家在国家层面风险的核心构成，涉及政府和政府机构贷款偿还能力以及相应满足国际银行偿债要求的措施，通常是指一个国家主权政府未能履行它的债务所导致的风险。主权政府如果不履行债务，债权人可能得不到任何补偿，或者只能得到有限的法律意义上的赔偿；主权政府的债务往往缺乏外来的有效担保，因为主权本身通常被预设为最终担保人。在"债务发行主体的信用等级不高于所属国家主权评级"的"主权评级上限原则"的国际惯例下，以主权风险为核心的国家风险更是直接影响或决定国际资本流动，同时赋予了三大评级机构在国际资本市场中的高端话语权地位。

在全球金融市场上，标准普尔、穆迪公司、惠誉被称为主权风险评级业的三大巨头，其主要目的是评估主权偿债能力和履行义务的意愿。在评级的符号或者说评级级别方面，三大机构略有不同，但大体上是一致的。与标准普尔的定义类似，穆迪公司的长期债务评级是对一个发行者完全、及时地偿付本息的能力和意愿的相对风险进行评估，反映出借款人履行义务、偿还债务的金融、法律和政治能力。穆迪公司把主权评级当作投资考量中国家风险的参考指标，在此之下才定义各国评级，即该国所有有价证券的相对可信度。

穆迪公司公开的评级方法比标准普尔的结构更为松散，并且更改频率较高，其考察因素可分为三类。

（1）定性因素，包括阶层、种族划分、财富分配、文化和意识形态差异及利益集团等，主要涉及社会关系结构，评估政治动态时则着重强调对财富形成和经济管理的政治干预程度、过去受压制的行为及政权的合法性。

（2）经济基本面，着重强调经济管理，包括财政货币政策、国家资源和资源开发、出口构成以及对进出口部门的结构依赖。

（3）外债，该方面完全集中于相对于出口和 GDP 的外债，其中，债务构成，特别是到期债务部分，是重要的考虑因素。

考虑到数据的可得性，本书采用穆迪公司对于主权风险的信用评级。穆迪公司总部位于纽约的曼哈顿，最初由 John Moody（约翰·穆迪）在 1900 年创立，他在 1909 年首创对铁路债券进行信用评级。1913 年，穆迪公司开始对公用事业和工业债券进行信用评级。穆迪公司的主权信用评级过程分为三步：分析国家的经济弹性，分析政府财政稳健程度，确定其主权信用等级。穆迪公司的主权风险评级从高到低分为 Aaa、Aa1、Aa2、Aa3、A1、A2、A3、Baa1、Baa2、Baa3、Ba1、Ba2、Ba3、B1、B2、B3、Caa1、Caa2、Caa3、Ca、C 和 WR。由于政治及其他原因，穆迪公司对于一些"一带一路"沿线国家并没有进行主权风险评级，从而使得在"一带一路"沿线 64 个①国家中，有评级数据的国家仅有 50 个。截至2018 年 1 月，各个国家的主权风险评级如附表 1 所示。

---

① "一带一路"沿线国家除中国外共有 65 个，但是巴勒斯坦所有数据均缺失，因此本附录研究对象为"一带一路"沿线 64 个国家。

附表 1　穆迪公司对"一带一路"沿线国家主权风险评级（截至 2018 年 1 月）

地区	国家	评级	地区	国家	评级	地区	国家	评级
东南亚	新加坡	Aaa	中亚	土库曼斯坦	—	西亚北非	阿联酋	Aa2
	印度尼西亚	Baa3	中东欧	波兰	A2		科威特	Aa2
	马来西亚	A3		阿尔巴尼亚	B1		土耳其	Ba1
	泰国	Baa1		爱沙尼亚	A1		卡塔尔	Aa3
	越南	B1		立陶宛	A3		阿曼	Baa2
	菲律宾	Baa2		斯洛文尼亚	Baa1		黎巴嫩	B3
	柬埔寨	B2		保加利亚	Baa2		沙特阿拉伯	A1
	缅甸	—		捷克	A1		巴林	B1
	老挝	—		匈牙利	Baa3		以色列	A1
	文莱	—		马其顿	—		也门	—
	东帝汶	—		塞尔维亚	Ba3		埃及	B3
南亚	印度	Baa2		罗马尼亚	Baa3		伊朗	—
	巴基斯坦	B3		斯洛伐克	A2		约旦	B1
	斯里兰卡	B1		克罗地亚	Ba2		叙利亚	—
	孟加拉国	Ba3		拉脱维亚	A3		伊拉克	Caa1
	尼泊尔	—		波黑	B3		阿富汗	—
	马尔代夫	B2		黑山	B1		巴勒斯坦	—
	不丹	—		乌克兰	Caa2		阿塞拜疆	Ba2
中亚	哈萨克斯坦	Baa3		白俄罗斯	Caa1		格鲁吉亚	Ba2
	塔吉克斯坦	B3		摩尔多瓦	B3		亚美尼亚	B1
	吉尔吉斯斯坦	B2	东北亚	蒙古国	B3			
	乌兹别克斯坦	—		俄罗斯	Ba1			

注：2013～2018 年在有评级数据的 50 个"一带一路"沿线国家中，有 46%（23/50）的"一带一路"沿线国家主权风险评级未发生变化；有 18%（9/50）的"一带一路"沿线国家主权风险评级上升，国家风险降低；有 26%（13/50）的"一带一路"沿线国家主权风险评级下降，国家主权风险升高；另有 10%（5/50）的"一带一路"沿线国家主权风险评级近年来出现上下波动。具体来看，2013～2018 年"一带一路"沿线国家风险评级的变化情况如附表 2 所示

附表2 2013～2018年穆迪公司对"一带一路"沿线国家评级变化

评级变化	风险变化	国家数量/个	
—	未发生改变	23	23
↑	上升一次	7	
	上升两次	减缓 1	9
	上升三次	1	
↓	下降一次	6	
	下降两次	加剧 6	13
	下降四次	1	
动↓↑	变化两次	2	
	变化三次	波动 3	5
合计		50	50

　　穆迪公司的"一带一路"沿线国家主权风险评级分布较为不均衡。以地区为例，东南亚国家评级在Aaa和B2之间，西亚北非国家在Aa2和Caa1之间，中东欧国家在A1和Caa2之间，中亚国家在Baa3和B3之间，南亚国家在Baa2和B3之间，体现了地区间的不均衡，其中，东南亚国家评级较为优良，中亚、南亚国家评级比较一般，而西亚北非和中东欧内部国家间差异比较大。

　　东北亚地区包括两个国家：蒙古国和俄罗斯。2013～2018年穆迪公司对东北亚"一带一路"沿线国家评级变化如附表3所示。其中，蒙古国的评级从2013年的B1变化到2017年的Caa1，呈现下降的趋势，在2018年小幅回升到B3。而俄罗斯的主权评级从Baa1不断下降到Ba1。总体来说，东北亚地区国家的主权评级呈下降趋势。

附表3 2013～2018年穆迪公司对东北亚"一带一路"沿线国家评级变化

评级变化	风险变化	国家数量/个	评级变化	国家
↓↑	波动	1	B1→B2→Caa1→B3	蒙古国
↓	加剧	1	Baa1→Baa3→Ba1	俄罗斯
合计		2		

　　2013～2018年穆迪公司对东南亚"一带一路"沿线国家评级变化如附表4所示。东南亚"一带一路"沿线国家主权风险评级平稳向好，评级范围在Aaa～B2（缅甸、老挝、文莱和东帝汶没有数据），其中，新加坡、马来西亚、泰国、印度

尼西亚和柬埔寨在 2013～2018 年评级一直保持稳定。而菲律宾和越南主权评级有小幅提升,菲律宾从 2013 年的 Ba1 提升到 2014 年的 Baa3,并在 2015 年继续提升到 Baa2。总体而言,东南亚"一带一路"沿线国家主权风险评级处于中上游,而且有继续提升的趋势。

附表4　2013～2018 年穆迪公司对东南亚"一带一路"沿线国家评级变化

评级变化	风险变化	国家数量/个	评级变化	国家
—	未发生改变	1	Aaa	新加坡
		1	A3	马来西亚
		1	Baa1	泰国
		1	Baa3	印度尼西亚
		1	B2	柬埔寨
↑	减缓	1	Ba1→Baa3→Baa2	菲律宾
		1	B2→B1	越南
合计		7		

2013～2018 年穆迪公司对南亚"一带一路"沿线国家评级变化如附表 5 所示。南亚地区"一带一路"沿线国家包括孟加拉国、斯里兰卡、马尔代夫、印度、巴基斯坦、尼泊尔和不丹,其中尼泊尔和不丹无评级数据。这些国家 2013～2018 年的评级在 Baa2 至 Caa1 之间,评级平稳趋好。其中,孟加拉国、斯里兰卡、马尔代夫评级比较平稳,在 2013～2018 年没有变化;而印度和巴基斯坦评级有小幅上升。

附表5　2013～2018 年穆迪公司对南亚"一带一路"沿线国家评级变化

评级变化	风险变化	国家数量/个	评级变化	国家
—	未发生改变	1	Ba3	孟加拉国
		1	B1	斯里兰卡
		1	B2	马尔代夫
↑	减缓	1	Baa3→Baa2	印度
		1	Caa1→B3	巴基斯坦
合计		5		

2013～2018 年穆迪公司对西亚北非"一带一路"沿线国家评级变化如附表 6 所示,也门、叙利亚、伊朗、阿富汗、巴勒斯坦 5 个国家暂无主权评级数据支持。

西亚北非地区有 20 个"一带一路"沿线国家，评级变化比较复杂。其中，评级在 2013 年至 2018 年没有变化的有阿联酋、科威特、以色列和伊拉克。评级上升的只有格鲁吉亚。评级下降的国家占大多数，有卡塔尔、沙特阿拉伯、阿曼、巴林、阿塞拜疆、约旦、亚美尼亚和黎巴嫩。评级动荡不定的有先升后降的土耳其，从 2013 年的 Ba1 升到 2014 年的 Baa3，并在 2017 年回落至 Ba1；还有先降后升的埃及，从 2013 年的 B2 下降到 2014 年的 Caa1，在 2016 年小幅提升到 B3。

附表 6　2013～2018 年穆迪公司对西亚北非"一带一路"沿线国家评级变化

评级变化	风险变化	国家数量/个	评级变化	国家
—	未发生改变	2	Aa2	阿联酋、科威特
		1	A1	以色列
		1	Caa1	伊拉克
↑	减缓	1	Ba3→Ba2	格鲁吉亚
↓	加剧	1	Aa2→Aa3	卡塔尔
		1	Aa3→A1	沙特阿拉伯
		1	A1→Baa1→Baa2	阿曼
		1	Baa1→Baa2→Baa3→Ba2→B1	巴林
		1	Baa3→Ba1→Ba2	阿塞拜疆
		1	Ba2→B1	约旦
		1	Ba2→Ba3→B1	亚美尼亚
		1	B1→B2→B3	黎巴嫩
↑↓	波动	1	Ba1→Baa3→Ba1	土耳其
		1	B2→Caa1→B3	埃及
合计		15		

2013～2018 年穆迪公司对中东欧"一带一路"沿线国家评级变化如附表 7 所示。中东欧地区"一带一路"沿线国家有 19 个，其中穆迪公司对于马其顿没有评级数据。中东欧地区国家众多，国家评级变化趋势也较为复杂。其中，评级保持平稳的有爱沙尼亚、捷克、波兰、斯洛伐克、保加利亚、罗马尼亚、阿尔巴尼亚、波黑、摩尔多瓦，且这些国家的评级集中在 A1～B3，整体评级较好。评级上升的有 4 个国家，分别是立陶宛、拉脱维亚、匈牙利和塞尔维亚。评级下降的有克罗地亚、黑山和白俄罗斯，评级先下降后上升的有斯洛文尼亚和乌克兰。

附表 7　2013～2018 年穆迪公司对中东欧"一带一路"沿线国家评级变化

评级变化	风险变化	国家数量/个	评级变化	国家
—	未发生改变	2	A1	爱沙尼亚、捷克
		2	A2	波兰、斯洛伐克
		1	Baa2	保加利亚
		1	Baa3	罗马尼亚
		1	B1	阿尔巴尼亚
		2	B3	波黑、摩尔多瓦
↑	减缓	1	Baa1→A3	立陶宛
		1	Baa3→Baa2→Baa1→A3	拉脱维亚
		1	Ba1→Baa3	匈牙利
		1	B1→Ba3	塞尔维亚
↓	加剧	1	Baa2→Ba1→Ba2	克罗地亚
		1	Ba3→B1	黑山
		1	B3→Caa1	白俄罗斯
↓↑	波动	1	Baa2→Ba1→Baa3→Baa1	斯洛文尼亚
		1	B3→Caa2→Caa3→Caa2	乌克兰
合计		18		

2013～2018 年穆迪公司对中亚"一带一路"沿线国家评级变化如附表 8 所示。中亚地区"一带一路"沿线国家包括吉尔吉斯斯坦、塔吉克斯坦、哈萨克斯坦、土库曼斯坦和乌兹别克斯坦，其中，土库曼斯坦和乌兹别克斯坦没有数据。中亚国家 2013～2018 年的主权评级集中在 Baa2～B3，其中，评级一直没有改变的是吉尔吉斯斯坦和塔吉克斯坦，而哈萨克斯坦有小幅下降，从 2013 年的 Baa2 降到了 2017 年的 Baa3。

附表 8　2013～2018 年穆迪公司对中亚"一带一路"沿线国家评级变化

评级变化	风险变化	国家数量/个	评级变化	国家
—	未发生改变	1	B2	吉尔吉斯斯坦
		1	B3	塔吉克斯坦
↓	加剧	1	Baa2→Baa3	哈萨克斯坦
合计		3		

第三节 政治风险概览

政治风险是国家风险的重要组成部分。政治风险常常是由一国政府为了达到某种政治目的而采取的行动（如国有化）引起的，或者是由与政府有关因素导致的政治动荡（如武装冲突）引起的，因此该类风险的不确定性、后果的严重性和应对措施的可选择性都明显有别于一般性市场因素所导致的政治风险。政局的稳定性、政治风险可预测性以及政策错误能被迅速识别和纠正，对于经济政策分析十分重要。

对于政治风险，不同机构有其不同的考量。标准普尔认为政治风险可用政治制度的稳定性和合法性、公众参与政治的程度、领导权更替的有序性、经济政策决策和目标的透明度、公共安全、地缘政治风险等指标来加以刻画。美国纽约 PRS 集团的 ICRG 认为应用政局稳定状况、社会经济条件、投资执行状况、有无内部冲突、有无外部冲突等 12 个指标来度量。综合上述机构指标，由于数据可得性以及本书将政治风险与社会风险分别考虑的原因，本书选取政治风险指数和清廉状况对"一带一路"沿线国家政治风险进行概览，数据来源分别是经济学人智库的政治风险指数、ICRG 的政治风险指数和清廉指数。

一、政治风险指数

经济学人智库是经济学人集团下属独立机构，主要进行经济预测和咨询服务。经济学人智库国家风险服务覆盖全球 201 个国家和地区，基于数据提供附加服务内容，提供国家、行业和管理分析。经济学人智库国家风险分析模型的主要目标是提供国家间可比较的、按时更新的国家信用风险评级。经济学人智库风险服务的目标客户是由于从事借款、贸易信贷及其他商业活动，可能面临跨境信用风险或金融风险的机构。

经济学人智库的政治风险指数评估了与政治稳定性和有效性有关的一系列政治因素，这些因素可能会影响一个国家偿还债务的能力或引起外汇市场的动荡。为了增强风险评级的可比较性，本书还选取了美国纽约 PRS 集团的 ICRG 政治风险指数，该指数涵盖了政府稳定性、社会经济条件、投资环境、内部冲突、外部冲突、腐败等 12 个二级指标。经济学人智库的评级标准从高到低为：AAA、AA、

A、BBB、BB、B、CCC、CC、C、D。

（一）经济学人智库的政治风险指数

在经济学人智库的国家风险分析模型中，如附表9所示，2013～2018年约有37%（19/51）的"一带一路"沿线国家的政治风险评级未发生改变，约16%（8/51）的"一带一路"沿线国家政治风险评级上升，约25%（13/51）的国家的政治风险评级下降，约22%（11/51）的"一带一路"沿线国家政治风险评级出现上下波动。

附表9　2013～2018年经济学人智库的"一带一路"沿线国家政治风险指数变化

评级变化		风险变化	国家数量/个	
—		未发生改变	19	19
↓	下降一次	加剧	12	13
	下降三次		1	
↑	上升一次	减缓	6	8
	上升两次		2	
↓↑	变化两次	波动	6	11
	变化三次		3	
	变化四次		2	
合计			51	51

2013～2018年经济学人智库的东北亚"一带一路"沿线国家政治风险指数变化如附表10所示。两个东北亚"一带一路"沿线国家的政治风险处于中等状况且较为稳定，仅俄罗斯发生了一次政治风险评级下降。在主权风险评级中，蒙古国的主权风险高于俄罗斯，而在政治风险评级中蒙古国的政治风险低于俄罗斯。

附表10　2013～2018年经济学人智库的东北亚"一带一路"沿线国家政治风险指数变化

评级变化	风险变化	国家数量/个	评级	国家
—	未发生改变	1	BB	蒙古国
↓	加剧	1	B→CCC	俄罗斯
合计		2		

2013～2018年经济学人智库的东南亚"一带一路"沿线国家政治风险指数变化如附表11所示。与主权风险的情况相同，经济学人智库模型中的东南亚"一带一路"沿线国家的政治风险较低，且处于较稳定的状态，2013～2018年仅有一个东南亚"一带一路"沿线国家的风险评级发生了下降。新加坡的政治风险在东南亚"一带一路"沿线国家中最低，且风险评级一直保持稳定。

附表 11 2013～2018 年经济学人智库的东南亚 "一带一路"沿线国家政治风险指数变化

评级变化	风险变化	国家数量/个	评级	国家
—	未发生改变	2	A	新加坡
			CCC	越南
↑	减缓	3	B→BB	印度尼西亚
			CCC→B→BB	菲律宾
			C→CC→CCC	缅甸
↓	加剧	1	BBB→BB	马来西亚
↑↓	波动	2	B→CCC→B	泰国
			C→CC→C→CC	柬埔寨
合计		8		

2013～2018 年经济学人智库的南亚 "一带一路"沿线国家政治风险指数变化如附表 12 所示。南亚 "一带一路"沿线国家的政治风险水平较高。其中，巴基斯坦一直稳定在 CC 级，而孟加拉国、印度政治风险波动变化。此外，中亚国家的政治风险也处于较高水平，经济学人智库国家风险分析模型中包含的三个中亚国家：哈萨克斯坦、土库曼斯坦和乌兹别克斯坦，其政治风险在 2013～2018 年中均未发生变化，政治风险较稳定。

附表 12 2013～2018 年经济学人智库的南亚 "一带一路"沿线国家政治风险指数变化

评级变化	风险变化	国家数量/个	评级	国家
—	未发生改变	1	CC	巴基斯坦
↑	减缓	1	B→BB	斯里兰卡
↑↓	波动	2	BBB→BB→BBB	印度
			B→CCC→B→CCC	孟加拉国
合计		4		

西亚北非地区在 6 个地区中属于高风险地区，如附表 13 所示，其中，叙利亚、也门、伊拉克 3 个国家经济学人智库政治风险评级处于 D～C 范围内，政治风险极高。2013～2018 年中，16 个西亚北非国家中有 4 个国家的政治风险等级发生了下调，且卡塔尔直接下调 2 个等级，政治风险有较大变动。

附表 13 2013～2018 年经济学人智库的西亚北非 "一带一路"沿线国家政治风险指数变化

评级变化	风险变化	国家数量/个	评级	国家
—	未发生改变	5	BB	阿曼
			B	约旦、科威特
			CCC	阿塞拜疆
			D	叙利亚

续表

评级变化	风险变化	国家数量/个	评级	国家
↑	减缓	2	BB→BBB	阿联酋
			B→BB	沙特阿拉伯
↓	加剧	4	BBB→B	卡塔尔
			B→CCC	巴林
			CC→C	黎巴嫩
			C→D	也门
↑↓	波动	5	BB→BBB→BB	以色列
			B→BB→B	土耳其
			CCC→CC→CCC→CC→CCC	埃及
			CC→CCC→CC	伊朗
			C→D→C→D→C	伊拉克
合计		16		

中东欧地区在 6 个地区中属于低政治风险地区，在经济学人智库国家风险分析模型中共有 18 个中东欧"一带一路"沿线国家，其中 9 个国家的政治风险评级在 2013～2018 年中一直处于 BBB 级及以上，政治风险较低。然而，与表现出低风险且稳定的大多数中东欧"一带一路"沿线国家有所不同，乌克兰的政治风险在 2013～2018 年发生了三次评级下降，风险评级由 B 级下降至 C 级，如附表 14 所示。

附表 14　2013～2018 年经济学人智库的中东欧"一带一路"沿线国家政治风险指数变化

评级变化	风险变化	国家数量/个	评级	国家
—	未发生改变	7	A	斯洛伐克
			BBB	保加利亚、爱沙尼亚、拉脱维亚、立陶宛
			BB	罗马尼亚
			CCC	白俄罗斯
↑	减缓	2	BB→BBB	克罗地亚
			B→BB	塞尔维亚
↓	加剧	7	A→BBB	捷克、匈牙利、波兰、斯洛文尼亚
			CCC→CC	波黑、摩尔多瓦
			B→CCC→CC→C	乌克兰
↑↓	波动	2	CCC→B→CCC→B	阿尔巴尼亚
			CCC→CC→CCC	马其顿
合计		18		

（二）美国纽约 PRS 集团的 ICRG 政治风险指数

ICRG 的政治风险指数是政府稳定性、社会经济条件、投资环境、内部冲突、外部冲突、腐败、政治中的军事、宗教紧张度、法律与秩序、民族紧张度、民主责任、官僚质量这 12 个指标的加和，为百分制（0～100），其中，0 代表政治风险最高，100 代表政治风险最低，按月度更新。总体而言，如附表 15 所示，2013～2018 年约 10%（5/48）的"一带一路"沿线国家政治风险指数上升，约 4%（2/48）的国家的政治风险指数下降，约 85%（41/48）的"一带一路"沿线国家政治风险指数出现上下波动。

附表 15　2013～2018 年"一带一路"沿线国家 ICRG 政治风险指数变化

指数变化	风险变化	国家数量/个
—	未发生改变	0
↑	减缓	5
↓	加剧	2
↑↓	波动	41
合计		48

1. 排名最高 10 位入围国家略有波动，中东欧地区优势明显

根据附表 16 可以看出，2013～2018 年始终入围 ICRG 政治风险指数得分排名最高 10 位的"一带一路"沿线国家为：阿联酋、波兰、捷克、文莱和新加坡五个国家。其中，新加坡连续六年得分保持第一位；波兰的排名虽有波动但始终保持在前五位；捷克的排名不断上升；而文莱和阿联酋的排名则发生了下降。

附表 16　2013～2018 年 ICRG 政治风险指数得分排名最高 10 位的"一带一路"沿线国家

排序	2013 年 国家	得分	2014 年 国家	得分	2015 年 国家	得分	2016 年 国家	得分	2017 年 国家	得分	2018 年 国家	得分
1	新加坡	83.00	新加坡	83.00	新加坡	82.00	新加坡	83.00	新加坡	80.50	新加坡	81.00
2	文莱	80.50	文莱	80.00	波兰	77.50	波兰	79.00	波兰	78.00	捷克	81.00
3	阿联酋	78.00	阿联酋	79.00	阿联酋	77.00	匈牙利	78.00	捷克	78.00	匈牙利	79.50
4	波兰	75.00	波兰	75.00	捷克	77.00	捷克	77.50	匈牙利	77.50	波兰	77.50
5	立陶宛	74.00	捷克	75.00	匈牙利	75.50	阿联酋	76.50	阿联酋	75.50	爱沙尼亚	76.00
6	捷克	73.50	斯洛伐克	74.50	立陶宛	75.00	爱沙尼亚	76.00	爱沙尼亚	75.00	阿联酋	75.50
7	斯洛伐克	73.50	立陶宛	74.00	文莱	74.50	立陶宛	75.50	文莱	74.00	文莱	75.00
8	阿曼	72.50	匈牙利	74.00	马来西亚	74.00	拉脱维亚	74.00	斯洛伐克	74.00	斯洛伐克	74.00
9	卡塔尔	72.50	马来西亚	73.00	爱沙尼亚	74.00	文莱	73.50	卡塔尔	73.50	拉脱维亚	73.00
10	斯洛文尼亚	72.50	卡塔尔	72.50	拉脱维亚	73.50	卡塔尔	73.50	拉脱维亚	73.00	立陶宛	72.50

注：第十名有并列得分的国家时，以其在相近年份的得分比较排序

2013～2018 年入围国家的国别变化主要体现为：阿曼和斯洛文尼亚仅在 2013

年入围；匈牙利在 2014～2018 年入围；爱沙尼亚和拉脱维亚在 2015～2018 年入围；马来西亚仅在 2014 年和 2015 年入围；立陶宛仅在 2017 年没有入围；卡塔尔在 2015 年和 2018 年没有入围；斯洛伐克在 2015 年和 2016 年没有入围。根据附图 1 可以看出，2013～2018 年入围 ICRG 政治风险最高 TOP10 的"一带一路"沿线国家均分布于东南亚、西亚北非和中东欧三个地区，其中，中东欧地区的国家始终占有很高的比重且呈上升的趋势；西亚北非地区在 2013 年占比为 30%，之后年份比例有较大波动，但始终保持有国家入围；东南亚地区的比重呈现出一定的波动，其中 2014 年和 2015 年占比较高，达 30%；东北亚、南亚和中亚三个地区在 2013～2018 年均未有国家入围政治风险得分最高 TOP10。

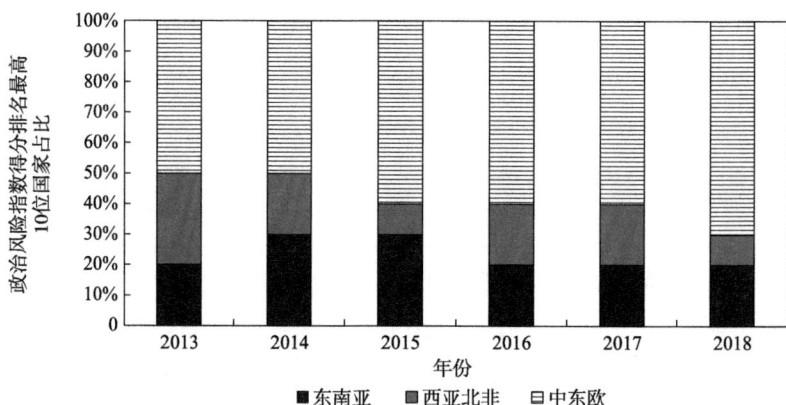

附图 1　2013～2018 年 ICRG 政治风险指数得分排名最高 10 位的"一带一路"沿线国家区域分布

2. 排名最末 10 位入围国家相对稳定，西亚北非地区风险突出

根据附表 17 可以看出，2013～2018 年始终入围 ICRG 政治风险指数得分排名最末 10 位的"一带一路"沿线国家有巴基斯坦、孟加拉国、缅甸、叙利亚、也门、伊拉克六个国家。其中，伊拉克一直处于最差两名的位置；孟加拉国的政治风险呈向好的趋势；叙利亚的政治风险稍有改善但与其他国家的差距依旧很大；巴基斯坦和缅甸均呈现出小幅波动的态势；也门的政治风险得分排名波动幅度较大，政治风险加剧。

附表 17　2013～2018 年 ICRG 政治风险指数得分排名最末 10 位的"一带一路"沿线国家

排序	2013 年		2014 年		2015 年		2016 年		2017 年		2018 年	
	国家	得分	国家	得分	国家	得分	国家	得分	国家	得分	国家	得分
1	伊拉克	40.00	伊拉克	39.50	伊拉克	39.00	也门	37.00	伊拉克	40.00	也门	41.00
2	叙利亚	42.00	叙利亚	41.50	叙利亚	40.50	伊拉克	39.50	也门	42.00	伊拉克	42.00
3	巴基斯坦	45.00	埃及	48.50	也门	48.00	叙利亚	40.50	叙利亚	46.50	叙利亚	49.50
4	孟加拉国	49.00	孟加拉国	49.50	巴基斯坦	48.50	巴基斯坦	49.00	巴基斯坦	51.50	巴基斯坦	50.00

续表

排序	2013 年		2014 年		2015 年		2016 年		2017 年		2018 年	
	国家	得分	国家	得分	国家	得分	国家	得分	国家	得分	国家	得分
5	伊朗	49.00	巴基斯坦	50.50	埃及	50.00	埃及	52.50	埃及	52.00	缅甸	51.00
6	埃及	49.50	也门	50.50	孟加拉国	50.50	孟加拉国	53.00	孟加拉国	53.00	土耳其	52.00
7	也门	50.00	土耳其	51.00	缅甸	50.50	缅甸	53.00	土耳其	53.00	孟加拉国	52.50
8	黎巴嫩	53.00	黎巴嫩	52.00	土耳其	53.00	印度尼西亚	53.00	缅甸	54.50	黎巴嫩	55.00
9	缅甸	54.00	缅甸	52.00	黎巴嫩	53.50	土耳其	54.00	泰国	55.50	泰国	56.00
10	白俄罗斯	54.00	伊朗	53.00	伊朗	53.50	黎巴嫩	54.50	阿塞拜疆	55.50	阿塞拜疆	56.00

　　入围国家的国别变化主要体现为：白俄罗斯仅在 2013 年入围；印度尼西亚仅在 2016 年入围；阿塞拜疆和泰国在 2017 年和 2018 年连续入围；伊朗在 2013 年至 2015 年连续入围；埃及仅在 2018 年未入围；黎巴嫩仅在 2017 年未入围；土耳其仅在 2013 年未入围。根据附图 2 可以看出，在入围政治风险指数排名最末 10 位的国家中，西亚北非地区入围国家数量虽有一定的波动，但始终占有较高的比重；南亚地区比重较为稳定，一直有两个国家入围；东南亚地区入围比重则呈现上升趋势；中东欧地区仅在 2013 年有一个国家入围；而东北亚和中亚地区则没有国家入围。

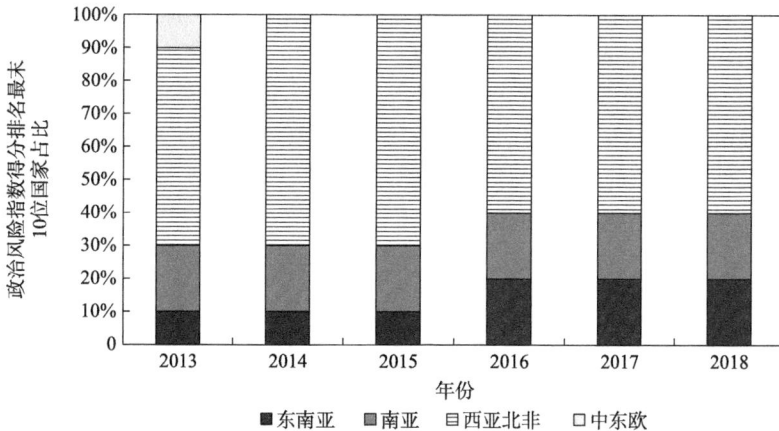

附图 2　2013～2018 年 ICRG 政治风险指数得分排名最末 10 位的 "一带一路" 沿线国家区域分布

3. 不同区域内部各国政治风险态势各具特色

　　2013～2018 年 ICRG 东北亚 "一带一路" 沿线国家政治风险指数变化如附图 3 所示。东北亚两国政治风险指数处于中等水平，其中，俄罗斯的指数较蒙古国更低一些，表明俄罗斯的政治风险比蒙古国高。两国分数都较为平稳，且有上升的趋势，体现出两国的政治风险略有减缓。与经济学人智库的政治风险指数评级对比来看，经济学人智库对蒙古国的政治风险评级未做改变，而对俄罗斯降低了评级，这与 ICRG 的结果有所背离。

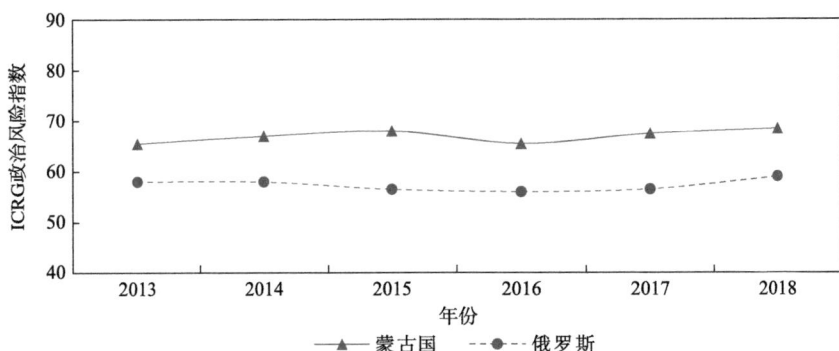

附图 3　2013～2018 年 ICRG 东北亚"一带一路"沿线国家政治风险指数变化

2013～2018 年东南亚"一带一路"沿线国家 ICRG 政治风险指数变化如附图 4 所示。东南亚国家中，新加坡的政治风险指数名列第一，表明其政治风险较低，政治较为清明。缅甸政治风险指数最低，表示其政治状况较为混乱。从变化状况看，可能由于政局不稳，文莱、马来西亚政治风险指数得分的波动情况较为剧烈。与经济学人智库的政治风险指数对比来看，首先，二者均认为新加坡在该地区政治风险最低，马来西亚的政治风险较低，缅甸的政治风险较高，印度尼西亚的政治风险减缓，泰国的政治风险先加剧再减缓。二者评价不同的是，经济学人智库认为越南政治风险未发生改变，菲律宾、缅甸政治风险有所减缓，马来西亚政治风险加剧，而 ICRG 的结论则与其不同。

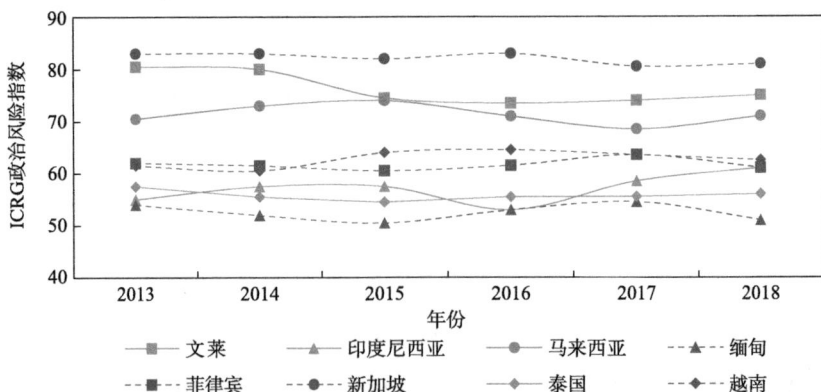

附图 4　2013～2018 年东南亚"一带一路"沿线国家 ICRG 政治风险指数变化

2013～2018 年南亚"一带一路"沿线国家 ICRG 政治风险指数变化如附图 5 所示。南亚"一带一路"沿线国家政治风险均处于中等水平，总体而言，巴基斯坦的政治风险指数最低，剩下的国家中，印度和斯里兰卡排在前两位，且有上升的趋势。与经济学人智库的国家政治风险指数评级对比来看，经济学人智库认为斯里兰卡的政治风险有所减缓，这与 ICRG 的评价相吻合。然而，ICRG 认为南亚"一带一路"沿线国家的政治风险均有所减缓，这与经济学人智库的看法有出入。

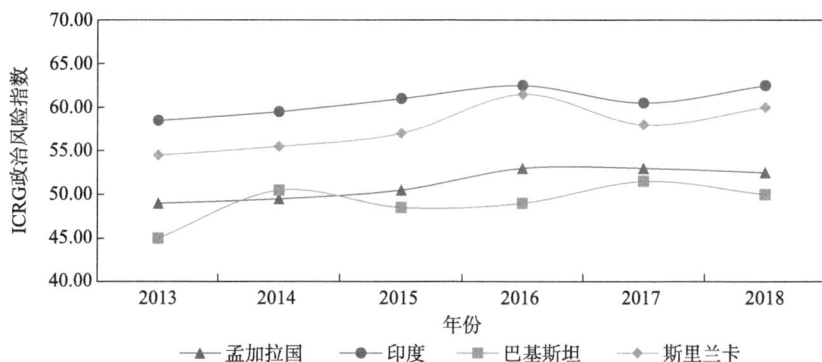

附图 5 2013～2018 年南亚"一带一路"沿线国家 ICRG 政治风险指数变化

2013～2018 年西亚北非"一带一路"沿线国家 ICRG 政治风险指数变化如附图 6 所示。西亚北非国家中，前期排名靠后的也门在 2016 年政治风险指数突降，之后也一直与伊拉克交替垫底。阿联酋的政治风险指数一直名列该地区首位，表明其政治风险较低。叙利亚虽然在 2013～2016 年得分较低，但 2017 年其得分有大幅提高。与经济学人智库的政治风险对比来看，二者均认为阿联酋、卡塔尔、阿曼、以色列的政治风险指数得分位于该地区前列，伊拉克、叙利亚、也门、埃及均表现欠佳。在对于趋势分析方面，二者均认为卡塔尔、巴林、也门政治风险加剧，而对于其他国家则意见相左。

2013～2018 年中东欧"一带一路"沿线国家 ICRG 政治风险指数变化如附图 7 所示。中东欧"一带一路"沿线国家中，捷克、匈牙利等国家的政治风险指数一直在该地区名列前茅，而白俄罗斯政治风险指数得分排名在 2013～2017 年一直最低，直到 2018 年其排名有小幅上升，后续趋势仍需进一步观察。其余国家中，乌克兰政治风险指数在 2013～2015 年不断下降，在 2015 年之后较为稳定。与经济学人智库的政治风险指数对比来看，二者均认为捷克、斯洛伐克、匈牙利、波兰、斯洛文尼亚、爱沙尼亚的政治风险较低，而白俄罗斯、摩尔多瓦的政治风险较高。对于政治风险变化情况，二者均认为克罗地亚、塞尔维亚的政治风险在 2013～2018 年有所减缓，乌克兰政治风险加剧。

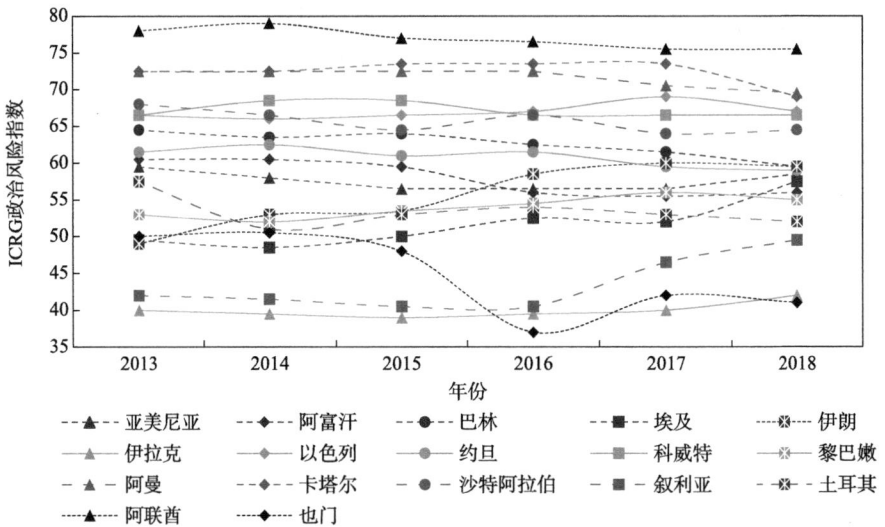

附图6　2013～2018年西亚北非"一带一路"沿线国家ICRG政治风险指数变化

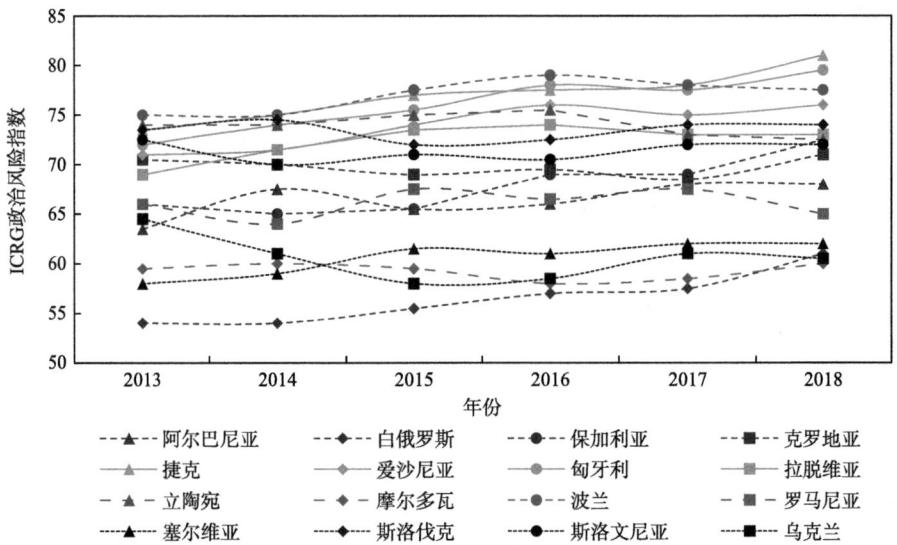

附图7　2013～2018年中东欧"一带一路"沿线国家ICRG政治风险指数变化

中亚"一带一路"沿线国家中，ICRG只有哈萨克斯坦的政治风险指数数据。哈萨克斯坦在2014～2017年政治风险指数不断跳水，在2018年有小幅回升，表明其政治风险状况有一定的波动，之后的趋势仍需进一步观察。与经济学人智库的政治风险对比来看，对于哈萨克斯坦，经济学人智库给出其政治风险未发生改变的结论，这与ICRG的观察有所出入。

二、清廉指数

清廉指数（corruption perceptions index，CPI）由国际透明组织发布。国际透明组织是国际著名的从事反腐败研究的非政府组织，由世界银行负责非洲地区项目的前德籍官员彼得·艾根于 1993 年 5 月注册成立。国际透明组织谋求建立国家和全球联盟，以抵御国内和国际的腐败，最终为投资者提供风险参考。国际透明组织广泛宣传的清廉指数，受到媒体和商界的欢迎。其清廉指数排名是依据世界银行、环球透视、英国经济学人智库和世界经济论坛专家的评估，以及对居民和商业领袖进行调查后制定的。

清廉指数综合各类机构的腐败调查评估的结果，对国家或地区的腐败状况进行评分和排名，是世界范围内使用最广泛的腐败指标。清廉指数是衡量公共部门腐败，即行政和政治腐败状况，并不能代表一个国家的整体腐败状况。清廉指数得分越低表示腐败程度越高，在清廉指数得分较低的国家或地区，公众对于腐败的谴责和关注也高。国际透明组织 2018 年发布的清廉指数反映了 2017 年的腐败状况。

总体而言，如附表 18 所示，2013～2017 年，约 28.6%（18/63）的"一带一路"沿线国家的清廉指数上升，政府更加清廉；约 7.9%（5/63）的"一带一路"沿线国家的清廉指数下降，政府清廉度降低。接下来对 2013～2017 年"一带一路"沿线国家的清廉指数进行排序，遴选出清廉指数最高和最低的"一带一路"沿线国家 TOP10，进而对排序结果进行深入分析，总结入围国家的区域分布特征。

附表 18　2013～2017 年"一带一路"沿线国家清廉指数变化

指数变化	清廉程度变化	国家数量/个
↑	更清廉	18
↓	更腐败	5
↓↑	波动	40
合计		63

注：清廉指数一直呈现上升趋势是指 2013～2017 年国家清廉指数得分未发生下降，呈现下降趋势是指 2013～2017 年国家清廉指数得分未升高，出现大幅波动是指国家前后两年之间的清廉指数差值大于 5

1. 排名最高 10 位入围国家较为稳定，中东欧地区相对领先

根据附表 19 可以看出，2013 年至 2017 年始终入围清廉指数得分排名最高 10 位的"一带一路"沿线国家有阿联酋、爱沙尼亚、波兰、不丹、卡塔尔、立陶宛、斯洛文尼亚、新加坡和以色列九个国家。其中，新加坡连续五年都是第一名，清廉指数较高且稳定；不丹表现出逐渐上升的发展态势；阿联酋排名略有下降；其他各国均呈现出波动发展态势。

附表 19　2013～2017 年清廉指数得分排名最高 10 位的"一带一路"沿线国家

排序	2013 年		2014 年		2015 年		2016 年		2017 年	
	国家	得分	国家	得分	国家	得分	国家	得分	国家	得分
1	新加坡	86	新加坡	84	新加坡	85	新加坡	84	新加坡	84
2	阿联酋	69	阿联酋	70	卡塔尔	71	爱沙尼亚	70	爱沙尼亚	71
3	爱沙尼亚	68	爱沙尼亚	69	阿联酋	70	阿联酋	66	阿联酋	71
4	卡塔尔	68	卡塔尔	69	爱沙尼亚	70	不丹	65	不丹	67
5	不丹	63	不丹	65	不丹	65	以色列	64	卡塔尔	63
6	以色列	61	波兰	61	波兰	62	波兰	62	以色列	62
7	文莱	60	以色列	60	以色列	61	卡塔尔	61	文莱	62
8	波兰	60	斯洛文尼亚	58	立陶宛	61	斯洛文尼亚	61	斯洛文尼亚	61
9	斯洛文尼亚	57	立陶宛	58	斯洛文尼亚	60	立陶宛	59	波兰	60
10	立陶宛	57	拉脱维亚	55	捷克	56	文莱	58	立陶宛	59

注：第十名有并列得分的国家时，以其在相近年份的得分比较排序

　　入围国家的国别变化主要体现为：捷克仅在 2015 年入围；拉脱维亚仅在 2014 年入围；文莱则在 2013 年及 2016 年和 2017 年入围。根据附图 8 可以看出，入围清廉指数得分排名最高 10 位的地区在 2013～2017 年均有中东欧、东南亚、南亚和西亚北非四个地区。其中，中东欧地区占比略有波动，但始终保持比例优势；西亚北非地区较为稳定，占比一直保持为 30%；南亚地区同样一直保持有一个国家入围；而东南亚地区则呈现一定的波动，占比处于 10% 和 20% 之间；东北亚和中亚地区始终没有国家入围。

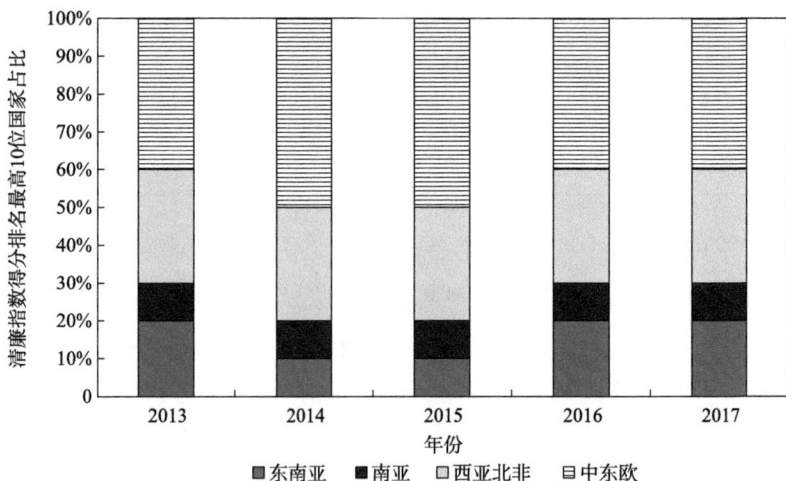

附图 8　2013～2017 年清廉指数得分排名最高 10 位的"一带一路"沿线国家区域分布

2. 排名最末 10 位入围国家较为稳定，西亚北非地区风险突出

根据附表 20 可以看出，2013～2017 年始终入围清廉指数得分排名最末 10 位的国家有阿富汗、柬埔寨、土库曼斯坦、乌兹别克斯坦、叙利亚、也门和伊拉克七个国家，其中伊拉克有向好的趋势但依旧与其他国家差距较大，叙利亚政府清廉状况呈现恶化趋势，柬埔寨变化较为平稳，其他各国均呈现出波动发展的态势。2013～2017 年入围国家的国别变化主要体现为：吉尔吉斯斯坦仅在 2013 年入围；塔吉克斯坦则仅在 2015 年未入围；黎巴嫩仅在 2017 年入围；老挝在 2014 年至 2015 年入围；孟加拉国在 2015 年至 2017 年入围；缅甸则在 2013 年至 2016 年入围。

附表 20　2013～2017 年清廉指数得分排名最末 10 位的"一带一路"沿线国家

排序	2013 年		2014 年		2015 年		2016 年		2017 年	
	国家	得分	国家	得分	国家	得分	国家	得分	国家	得分
1	阿富汗	8	阿富汗	12	阿富汗	11	叙利亚	13	叙利亚	14
2	伊拉克	16	伊拉克	16	伊拉克	16	也门	14	阿富汗	15
3	乌兹别克斯坦	17	土库曼斯坦	17	土库曼斯坦	18	阿富汗	15	也门	16
4	土库曼斯坦	17	乌兹别克斯坦	18	也门	18	伊拉克	17	伊拉克	18
5	叙利亚	17	也门	19	叙利亚	18	乌兹别克斯坦	21	土库曼斯坦	19
6	也门	18	叙利亚	20	乌兹别克斯坦	19	柬埔寨	21	柬埔寨	21
7	柬埔寨	20	柬埔寨	21	柬埔寨	21	土库曼斯坦	22	塔吉克斯坦	21
8	缅甸	21	缅甸	21	缅甸	22	塔吉克斯坦	25	乌兹别克斯坦	22
9	塔吉克斯坦	22	塔吉克斯坦	23	老挝	25	孟加拉国	26	孟加拉国	28
10	吉尔吉斯斯坦	24	老挝	25	孟加拉国	25	缅甸	28	黎巴嫩	28

注：第十名有并列得分的国家时，以其在相近年份的得分比较排序

据附图 9 可以看出，入围清廉指数得分排名最末 10 位的国家中，西亚北非地区始终占有较大比重，且这一比重在 2017 年有所增加；东南亚地区的入围比重从 2015 年开始逐渐下降；中亚地区的入围比重则呈现明显波动，但始终保持有国家入围；南亚地区在 2015～2017 年有一个国家入围；东北亚和中东欧地区始终未有国家入围。

3. 不同区域内部各国清廉指数态势特色鲜明

如附图 10 所示，2013 年以来，两个东北亚"一带一路"沿线国家的清廉指数波动幅度较小（每年清廉指数差异值小于 5），清廉状况比较稳定。从数值观察，蒙古国的清廉状况略优于俄罗斯。因为清廉指数与政府治理指数有相通之处，所以

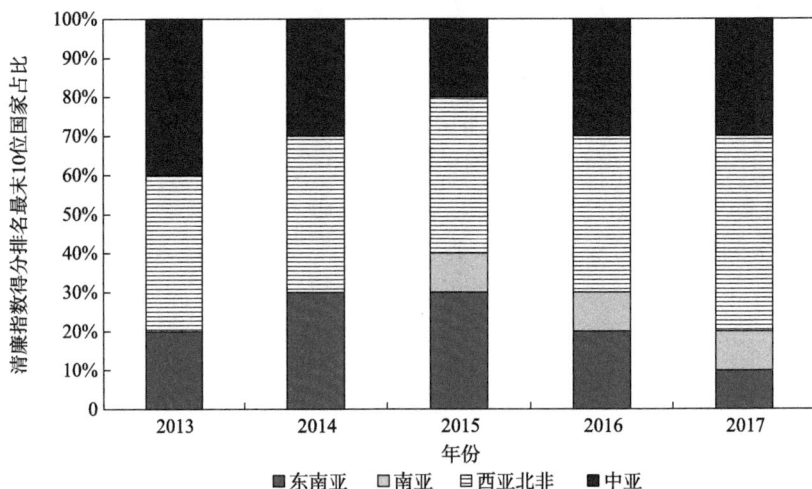

附图9　2013～2017年清廉指数得分排名最末10位的"一带一路"沿线国家区域分布

将其与经济学人智库的政府治理指数加以对照，首先，二者均认为蒙古国的状况优于俄罗斯。其次，二者对于两国的政府治理指数与清廉指数的发展趋势观点不同。

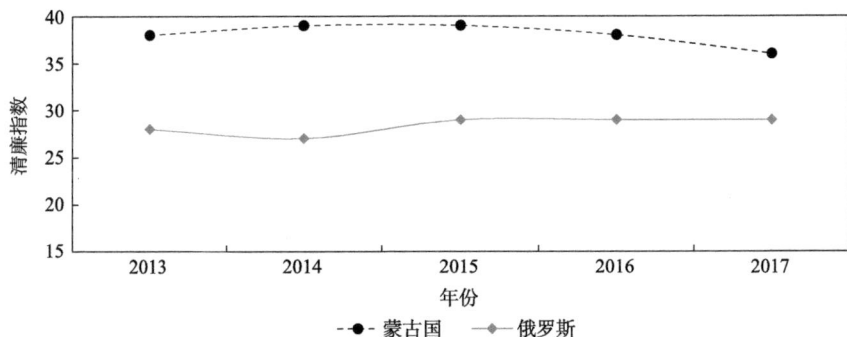

附图10　2013～2017年东北亚"一带一路"沿线国家清廉指数变化

2013～2017年东南亚"一带一路"沿线国家清廉指数如附图11所示。其中，新加坡、文莱和马来西亚的清廉指数较高，即政府的清廉程度较高。其他国家的清廉指数集中于20～40，清廉状况较为居中。柬埔寨、缅甸、印度尼西亚和越南的清廉指数呈现上升趋势，说明其清廉状况越来越好。大部分国家的清廉指数在五年中波动较小，而缅甸、东帝汶、老挝三个国家在2016年清廉指数有较大幅度上升（清廉指数增加值大于5）。与经济学人智库的政府治理指数对比来看，二者均认为新加坡、马来西亚的状况位居该地区前列，缅甸、柬埔寨处于该地区末尾。从指数变化角度看，二者均认为越南的状况在变好，而新加坡、马来西亚的状况有所恶化。

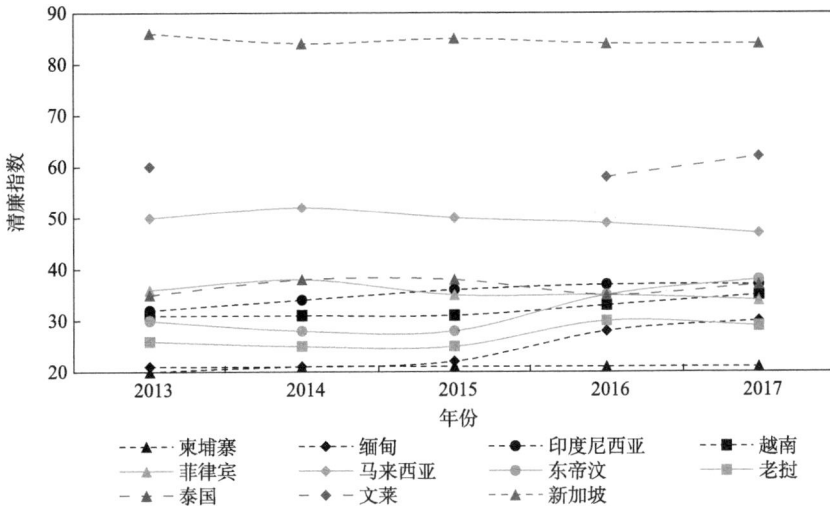

附图 11　2013～2017 年东南亚 "一带一路" 沿线国家清廉指数变化

文莱 2014 年及 2015 年数据缺失

南亚 "一带一路" 沿线国家中，不丹清廉指数较高，在 60～70，属于清廉状况较好的国家，其他国家的清廉指数处于 25～40，如附图 12 所示。2013～2017 年南亚 "一带一路" 沿线国家的清廉状况较稳定，未出现清廉指数大幅波动的国家。其中，巴基斯坦、不丹和印度的清廉指数呈现上升趋势，政府清廉状况变好。与经济学人智库的政府治理指数对比来看，二者均认为印度的状况位居该地区前列。从指数变化角度看，二者均认为斯里兰卡的状况在 2017 年有所改善。

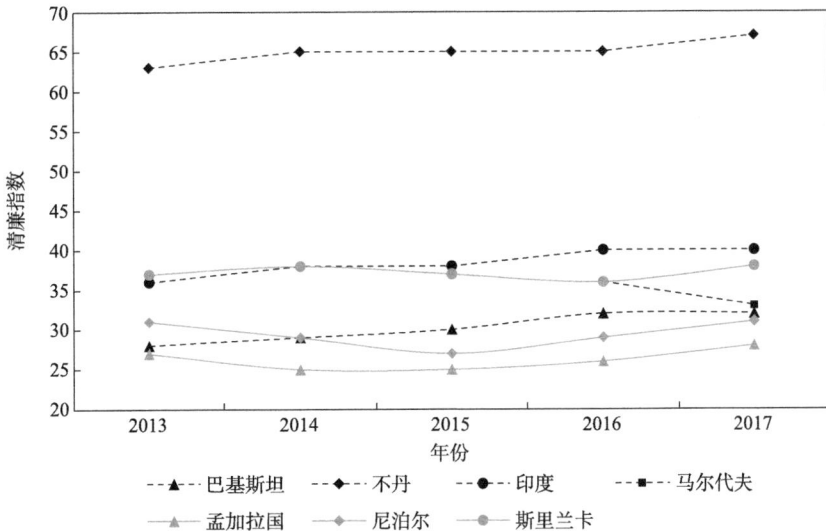

附图 12　2013～2017 年南亚 "一带一路" 国家清廉指数变化

西亚北非"一带一路"沿线国家的清廉状况差异较大，如附图 13、附图 14 所示，清廉指数跨越了 8～71，其中卡塔尔、阿联酋和以色列的清廉指数在 60 以上，国家清廉状况较好。阿富汗、伊拉克、也门和叙利亚的清廉指数不超过 20，国家清廉状况较差。与经济学人智库的政府治理指数对比来看，二者均认为卡塔尔、阿联酋的状况位居该地区前列，黎巴嫩、也门、叙利亚处于该地区末尾。从指数变化角度看，二者均认为沙特阿拉伯的状况在变好，而卡塔尔、科威特、土耳其的状况有所恶化。

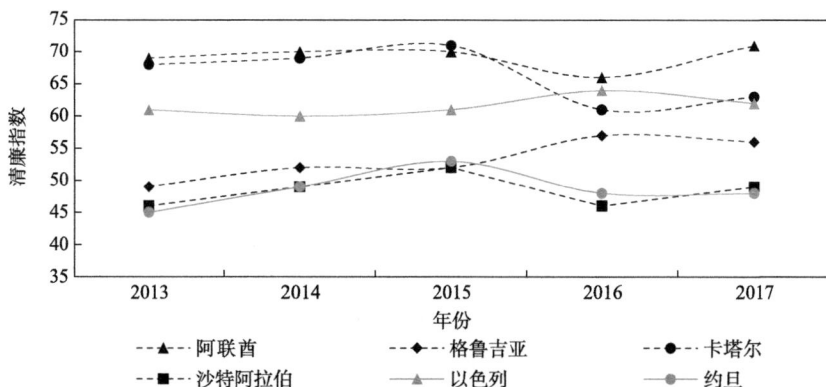

附图 13 2013～2017 年西亚北非"一带一路"沿线国家清廉指数变化（排名较高的国家）

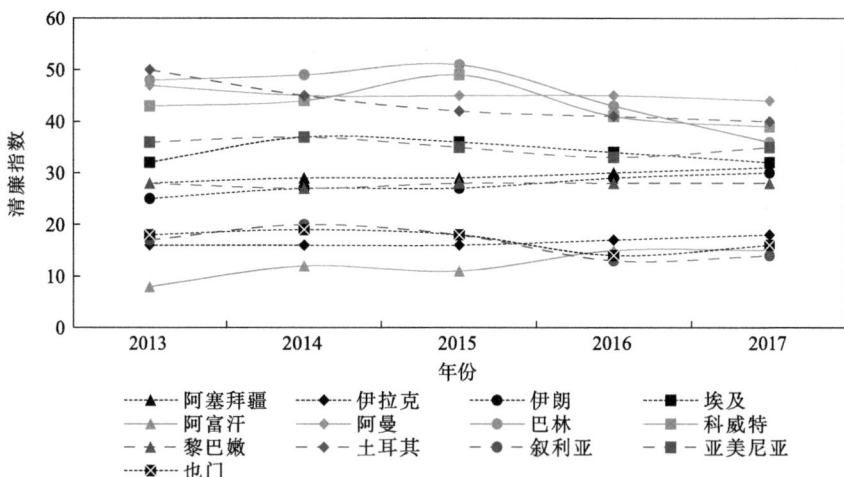

附图 14 2013～2017 年西亚北非"一带一路"沿线国家清廉指数变化（排名较低的国家）

西亚北非"一带一路"沿线国家中阿塞拜疆、伊拉克和伊朗的清廉指数呈现上升趋势，政府清廉状况逐渐变好；而阿曼和叙利亚等国家的清廉指数呈现下降趋势，政府清廉状况变差。此外，西亚北非"一带一路"沿线国家清廉状况的波动较大，埃及、阿联酋、巴林、格鲁吉亚、卡塔尔、科威特、沙特阿拉伯、土耳其、叙利亚九个国家的清廉指数出现两年差异较大的情况。

中东欧"一带一路"沿线国家的清廉指数如附图 15、附图 16 所示，分布于 25~71，其中爱沙尼亚和波兰的清廉指数一直保持在 60 及以上，属于较清廉的国家。其他国家的清廉指数分布于 25~60。爱沙尼亚、白俄罗斯、拉脱维亚、罗马尼亚、斯洛文尼亚、乌克兰等 6 个国家的清廉指数呈现上升的趋势，仅有匈牙利的清廉指数在 2014~2017 年始终保持下降趋势。与经济学人智库的政府治理指数对比来看，二者均认为爱沙尼亚、斯洛文尼亚、拉脱维亚的状况位居该地区前列，乌克兰、摩尔多瓦状况排在末尾。从指数变化角度看，二者均认为阿尔巴尼亚的政治风险有所减缓。

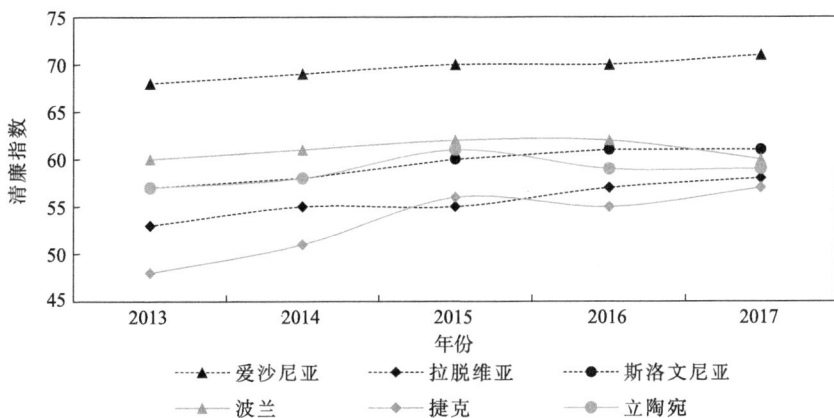

附图 15　2013~2017 年中东欧"一带一路"沿线国家全球清廉指数变化（排名较高的国家）

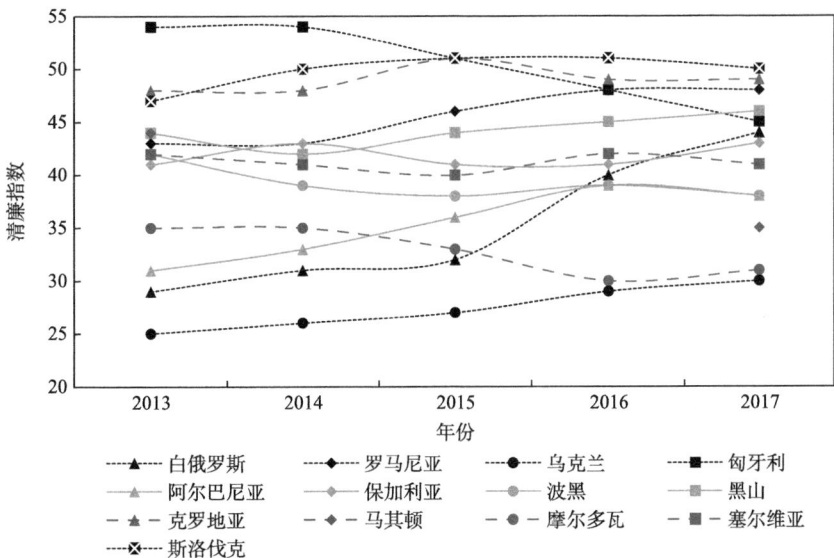

附图 16　2013~2017 年中东欧"一带一路"沿线国家全球清廉指数变化（排名较低的国家）

中亚"一带一路"沿线国家的清廉指数均较低，国家清廉状况表现较差，如附图 17 所示，仅有哈萨克斯坦在 2017 年的清廉指数高于 30。中亚"一带一路"沿线国家的清廉指数的波动情况较小，未出现波动情况大于 5 的国家。吉尔吉斯斯坦和乌兹别克斯坦的清廉指数呈现出缓慢上升趋势。与经济学人智库的政府治理指数对比来看，二者均认为哈萨克斯坦的状况位居该地区首位。从指数变化角度看，二者均认为乌兹别克斯坦的政治风险有所减缓。

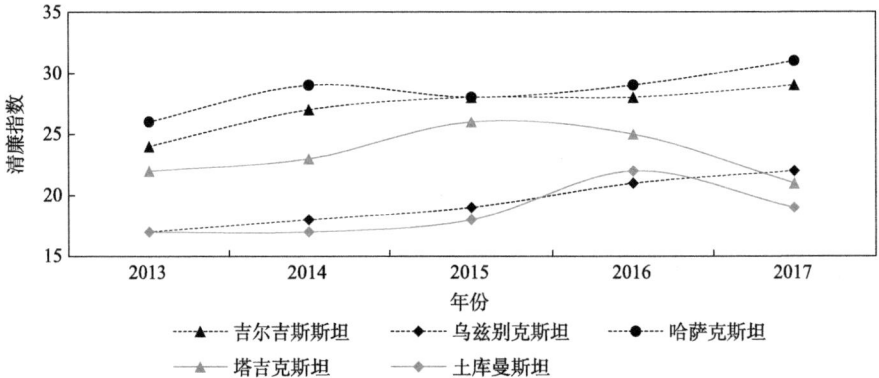

附图 17　2013～2017 年中亚"一带一路"沿线国家清廉指数变化

第四节　经济与金融风险概览

经济风险指的是经济环境的波动对外国企业造成的负面影响，如价格、利率、汇率的波动等，如土耳其里拉汇率下跌。金融风险指的是与金融有关的风险，如金融市场风险、金融产品风险、金融机构风险等。一家金融机构发生的风险所带来的后果，往往不只是对其自身的影响。金融机构在具体的金融交易活动中出现的风险，有可能对该金融机构的生存构成威胁；具体的一家金融机构因经营不善而出现危机，有可能对整个金融体系的稳健运行构成威胁；一旦发生系统风险，金融体系运转失灵，必然会导致全社会经济秩序的混乱，甚至引发严重的政治危机。例如，土耳其采取措施减少对金融危机的报道，反映了当今国际对于潜在金融风险的防范意识。本书对"一带一路"沿线国家经济风险的概览包括三方面：ICRG 的经济与金融风险指数、经济自由指数、营商便利指数。

一、美国纽约 PRS 集团的 ICRG 经济风险指数

ICRG 的经济风险指数是人均 GDP、GDP 增长、通货膨胀、预算平衡、经常账户五个指标的加和，较为全面地反映了一个国家的经济风险。分数范围在[0，50]，0 代表经济风险最高，50 代表经济风险最低。总体而言，如附表 21 所示，2013～2018 年约 2%（1/48）的"一带一路"沿线国家的经济风险指数上升，约 13%（6/48）的"一带一路"沿线国家的经济风险指数下降，约 85%（41/48）的"一带一路"沿线国家的经济风险指数出现上下波动。

附表 21　2013～2018 年"一带一路"沿线国家 ICRG 经济风险指数评价变化情况

指数变化	风险变化	国家数量/个
↑	下降	1
↓	上升	6
↑↓	波动	41
合计		48

对 2013～2018 年"一带一路"沿线国家的 ICRG 经济风险指数进行国别排序，遴选出经济风险指数最高和最低的"一带一路"沿线国家 TOP10，进而对排序结果进行深度分析，总结入围国家的国别变化和区域分布特征。

1. 排名最高 10 位入围国家波动较大，区域分布相对稳定

根据附表 22 可以看出，2013～2018 年始终入围经济风险指数得分排名最高 10 位的"一带一路"沿线国家有新加坡、孟加拉国和阿联酋三个国家。其中，新加坡的经济风险得分在 2013～2015 年呈上升趋势，在 2016～2018 年保持排名第一，经济风险优势逐渐凸显；孟加拉国的经济风险得分稳步上升，在 2016～2018 年稳居第二；而阿联酋的经济风险则呈现波动发展的态势。

附表 22　2013～2018 年 ICRG 经济风险指数得分排名最高 10 位的"一带一路"沿线国家

排序	2013 年		2014 年		2015 年		2016 年		2017 年		2018 年	
	国家	得分	国家	得分	国家	得分	国家	得分	国家	得分	国家	得分
1	卡塔尔	49.50	卡塔尔	48.50	卡塔尔	48.50	新加坡	45.50	新加坡	45.00	新加坡	45.00
2	科威特	48.50	阿联酋	48.50	阿联酋	48.50	孟加拉国	44.50	孟加拉国	45.00	孟加拉国	44.50
3	文莱	47.00	科威特	47.00	文莱	47.50	以色列	43.00	印度	44.00	印度	44.00
4	阿联酋	47.00	沙特阿拉伯	46.50	科威特	47.00	卡塔尔	42.50	卡塔尔	42.50	以色列	43.00
5	阿曼	46.50	文莱	46.00	新加坡	46.50	印度	41.50	以色列	42.00	斯洛文尼亚	43.00
6	沙特阿拉伯	46.50	新加坡	46.00	沙特阿拉伯	45.00	匈牙利	40.50	捷克	42.00	捷克	42.00
7	新加坡	44.00	阿曼	45.00	阿曼	44.00	阿联酋	40.50	匈牙利	41.00	阿联酋	42.00

续表

排序	2013 年		2014 年		2015 年		2016 年		2017 年		2018 年	
	国家	得分	国家	得分	国家	得分	国家	得分	国家	得分	国家	得分
8	印度	41.50	孟加拉国	42.00	阿塞拜疆	43.00	斯洛文尼亚	40.00	阿联酋	41.00	克罗地亚	42.00
9	俄罗斯	41.00	阿塞拜疆	41.50	印度	43.00	马来西亚	40.00	斯洛文尼亚	41.00	泰国	41.50
10	孟加拉国	41.00	巴林	41.00	孟加拉国	42.50	波兰	40.00	泰国	40.50	爱沙尼亚	41.00

注：第十名有并列得分的国家时，以其在相近年份的得分比较排序

2013～2018 年入围国家的国别变化主要体现为：爱沙尼亚、巴林、波兰、俄罗斯、克罗地亚、马来西亚六个国家均仅在一个年份入围；阿曼、科威特、沙特阿拉伯和文莱均在 2013～2015 年入围；阿塞拜疆在 2014～2015 年入围；捷克和泰国均于 2017～2018 年入围；斯洛文尼亚和以色列于 2016～2018 年入围；匈牙利于 2016～2017 年入围，卡塔尔仅在 2018 年未入围；印度仅在 2014 年未入围。根据附图 18 可以看出，在入围经济风险指数最高 10 位的国家中，西亚北非地区在 2013～2015 年占有较高的比重，但在 2014～2018 年比重逐渐降低，优势不断减弱；中东欧地区从 2016 年开始有国家入围"一带一路"沿线国家经济风险指数得分排名最高 10 位，且比重有增加的趋势；南亚地区占比相对较稳定，除 2014 年外，占比均保持 20% 的水平；东南亚地区占比也相对稳定，同样保持 20% 的水平；东北亚仅在 2013 年有一个国家入围；而中亚地区始终未有国家入围。

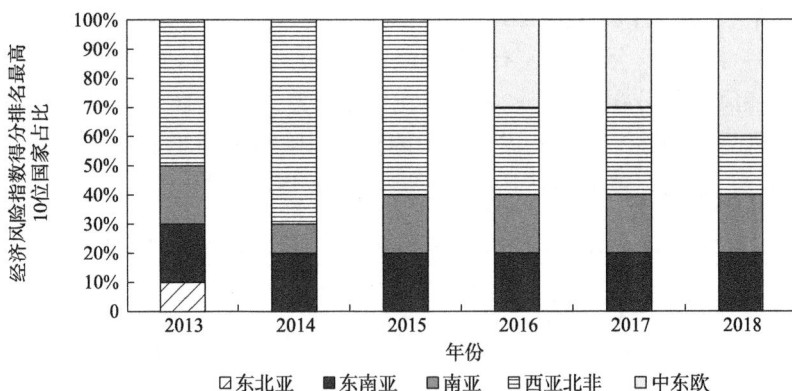

附图 18　2013～2018 年 ICRG 经济风险指数得分排名最高 10 位的"一带一路"沿线国家区域分布

2. 排名最末 10 位入围国家波动明显，区域分布相对稳定

根据附表 23 可以看出，2013～2018 年始终入围经济风险指数得分排名最末 10 位的国家仅有叙利亚和也门两个国家，其中叙利亚连续六年处于末位；而也门则呈现波动发展的趋势。

附表 23　2013～2018 年 ICRG 经济风险指数得分排名最末 10 位的"一带一路"沿线国家

排序	2013 年		2014 年		2015 年		2016 年		2017 年		2018 年	
	国家	得分	国家	得分	国家	得分	国家	得分	国家	得分	国家	得分
1	叙利亚	16.50	叙利亚	13.50	叙利亚	11.50	叙利亚	5.50	叙利亚	12.50	叙利亚	17.50
2	也门	24.50	黎巴嫩	27.00	乌克兰	23.50	乌克兰	19.00	也门	23.00	也门	20.00
3	伊朗	26.00	埃及	27.50	蒙古国	27.00	也门	22.00	阿曼	27.00	阿曼	28.50
4	白俄罗斯	27.50	伊朗	28.00	也门	28.00	蒙古国	25.50	摩尔多瓦	27.50	黎巴嫩	28.50
5	埃及	29.00	约旦	30.00	埃及	29.00	摩尔多瓦	27.50	黎巴嫩	27.50	埃及	28.50
6	约旦	29.50	塞尔维亚	30.00	塞尔维亚	30.00	文莱	28.50	埃及	28.00	蒙古国	28.50
7	塞尔维亚	30.00	也门	31.50	白俄罗斯	30.50	俄罗斯	29.00	文莱	28.50	伊拉克	30.00
8	蒙古国	30.00	白俄罗斯	31.50	约旦	31.50	伊拉克	29.00	巴林	30.00	乌克兰	31.00
9	缅甸	33.00	乌克兰	32.00	摩尔多瓦	31.50	哈萨克斯坦	29.50	乌克兰	30.50	白俄罗斯	31.50
10	阿尔巴尼亚	33.00	阿尔巴尼亚	32.50	阿尔巴尼亚	32.50	白俄罗斯	30.00	沙特阿拉伯	30.50	约旦	32.00

注：第十名有并列得分的国家时，以其在相近年份的得分比较排序

2013～2018 年入围国家的国别变化主要体现为：巴林、俄罗斯、哈萨克斯坦、缅甸、沙特阿拉伯五个国家仅在一个年份入围；阿尔巴尼亚和塞尔维亚于 2013～2015 年入围；阿曼则于 2017～2018 年入围；黎巴嫩则在 2014 年及 2017～2018 年入围；蒙古国于 2013 年、2015～2016 年和 2018 年四次入围；摩尔多瓦于 2015～2017 年连续入围；文莱于 2016～2017 年连续入围；伊拉克在 2016 年和 2018 年入围；伊朗于 2013～2014 年入围；而约旦于 2013～2015 年及 2018 年入围；埃及仅 2016 年未入围；白俄罗斯仅在 2017 年未入围；乌克兰则仅在 2013 年未入围。

据附图 19 可以看出，在入围经济风险指数得分排名最末 10 位的国家中，西亚北非地区占比有很大波动；东南亚仅在 2013 年、2016 年和 2017 年有一个国家入围；东北亚地区在 2013 年、2015 年、2016 年、2018 年有少数国家入围；中东欧地区的比重呈现出明显波动；中亚地区仅在 2016 年有一个国家入围；南亚地区则始终没有国家入围。

3. 不同区域内部各国经济风险指数态势特色鲜明

东北亚两个国家的经济风险指数波动都较为剧烈，如附图 20 所示，俄罗斯相对蒙古国经济风险指数得分较高，并在 2016～2018 年展现了向上的趋势。

东南亚国家的经济风险整体平稳，如附图 21 所示。其中，新加坡的经济风险指数较高，表明其经济风险较小，同时，其波动比较平缓。而文莱在 2013～2015 年居于该区域首位，然而在 2016 年急转直下，成为该区域经济风险最高的国家。其余国家中，缅甸波动也较为剧烈，需要加以关注。

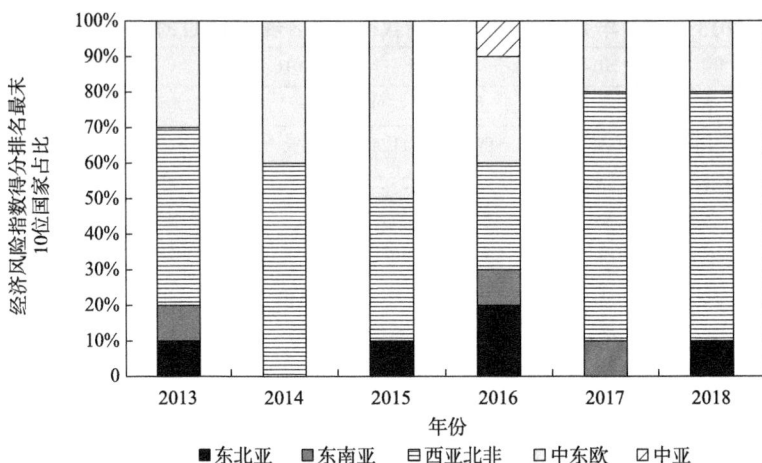

附图 19　2013~2018 年 ICRG 经济风险指数得分排名最末 10 位的"一带一路"沿线
国家区域分布

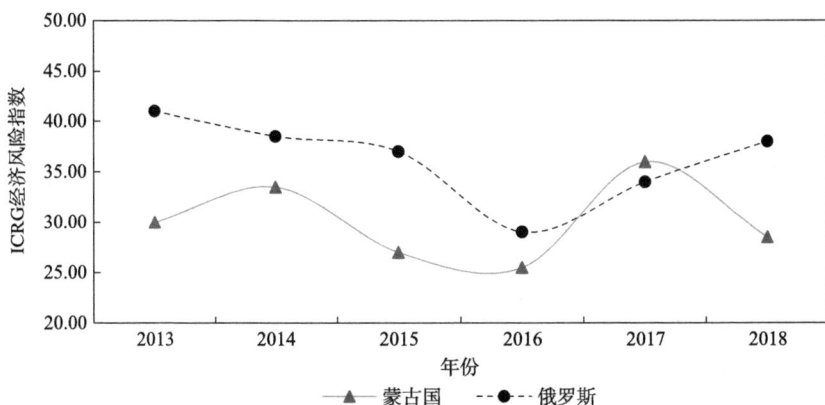

附图 20　2013~2018 年东北亚"一带一路"沿线国家 ICRG 经济风险指数

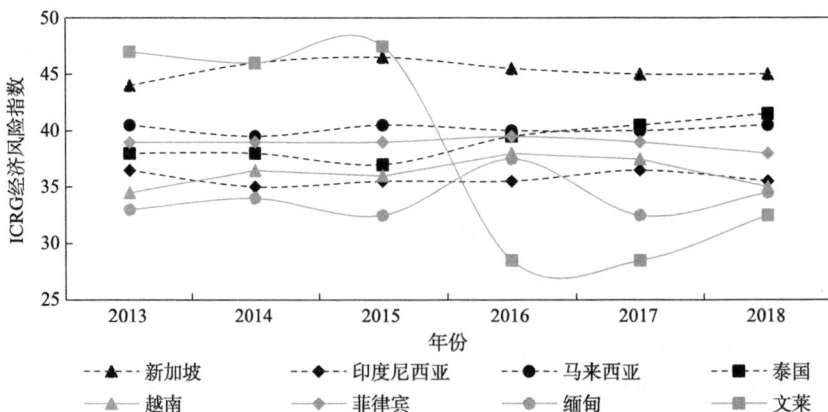

附图 21　2013~2018 年东南亚"一带一路"沿线国家 ICRG 经济风险指数

南亚国家的经济风险在 2013～2018 年一直保持在 30～38，如附图 22 所示。其中，巴基斯坦和斯里兰卡波动较大，孟加拉国变化较平稳，印度呈现上升趋势。

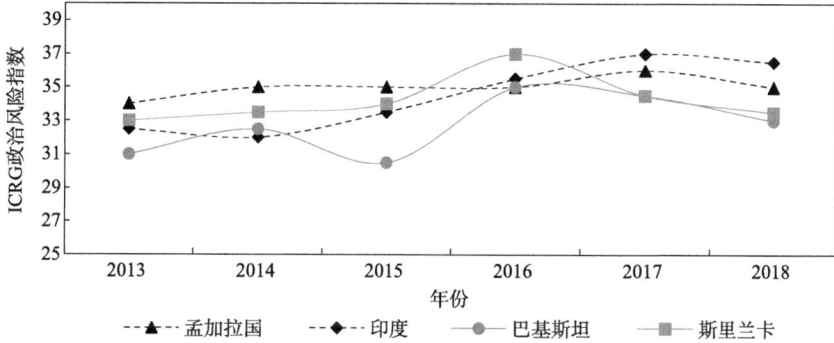

附图 22 2013～2018 年南亚"一带一路"沿线国家 ICRG 经济风险指数

西亚北非"一带一路"沿线国家经济风险指数差异较大，如附图 23、附图 24 所示。其中，叙利亚得分最低，在 5.5～17.5 波动，与其他国家相差较大。其余国家中，阿联酋、卡塔尔得分名列前茅。也门分数比叙利亚稍高，但是在 2018 年与叙利亚趋近，有下降的趋势，需要密切观察。

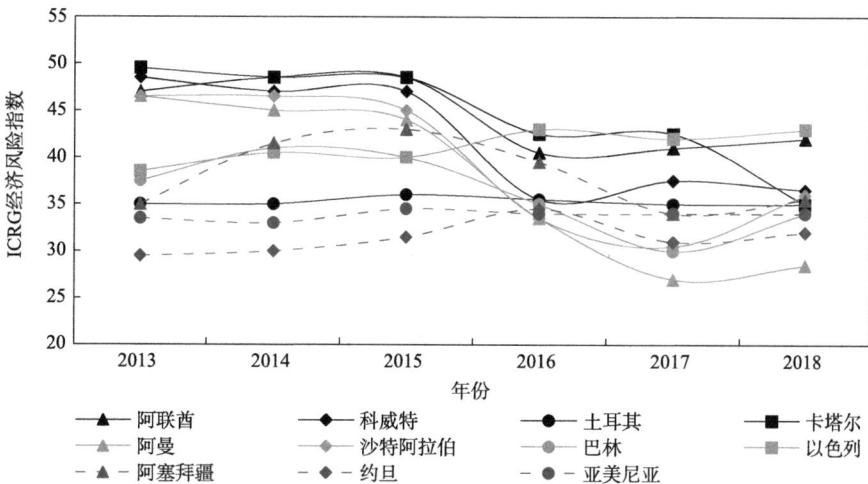

附图 23 2013～2018 年西亚北非"一带一路"沿线国家 ICRG 经济风险指数
（排名较高的国家）

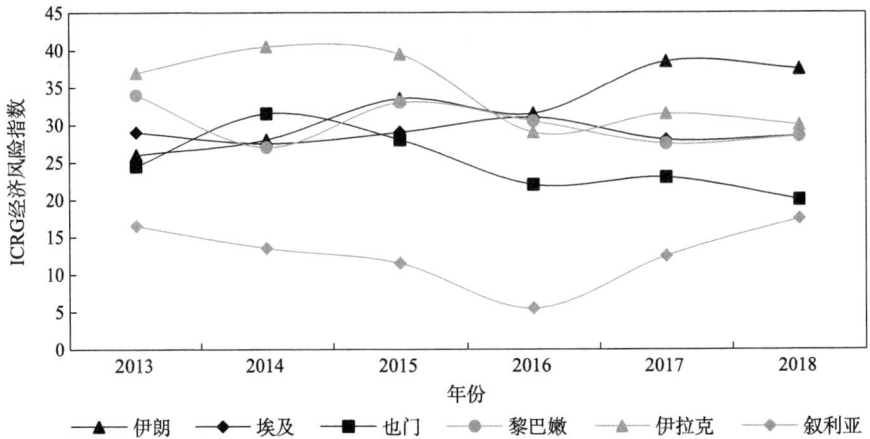

附图 24　2013～2018 年西亚北非"一带一路"沿线国家 ICRG 经济风险指数
（排名较低的国家）

中东欧国家众多，经济风险指数差异较大，如附图 25 所示。其中，乌克兰的经济风险指数波动巨大，在 2016 年到达低谷之后反弹。

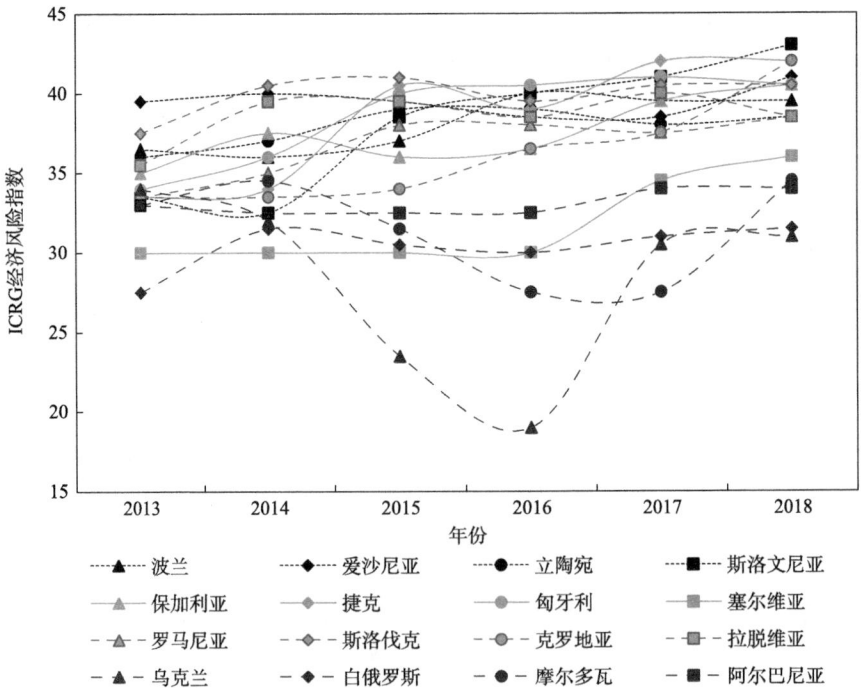

附图 25　2013～2018 年中东欧"一带一路"沿线国家 ICRG 经济风险指数

中亚五个国家中，仅哈萨克斯坦数据完整，2013～2017 年该国经济风险指数一直呈现下降的趋势，而在 2018 年有小幅提升，后续趋势如何还需观察。

二、美国纽约 PRS 集团的 ICRG 金融风险指数

ICRG 的金融风险指数是外债总额占 GDP 的百分比、债务还本付息占商品和服务出口的百分比、经常账户占商品和服务出口的百分比、净国际流动资金中进口支付的月份、汇率稳定性五个指标的加和，较为全面地反映了一个国家的金融风险。指数范围在 0～50，0 代表金融风险最高，50 代表金融风险最低。总体而言，如附表 24 所示，2013～2018 年约有 4%（2/48）的"一带一路"沿线国家的金融风险指数上升，8%（4/48）的"一带一路"沿线国家的金融风险指数下降，88%（42/48）的"一带一路"沿线国家的金融风险指数出现上下波动。

附表 24　2013～2018 年"一带一路"沿线国家 ICRG 金融风险指数

指数变化	风险变化	国家数量/个
↑	减缓	2
↓	加剧	4
↑↓	波动	42
合计		48

1. 排名最高 10 位入围国家波动较大，西亚北非地区优势不断减弱

根据附表 25 可以看出，2013 年至 2018 年始终入围金融风险指数得分排名最高 10 位的"一带一路"沿线国家有菲律宾、沙特阿拉伯、文莱、新加坡四个国家，四个国家均呈现波动发展的趋势。

附表 25　2013～2018 年 ICRG 金融风险指数得分排名最高 10 位的"一带一路"沿线国家

排序	2013 年		2014 年		2015 年		2016 年		2017 年		2018 年	
	国家	得分	国家	得分	国家	得分	国家	得分	国家	得分	国家	得分
1	阿塞拜疆	48.50	沙特阿拉伯	48.50	阿塞拜疆	48.50	阿塞拜疆	46.50	伊朗	48.00	伊朗	47.50
2	文莱	48.00	文莱	48.50	沙特阿拉伯	48.00	新加坡	46.00	新加坡	45.50	以色列	46.00
3	沙特阿拉伯	48.00	阿塞拜疆	48.00	文莱	48.00	科威特	45.50	孟加拉国	45.00	阿尔巴尼亚	46.00
4	科威特	47.00	科威特	47.00	科威特	47.50	沙特阿拉伯	44.50	以色列	45.00	新加坡	45.50
5	阿曼	46.50	伊拉克	46.00	阿曼	45.50	菲律宾	44.50	菲律宾	44.50	文莱	45.50
6	俄罗斯	46.00	阿曼	45.50	伊拉克	45.00	孟加拉国	44.50	文莱	44.50	沙特阿拉伯	45.50

续表

排序	2013 年		2014 年		2015 年		2016 年		2017 年		2018 年	
	国家	得分	国家	得分	国家	得分	国家	得分	国家	得分	国家	得分
7	新加坡	45.50	新加坡	45.50	新加坡	45.00	以色列	44.50	印度	44.00	孟加拉国	44.50
8	伊拉克	44.00	伊朗	45.00	菲律宾	45.00	伊朗	44.50	泰国	44.00	俄罗斯	44.50
9	约旦	44.00	俄罗斯	43.50	也门	43.00	文莱	44.00	沙特阿拉伯	43.00	菲律宾	44.00
10	菲律宾	44.00	菲律宾	43.50	印度	43.00	伊拉克	44.00	科威特	42.00	印度	44.00

注：第十名有并列得分的国家时，以其在相近年份的得分比较排序

　　2013～2018 年入围国家的国别变化主要体现为：阿尔巴尼亚、泰国、也门和约旦四个国家均只在一年入围；阿曼于 2013 年至 2015 年连续三年入围；阿塞拜疆和伊拉克则于 2013 年至 2016 年连续四年入围；俄罗斯于 2013 年、2014 年和 2018 年入围；孟加拉国和以色列于 2016 年至 2018 年入围；伊朗则于 2014 年和 2016 年至 2018 年入围；印度则在 2015 年和 2017 年至 2018 年入围；科威特仅在 2018 年没有入围。

　　根据附图 26 可以看出，在入围金融风险指数得分排名最高 10 位的国家中西亚北非地区占有较高的比重，但其优势从 2017 年起有所减弱；而东南亚地区占比同样有一定的占比优势，且占比有小幅波动；南亚地区从 2015 年开始有一个国家入围，比重有逐渐增加的趋势；东北亚地区在 2013 年、2014 年、2018 年有一个国家入围；中东欧地区仅在 2018 年有一个国家入围；中亚地区始终未有国家入围。

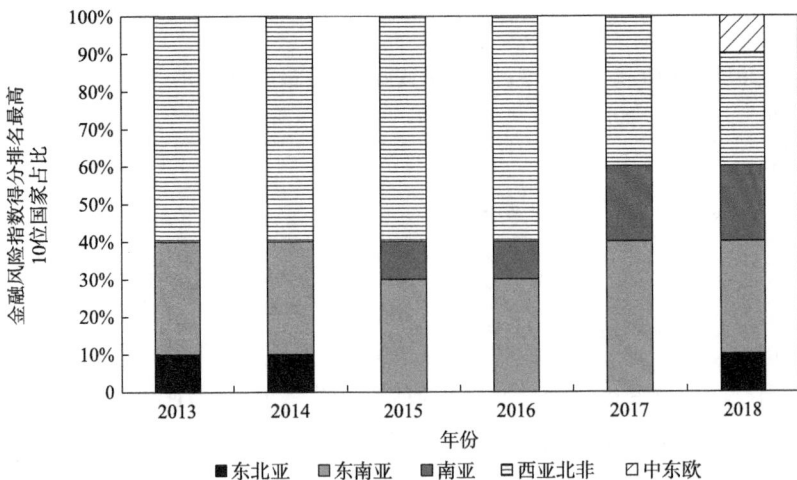

附图 26　2013～2018 年 ICRG 金融风险指数得分排名最高 10 位的 "一带一路" 沿线
国家区域分布

2. 排名最末 10 位入围国家波动较大，中东欧地区落后明显

根据附表 26 可以看出，2013～2018 年始终入围金融风险指数得分排名最末 10 位的国家仅有斯洛文尼亚，且其呈现波动发展的态势。2013～2018 年入围国家的国别变化主要体现为埃及、哈萨克斯坦、塞尔维亚、斯里兰卡仅入围一次；白俄罗斯在 2013～2016 年入围；克罗地亚在 2013 年和 2015 年入围；黎巴嫩则在 2013 年和 2017～2018 年入围；蒙古国在 2014 年和 2016～2018 年入围；摩尔多瓦在 2015～2016 年和 2018 年入围；斯洛伐克在 2015 年和 2018 年入围；土耳其在 2014 年和 2017 年入围；爱沙尼亚、拉脱维亚、乌克兰、匈牙利、叙利亚、亚美尼亚六个国家仅在一个年份没有入围。

附表 26　2013～2018 年 ICRG 金融风险指数得分排名最末 10 位的"一带一路"沿线国家

排序	2013 年		2014 年		2015 年		2016 年		2017 年		2018 年	
	国家	得分	国家	得分	国家	得分	国家	得分	国家	得分	国家	得分
1	拉脱维亚	26.00	拉脱维亚	26.00	拉脱维亚	22.00	叙利亚	28.00	埃及	26.50	叙利亚	27.00
2	爱沙尼亚	27.50	爱沙尼亚	27.00	爱沙尼亚	22.00	白俄罗斯	29.50	蒙古国	31.00	乌克兰	32.00
3	斯洛文尼亚	30.00	斯洛文尼亚	30.00	斯洛文尼亚	26.00	哈萨克斯坦	29.50	乌克兰	32.50	黎巴嫩	33.00
4	克罗地亚	30.50	叙利亚	30.50	乌克兰	26.50	匈牙利	31.50	叙利亚	33.00	斯洛文尼亚	34.00
5	塞尔维亚	32.00	匈牙利	32.00	匈牙利	27.00	乌克兰	33.00	黎巴嫩	33.00	拉脱维亚	34.00
6	匈牙利	32.00	土耳其	32.00	白俄罗斯	28.50	斯洛文尼亚	33.50	土耳其	33.50	爱沙尼亚	34.00
7	亚美尼亚	34.50	白俄罗斯	34.50	叙利亚	30.50	摩尔多瓦	34.00	匈牙利	34.50	蒙古国	34.50
8	斯里兰卡	35.00	亚美尼亚	35.00	克罗地亚	31.50	蒙古国	34.00	斯洛文尼亚	34.50	亚美尼亚	34.50
9	黎巴嫩	35.00	蒙古国	35.00	摩尔多瓦	32.00	爱沙尼亚	34.50	亚美尼亚	34.50	摩尔多瓦	34.50
10	白俄罗斯	35.50	乌克兰	35.50	斯洛伐克	32.00	亚美尼亚	34.50	拉脱维亚	34.50	斯洛伐克	34.50

注：第十名有并列得分的国家时，以其在相近年份的得分比较排序

据附图 27 可以看出，在入围金融风险指数得分排名最末 10 位的国家中，中东欧地区占比相当高，且比重波动较大；西亚北非地区占比也有较大波动，但始终保持有国家入围；南亚地区仅在 2013 年有两个国家入围；中亚地区仅在 2016 年有一个国家入围；东北亚地区也在部分年份有一个国家入围；东南亚地区始终没有国家入围。

3. 不同区域内部各国金融风险指数态势特色鲜明

东北亚两个国家的 ICRG 金融风险指数波动都比较剧烈，如附图 28 所示。其

中，俄罗斯波动更为剧烈，在 2015 年到达最低点，在其余年份均高于蒙古国的金融风险指数得分。与 ICRG 经济风险指数相对照，在绝大部分年份中，俄罗斯的经济与金融风险均低于蒙古国。

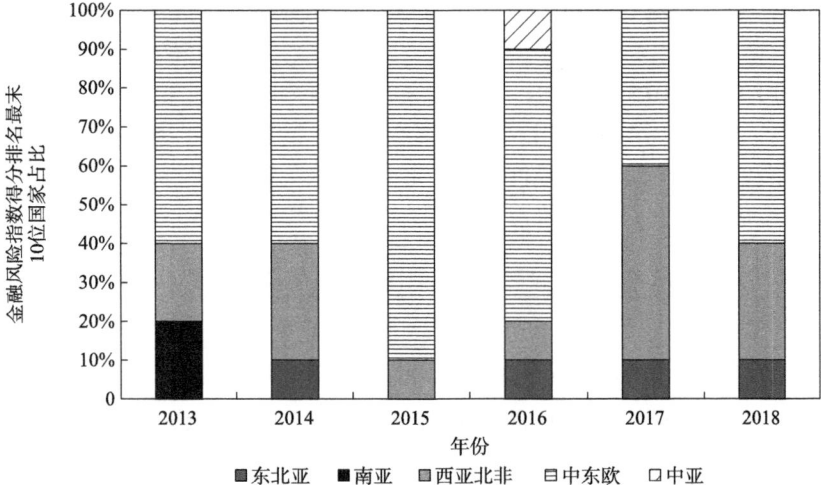

附图 27　2013～2018 年 ICRG 金融风险指数得分排名最末 10 位的"一带一路"沿线国家区域分布

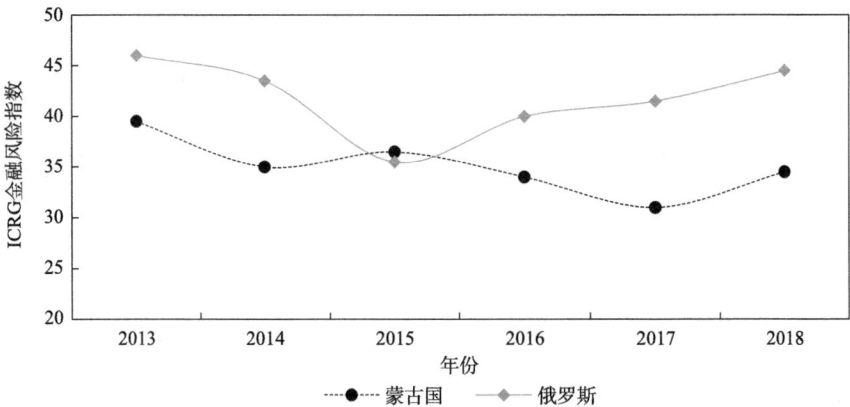

附图 28　2013～2018 年东北亚"一带一路"沿线国家 ICRG 金融风险指数

东南亚"一带一路"沿线国家 ICRG 金融风险指数都集中于 35～50，如附图 29 所示。其中新加坡、文莱的金融风险指数最高，表明其金融环境在该地区较好。缅甸的金融风险指数波动剧烈，表明其金融环境较不稳定。与 ICRG 经济风险指数相对照，新加坡经济风险指数与金融风险指数一直位居该地区前列，表明其经济金融环境较为优良。文莱在 2013～2015 年的经济风险指数与金融风险指数一直居首，却在 2016 年均突然下降，不同的是其经济风险指数下降的幅度更大，一度降到了该地区末位。从指数波动的角度来看，缅甸的经济、金融风险指数波动均较为剧烈。

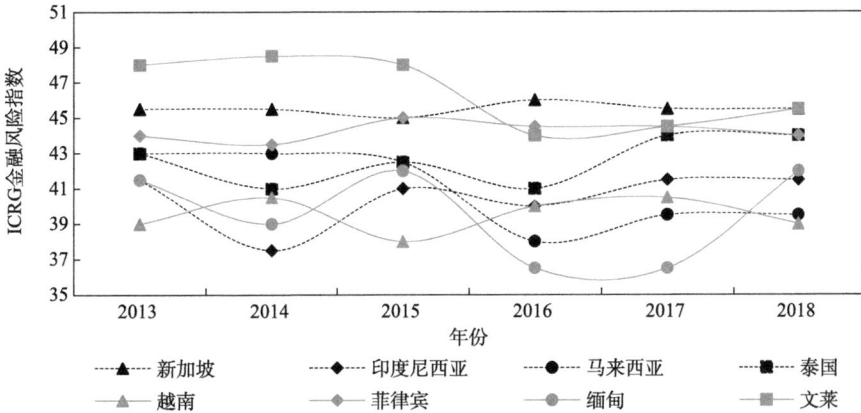

附图 29 2013～2018 年东南亚"一带一路"沿线国家 ICRG 金融风险指数

南亚"一带一路"沿线国家的 ICRG 金融风险指数大多处于中等水平，如附图 30 所示。其中孟加拉国的金融风险指数常年居于该地区第一，表明其金融环境相比于该地区其他"一带一路"沿线国家较好。该地区"一带一路"沿线国家 ICRG 经济风险指数和 ICRG 金融风险指数总体上呈现上升趋势，经济、金融风险总体上是趋缓的。

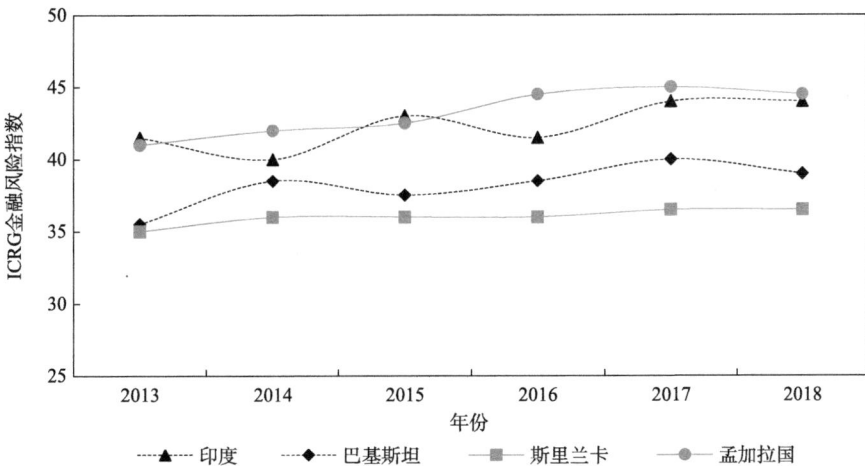

附图 30 2013～2018 年南亚"一带一路"沿线国家 ICRG 金融风险指数

2013～2018 年西亚北非 "一带一路" 沿线国家 ICRG 金融风险指数如附图 31 所示，其中，伊朗、埃及、叙利亚的 ICRG 金融风险指数均波动剧烈，表明这些国家的金融环境极不稳定。其中，叙利亚的金融风险指数常年处于末位。与 ICRG 经济风险指数相对照，排名第一的国家各不相同，然而排名末位的国家在绝大多数年份中均是叙利亚。

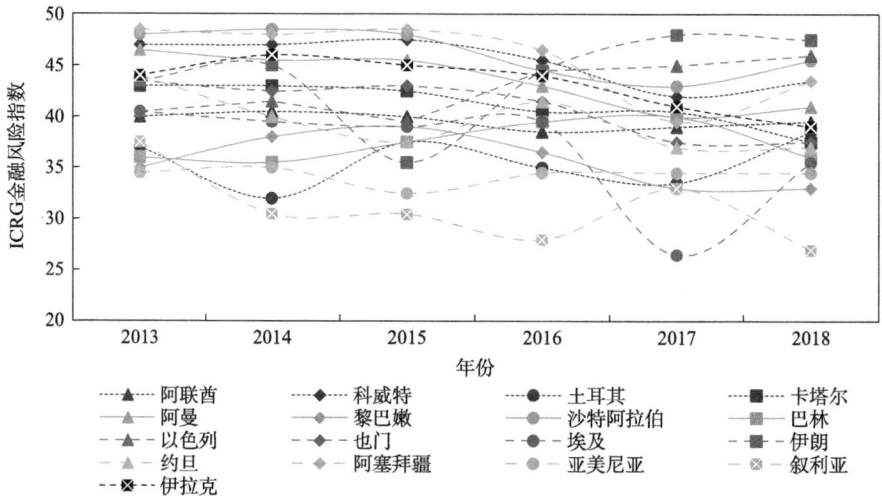

附图 31　2013～2018 年西亚北非 "一带一路" 沿线国家 ICRG 金融风险指数

2013～2018 年中东欧 "一带一路" 沿线国家金融风险指数如附图 32 所示，其中，大部分国家的 ICRG 金融风险指数变化趋势趋同，均在 2015 年有所下降，在 2016 年增长，表现了这些国家金融环境的相似性。其中，乌克兰、阿尔巴尼亚、拉脱维亚、爱沙尼亚、白俄罗斯的金融风险指数和波动较为剧烈，应密切关注。与 ICRG 经济风险指数相对照，指数排名虽不尽相同，但捷克、保加利亚等国在大多数时间内两指数均位居该地区前列，乌克兰在大多数时间内两指数均在落后梯队。从趋势上看，各个国家的经济、金融风险指数均有震荡上升的趋势，表明该地区总体经济、金融环境向好发展。

中亚 "一带一路" 沿线国家中，ICRG 只有哈萨克斯坦的金融风险指数数据，该国 2013～2018 年金融风险指数如附图 33 所示。值得注意的是，哈萨克斯坦在 2016 年的金融风险指数急剧下降，之后反弹，对于该国的金融环境应给予密切关注。

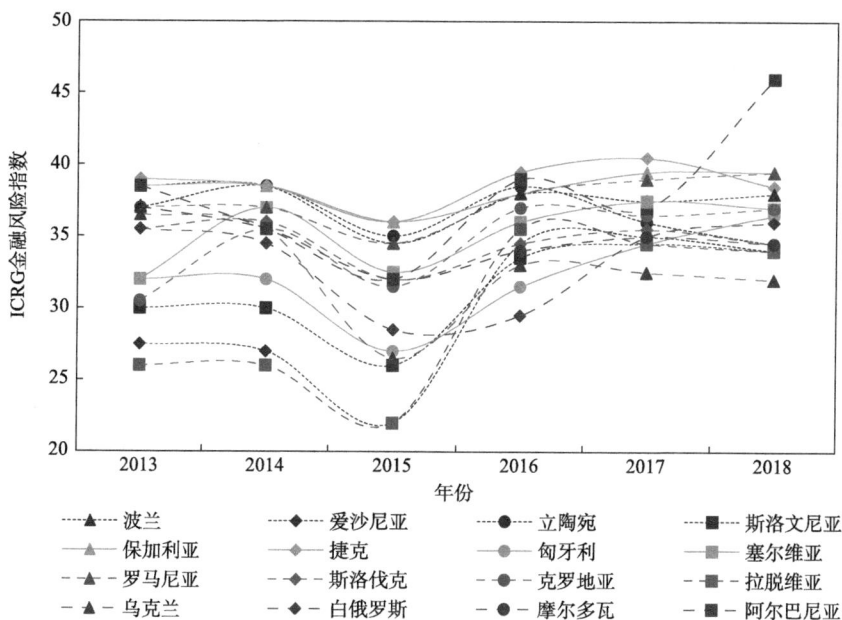

附图32 2013～2018年中东欧"一带一路"沿线国家ICRG金融风险指数

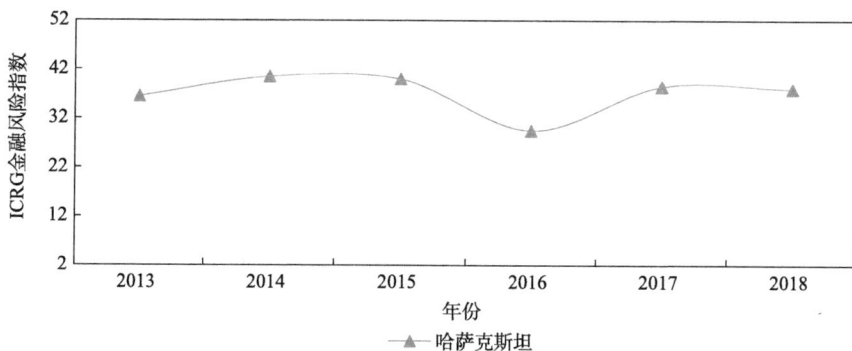

附图33 2013～2018年中亚"一带一路"沿线国家ICRG金融风险指数

第五节 社会风险概览

社会风险是来自东道国非政府方面的，并对外国企业可能构成价值损害的社会行为。受经济、政治、文化、宗教、风俗等因素影响，跨国企业经常受到非政府组织（如工会、商会）等的排挤和抵制，表现方式有游行、骚扰，甚至暴力等手段。本节的社会风险部分主要选取了内部冲突、外部冲突指标及 Numbeo 的犯罪率指标进行概览。

一、内外部冲突

（一）内部冲突

本书采用 ICRG 的内部冲突指数来对"一带一路"沿线国家内部冲突加以概览。ICRG 的内部冲突指数评估了一国的政治暴力及其对国家政府的实际或潜在影响，评分范围为 0～12，12 代表国家内部没有反对政府的武装或民事斗争；0表示一个国家正在陷入内战中。内部冲突指数为三个子指标之和，三个子指标的分数区间均为 0～4，0 表示极高风险，4 表示极低风险。三个子指标分别为：内战/政变威胁、恐怖主义/政治暴力、民事骚乱。

如附表 27 所示，2013～2018 年"一带一路"沿线国家的 ICRG 内部冲突指数的变化较大，ICRG 覆盖的 48 个"一带一路"沿线国家中仅有 3 个国家的指数未发生变化，有 41 个国家的内部冲突指数出现了不同程度的上下波动。

附表 27 2013～2018 年"一带一路"沿线国家 ICRG 内部冲突指数变化情况

指数变化	冲突程度	国家数量/个
↓	加剧	4
—	未发生改变	3
↓↑	波动	41
合计		48

下面将分别对东北亚、东南亚、南亚、西亚北非、中东欧、中亚六地区内部国家的 ICRG 内部冲突指数进行概览。2013～2018 年东北亚"一带一路"沿线国家 ICRG 内部冲突指数如附图 34 所示。两个东北亚"一带一路"沿线国家的内部冲突指数均呈现上升的趋势，可以看出，蒙古国的内部冲突状况明显优于俄罗斯，俄罗斯的内部冲突指数一直处于 7.0～8.0，而蒙古国则处于10.0～11.0。

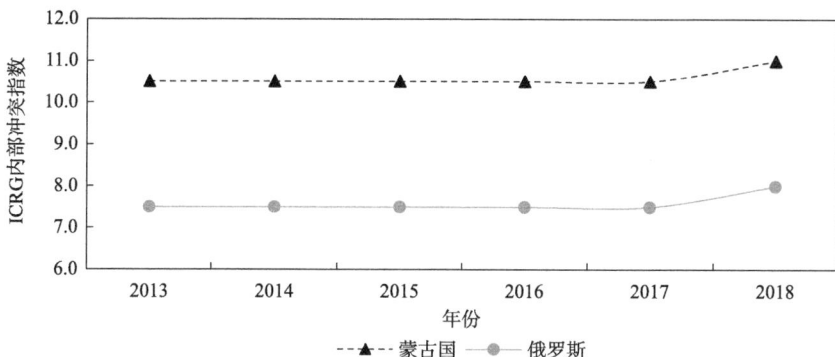

附图 34　2013～2018 年东北亚 "一带一路" 沿线国家 ICRG 内部冲突指数

2013～2018 年东南亚 "一带一路" 沿线国家 ICRG 内部冲突指数如附图 35 所示。与其他地区相比，东南亚 8 个 "一带一路" 沿线国家的内部冲突状况彼此差异较大。在东南亚 "一带一路" 沿线国家中，文莱的内部冲突状况较为缓和，其内部冲突指数处于较高水平（10.0～12.0），而泰国的内部冲突状况最为严峻，指数分布于 6.5～7.5。东南亚 "一带一路" 沿线国家的内部冲突指数的波动状况相对较小，所有国家 2013 年以来的内部冲突指数的波动幅度均不超过 1.5。

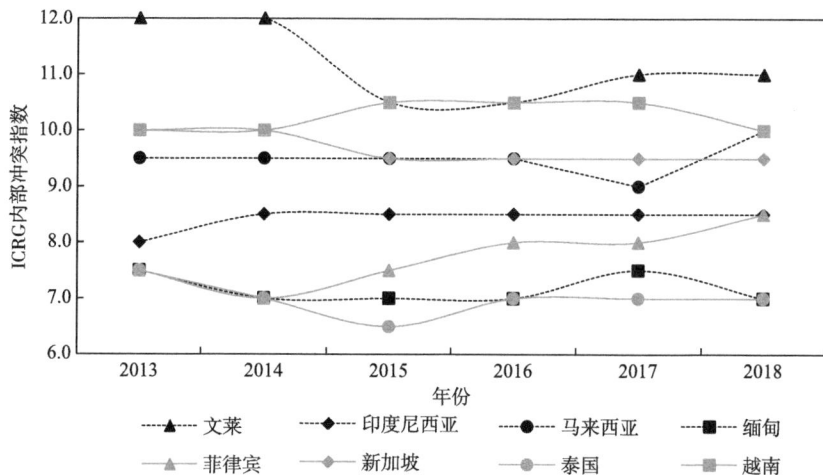

附图 35　2013～2018 年东南亚 "一带一路" 沿线国家 ICRG 内部冲突指数

2013～2018 年南亚 "一带一路" 沿线国家 ICRG 内部冲突指数如附图 36 所示。总体而言，南亚地区 "一带一路" 沿线国家的风险状况较差，所有国家的内部冲突指数均低于 10.0，其中斯里兰卡内部冲突指数一直居于首位，领先于其他三个国家。

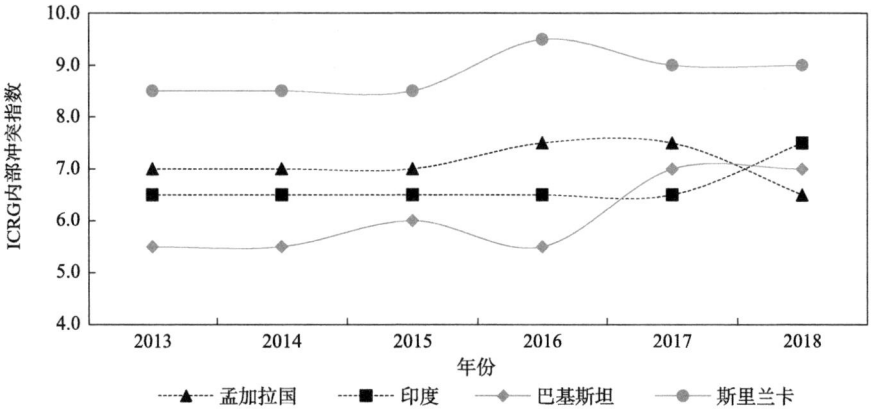

附图 36　2013～2018 年南亚"一带一路"沿线国家 ICRG 内部冲突指数

2013～2018 年西亚北非"一带一路"沿线国家 ICRG 内部冲突评分如附图 37、附图 38 所示。整体而言，西亚北非"一带一路"沿线国家的内部冲突状况较严峻，所有国家的内部冲突指数均不超过 10.0。其中，以色列和卡塔尔的内部冲突指数在 2013～2018 年一直未发生改变；伊拉克、埃及、叙利亚、也门四个国家的内部冲突指数发生了较大幅度波动，2013～2018 年的指数最高值和最低值之差不低于 1.5。

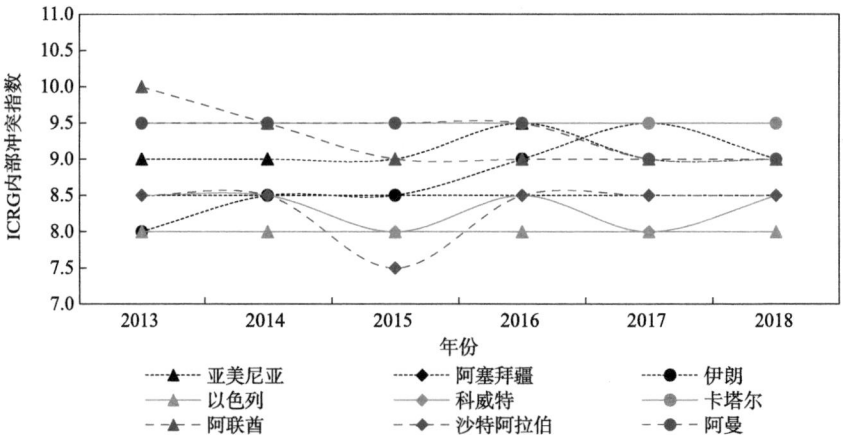

附图 37　2013～2018 年西亚北非"一带一路"沿线国家 ICRG 内部冲突指数
（排名较高的国家）

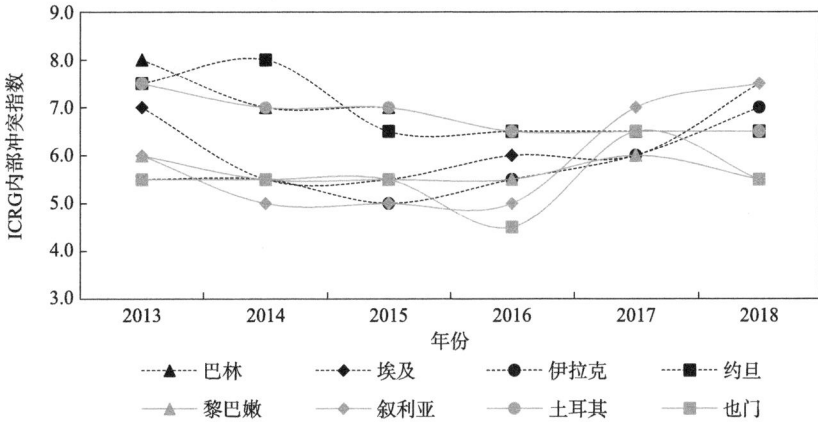

附图38 2013～2018年西亚北非"一带一路"沿线国家ICRG内部冲突指数
（排名较低的国家）

2013～2018年中东欧"一带一路"沿线国家ICRG内部冲突指数如附图39、附图40所示。与其他地区相比，中东欧"一带一路"沿线国家的内部冲突状况明显较好，除出现大幅变动的乌克兰外，其他国家的内部冲突指数均高于8.0。其中，爱沙尼亚的内部冲突指数较为稳定，2013～2018年未发生改变，一直保持11.0的水平，内部冲突状况良好，而乌克兰则发生了大幅度跳水，内部冲突指数最高达10.5，而后迅速降至最低7.0。中亚地区的哈萨克斯坦内部冲突指数处于中等水平，且波动幅度不大，2013年以来，内部冲突指数一直处于8.0～9.0。

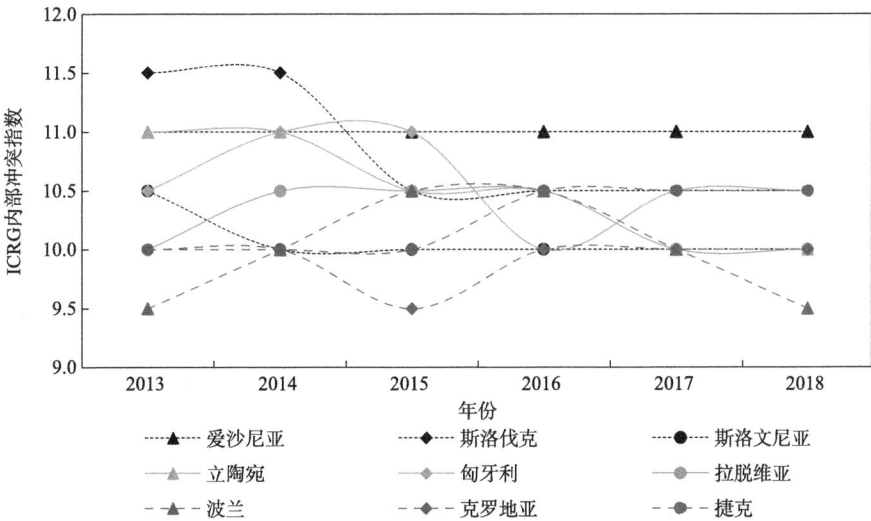

附图39 2013～2018年中东欧"一带一路"沿线国家ICRG内部冲突指数
（排名较高的国家）

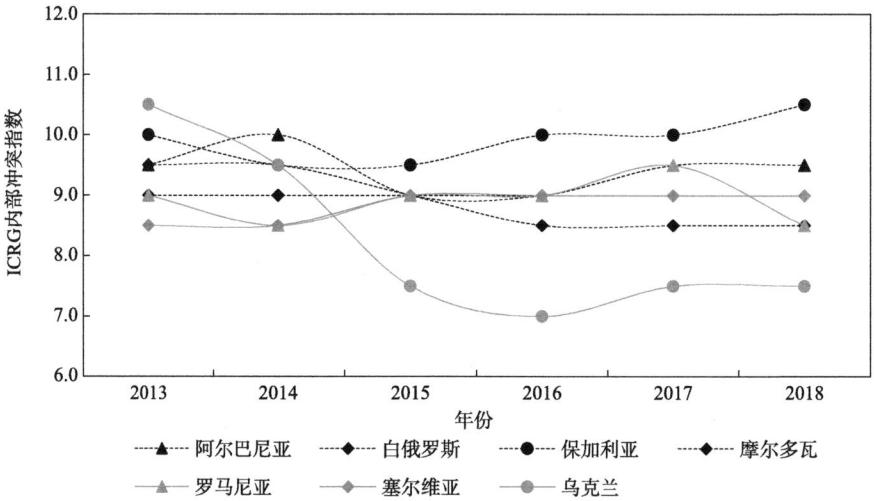

附图 40　2013～2018 年中东欧"一带一路"沿线国家 ICRG 内部冲突指数
（排名较低的国家）

（二）外部冲突

本书采用 ICRG 的外部冲突指标和经济学人智库的外部冲突指标来对"一带一路"沿线国家外部冲突加以概览。

1. ICRG 的外部冲突指标

ICRG 的外部冲突度量是对一国政府对外行动的风险评估，包括非暴力压力（外交压力、扣留援助、贸易限制、领土争端、制裁等）和暴力压力（跨境冲突、全面战争）。外部冲突会对跨国企业产生负面影响，如限制经营和贸易制裁、扭曲经济资源分配、社会结构的暴力变化。ICRG 的外部冲突指数区间为 0～12，12 表示外部冲突较少，而 0 则表示外部冲突状况严峻。ICRG 外部冲突指标为 3 个子指标之和，3 个子指标的分数区间均为 0～4，0 表示极高风险，4 表示极低风险。3 个子指标分别为：战争、边界冲突和外国压力。

如附表 28 所示，48 个"一带一路"沿线国家的外部冲突指数各不相同，2013～2018 年，22.9%（11/48）的"一带一路"沿线国家的外部冲突指数发生了下降，10.4%（5/48）的"一带一路"沿线国家的外部冲突指数上升，29.2%（14/48）的"一带一路"沿线国家的外部冲突指数未发生变化，37.5%（18/48）的"一带一路"沿线国家的外部冲突指数发生了上下波动。下面将分别对东北亚、东南亚、南亚、西亚北非、中东欧、中亚六地区内部国家的 ICRG 外部冲突指数进行概览。

附表28 2013～2018年"一带一路"沿线国家ICRG外部冲突评分变化情况

指数变化	冲突程度变化	国家数量/个
↓	加剧	11
↑	减缓	5
—	未发生改变	14
↓↑	波动	18
合计		48

2013～2018年东北亚"一带一路"沿线国家ICRG外部冲突指数如附图41所示。两个东北亚"一带一路"沿线国家的外部冲突状况差异较大，蒙古国的外部冲突指数基本稳定于11.5，外部冲突状况较好，但2018年稍有下降；而俄罗斯的外部冲突状况发生了较大的变化，2015年其外部冲突指数发生了大幅下降，2018年则又有上升趋势。与ICRG的内部冲突指数相对照，蒙古国的内部冲突指数和外部冲突指数均高于俄罗斯，表明蒙古国的内外部冲突状况优于俄罗斯；但不同的是两个国家的内部冲突指数均在2018年表现出一定的上升趋势，而蒙古国的外部冲突指数在2018年表现出下降趋势，俄罗斯的外部冲突指数则有下降又上升的趋势。

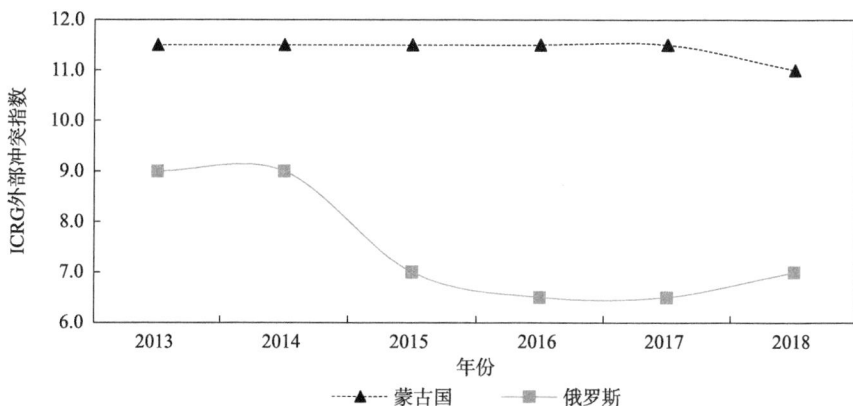

附图41 2013～2018年东北亚"一带一路"沿线国家ICRG外部冲突指数

2013～2018年东南亚"一带一路"沿线国家ICRG外部冲突指数如附图42所示。与其他地区相比，东南亚"一带一路"沿线国家的外部冲突状况较好，外部冲突指数均不低于9.0。新加坡、马来西亚和泰国的外部冲突状况较为稳定，外部冲突指数未发生变化，除此之外，越南、菲律宾、缅甸、印度尼西亚四个国家的外部冲突指数主要呈现下降趋势。与内部冲突指数比较，东南亚地区的外部冲突指数得分普遍高于内部冲突指数得分，说明该地区的外部冲突环境好于内部冲突的环境。此外，文莱的内部冲突指数虽在2015年有所下降，但一直保持为该地区首位，而其外部冲突指数则表现一般；越南的内部冲突指数的波动较小，但其外部冲突指数的变化较明显。

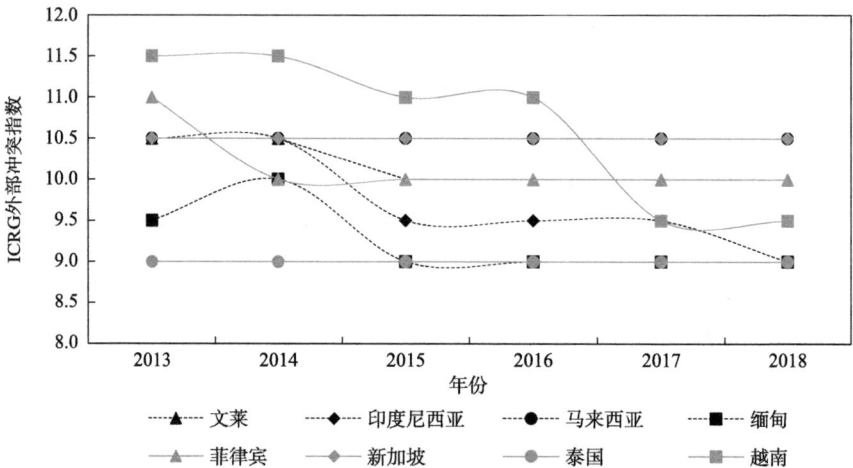

附图 42 2013~2018 年东南亚"一带一路"沿线国家 ICRG 外部冲突指数

2013~2018 年南亚"一带一路"沿线国家 ICRG 外部冲突评分如附图 43 所示。南亚地区"一带一路"沿线国家的外部冲突状况处于居中的状态，四个国家比较而言，斯里兰卡的外部冲突指数稍高于其他三个国家，且呈现上升趋势；印度的外部冲突指数呈现下降趋势；巴基斯坦和孟加拉国则呈现波动发展的态势。与内部冲突指数对照而言，该地区的外部冲突指数整体稍高于内部冲突指数，说明该地区外部冲突环境比内部冲突环境稍好。斯里兰卡的内部冲突指数和外部冲突指数一直为该地区最高，说明该国家的内外部冲突环境较好。

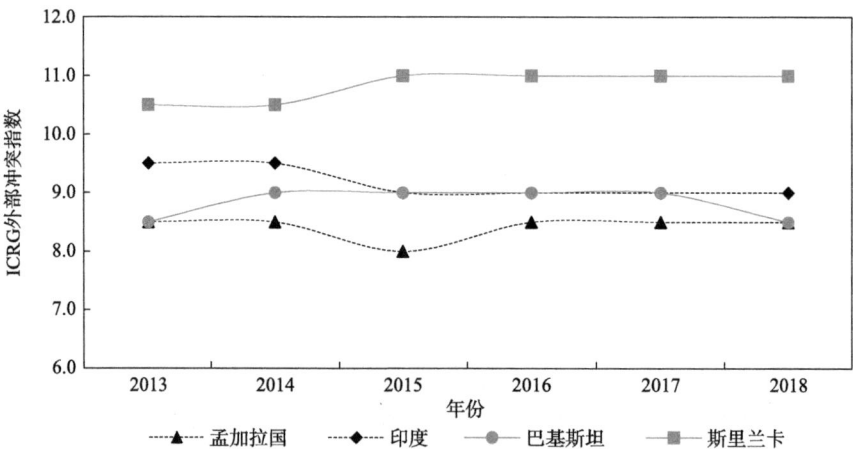

附图 43 2013~2018 年南亚"一带一路"沿线国家 ICRG 外部冲突指数

2013~2018 年西亚北非"一带一路"沿线国家 ICRG 外部冲突指数如附图 44、

附图 45 所示。与其他地区相比，西亚北非地区的"一带一路"沿线国家的外部冲突状况较为严峻，其中，阿曼和黎巴嫩的外部冲突指标未发生变化；巴林、阿联酋、沙特阿拉伯、卡塔尔和阿塞拜疆的外部冲突指数呈现出下降的趋势；叙利亚的外部冲突指数则呈现出上升趋势；其他国家则呈现出波动发展的态势。与外部冲突指数相对照，虽然指数排名不尽相同，但阿联酋、阿曼等国家的内外部冲突指数均处于该地区的前列，且评分相对较差的国家的内外部冲突的波动状况均较为剧烈。

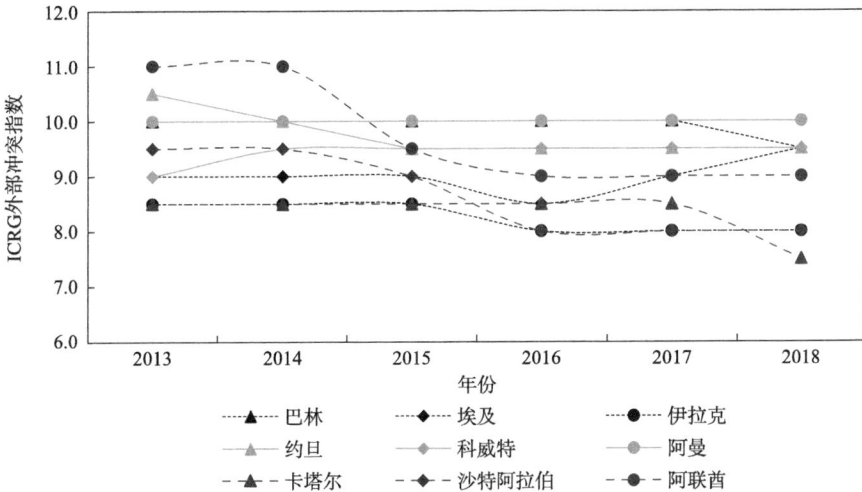

附图 44 2013～2018 年西亚北非"一带一路"沿线国家 ICRG 外部冲突指数
（排名较高的国家）

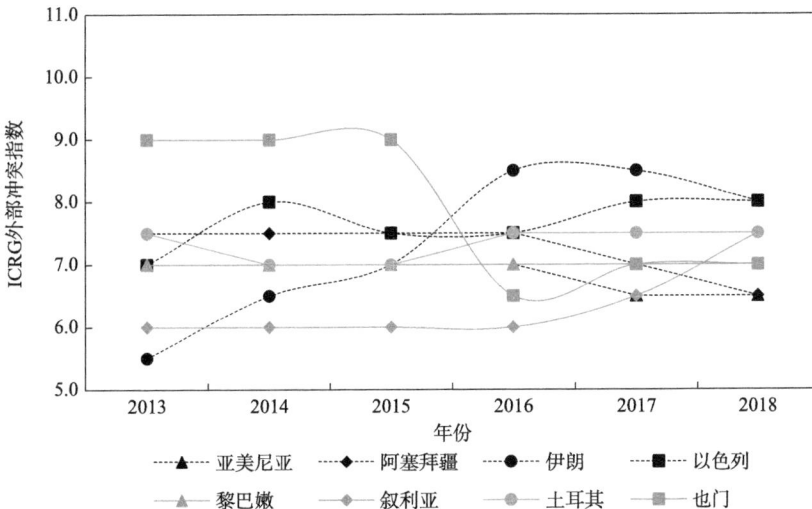

附图 45 2013～2018 年西亚北非"一带一路"沿线国家 ICRG 外部冲突指数
（排名较低的国家）

2013～2018 年中东欧"一带一路"沿线国家 ICRG 外部冲突评分如附图 46、附图 47 所示。中东欧"一带一路"沿线国家的外部冲突状况属于中等状况，其中，捷克、匈牙利、拉脱维亚、立陶宛、摩尔多瓦、罗马尼亚、斯洛伐克七个国家的外部冲突指数没有发生变化；斯洛文尼亚、波兰、克罗地亚和乌克兰的外部冲突指数呈现下降的趋势；而阿尔巴尼亚、爱沙尼亚、白俄罗斯的外部冲突指数呈现上升的趋势；其他国家的外部冲突指数则呈现上下波动的趋势。与内部冲突指数相比，中东欧"一带一路"沿线国家的外部冲突指数分布更为集中，但乌克兰等国家的内部冲突指数和外部冲突指数波动幅度均较大。

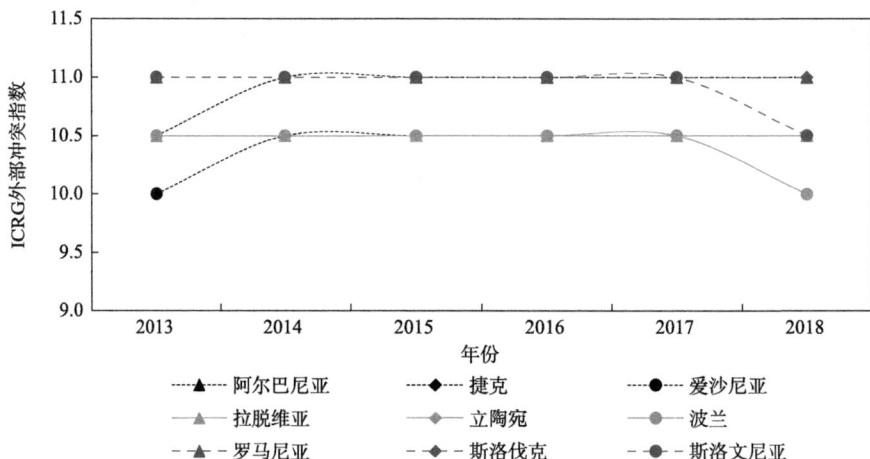

附图 46　2013～2018 年中东欧"一带一路"沿线国家 ICRG 外部冲突指数（排名较高的国家）

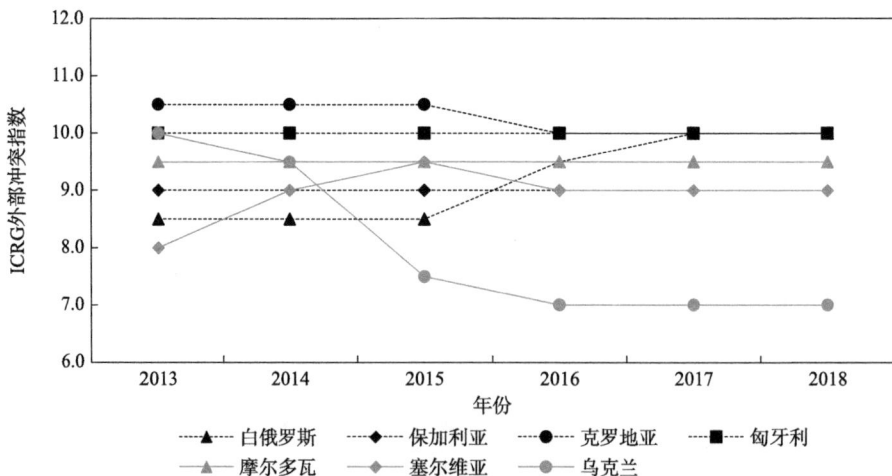

附图 47　2013～2018 年中东欧"一带一路"沿线国家 ICRG 外部冲突指数（排名较低的国家）

2013 年以来，中亚地区哈萨克斯坦的外部冲突未发生变化，外部冲突保持良好稳定状态。与内部冲突指数相比，哈萨克斯坦的外部冲突指数更高且更稳定，保持在 11，而其内部冲突指数则处于中等水平。

2. 经济学人智库外部冲突指数

经济学人智库的外部冲突指数是经济学人智库国家风险分析模型下的二级指标。分值为 0～4 的整数，0 表示风险最低，4 表示风险最高。经济学人智库外部冲突指数共评价了 51 个"一带一路"沿线国家的外部冲突状况，如附表 29 所示，其中 37.25%（19/51）的国家的经济学人智库外部冲突指数没有发生变化，15.69%（8/51）的国家的经济学人智库外部冲突指数下降，外部冲突状况恶化，33.33%（17/51）的国家的经济学人智库的外部冲突指标上升，外部冲突状况好转，13.73%（7/51）的国家的经济学人智库外部冲突指数发生了上下波动。

附表 29　2013～2018 年"一带一路"沿线国家经济学人智库外部冲突指数

指数变化	冲突程度变化	国家数量/个
—	未发生改变	19
↓	减缓	8
↑	加剧	17
↓↑	波动	7
合计		51

2013～2018 年东北亚"一带一路"沿线国家经济学人智库外部冲突指数如附表 30 所示。从经济学人智库外部冲突指数数据分析，两个国家的外部冲突指数均上升，说明外部冲突状况严峻，外部冲突风险增大。蒙古国的外部冲突指数比俄罗斯的外部冲突指数更高，说明蒙古国的外部冲突状况比俄罗斯更严峻。值得关注的一点是，ICRG 的外部冲突指数显示俄罗斯的外部冲突比蒙古国更严峻，这里不做探讨。

附表 30　2013～2018 年东北亚"一带一路"沿线国家经济学人智库外部冲突指数

指数变化	冲突程度变化	国家数量/个	指数	国家
↑	加剧	2	0→1	俄罗斯
			2→3	蒙古国
合计		2		

2013～2018 年东南亚"一带一路"沿线国家经济学人智库外部冲突指数如附表 31 所示。从经济学人智库数据来看，东南亚"一带一路"沿线国家的外部

冲突状况较好，除菲律宾的外部冲突指数在短暂时间内升为 3 外，其他国家的外部冲突指数均不超过 2。与 ICRG 外部冲突指数做对比，新加坡的两项指数始终名列前茅，泰国在该地区排名始终靠后。从发展趋势上看，两项指数均表明越南外部冲突状况有加剧的发展态势。

附表 31　2013～2018 年东南亚"一带一路"沿线国家经济学人智库外部冲突指数

指数变化	冲突程度变化	国家数量/个	指数	国家
—	未发生改变	4	1	马来西亚、缅甸、新加坡
			2	泰国
↓	减缓	1	2→1	柬埔寨
↑	加剧	1	1→2	越南
↑↓	波动	2	1→0→1	印度尼西亚
			2→3→2	菲律宾
合计		8		

　　2013～2018 年南亚"一带一路"沿线国家经济学人智库外部冲突指数如附表 32 所示。经济学人智库数据显示，南亚"一带一路"沿线国家的外部冲突状况处于居中状态，斯里兰卡的外部冲突指数一直为 1，外部冲突状况较好。而巴基斯坦的外部冲突指数状况虽有所下降，但依旧状况严峻。与 ICRG 外部冲突指数做对比，斯里兰卡两项指数均为该地区最佳，展现了良好的发展态势。

附表 32　2013～2018 年南亚"一带一路"沿线国家经济学人智库外部冲突指数变化情况

指数变化	冲突程度变化	国家数量/个	指数	国家
—	未发生改变	2	1	斯里兰卡
			2	孟加拉国
↓	减缓	2	3→2	印度
			4→3	巴基斯坦
合计		4		

　　2013～2018 年西亚北非"一带一路"沿线国家经济学人智库外部冲突指数如附表 33 所示。西亚北非地区的"一带一路"沿线国家的外部冲突状况较为严峻，除埃及在 2013 年初期的经济学人智库外部冲突指数为 1 外，其他国家在 2013～2018 年的经济学人智库外部冲突指数均不小于 2。巴林和伊朗两个国家的外部冲突指数波动较大，说明其外部冲突形势变化多端。与 ICRG 外部冲突指标做对比，叙利亚始终排在末尾。两项指数均表明卡塔尔外部冲突状况加剧，发展态势严峻。

伊朗的两项指数均表明其外部冲突状况先变好后变差，后续发展应加以密切关注。

附表33　2013～2018年西亚北非"一带一路"沿线国家经济学人智库外部冲突指数

指数变化	冲突程度变化	国家数量/个	指数	国家
—	未发生改变	6	2	阿联酋、沙特阿拉伯
			4	黎巴嫩、叙利亚、以色列、约旦
↓	减缓	3	3→2	阿曼、科威特
			4→3	伊拉克
↑	加剧	4	1→2	埃及
			2→4	卡塔尔
			3→4	土耳其、也门
↑↓	波动	3	2→3→2	阿塞拜疆
			4→3→2→3	巴林
			4→3→2→3→4	伊朗
合计		16		

2013～2018年中东欧"一带一路"沿线国家经济学人智库外部冲突指数如附表34所示。中东欧"一带一路"沿线国家的外部冲突状况处于中等水平，有一半（9/18）的中东欧"一带一路"沿线国家的外部冲突指数上升，即外部冲突的状况变得严峻。与ICRG外部冲突指标做对比，罗马尼亚、斯洛文尼亚始终优势明显。从指数变化的角度看，乌克兰两项指数均变化较大。

附表34　2013～2018年中东欧"一带一路"沿线国家经济学人智库外部冲突指数

指数变化	冲突程度变化	国家数量/个	指数	国家
—	未发生改变	6	1	罗马尼亚
			2	阿尔巴尼亚、波黑、克罗地亚
			3	白俄罗斯、马其顿
↑	加剧	9	0→1	保加利亚、斯洛文尼亚
			0→2	斯洛伐克、匈牙利、波兰
			1→2	捷克
			1→3	爱沙尼亚、拉脱维亚、立陶宛
↓	减缓	1	2→1	塞尔维亚
↑↓	波动	2	3→4→3	摩尔多瓦
			2→3→4→3	乌克兰
合计		18		

经济学人智库风险评价模型中共包括三个中亚国家，2013～2018年这三个国家的经济学人智库外部冲突指数如附表35所示。其中，哈萨克斯坦的外部冲突指

数没有发生变化。与 ICRG 外部冲突指数相比，哈萨克斯坦的两项指数始终保持该地区第一，优势明显。

附表 35　2013～2018 年中亚"一带一路"沿线国家经济学人智库外部冲突指数

指数变化	冲突程度变化	国家数量/个	指数	国家
—	未发生改变	1	1	哈萨克斯坦
↓	减缓	1	3→2	乌兹别克斯坦
↑	加剧	1	1→2	土库曼斯坦
合计		3		

二、犯罪指数

Numbeo 的犯罪指数是对特定国家或地区的总体犯罪水平的估计，该犯罪指数是基于对 Numbeo 网站访问者的调查得出的。Numbeo 是一家专注于生活成本及质量的著名国家研究机构之一，也是全球最大的城市生活资源数据分析网站，该平台的数据都是来自网友的上传，它把网友提供的各地的生活信息数据汇聚到一起算出当地的物价、收入、生活指数、医疗指数等数据。犯罪指数越高，表明犯罪率越高。2013～2018 年 Numbeo 对"一带一路"沿线国家犯罪率评分如附表 36 所示。

附表 36　2013～2018 年"一带一路"沿线国家 Numbeo 犯罪指数

犯罪指数变化	犯罪程度变化	国家数量/个
—	未发生改变	19
↓	减缓	8
↑	加剧	17
↓↑	波动	7
合计		51

1. 得分最低 10 个入围国家基本稳定，区域分布较为均衡

根据附表 37 可以看出，2013～2017 年始终入围犯罪指数得分最低 10 个"一带一路"沿线国家为阿联酋、爱沙尼亚、格鲁吉亚、卡塔尔和新加坡五个国家，其中，卡塔尔排名呈现出连年上升的发展态势，其他国家则呈现波动发展的态势。入围国家的国别变化主要体现为：阿曼和沙特阿拉伯在 2014 年和 2016～2017 年入围；阿塞拜疆、黑山、科威特、土库曼斯坦和亚美尼亚五个国家仅有一年入围；巴林在 2013～2014 年入围；白俄罗斯在 2013 年和 2016～2017 年入围；克罗地亚在 2014～2016 年入围；罗马尼亚在 2014～2015 年入围；斯洛文尼亚在 2013 年和

2015～2017 年入围。

附表 37 2013～2017 年犯罪指数得分最低 10 个的"一带一路"沿线国家

排序	2013 年		2014 年		2015 年		2016 年		2017 年	
	国家	得分	国家	得分	国家	得分	国家	得分	国家	得分
1	阿联酋	18.01	格鲁吉亚	19.91	新加坡	17.59	新加坡	15.81	卡塔尔	15.7
2	格鲁吉亚	19.57	巴林	20.52	土库曼斯坦	17.86	格鲁吉亚	22.16	新加坡	16.58
3	巴林	19.79	阿联酋	20.79	卡塔尔	21.04	卡塔尔	22.34	阿联酋	20.66
4	新加坡	19.98	新加坡	21.35	格鲁吉亚	22.01	阿联酋	23.08	格鲁吉亚	20.83
5	爱沙尼亚	24.23	卡塔尔	21.76	阿联酋	22.22	爱沙尼亚	24.67	白俄罗斯	22.26
6	卡塔尔	26.17	罗马尼亚	28.73	爱沙尼亚	28.13	沙特阿拉伯	25.2	爱沙尼亚	23
7	黑山	26.56	克罗地亚	28.9	斯洛文尼亚	28.71	斯洛文尼亚	26.27	沙特阿拉伯	23.65
8	白俄罗斯	26.82	爱沙尼亚	29.07	亚美尼亚	29.14	白俄罗斯	27.57	斯洛文尼亚	24.05
9	科威特	26.95	阿曼	29.1	克罗地亚	29.34	阿曼	28.98	阿曼	24.47
10	斯洛文尼亚	29.6	沙特阿拉伯	29.38	罗马尼亚	29.72	克罗地亚	29.51	阿塞拜疆	27.05

根据附图 48 可以看出，在入围犯罪率最低 10 个"一带一路"沿线国家中，西亚北非地区占比有一定的波动，但始终保持优势地位；中东欧地区也保持相当大的占比，比重略有波动；东南亚地区始终保持一个国家入围；中亚地区仅在 2015 年有一个国家入围；南亚和东北亚地区均未有国家入围。

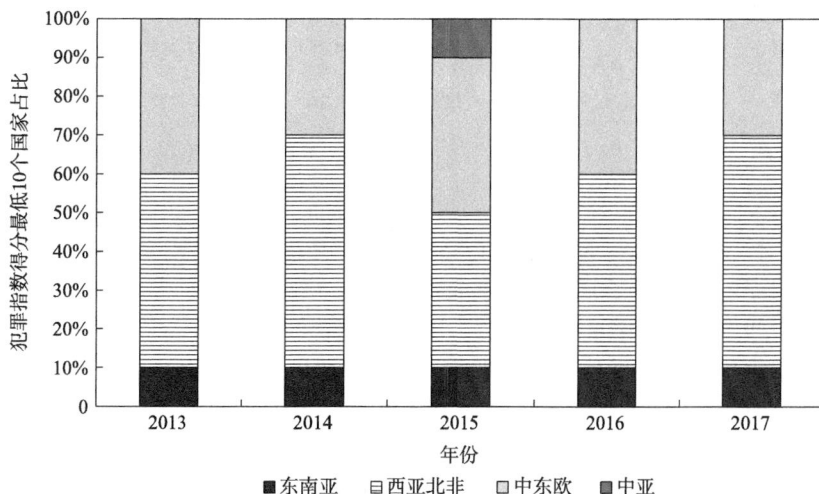

附图 48 2013～2017 年犯罪指数最低 10 个"一带一路"沿线国家区域分布

2. 得分最高 10 个入围国家波动较大，区域分布相对稳定

据附表 38 可以看出，2013 年至 2017 年始终入围犯罪指数得分最高 10 个"一带一路"沿线国家有巴基斯坦、马来西亚、孟加拉国，三个国家均呈现波动变化的发展态势。入围国家的国别变化主要体现为：阿富汗于 2014 年、2015 年和 2017 年入围；埃及于 2015～2017 年入围；吉尔吉斯斯坦于 2013～2015 年入围；蒙古国于 2014～2017 年入围；菲律宾、柬埔寨、黎巴嫩、马尔代夫和也门均只有一年入围；伊拉克在 2013 年和 2016～2017 年入围；伊朗和越南在 2013～2014 年和 2016 年入围；而乌兹别克斯坦仅有 2016 年未入围；叙利亚仅有 2015 年未入围。

附表 38　2013～2017 年犯罪指数得分最高 10 个"一带一路"沿线国家

排序	2013 年		2014 年		2015 年		2016 年		2017 年	
	国家	得分	国家	得分	国家	得分	国家	得分	国家	得分
1	乌兹别克斯坦	72.27	阿富汗	82.51	阿富汗	77.34	孟加拉国	68.56	阿富汗	73.85
2	马来西亚	67.75	马来西亚	66.41	蒙古国	70.25	马来西亚	68.55	蒙古国	67.62
3	叙利亚	62.34	蒙古国	66.23	也门	70.09	蒙古国	57.76	孟加拉国	67.24
4	巴基斯坦	61.52	乌兹别克斯坦	64.3	马来西亚	69.97	巴基斯坦	56.63	叙利亚	66.34
5	吉尔吉斯斯坦	60.05	巴基斯坦	63.75	马尔代夫	68.75	埃及	56.53	马来西亚	64.75
6	孟加拉国	59.43	孟加拉国	62.17	吉尔吉斯斯坦	65.07	越南	55.69	柬埔寨	54.61
7	伊拉克	56.25	吉尔吉斯斯坦	57.94	孟加拉国	64.25	叙利亚	54.73	巴基斯坦	54.38
8	伊朗	56.15	叙利亚	57.07	巴基斯坦	61.16	伊朗	52.37	伊拉克	54.35
9	菲律宾	54.94	伊朗	55.01	埃及	60.14	伊拉克	51.51	乌兹别克斯坦	52.96
10	越南	53.02	越南	53.26	乌兹别克斯坦	58.13	黎巴嫩	50.56	埃及	52.86

根据附图 49 可以看出，在入围犯罪指数得分最高 10 个"一带一路"沿线国家中，东北亚地区从 2014 年起开始有国家入围；东南亚地区占比波动较大，但始终有国家入围；南亚地区比重有小幅波动；中亚地区占比也有小幅波动，且在 2016 年没有国家入围；西亚北非地区比重有所波动，但一直保持相当大的比例；中东欧地区始终没有国家入围。

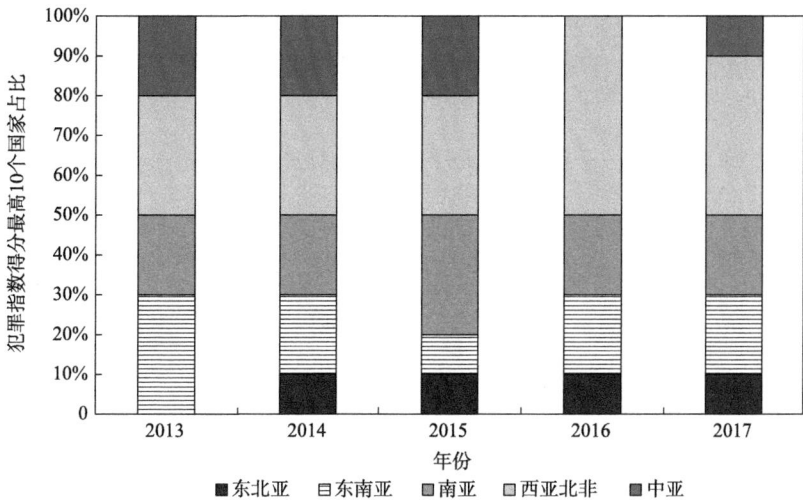

附图 49 2013～2017 年犯罪指数最高 10 个"一带一路"沿线国家区域分布

3. 不同区域内部各国犯罪指数态势特色鲜明

下面将分别对东北亚、东南亚、南亚、西亚北非、中东欧、中亚六个地区内部国家的犯罪率指数进行概览。2013～2017 年，两个东北亚国家的犯罪指数状况如附图 50 所示，俄罗斯的犯罪率处于中等水平，而蒙古国则属于犯罪率高的国家。从变化趋势观察，2013～2017 年，俄罗斯的犯罪指数逐渐降低，而蒙古国的犯罪指数则呈现向上波动发展的趋势。

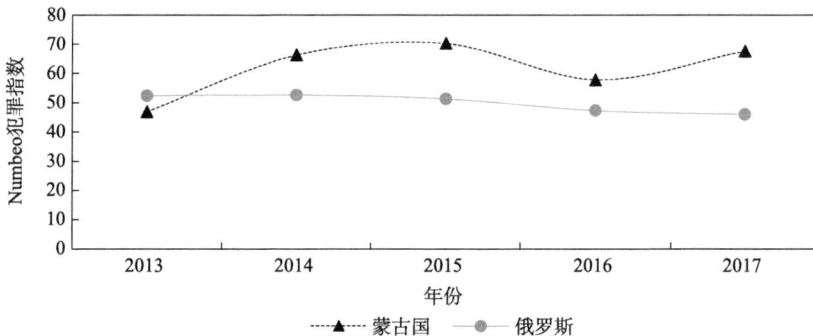

附图 50 2013～2017 年东北亚"一带一路"沿线国家 Numbeo 犯罪指数

2013～2017 年东南亚"一带一路"沿线国家 Numbeo 犯罪指数如附图 51 所示。与其他"一带一路"沿线国家地区相比，东南亚地区"一带一路"沿线国家的犯罪率状况处于中等水平。其中，新加坡的犯罪指数明显低于同地区的其他国家，属于犯罪率非常低的国家，而马来西亚的犯罪指数明显高于同地区的其他国家，属于犯罪率高的国家。其他国家的犯罪指数波动于 30～60，从 2013～2017 年的犯罪指数波动的状况来看，柬埔寨的犯罪指数一直处于上升状况，犯罪率不断增加。

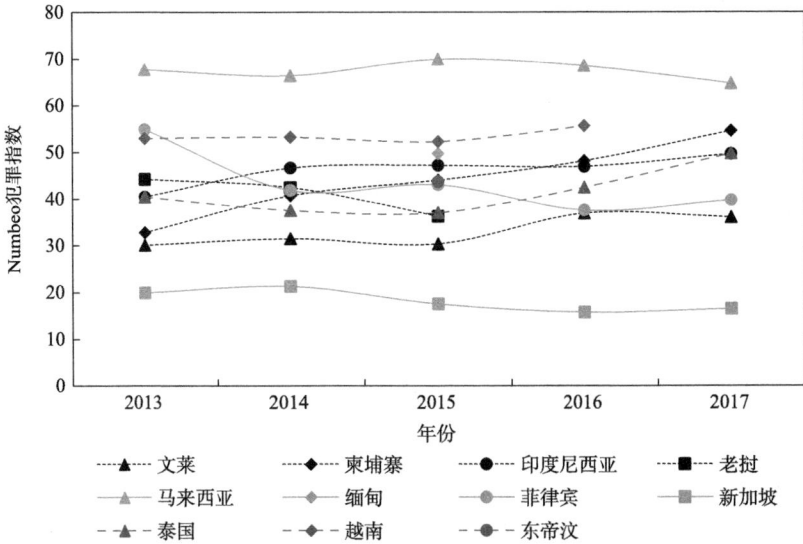

附图 51　2013～2017 年东南亚"一带一路"沿线国家 Numbeo 犯罪指数

2013～2017 年南亚"一带一路"沿线国家 Numbeo 犯罪指数如附图 52 所示。在南亚地区的"一带一路"沿线国家中，孟加拉国和巴基斯坦的犯罪率较高，其他国家的犯罪指数大部分集中于 30～55 波动。

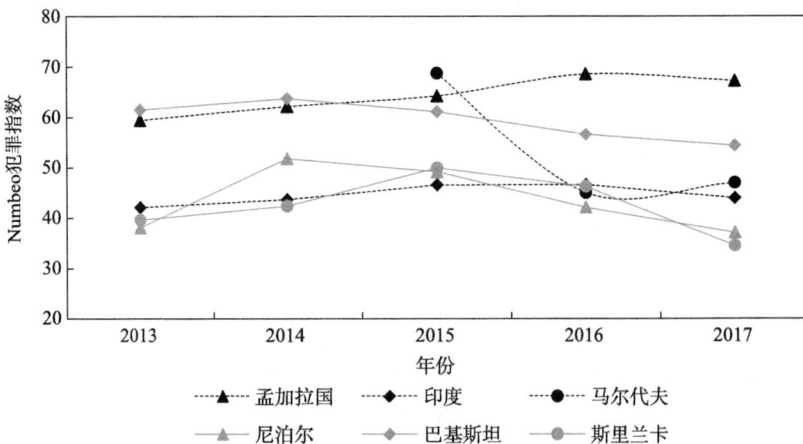

附图 52　2013～2017 年南亚"一带一路"沿线国家 Numbeo 犯罪指数

2013～2017 年西亚北非"一带一路"沿线国家 Numbeo 犯罪指数如附图 53、

附图 54 所示。西亚北非地区的阿富汗和也门的国家犯罪指数一直处于 60 以上，属于犯罪率较高的国家，而格鲁吉亚、阿联酋和卡塔尔的犯罪指数处于 20 左右，属于犯罪率较低的国家。

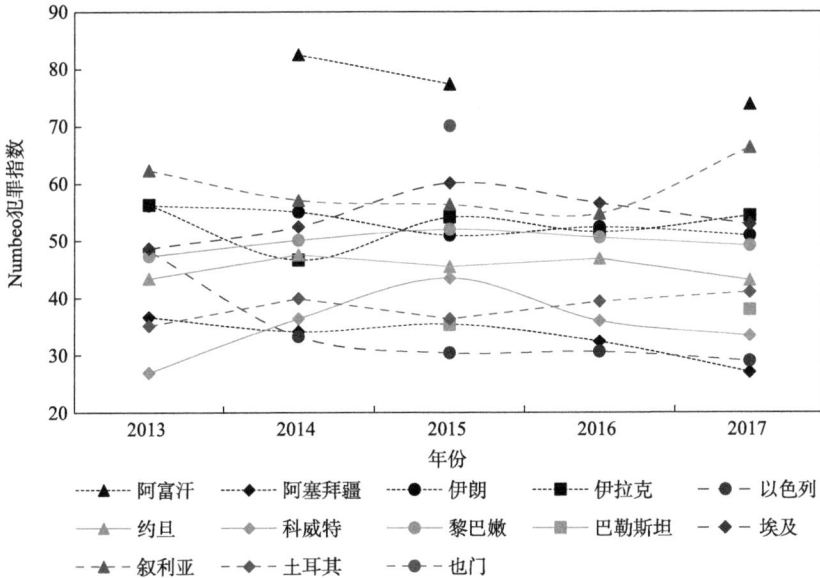

附图 53　2013～2017 年西亚北非"一带一路"沿线国家 Numbeo 犯罪指数（得分较高的国家）

也门仅有 2015 年数据，巴勒斯坦仅有 2015 年、2017 年数据，阿富汗仅有 2014 年、2015 年、2017 年数据

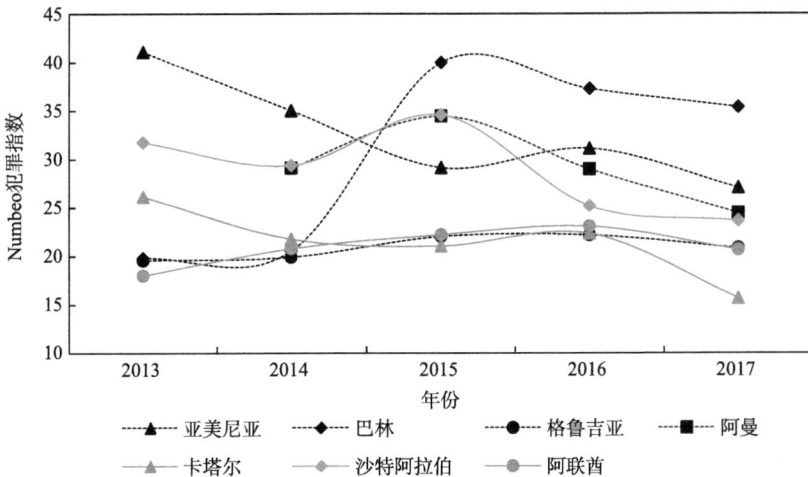

附图 54　2013～2017 年西亚北非"一带一路"沿线国家 Numbeo 犯罪指数（得分较低的国家）

2013～2017 年中东欧"一带一路"沿线国家 Numbeo 犯罪指数如附图 55、附图 56 所示。中东欧地区"一带一路"沿线国家的犯罪状况较为接近，犯罪指数

集中于 20～55。在中东欧地区无明显的犯罪率较高或较低的"一带一路"沿线国家。中亚地区三个国家的犯罪状况差异较大，土库曼斯坦仅有一年数据，但犯罪率明显低于其他两个国家，属于犯罪率低的国家。而吉尔吉斯斯坦和乌兹别克斯坦犯罪率较高，部分年份的犯罪指数高于 60。

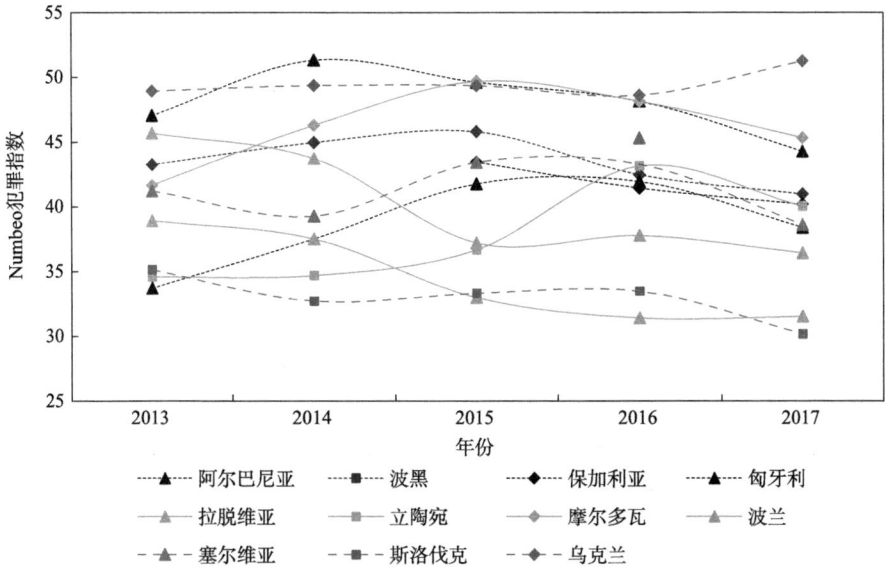

附图 55　2013～2017 年中东欧"一带一路"沿线国家 Numbeo 犯罪指数（得分较高的国家）

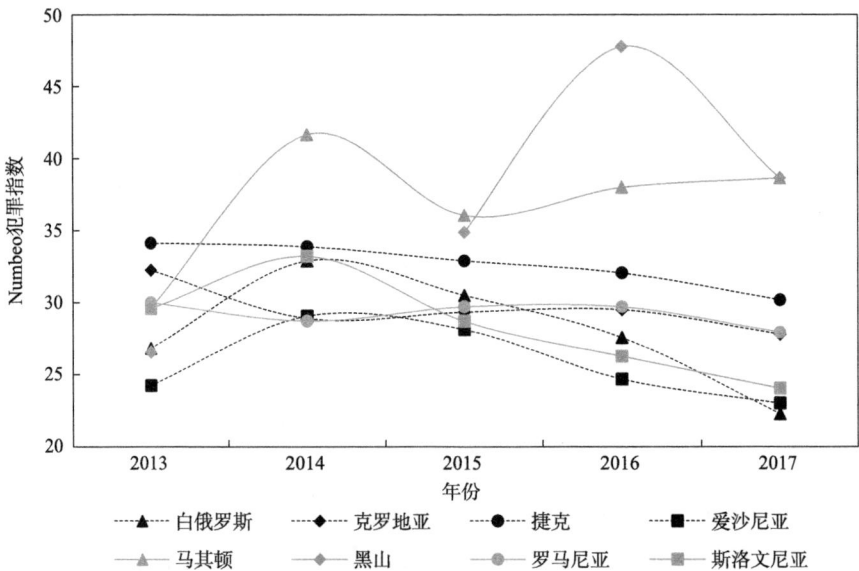

附图 56　2013～2017 年中东欧"一带一路"沿线国家 Numbeo 犯罪指数（得分较低的国家）

第六节　综合风险概览

国家风险评级不仅仅对国家履行其义务的意愿加以度量，也对其他引起损失的因素（政治、社会、经济、金融等）加以评估，针对一个特定国家的政治、经济、财务等风险进行综合分析评价之后，采用一个统一的简单符号来对该国的综合风险进行揭示，以衡量蒙受经济损失的可能性。跨国投资者、贸易合作伙伴、金融机构等可以通过国家风险评级来了解目标国家的政策制度、经济运行、投资环境等信息，进而做出投资和经营决策。

本书选取经济学人智库国家风险分析模型中的"国家综合风险"，内部指标权重按照经济学人智库模型中建议权重设定，对 51 个"一带一路"沿线国家进行评分和评级。经济学人智库的评级标准从高到低为：AAA、AA、A、BBB、BB、B、CCC、CC、C、D。总体来看，2013 年以来，29.4%（15/51）的"一带一路"沿线国家风险评级未发生变化；29.4%（15/51）的"一带一路"沿线国家风险评级上升，综合风险降低；15.7%（8/51）的"一带一路"沿线国家风险评级下降，综合风险升高；另有 25.5%（13/51）的"一带一路"沿线国家风险评级近年来发生上下波动。具体来看，2013～2018 年"一带一路"沿线国家风险评级的变化情况如附表 39 所示。

附表 39　2013～2018 年"一带一路"沿线国家经济学人智库综合风险评级

评级变化		风险变化	国家数量/个	
—		未发生改变	15	15
↓	下降一次	加剧	6	8
	下降两次		2	
↑	上升一次	减缓	13	15
	上升两次		2	
↓↑	变化两次	波动	8	13
	变化三次		4	
	变化四次		1	
合计			51	51

2013～2018 年东北亚"一带一路"沿线国家经济学人智库综合风险评级如附表 40 所示。俄罗斯与蒙古国的国家综合风险均处于中等水平，其中蒙古国的综合风险稍高于俄罗斯。2013 年以来，俄罗斯和蒙古国的综合风险均经历了升高又降低的过程，2014 年两个国家的风险评分上升，而 2015～2017 年又分别有一定程度的下降。

附表 40　2013～2018 年东北亚"一带一路"沿线国家经济学人智库综合风险评级

评级变化	风险变化	评级	国家
↑↓	波动	BB→B→BB	俄罗斯
		B→CCC→B	蒙古国

与其他地区相比，东南亚地区"一带一路"沿线国家的综合风险较低，且风险水平较为稳定，如附表 41 所示。其中，新加坡和马来西亚的综合风险评级一直较高；2013～2018 年，缅甸、泰国和菲律宾的综合风险评级上升；仅有一个国家的综合风险评级发生了波动变化——印度尼西亚，其国家风险评分在 2013～2014 年发生了小幅波动。

附表 41　2013～2018 年东南亚"一带一路"沿线国家经济学人智库综合风险评级

评级变化	风险变化	国家数量/个	评级	国家
—	未发生改变	4	A	新加坡
			BBB	马来西亚
			B	柬埔寨、越南
↑	减缓	3	BB→BBB	泰国、菲律宾
			CCC→B	缅甸
↑↓	波动	1	BB→B→BB	印度尼西亚
合计		8		

2013～2018 年南亚"一带一路"沿线国家经济学人智库综合风险评级如附表 42 所示。与其他地区相比，南亚地区"一带一路"沿线国家的综合风险较高，且有些国家的风险评级波动较大，如斯里兰卡发生了 3 次评级变化。

附表 42　2013～2018 年南亚"一带一路"沿线国家经济学人智库综合风险评级

评级变化	风险变化	国家数量/个	评级	国家
—	未发生改变	1	BB	印度
↑	减缓	1	B→BB	孟加拉国
↑↓	波动	2	CCC→B→CCC	巴基斯坦
			B→BB→B→BB	斯里兰卡
合计		4		

2013～2018 年西亚北非"一带一路"沿线国家经济学人智库综合风险评级如附表 43 所示。在 2013～2018 年，经济学人智库对阿塞拜疆等 5 个西亚北非的"一带一路"沿线国家的风险评级下调，部分西亚北非的"一带一路"沿线国家的风险评级波动较大，如埃及发生了 4 次评级变化。总体而言，西亚北非"一带一路"沿线国家的风险相对较高，且稳定性不强。

附表 43　2013～2018 年西亚北非"一带一路"沿线国家经济学人智库综合风险评级

评级变化	风险变化	国家数量/个	评级	国家
—	未发生改变	4	BBB	沙特阿拉伯
			B	约旦
			CCC	伊拉克、黎巴嫩
↑	减缓	1	BBB→A	以色列
↓	加剧	5	A→BBB→BB	阿曼、卡塔尔
			BB→B	阿塞拜疆、巴林
			CC→C	也门
↑↓	波动	6	BBB→BB→BBB	科威特
			BB→BBB→BB→BBB	阿联酋
			B→BB→B	土耳其
			B→CCC→B→CCC→B	埃及
			CC→CCC→B→CCC	伊朗
			CC→C→D→C	叙利亚
合计		16		

2013～2018 年中东欧"一带一路"沿线国家经济学人智库综合风险评级如附表 44 所示。中东欧地区的大部分国家综合风险较低，斯洛伐克等 6 个国家的风险评级一直保持在 B 及以上不变。且除保持等级不变的 6 个国家外，中东欧地区的大部分国家 2013～2018 年风险评级均有所上升，仅有乌克兰下调等级，以及摩尔多瓦发生了 2 次评级变化。

附表 44　2013～2018 年中东欧"一带一路"沿线国家经济学人智库综合风险评级

评级变化	风险变化	国家数量/个	评级	国家
—	未发生改变	6	A	斯洛伐克
			BBB	捷克、波兰、斯洛文尼亚
			BB	匈牙利
			B	阿尔巴尼亚

续表

评级变化	风险变化	国家数量/个	评级	国家
↑	减缓	10	BBB→A	爱沙尼亚
			BB→BBB	保加利亚、立陶宛
			B→BB→BBB	拉脱维亚
			B→BB	克罗地亚、罗马尼亚、马其顿
			CCC→B→BB	塞尔维亚
			CCC→B	波黑
			CC→CCC	白俄罗斯
↓	加剧	1	CCC→CC	乌克兰
↑↓	波动	1	B→CCC→B	摩尔多瓦
合计		18		

2013～2018 年中亚"一带一路"沿线国家经济学人智库综合风险评级如附表 45 所示。经济学人智库综合风险评级中共包括 3 个中亚地区"一带一路"沿线国家，该地区的综合风险评级处于较低水平，国家风险较高，且 2 个国家的风险评级下降。

附表 45　2013～2018 年中亚"一带一路"沿线国家经济学人智库综合风险评级

评级变化	风险变化	国家数量/个	评级	国家
↓	加剧	2	BB→B	哈萨克斯坦
			B→CCC	土库曼斯坦
↑↓	波动	1	B→CCC→B	乌兹别克斯坦
合计		3		

总体而言，东南亚、西亚北非、中东欧国家风险评级较高，但西亚北非地区和中东欧地区内部国家间差异比较大，各有短板。东北亚、中亚地区国家评级中等偏低，表现了地区间、地区内的评级分布较为不均衡。基于经济学人智库与穆迪公司对于国家综合风险的评级，应重点关注的国家有埃及、伊朗、叙利亚、乌克兰等，这些国家评级普遍偏低且评级变化频繁。

第七节　国家风险清单

基于以上国际各大评级机构的风险概览，综合主权风险、政治风险、经济与金融风险、社会风险之下的各个指标，结合每一"一带一路"沿线国家在每一风险下的排名情况，本附录在结尾对每一"一带一路"沿线国家的主权、政治、经济与金融、社会风险应加以重视的程度总结如下，为相关机构与个人厘清"一带一路"沿线国家的风险态势提供参考。其中，需要密切关注的风险颜色最深，风险中等的颜色也中等，不需要特别关注的颜色最浅。

一、东北亚

东北亚地区只有两个"一带一路"沿线国家，蒙古国和俄罗斯，东北亚的"一带一路"沿线国家风险清单如附表46所示。东北亚两国风险差距较大，蒙古国风险总体中等偏高，除政治风险处于中等外，经济与金融、社会、主权风险均处于高风险级别，俄罗斯经济与金融风险较低，其余风险处于中等级别。

附表46　东北亚"一带一路"沿线国家风险清单

地区	国家	政治	经济与金融	社会	主权
东北亚	蒙古国				
	俄罗斯				

注：表中颜色最深表示为高风险，颜色次之表示中风险，颜色最浅表示低风险，附表47~附表51颜色含义与此相同

二、东南亚

东南亚"一带一路"沿线国家有11个，分别为新加坡、印度尼西亚、马来西亚、泰国、越南、菲律宾、柬埔寨、缅甸、老挝、文莱、东帝汶。东南亚的"一带一路"沿线国家风险清单如附表47所示。从总体来看，东南亚国家风险级别差异较大，其中新加坡位居该区域第一，政治、经济与金融、社会、主权风险均处于低风险级别。东帝汶处于中等风险级别。印度尼西亚、越南、柬埔寨、缅甸、老挝处于中等偏高风险级别，各有短板，其中，越南、柬埔寨社会风险处于劣势，而印度尼西亚、柬埔寨、缅甸、老挝的政治风险为短板，缅甸的经济与金融风险也较高。风险中等偏低的国家有菲律宾、文莱，二者各有亮点。而马来西亚、泰国各个风险级别差异较大，对其风险的态势应加以关注。

附表47　东南亚"一带一路"沿线国家风险清单

地区	国家	政治	经济与金融	社会	主权
东南亚	新加坡				
	印度尼西亚				
	马来西亚				
	泰国				

续表

地区	国家	政治	经济与金融	社会	主权
东南亚	越南				
	菲律宾				
	柬埔寨				
	缅甸				
	老挝				
	文莱				
	东帝汶				

三、南亚

南亚"一带一路"沿线国家有 7 个，分别为印度、巴基斯坦、斯里兰卡、孟加拉国、尼泊尔、马尔代夫、不丹。南亚的"一带一路"沿线国家风险清单如附表 48 所示。从区域视角来看，南亚"一带一路"沿线国家的风险级别总体居中，地区内部国家间略有差异。其中，斯里兰卡、尼泊尔、马尔代夫、不丹均表现中庸，政治、经济与金融、社会、主权风险均处于中等水平。巴基斯坦国家风险较为突出，除经济与金融风险处于中等水平之外，政治、社会和主权风险均处于高风险级别，风险态势较为严峻。印度与孟加拉国的经济与金融风险均处于低风险级别，但孟加拉国的政治、社会风险处于高风险级别，而印度其余风险均为中风险级别。

附表 48　南亚"一带一路"沿线国家风险清单

地区	国家	政治	经济与金融	社会	主权
南亚	印度				
	巴基斯坦				
	斯里兰卡				
	孟加拉国				
	尼泊尔				
	马尔代夫				
	不丹				

四、西亚北非

西亚北非"一带一路"沿线国家有 20 个，分别为阿联酋、科威特、土耳其、卡塔尔、阿曼、黎巴嫩、沙特阿拉伯、巴林、以色列、也门、埃及、伊朗、约旦、叙利亚、伊拉克、阿富汗、巴勒斯坦、阿塞拜疆、格鲁吉亚、亚美尼亚。西亚北非的"一带一路"沿线国家风险清单如附表 49 所示。西亚北非"一带一路"沿线国家众多，风险级别相差较大。其中，表现位于该区域前列的有阿联酋、卡塔尔，四项风险均为低风险水平，展现了良好的风险态势。而黎巴嫩、埃及、伊拉克四项风险均居于高位，需加以密切关注。风险水平居中的有巴勒斯坦和亚美尼亚，两国的四项风险均为中风险水平。风险水平中等偏低的有科威特、阿曼、沙特阿拉伯、巴林、以色列、格鲁吉亚，这些国家各有亮点，如科威特的经济与金融和主权风险就处于低风险水平。风险水平中等偏高的有土耳其、也门、约旦、叙利亚，这些国家各有短板，如土耳其政治风险级别较高，也门的政治、经济与金融风险均处于高位。此外，伊朗、阿富汗和阿塞拜疆的四项风险差异显著，三国的政治风险均较高，伊朗经济与金融风险处于低位，阿富汗的主权风险处于低风险水平，阿塞拜疆的经济与金融、社会风险较低，对于三国的风险走势仍需密切关注。

附表49　西亚北非"一带一路"沿线国家风险清单

地区	国家	政治	经济与金融	社会	主权
西亚北非	阿联酋				
	科威特				
	土耳其				
	卡塔尔				
	阿曼				
	黎巴嫩				
	沙特阿拉伯				
	巴林				
	以色列				
	也门				
	埃及				
	伊朗				
	约旦				
	叙利亚				
	伊拉克				
	阿富汗				
	巴勒斯坦				
	阿塞拜疆				
	格鲁吉亚				
	亚美尼亚				

五、中东欧

中东欧"一带一路"沿线国家有19个，分别为波兰、阿尔巴尼亚、爱沙尼亚、立陶宛、斯洛文尼亚、保加利亚、捷克、匈牙利、马其顿、塞尔维亚、罗马尼亚、斯洛伐克、克罗地亚、拉脱维亚、波黑、黑山、乌克兰、白俄罗斯、摩尔多瓦。中东欧的"一带一路"沿线国家风险清单如附表50所示。总体而言，除个别国家之外，大多数中东欧"一带一路"沿线国家的风险水平处于中等偏低水平。其中，爱沙尼亚四项风险均处于较低水平，表现突出。风险水平中等偏低的有波兰、阿尔巴尼亚、立陶宛、斯洛文尼亚、捷克、匈牙利、斯洛伐克、克罗地亚、拉脱维亚，这些国家四项风险处于中等与较低水平。风险等级中等的有保加利亚、马其顿、罗马尼亚、黑山四国，四项风险均处于中等水平，表现中庸。风险水平中等偏高的有塞尔维亚、波黑、乌克兰、摩尔多瓦，这些国家各有短板，如塞尔维亚的经济与金融风险等级较高，不容乐观。另外，白俄罗斯除社会风险较低外，其余三项风险均处于较高水平，应予以密切关注。

附表50 中东欧"一带一路"沿线国家风险清单

地区	国家	政治	经济与金融	社会	主权
中东欧	波兰				
	阿尔巴尼亚				
	爱沙尼亚				
	立陶宛				
	斯洛文尼亚				
	保加利亚				
	捷克				
	匈牙利				
	马其顿				
	塞尔维亚				
	罗马尼亚				
	斯洛伐克				
	克罗地亚				
	拉脱维亚				
	波黑				
	黑山				
	乌克兰				
	白俄罗斯				
	摩尔多瓦				

六、中亚

中亚"一带一路"沿线国家有5个，分别为哈萨克斯坦、塔吉克斯坦、吉尔吉斯斯坦、乌兹别克斯坦、土库曼斯坦。中亚的"一带一路"沿线国家风险清单

如附表 51 所示。总体而言，中亚"一带一路"沿线国家风险中等偏高，每一国家都各有短板，且风险等级呈现相似态势。除哈萨克斯坦外，塔吉克斯坦、吉尔吉斯斯坦、乌兹别克斯坦、土库曼斯坦政治风险均亮红灯，不容乐观。此外，哈萨克斯坦的经济与金融风险、乌兹别克斯坦的社会风险、塔吉克斯坦的主权风险均处于高风险级别，中亚"一带一路"沿线各国风险各异。

附表 51　中亚"一带一路"沿线国家风险清单

地区	国家	政治	经济与金融	社会	主权
中亚	哈萨克斯坦				
	塔吉克斯坦				
	吉尔吉斯斯坦				
	乌兹别克斯坦				
	土库曼斯坦